9-08

D1571448

EL LIBRO COMPLETO DE LOS
DINOSAURIOS
500 ESPECIES DE LOS TIEMPOS PREHISTÓRICOS

EL LIBRO COMPLETO DE LOS
DINOSAURIOS

500 ESPECIES DE LOS TIEMPOS PREHISTÓRICOS

Steve Parker

BLUME

BLUME

Título original:
The Complete Book of Dinosaurs

Traducción y revisión científica de la edición en lengua española:
Manuel Pijoan Rotgé
Zoólogo

Coordinación de la edición en lengua española:
Cristina Rodríguez Fischer

Primera edición en lengua española 2007

© 2007 Art Blume, S.L.
Av. Mare de Déu de Lorda, 20
08034 Barcelona
Tel. 93 205 40 00 Fax 93 205 14 41
E-mail: info@blume.net
© 2003 Quintet Publishing Ltd.

I.S.B.N.(10): 84-9801-141-8
I.S.B.N.(13): 978-84-9801-141-8

Impreso en China

CONSULTE EL CATÁLOGO BLUME DE PUBLICACIONES ON-LINE
INTERNET: HTTP://WWW.BLUME.NET

PREFACIO

Casi todo el mundo se ha interesado por los dinosaurios en algún momento de su vida, ya sea a los 5 años o a los 95. El gran escritor de ciencia-ficción Arthur C. Clarke hace remontar su primer interés en la ciencia a los dinosaurios y recuerda que su primera toma de contacto con los saurios cuando era niño, en la Inglaterra rural, fue un juego de cartas que le regaló su padre.

¿De dónde nos viene este gran interés por unos animales desaparecidos hace tanto tiempo? ¿Qué tienen los dinosaurios que han atraído nuestra atención de forma tan intensa durante tanto tiempo? Quizá sólo sea porque algunos dinosaurios son grandes y desagradables y, lo más importante: ¡porque se han extinguido! Quizá este encaprichamiento persistente es debido a que hay tantos tipos diferentes de dinosaurios.

La mayoría de los dinosaurios conocidos proceden de Norteamérica, especialmente del oeste (Wyoming, Montana y Alberta), o de Eurasia, por ejemplo de Mongolia. Los hallazgos más recientes en Sudamérica, Australia, la Antártida y Alaska no son tan conocidos, pero no pasará mucho tiempo hasta que las generaciones más jóvenes se abran camino por estos nuevos descubrimientos.

Los últimos hallazgos de dinosaurios grandes y pequeños en lugares como Argentina y de un conjunto, pequeño pero variado, de dinosaurios polares, se han añadido a estudios que muestran que muchos dinosaurios no eran en absoluto grandes, lentos y poco inteligentes, lo que ha cambiado las ideas habituales sobre este grupo tan exitoso.

Actualmente sabemos que algunos dinosaurios tenían plumas y podían planear, si no volar. Además, el descubrimiento de una variedad de pequeñas y resistentes criaturas que vivían cerca de los polos sur y norte, sugiere que algunos de estos dinosaurios debían ser de sangre caliente para poder soportar condiciones tan adversas.

En los últimos años el interés por los dinosaurios se ha visto aumentado por numerosos estudios que se han centrado en los animales con los que convivían y en los ambientes en que habitaban durante la era Mesozoica. Las investigaciones actuales se centran en determinar por qué tantos de estos animales, por otro lado muy exitosos, fueron prácticamente borrados de la faz de la Tierra hace 65 millones de años y en cómo evolucionaron a partir de sus antepasados reptiles. El resultado, tal como mostramos aquí, es un amplio conjunto de datos sobre el mundo en que los dinosaurios prosperaron (y murieron) con infinidad de detalles sobre los antiguos hábitats en que vivían y sobre los propios moradores.

Este libro no pretende incluir todos y cada uno de los dinosaurios conocidos (para ello necesitaríamos una pequeña biblioteca) pero sí ofrece un excelente repaso a muchas de las criaturas que existieron, a su medio ambiente y a otros animales contemporáneos. También se mencionan muchos de los dinosaurios recientemente descubiertos, lo que proporcionará a los aficionados una comprensión mucho más amplia y global del mundo de los dinosaurios.

Profesora Patricia Vickers Rich
Cátedra de Paleontología
Universidad de Monash
Directora fundadora
Centro de Ciencias de Monash
Melbourne, Victoria
Australia

Dr Thomas H. Rich
Conservador,
Paleontología de vertebrados
Museo Victoria
Melbourne, Victoria
Australia

CONTENIDO

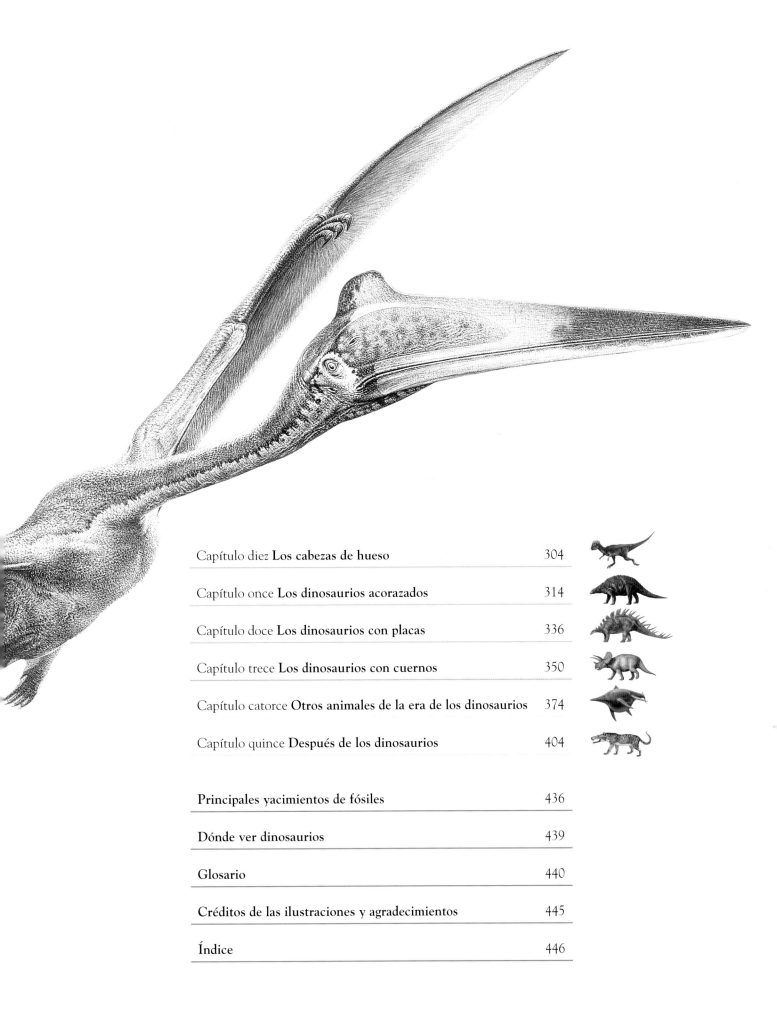

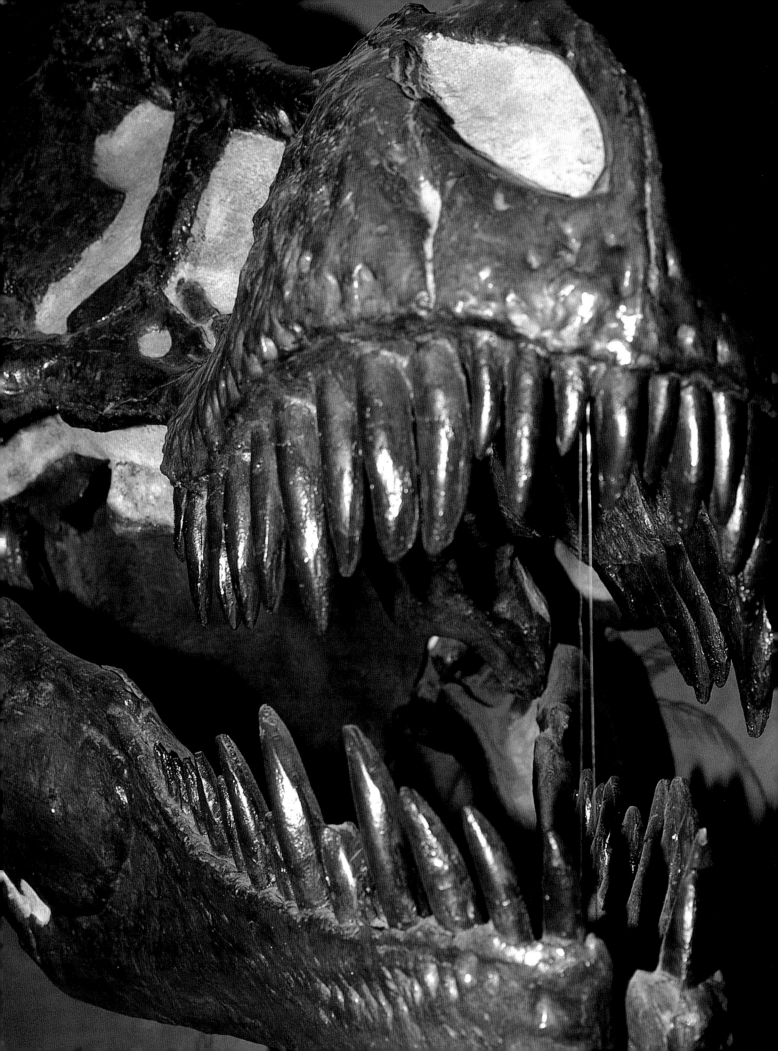

INTRODUCCIÓN

CUANDO SE HABLA DE DINOSAURIOS, POSIBLEMENTE SÓLO EXISTA UNA CERTEZA: LOS «HECHOS» CAMBIARÁN. POR SUPUESTO, LA VIDA DE LOS DINOSAURIOS Y DE OTROS ANIMALES PREHISTÓRICOS DE ESTE LIBRO NO PUEDE MODIFICARSE, YA QUE SU MUNDO DESAPARECIÓ HACE MUCHO TIEMPO; LO QUE CAMBIA ES NUESTRA INTERPRETACIÓN DE CÓMO VIVÍAN Y MORÍAN. CASI CADA SEMANA SE ANUNCIAN NUEVOS DESCUBRIMIENTOS, SE GENERAN DEBATES Y SE PRODUCEN DESACUERDOS, SE RECUPERAN IDEAS ANTIGUAS Y LAS NUEVAS SE VEN AMENAZADAS. QUIZÁ UNA VEZ AL AÑO UN NUEVO HALLAZGO FÓSIL O UNA NUEVA TEORÍA SOBRE LA PREHISTORIA ATRAE LA ATENCIÓN DEL PÚBLICO Y DESPIERTA SU IMAGINACIÓN. ESTOS ACONTECIMIENTOS, QUE LLENAN LAS PORTADAS DE LOS PERIÓDICOS, ACOSTUMBRAN A CENTRARSE EN CUÁL ERA EL MAYOR O EL MÁS FEROZ DE LOS DINOSAURIOS, CUÁL APARECIÓ PRIMERO Y CÓMO DEBEMOS EXPLICAR SU EXTINCIÓN. ES PRECISAMENTE EL PROGRESO EN EL CONOCIMIENTO DE ESTOS ANTIGUOS ANIMALES LO QUE CONVIERTE SU ESTUDIO EN UNA EMPRESA TAN EXCITANTE Y PERDURABLE.

DINOSAURIOS EN PERSPECTIVA

El número de tipos, o especies, de animales, plantas y otros seres vivos existentes hoy en día probablemente supera los 10 millones, de los cuales los insectos son la gran mayoría. Algunos de los otros grupos principales de invertebrados (animales sin columna vertebral) incluyen unas 100.000 especies de babosas, caracoles, pulpos, mejillones y otros moluscos, 40.000 especies de cangrejos, gambas, langostas y otros crustáceos, y 10.000 especies de los animales más simples, las esponjas. En este libro se muestran versiones prehistóricas de todos estos grupos. Entre los vertebrados, los peces son, con diferencia, el grupo con más abundancia de especies, con unas 25.000, seguidos por unas 9.000 especies de aves, 7.000 de reptiles y 5.000 de anfibios. Nuestro propio grupo, los mamíferos, aparece a continuación, con unas 4.500 especies. En total, los científicos han descrito, nombrado y catalogado cerca de dos millones de especies vivas de todos los grupos, incluyendo las plantas. Así y todo, más del 99 por ciento de los tipos de seres vivos que han existido ya no están entre nosotros; constituyen un gran conjunto de formas de vida que aparecieron y posteriormente desaparecieron de nuestro planeta.

Dentro de este conjunto los científicos han catalogado varios centenares de tipos de dinosaurios. Cada uno de ellos es un género que contiene una o más especies estrechamente relacionadas. Por ejemplo, *Tyrannosaurus*, el «reptil tirano» es un género de enormes carnívoros que floreció en una etapa muy tardía dentro de la era de los dinosaurios, hace unos 70-65 millones de años. La especie más conocida es *Tyrannosaurus rex*, el «reptil tirano rey». Las diferencias entre las especies de dinosaurios de un mismo género son a veces complejas y motivo de debate, en función de la interpretación de pequeños detalles hallados en los fósiles. En este libro se describen básicamente los géneros de los dinosaurios y de otros animales prehistóricos, con unas breves incursiones a nivel de especie para ilustrar determinados temas.

La clasificación de unos 400 géneros de dinosaurios y de varias especies dentro de estos géneros representa un logro extraordinario, teniendo en cuenta que se trata de un grupo de animales que conocemos sólo a partir de fósiles. El registro fósil es muy escaso, incompleto y fragmentario; lo más probable es que nos muestre sólo unos pocos tipos de dinosaurios de entre todos los que existieron. El número y variedad de los dinosaurios que conocemos nos proporciona algunas ideas sobre el dominio que ejercieron sobre otras formas de vida terrestre. Sus fósiles se han ido acumulando a lo largo de un período de más de 160 millones de años.

SUPERIOR Los fósiles del «armadillo gigante» *Glyptodon*, algunos de sólo unos pocos miles de años de antigüedad, abundan en ciertas zonas de Sudamérica.

IZQUIERDA Mirando a la muerte de cara: estos dientes, mandíbulas y cráneo de un fósil de *Tyrannosaurus* muestra lo detallada que puede llegar a ser la conservación.

EVOLUCIÓN

EN CIERTO SENTIDO, *EVOLUCIÓN* SIGNIFICA SIMPLEMENTE «CAMBIO». LOS SERES VIVOS HAN IDO CAMBIANDO DESDE SU APARICIÓN, TAL COMO MUESTRAN LAS EVIDENCIAS OBTENIDAS A PARTIR DEL REGISTRO FÓSIL. ALGUNOS TIPOS DE PLANTAS Y ANIMALES APARECIERON, FLORECIERON DURANTE UN CIERTO TIEMPO Y LUEGO DESAPARECIERON. LA PALOMA MIGRATORIA ABUNDABA EN NORTEAMÉRICA ANTES DE LA LLEGADA DE LOS COLONIZADORES EUROPEOS, PERO A PRINCIPIOS DEL SIGLO XX YA HABÍA DESAPARECIDO, TRAS SER CAZADA HASTA LA EXTINCIÓN. EL DODO, EL QUAGGA (UN UNGULADO PARECIDO A UN CABALLO O UNA CEBRA) Y EL URO (EL ANTECESOR DE LOS BÓVIDOS ACTUALES) DESAPARECIERON TODOS ELLOS DURANTE EL ÚLTIMO MILENIO. TODOS ESTOS CAMBIOS HAN SIDO PRODUCIDOS POR LA INTERFERENCIA «NO NATURAL» DE LOS SERES HUMANOS EN EL MUNDO, PERO DURANTE TODA LA HISTORIA DE LA TIERRA ESTAS DESAPARICIONES O EXTINCIONES SE HAN IDO PRODUCIENDO DE FORMA REGULAR. ACTUALMENTE EXISTE UNA RENOVACIÓN CONTINUA DE ESPECIES, TAL COMO LA HA HABIDO SIEMPRE DESDE QUE APARECIÓ LA VIDA.

INFERIOR Las especies aparecen y desaparecen. Desde que los humanos entraron en escena muchas son las especies que han desaparecido, como el mamut americano. Su desaparición en toda Norteamérica coincidió aproximadamente con la expansión de los humanos. Este tipo de cambios se produjeron todo a lo largo de la prehistoria, aunque a una velocidad mucho menor que en la actualidad.

Esos mismos cambios también se producían hace mucho tiempo, en la era de los dinosaurios. Los cambios se producen por la presión de la supervivencia: hallar alimentos, escapar de los depredadores, resguardarse de los elementos, competir por la pareja reproductora y, en general, luchar para sobrevivir. Si toda la descendencia de todos los seres vivos hubiera sobrevivido, el mundo pronto se habría vuelto superpoblado. Ningún animal

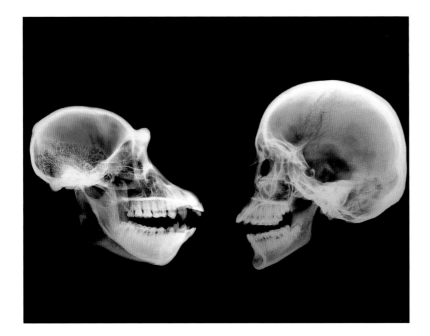

se ha librado de una vida con dificultades e interferencias. Las presiones o fuerzas naturales, como los intentos de obtener comida o de escapar de un cazador, implican la muerte de algunos seres vivos. Los supervivientes son, entonces, los que permanecen tras la selección por la presión del entorno, que es lo que los científicos denominan selección natural.

¿Qué determina que un ser vivo consiga sobrevivir en su lucha por la existencia? En parte las «instrucciones» genéticas, codificadas en los genes de la molécula de ADN, que determinan las características o rasgos físicos y se heredan de los progenitores. El funcionamiento de la reproducción implica que a veces los genes sufran cambios (mutación) o se unan en diversas combinaciones (recombinación) en individuos diferentes. Se trata de un hecho habitual, y el resultado es que la descendencia difiere entre sí y respecto de sus padres. Es posible que estas variaciones sean pequeñas, pero pueden ser suficientes para inclinar la balanza en la lucha por la supervivencia. Unos rasgos o características favorables aportan al individuo una mayor probabilidad de supervivencia y reproducción, pasando así sus genes a su descendencia por el proceso de la herencia.

A lo largo de la prehistoria, los dinosaurios y otros seres vivos han estado sometidos a la presión de la selección natural. Si el entorno hubiera permanecido constante durante todo ese tiempo, entonces quizá los dinosaurios, y la vida en general, habría alcanzado un estado estacionario o de equilibrio. Sin embargo, las condiciones han sido siempre cambiantes: los climas han ido fluctuando, las temperaturas han ido variando, el nivel del mar ha ido oscilando. Los seres vivos han respondido a los cambios mediante la evolución y, al producirse ésta, como cada ser vivo también constituye parte del entorno para los demás, provoca aún más cambios. A veces la evolución se ha ido produciendo de forma lenta y gradual, a lo largo de millones de años. Otras veces ha acaecido de forma relativamente rápida, seguida por un largo período de relativa estabilidad, lo que se conoce como equilibrio puntuado, la evolución «a saltos».

La historia evolutiva se representa a veces como un árbol de la vida. Se inicia con uno o dos tipos de vida primitiva, que poco a poco van dando lugar a más y más tipos diferentes, y así sucesivamente. Los extremos o puntas de las ramas son los animales y las plantas existentes en la actualidad. Sin embargo, quizá sería más adecuada la imagen de un descuidado seto de la vida, ya que algunas especies se extinguen mientras aparecen otras. Excepto en las primerísimas etapas de la vida, parece que siempre ha habido una gran diversidad y abundancia.

SUPERIOR A partir de los estudios de las evidencias fósiles y de las diferencias genéticas, los científicos estiman que los chimpancés (cráneo de la izquierda) y los humanos (cráneo de la derecha) evolucionaron a partir de un ancestro común hace unos 6-8 millones de años. Probablemente ambos han cambiado en todo este tiempo, de forma que el ancestro no tenía por qué parecerse necesariamente al chimpancé actual.

INFERIOR El dodo es un símbolo bien conocido de la extinción: en inglés existe la expresión «muerto como un dodo». Pero esta ave no voladora, del tamaño de un pavo, no sucumbió a la presión de la selección natural. Al igual que el mamut de la página anterior, fue exterminada por los humanos, aunque en tiempos relativamente recientes. Hacia el 1670 había desaparecido de su hogar en la isla de Mauricio, en el océano Índico.

FÓSILES

LA PRINCIPAL EVIDENCIA DE QUE DISPONEMOS SOBRE LA EXISTENCIA DE DINOSAURIOS Y OTROS SERES VIVOS DESAPARECIDOS PROVIENE DE LOS FÓSILES. SE TRATA DE LOS RESTOS DE ORGANISMOS O DE LOS RASTROS QUE DEJAN, CONSERVADOS HABITUALMENTE EN FORMA DE ROCAS. LA FRASE «DEL HUESO A LA ROCA» RESUME CÓMO SE FORMA UN FÓSIL, AUNQUE NO SÓLO SE CONSERVAN LOS HUESOS, NI TODOS LOS FÓSILES SE HALLAN EN FORMA DE MINERALES ROCOSOS. ADEMÁS, EL PROCESO DE FOSILIZACIÓN ES LARGO Y ESTÁ SUJETO A ACONTECIMIENTOS ALEATORIOS. POR ELLO, EL REGISTRO FÓSIL DE LAS ROCAS, Y LA HISTORIA QUE NOS DESVELA SOBRE LA VIDA EN LA TIERRA, DEBE ESTUDIARSE CON CAUTELA.

Un viejo dinosaurio se tiende a la orilla de un río y muere. Más tarde el río crece y, cuando sus aguas vuelven a bajar, depositan una gruesa capa de sedimentos arenosos que cubren el cuerpo del animal. Las partes blandas del dinosaurio, como los músculos y las tripas, se corrompen lentamente; las partes duras, como los huesos, los dientes, las garras y los cuernos, son más resistentes a la descomposición. A lo largo del tiempo la arena se va enterrando más y más, a medida que más y más capas se van depositando por encima. La presión y temperatura de las capas aumenta con la profundidad; de esta forma la arena, originalmente suelta, se comprime progresivamente y queda cementada por minerales rocosos, convirtiéndose en piedra arenisca. Los minerales se filtran en los huesos del dinosaurio y en otras partes duras y los convierten en piedra, conservando su forma original.

SUPERIOR Algunos fósiles no sólo son apreciados por la información que proporcionan, sino también por su belleza, como este hueso de dinosaurio «agatizado», impregnado de cuarzo coloreado.

INFERIOR Los fósiles muestran un comportamiento «congelado», como este pez que murió peleando hace 50 millones de años.

Pasan millones de años. Grandes movimientos de tierras levantan y vuelcan las rocas de forma que éstas ya no se van desarrollando sino desgastando. Las fuerzas naturales de la erosión (el calor del sol durante el día, el viento frío por la noche, la lluvia, el granizo, la escarcha, el hielo) rompen y parten las capas superiores, hasta que un día la erosión alcanza la capa que contiene los restos del dinosaurio, los fósiles. En este momento quedan expuestos a la vista, a punto para que un paleontólogo pase por allí y los descubra.

Esta historia puede parecer poco probable, y de hecho lo es: la gran mayoría de los dinosaurios que vivieron no han formado fósiles. Sus restos fueron devorados por los carroñeros, se corrompieron o se desintegraron a causa del viento y la lluvia. Una gran cantidad de los restos que se fosilizaron no duraron mucho, ya que, junto con las rocas, quedaron enterrados a tanta profundidad que se fundieron, destruyendo todo resto de forma fósil. Muchos de los fósiles existentes actualmente siguen sepultados bajo tierra, fuera del alcance de nuestros ojos o de nuestras excavaciones. De todo ello se deduce que la probabilidad de que de un dinosaurio quede algún resto conservado debe ser de una entre varios millones.

No sólo los dinosaurios han dejado fósiles; la mayoría de los seres vivos, incluyendo animales, plantas e incluso microbios, están representados en el registro fósil. La mayoría de las partes conservadas son de tejidos duros, como huesos, dientes, garras, cuernos, caparazones, madera, nervios de hojas, semillas o piñas. Como los fósiles se acostumbran a formar cuando la arena, el lodo o sedimentos parecidos cubren los restos, protegiéndolos y frenando su descomposición, el mayor número es de animales marinos que al morir se hundieron en el cieno del lecho marino. Así, abundan los fósiles de conchas de crustáceos, como los trilobites, y de moluscos, como los amonites. Y no sólo se han conservado partes del cuerpo; cáscaras de huevos, nidos y madrigueras excavados, huellas, arañazos, rastros de colas arrastrándose e incluso excrementos y estiércol han dejado pistas, conocidas como trazas fósiles o icnofósiles. Los fósiles de las partes blandas, tales como piel y carne, son más escasos y necesitan unas condiciones excepcionales para conservarse (*véase* página 23).

EXTREMO SUPERIOR Los animales marinos, como este pez *Lepidotes* de hace 150 millones de años, tienen más probabilidades de conservarse que los terrestres, ya que se hunden en el lecho marino y quedan rápidamente cubiertos por el lodo transportado por las corrientes marinas.

SUPERIOR Casi cualquier parte de un animal puede conservarse. En la imagen se ven los restos fosilizados del estómago de un plesiosaurio, un reptil marino de cuatro aletas de hace 150 millones de años. Las conchas y otros fragmentos nos indican su alimentación.

ENCONTRAR FÓSILES

TODOS LOS DÍAS APARECEN FÓSILES DE DINOSAURIOS Y DE OTRAS FORMAS DE VIDA PREHISTÓRICAS EN MILES DE LUGARES REPARTIDOS POR TODO EL MUNDO. SIN EMBARGO, NORMALMENTE NADIE SE HALLA PRESENTE PARA RECONOCER SU IMPORTANCIA. LOS EXPECTANTES BUSCADORES DE FÓSILES SÓLO PUEDEN BUSCAR Y CONTROLAR UNA MÍNIMA PARTE DE LOS LUGARES EN QUE APARECEN RESTOS CONSERVADOS DE LA VIDA PREHISTÓRICA. UNA CONDICIÓN NECESARIA QUE HAN DE TENER ESTOS LUGARES ES LA PRESENCIA DE TIPOS ADECUADOS DE ROCAS EN LA SUPERFICIE O EN SUS PROXIMIDADES.

Debido al modo en que se forman los fósiles, sólo las rocas llamadas sedimentarias los contienen. Algunas rocas de este tipo son la arenisca, la limolita, la lutita, la arcilla, la creta y la caliza. Están formadas por partículas diminutas, sedimentos que fueron arrastrados y se hundieron en el agua o que fueron barridos por el viento en tierra firme. Los sedimentos fueron depositándose en capas, se enterraron cada vez más profundamente y finalmente se compactaron y cementaron formando una roca con fósiles atrapados en su interior (*véase* página anterior). Los otros dos grandes grupos de rocas, las ígneas y las metamórficas, apenas sí contienen fósiles; su formación implica presiones enormes y grandes temperaturas que destruyen cualquier resto conservado que pudieran haber contenido inicialmente. Por ello, las grandes zonas graníticas, basálticas y de otras rocas no sedimentarias presentan poco interés para el buscador de fósiles. Por otro lado, muchas rocas fosilíferas (portadoras de fósiles) están cubiertas por el suelo y por la vegetación de bosques, selvas y herbazales y, por tanto, quedan ocultas al escrutinio del buscador de fósiles.

SUPERIOR Uno de los fósiles más importantes del mundo es este ejemplar del ave más antigua conocida, *Archaeopteryx*, de hace unos 160-150 millones de años. Está extraordinariamente conservado en la caliza de grano fino de Solenhofen, en Alemania. El fósil se descubrió durante la explotación de una cantera. Este tipo de roca tiene un grano tan fino que se utilizaba para la impresión y se conoce como caliza litográfica.

Para hallar fósiles de una determinada edad, tales como restos de dinosaurios del Mesozoico, las rocas tienen que haberse formado durante esa época, lo que restringe considerablemente la elección del lugar. Los geólogos elaboran mapas geológicos de grandes zonas de la superficie de la Tierra, especialmente si buscan minerales u otros recursos como carbón, petróleo o minerales metálicos. Estos mapas son de gran ayuda para los paleontólogos, quienes a menudo trabajan junto con los geólogos en equipos de exploración. Los mapas muestran los tipos y las edades aproximadas de las capas superiores de rocas. Sin embargo, buena parte del planeta aún debe cartografiarse en detalle. Los actuales buscadores de fósiles también reciben una ayuda inestimable de los reconocimientos aéreos y de los diversos tipos de fotografías realizadas desde aviones y satélites, tanto en luz visible como en infrarrojo, ultravioleta y otros tipos de radiación. Las imágenes así obtenidas pueden ayudar a identificar lugares potenciales en áreas remotas que hasta el momento habían sido pasados por alto.

Muchas regiones que contienen los yacimientos de fósiles más famosos del mundo, como el Gobi en Mongolia o zonas del medio oeste de Estados Unidos, son tierras yermas y desoladas. Se trata de paisajes agrestes, en donde las rocas quedan expuestas a la intemperie y reciben la erosión continua de los elementos. Un sol abrasador durante el día, seguido de noches frías o heladas y las ocasionales inundaciones o tormentas de arena, rompen y erosionan las piedras, de forma que siempre quedan expuestas nuevas capas. El suelo es arrastrado por el viento o por el agua, por lo que apenas crecen plantas y las rocas permanecen desnudas. Otros lugares excelentes son las costas rocosas, las orillas de ríos o lagos, donde las olas, el viento y la lluvia van desgastando los acantilados o afloramientos, y los desprendimientos dejan al descubierto nuevas formaciones con regularidad. En las minas, canteras, zanjas para carreteras o vías férreas y las grandes infraestructuras, como presas, las máquinas de construcción producen erosión. Este tipo de sitios reciben regularmente la visita de los cazadores de fósiles, quienes buscan restos recién aparecidose interesantes.

SUPERIOR Algunas rocas son básicamente fósiles, como estos árboles petrificados en la costa meridional de Inglaterra.

INFERIOR En esta señal de Dinosaur Cove, cerca de Melbourne (Australia), un dinosaurio ha sustituido al canguro original. Este lugar ha proporcionado ejemplares extraordinarios, pero el acceso y las condiciones de trabajo son difíciles.

LA DATACIÓN DE LOS FÓSILES

¿CUÁL ES LA EDAD DE UN FÓSIL? EXISTEN VARIAS FORMAS DE DETERMINARLA. LOS MÉTODOS PUEDEN CLASIFICARSE EN DOS GRANDES GRUPOS: DATACIÓN RELATIVA O COMPARATIVA Y DATACIÓN ABSOLUTA. EN LA DATACIÓN RELATIVA SE COMPARAN CON LOS FÓSILES O LAS ROCAS QUE LOS CONTIENEN PARA DETERMINAR CUÁLES SON MÁS ANTIGUOS Y CUÁLES MÁS NUEVOS. POR EJEMPLO, LAS CAPAS O ESTRATOS DE ROCAS SEDIMENTARIAS ACOSTUMBRAN A FORMARSE DE MODO QUE LAS CAPAS MÁS JÓVENES SUELEN ESTAR MÁS CERCA DE LA SUPERFICIE Y LAS CAPAS MÁS VIEJAS A MAYOR PROFUNDIDAD. AUNQUE SIEMPRE HAY EXCEPCIONES; A VECES LAS CAPAS DE ROCAS PUEDEN INCLINARSE CONSIDERABLEMENTE A CAUSA DE MOVIMIENTOS DE TIERRA, TANTO QUE PUEDEN LLEGAR A DARSE LA VUELTA, DEJANDO LAS ROCAS Y LOS FÓSILES MÁS VIEJOS CERCA DE LA SUPERFICIE.

En muchas regiones, las capas de rocas sedimentarias se depositan siguiendo una secuencia característica de tipos y grosores, que está bien estudiada. Las rocas y los fósiles de una pequeña muestra o fragmento de este patrón, de quizá sólo dos o tres capas, pueden datarse encajándolos en la secuencia global. Los fósiles directores o fósiles guía son restos de seres vivos que tenían un área de distribución extensa, eran abundantes y se fosilizaban fácilmente, y que sobrevivieron durante grandes períodos de tiempo en continua evolución. Algunos ejemplos de ello son los animales marinos con concha, como los trilobites del Cámbrico o los amonites y los belemnites del Jurásico (*véanse* páginas 42, 45 y 49). El cambio en los detalles de la forma y dibujos de sus conchas los sitúan en un intervalo de tiempo bien determinado; esto permite datar otros fósiles menos familiares hallados junto a ellos. También se utilizan como guías fósiles diminutos como los de los organismos acuáticos llamados foraminíferos y los resistentes granos de polen de las plantas.

INFERIOR La acumulación de capas o estratificación queda muy patente en este corte de arenisca, que en su momento había sido el lecho arenoso de un mar poco profundo. En este ejemplo las bandas son especialmente evidentes y atractivas, debido a las diversas tonalidades de minerales ricos en hierro.

En la datación absoluta o cronométrica, al fósil se le asigna una fecha específica, normalmente expresada en millones de años antes del momento actual, con un margen de error. La técnica implica medir las cantidades de isótopos (formas de determinados elementos químicos) en una muestra o la radiación natural (radioactividad) que contienen. Las mediciones se acostumbran a realizar con un aparato llamado espectrómetro de masas. A medida que pasa el tiempo, ciertos isótopos se desintegran dando lugar a otras formas químicas a un ritmo constante y bien determinado, como el tictac de un reloj. Al medir las cantidades relativas de isótopos y otras sustancias y proyectarlas hacia atrás en el tiempo gracias al conocimiento de su velocidad de desintegración, los geólogos pueden determinar cuándo se formó la roca o el fósil. El análisis de la cantidad de carbono 14 comparada con la de otros isótopos del carbono se conoce habitualmente como datación por carbono. Sin embargo, el carbono 14 se desintegra de forma relativamente rápida y no puede utilizarse con restos de más de 75.000 años. Los elementos químicos que se desintegran mucho más lentamente y, por tanto, son útiles para rocas y fósiles de varios millones de años de antigüedad, son los de la secuencia del uranio y los de la secuencia del potasio-argón.

Durante la prehistoria el campo magnético natural de la Tierra se invirtió totalmente varias veces, intercambiando las posiciones de los polos norte y sur magnéticos. Cuando ciertos tipos de rocas se formaron, las pequeñas partículas magnéticas que contenían se alinearon con el campo magnético presente en aquel momento. Las inversiones magnéticas provocaron cambios rápidos en estos alineamientos, que quedaron congelados al formarse las rocas. Actualmente se conoce bien la secuencia completa de inversiones, de forma que pueden compararse muestras de rocas de magnetismo muy débil con la secuencia conocida y situarlas en sus épocas. Por lo general, sólo las rocas ígneas presentan estos pequeños restos de magnetismo natural, pero raras veces contienen fósiles. De todas formas, la técnica del paleomagnetismo puede utilizarse para datar estratos de rocas ígneas situados justo encima o debajo de estratos sedimentarios que contienen fósiles.

SUPERIOR Los fósiles no siempre son grandes trozos de roca en forma de hueso o de diente. Algunos de los más importantes para la datación, conocidos como fósiles directores o fósiles guía, son tan pequeños como esta letra o: diminutas conchas marinas y otros elementos. Se criban y se clasifican bajo grandes lupas, utilizando pinzas y otros delicados instrumentos.

LA RECUPERACIÓN
DE LOS FÓSILES

ALGUNOS FÓSILES HAN SIDO EROSIONADOS DE SUS ROCAS VECINAS POR LAS FUERZAS
NATURALES Y SIMPLEMENTE ESTÁN AHÍ, EN EL SUELO, ESPERANDO A SER RECOGIDOS.
OTROS ESTÁN CASI TOTALMENTE INCRUSTADOS EN LA ROCA, CON SÓLO UNA MÍNIMA
PARTE EXPUESTA QUE REVELA SU EXISTENCIA. PARA LOS BUSCADORES DE FÓSILES
HAY VARIOS FACTORES QUE INFLUYEN EN LA DECISIÓN DE RECUPERAR O NO UN
EJEMPLAR. ¿ES POSIBLE QUE EL FÓSIL SEA POCO COMÚN E INFORMATIVO Y QUE
PERMITA REALIZAR UNA CONTRIBUCIÓN SIGNIFICATIVA AL CONOCIMIENTO DEL
MUNDO PREHISTÓRICO? ¿O ES SIMPLEMENTE OTRO EJEMPLO DE UN TIPO MUY HABITUAL,
DEL QUE PUEDEN HALLARSE MILES EN MUSEOS, EXPOSICIONES Y COLECCIONES? ¿CUÁL
ES SU GRADO DE COMPLETITUD Y DEFORMACIÓN? ¿SERÁ FÁCIL O DIFÍCIL EXTRAERLO
DEL LUGAR?

INFERIOR Muchos lugares ricos en fósiles se hallan en tierras
«abandonadas», tales como desiertos pedregosos, mesetas rocosas
o zonas pantanosas infestadas de mosquitos. En las extensiones
siberianas del noreste de Rusia, donde el río Kolyma desemboca
en el océano Ártico, los canales en deshielo y los glaciares pueden
sacar a la luz los restos congelados de mamuts y otros animales
de la edad de hielo.

La ubicación y naturaleza del lugar de excavación también son cuestiones que tener
en cuenta. Puede ser un lugar remoto e inconveniente, sin comodidades ni instalaciones,
con condiciones de trabajo difíciles y accesos complicados, lo que requiere una gran
expedición con una planificación cuidadosa y un gasto considerable. ¿Es posible obtener
un permiso de las autoridades competentes, que pueden ser desde el propietario local hasta
organismos nacionales tales como museos o incluso gobiernos? Además, en algunas zonas
los trabajadores pueden estar expuestos a riesgos no sólo de peligros como caídas de rocas

o condiciones climáticas extremas, sino también de criminalidad, rivalidades, inestabilidad política y económica e incluso guerras o revoluciones.

Una excavación científica bien organizada se basa en la realización de mediciones y la toma de registros. En primer lugar se explora y se cartografía el emplazamiento tomando mediciones con un sistema de malla. Las técnicas cartográficas geofísicas, como el rádar que puede penetrar el suelo, pueden ayudar a predecir lo que hay bajo la superficie y por dónde excavar. Etapa a etapa, mientras se extraen rocas y fósiles, se actualizan los mapas. En cada fase se toman fotografías y notas; también se realizan croquis y dibujos para mostrar o resaltar determinados rasgos que las fotografías no pueden destacar.

Normalmente, debe eliminarse la roca para poder observar los fósiles. El material superpuesto puede retirarse con palas, piquetas o martillos neumáticos; pueden usarse excavadoras mecánicas e incluso explosivos. Cuando la excavación reduce su escala y se vuelve más detallada, se necesitan herramientas manuales, tales como martillos, cinceles y paletas o, para rocas blandas y quebradizas, cepillos y rasquetas. Son frecuentes los debates sobre la dirección de la excavación o sobre qué parte del fósil es cada muestra. Cada elemento se mide y se etiqueta a medida que prosigue la excavación. Cuando la identidad y extensión del ejemplar parece clara puede decidirse cortar todo el bloque de roca que lo contiene y transportarlo al laboratorio, donde las condiciones de trabajo son más cómodas y se dispone de más equipos de estudio. Algunos fósiles son tan frágiles que deben revestirse de yeso o de resina y fibra como soporte y protección mientras se extraen y se transportan al laboratorio.

Desde hace tiempo, la búsqueda de fósiles ha sido y es una empresa académica, pero también un gran negocio. Los fósiles más importantes pueden cambiar de manos por millones de euros. Centenares de coleccionistas de todo el mundo se ganan bien la vida buscando y vendiendo ejemplares. A causa de algunos comerciantes poco escrupulosos, de la posibilidad de fraudes y de la proliferación de fósiles robados, las ubicaciones de algunas excavaciones son secretos celosamente guardados.

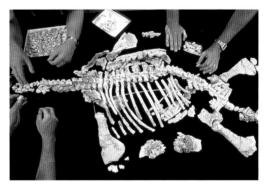

EXTREMO SUPERIOR Los fósiles extraídos se acostumbran a limpiar y reconstruir en la comodidad de un laboratorio o taller. Reconstruir un huevo de dinosaurio es como solucionar un rompecabezas tridimensional, pero más complejo: las partes de huevos diferentes se hallan mezcladas y algunas no existen o están deformadas.

SUPERIOR Manos expertas colocan los huesos fósiles, casi completos, de un plesiosaurio (un reptil depredador marino) que vivió hace unos 120 millones de años. El color rosado se debe a la infiltración de los huesos con ópalo mineral durante la fosilización.

MITOS Y LEYENDAS

LOS DINOSAURIOS DESTACAN, ENTRE TODOS LOS ANIMALES PREHISTÓRICOS, POR SER PROTAGONISTAS DE MITOS Y LEYENDAS, DE MODAS Y TENDENCIAS. EL DESCUBRIMIENTO DE UN ÚNICO FÓSIL PUEDE ACLAMARSE PORQUE NOS OBLIGA A REESCRIBIR LA PREHISTORIA, CUANDO LOS EXPERTOS DAN SUS ÚLTIMAS OPINIONES. NO OBSTANTE, EL CONOCIMIENTO GENERAL DEL PÚBLICO A MENUDO SE QUEDA MUY ATRÁS CON RESPECTO A LAS TEORÍAS CIENTÍFICAS MÁS RECIENTES. ASÍ, POR EJEMPLO, MUCHA GENTE SE SIGUE MARAVILLANDO ANTE EL ENORME TAMAÑO DE BRONTOSAURUS; O SE QUEDA IMPRESIONADA POR LA REPUTACIÓN DE TYRANNOSAURUS DE MAYOR CARNÍVORO DE TODOS LOS TIEMPOS, QUE CAZABA CABALLOS PREHISTÓRICOS; O CREEN QUE LOS DINOSAURIOS VOLADORES PLANEABAN POR EL AIRE BATIENDO LIGERAMENTE LAS ALAS; O IMAGINAN QUE LOS DINOSAURIOS MARINOS TENÍAN HILERAS DE AFILADOS COLMILLOS. Y, SIN EMBARGO, NINGUNA DE ESTAS IDEAS SE BASA EN LA INFORMACIÓN ACTUAL.

Brontosaurus, o «lagarto trueno», fue bautizado para la ciencia en 1879 por un famoso buscador de fósiles estadounidense, Othniel Charles Marsh, pero posteriormente se hizo evidente que los fósiles que él había nombrado eran probablemente del mismo tipo que el animal bautizado en 1877 como *Apatosaurus*, «el reptil engañoso» (*véase* página 277). Las normas para nombrar fósiles establecen que si se han asignado dos o más identidades, la primera debe ser la preferida; por lo tanto todos los ejemplares de *Brontosaurus* se convirtieron en *Apatosaurus* y el nombre *Brontosaurus* ya no se halla en las listas oficiales. *Tyrannosaurus* nunca ha sido el mayor carnívoro del mundo. El cachalote actual es mucho

SUPERIOR Aunque los pterosaurios como *Ornithocheirus* posiblemente eran peludos y de sangre caliente, con un comportamiento desarrollado, aún persiste la idea de que eran animales escamosos, torpes y bobos.

mayor y el reptil marino prehistórico *Liopleurodon*, un tipo de pliosaurio (*véase* página 396), quizá lo igualaba. *Tyrannosaurus* ostentó el récord de mayor carnívoro terrestre conocido durante casi un siglo, pero a principios de la década de 1990 el *Giganotosaurus* se colocó a la cabeza (*véase* página 187)... ¡de momento! Además, ningún *Tyrannosaurus* se comió nunca un caballo, puesto que todos los dinosaurios habían desaparecido mucho antes de que aparecieran los mamíferos ungulados.

Los dinosaurios nunca volaron ni vivieron completamente dentro del agua, aunque pudieran haber chapoteado o nadado en caso de necesidad. Los reptiles alados, mal llamados dinosaurios voladores, eran pterosaurios. Eran unos animales fascinantes, rápidos y acrobáticos, con cuerpos sorprendentemente ligeros y alas muy evolucionadas que les daban el dominio completo del aire. Muchos de sus fósiles presentan un recubrimiento corporal peludo o filamentoso, y los cálculos sugieren que para tener unos músculos suficientemente irrigados como para mantenerse en el aire, es posible que estos animales fueran de sangre caliente (*véase* página 377). Varios grupos importantes de reptiles eran marinos, pero ninguno de ellos eran dinosaurios; los notosaurios, los placodontos, los plesiosaurios, los pliosaurios, los ictiosaurios, los mosasaurios y otros poblaban los océanos. Sin embargo, no vivían sólo bajo el agua; no poseían branquias y respiraban con pulmones, al igual que nosotros, de forma que tenían que salir a la superficie a menudo y algunos tipos quizás se dirigían a tierra para poner sus huevos, tal como hacen las tortugas marinas hoy en día.

Incluso el nombre *dinosaurio* puede ser engañoso. Richard Owen, un zoólogo y anatomista británico, acuñó el término en 1842 a partir de dos palabras del griego antiguo que significan «lagarto terrible» o «reptil terrible». Pero los dinosaurios no eran lagartos ni los lagartos eran, ni son, dinosaurios.

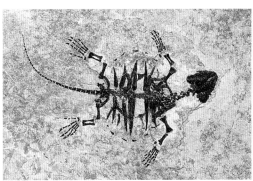

EXTREMO SUPERIOR A veces, a los ictiosaurios como *Temnodontosaurus* y a los pterosaurios (*véase* extremo anterior) se les llama dinosaurios. Pero eran grupos muy diferentes de animales, tan diferentes como los tiburones y las orcas actuales.

SUPERIOR Las tortugas mordedoras se remontan a los tiempos de los dinosaurios: el fósil superior procede de Wyoming. Muchos tipos de animales se originaron antes de la época de los dinosaurios, vivieron a lo largo de ella, sobrevivieron a la extinción masiva y siguen prosperando hoy en día.

Reconstruir dinosaurios

Un esqueleto de dinosaurio fosilizado, con todos sus huesos conservados y articulados, es un hallazgo extremadamente raro. Casi todos los ejemplares son trozos y fragmentos rotos, aplastados y deformados durante la fosilización. Si se hallan juntos varios fósiles de lo que parece ser un único individuo, éstos acostumbran a estar mezclados y fuera de lugar... y quizá pertenezcan a varios individuos. Intentar reconstruir un dinosaurio es parecido a solucionar un rompecabezas al que le faltan varias piezas, que las piezas están rotas en pedazos ¡o en el que la caja contenía en realidad dos rompecabezas!

En los laboratorios de paleontología los fósiles se limpian cuidadosamente y se estudian. Pequeños taladros, cúteres, piquetas y lijas eliminan cualquier fragmento de roca, de forma que queden a la vista las superficies y el contorno de los fósiles. Se trata de un proceso meticuloso. Unas marcas de desgaste diminutas, microscópicas incluso, en un diente fósil pueden ofrecer pistas valiosas sobre la alimentación del animal, mientras que unas zonas rugosas en un hueso muestran el lugar donde se unían los músculos. Por esta razón, el preparador debe evitar añadir rasguños, orificios u otras marcas. Para dejar expuesto el fósil, se utilizan ácidos y productos químicos similares que disuelven la roca. Muchos de los dinosaurios y demás animales presentados en este libro son en realidad reconstrucciones compuestas, lo que significa que para formar la imagen de un individuo típico se han reunido varias partes fósiles de diferentes individuos. Si faltan algunas partes, para completarlas puede recurrirse a comparar con dinosaurios parecidos, pero mejor estudiados. Los propios fósiles nos proporcionan numerosas pistas para ayudarnos a reconstruir el dinosaurio por completo; por ejemplo, la forma en que los huesos encajan en una articulación muestra su posición natural y su flexibilidad; las zonas rugosas en los huesos fósiles, es decir, las marcas o cicatrices musculares, revelan dónde se unían los músculos al hueso e indican su tamaño y las líneas de esfuerzo; los huecos, agujeros y cavidades de huesos como el cráneo indican el tamaño y la forma de partes como el cerebro y los ojos. Buena parte de las evidencias procede de animales actuales que guardan cierto parentesco con los dinosaurios, incluidos los reptiles en general y, más especialmente, los parientes vivos más cercanos de los dinosaurios: las aves y los cocodrilos. La anatomía de los huesos, la dentición, las escamas y los tejidos blandos, además de otros detalles de estos seres vivos están relacionados con su alimentación y sus patrones de conducta. Si se hacen comparaciones con la evidencia fósil, pueden hacerse propuestas sobre el aspecto y los hábitos que tendrían los dinosaurios en vida.

Por lo general, los tejidos blandos, tales como músculos, tripas y piel, no forman fósiles. Sin embargo, en unos pocos casos, unas condiciones muy especiales han permitido la conservación de estas partes. El conocimiento de estos escasos ejemplares de un tipo de dinosaurio puede generalizarse a otros tipos. El color y los patrones de coloración de la piel es un aspecto sobre el que no se dispone de conocimientos. Los fragmentos fosilizados de piel pueden mostrarnos el tamaño y la disposición de las escamas o de los nódulos óseos, pero, dado que estas partes y la piel original se han convertido en piedra, su color no es otro que el de ese tipo de roca. Así pues, no tenemos ninguna prueba directa para decir si un dinosaurio era verde, marrón, a rayas rosas y amarillas o de cualquier otro patrón y coloración. Normalmente, las hipótesis más plausibles se obtienen comparando el tamaño, la forma, el comportamiento y el hábitat con el de los animales actuales, como los cocodrilos.

INFERIOR DERECHA Los fósiles de partes como las escamas de un pez o de un dinosaurio son rocas y tienen, por tanto, el color de esa roca en particular. En vida, las escamas y la piel pudieron haber tenido colores vivos, como los de este clamidosaurio de Australia y Nueva Guinea. Hasta el momento, ninguna técnica científica nos permite sugerir el color de las escamas, la piel u otras partes del cuerpo a partir de los restos fósiles.

INFERIOR IZQUIERDA En estas escamas fosilizadas del pez *Dapedium*, de hace casi 200 millones de años, se pueden observar exquisitos detalles. Este pez no era mucho mayor que una mano humana y cada una de estas escamas conservadas es de un tamaño similar a esta letra O.

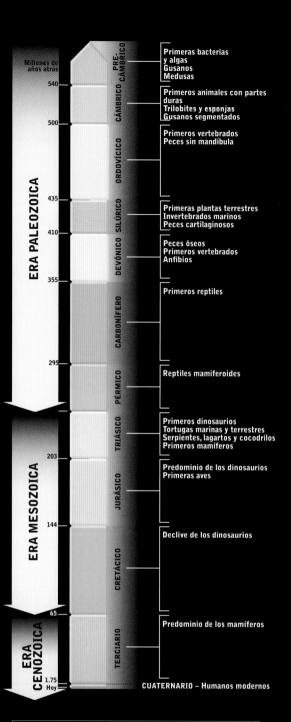

Millones de
años atrás

ERA PALEOZOICA

	PRE-CÁMBRICO	**Primeras bacterias y algas** **Gusanos** **Medusas**
540	CÁMBRICO	**Primeros animales con partes duras** **Trilobites y esponjas** **Gusanos segmentados**
500	ORDOVÍCICO	**Primeros vertebrados** **Peces sin mandíbula**
435	SILÚRICO	**Primeras plantas terrestres** **Invertebrados marinos** **Peces cartilaginosos**
410	DEVÓNICO	**Peces óseos** **Primeros vertebrados** **Anfibios**
355	CARBONÍFERO	**Primeros reptiles**
295	PÉRMICO	**Reptiles mamiferoides**

ERA MESOZOICA

	TRIÁSICO	**Primeros dinosaurios** **Tortugas marinas y terrestres** **Serpientes, lagartos y cocodrilos** **Primeros mamíferos**
203	JURÁSICO	**Predominio de los dinosaurios** **Primeras aves**
144	CRETÁCICO	**Declive de los dinosaurios**

ERA CENOZOICA

65	TERCIARIO	**Predominio de los mamíferos**
1.75 Hoy		**CUATERNARIO – Humanos modernos**

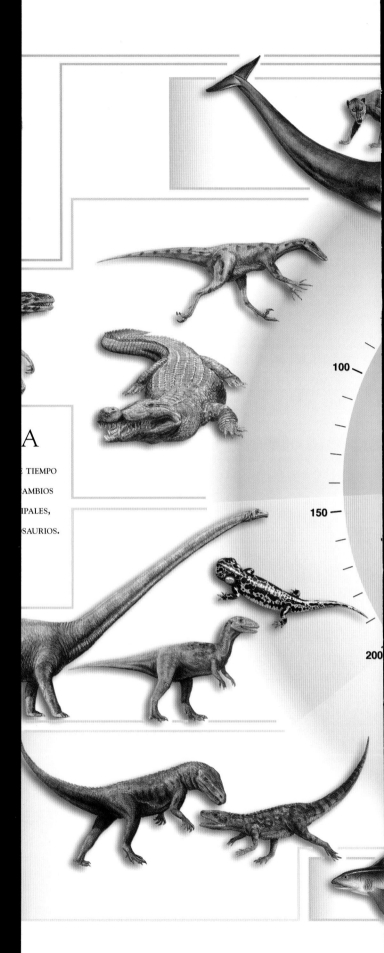

A

...E TIEMPO

...AMBIOS

...IPALES,

...SAURIOS.

100

150

200

Cada ficha muestra un mapa (como el de arriba) que indica la localización de los hallazgos fósiles de cada animal. El mapa relleno indica el mundo actual, mientras que los contornos en rojo muestran las masas terrestres durante el período de existencia del animal: por ejemplo en los períodos Devónico, Triásico y Cretácico. Los mapas de los períodos geológicos se detallan en las páginas 26-27.

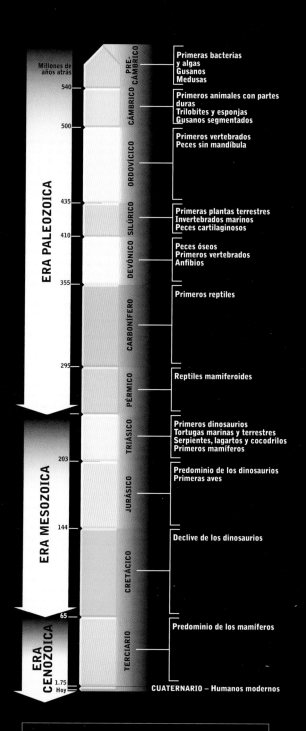

Millones de años atrás

PRE-CÁMBRICO
Primeras bacterias y algas
Gusanos
Medusas

540

CÁMBRICO
Primeros animales con partes duras
Trilobites y esponjas
Gusanos segmentados

500

ORDOVÍCICO
Primeros vertebrados
Peces sin mandíbula

435

SILÚRICO
Primeras plantas terrestres
Invertebrados marinos
Peces cartilaginosos

410

DEVÓNICO
Peces óseos
Primeros vertebrados
Anfibios

355

CARBONÍFERO
Primeros reptiles

295

PÉRMICO
Reptiles mamiferoides

ERA PALEOZOICA

TRIÁSICO
Primeros dinosaurios
Tortugas marinas y terrestres
Serpientes, lagartos y cocodrilos
Primeros mamíferos

203

JURÁSICO
Predominio de los dinosaurios
Primeras aves

144

CRETÁCICO
Declive de los dinosaurios

ERA MESOZOICA

65

TERCIARIO
Predominio de los mamíferos

1.75
Hoy

ERA CENOZOICA

CUATERNARIO – Humanos modernos

Cada ficha muestra un mapa (como el de arriba) que indica la localización de los hallazgos fósiles de cada animal. El mapa relleno indica el mundo actual, mientras que los contornos en rojo muestran las masas terrestres durante el período de existencia del animal: por ejemplo en los períodos Devónico, Triásico y Cretácico. Los mapas de los períodos geológicos se detallan en las páginas 26-27.

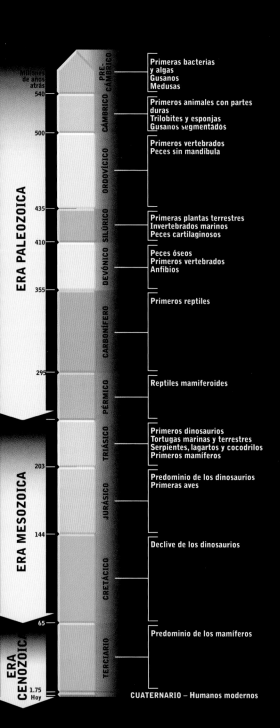

Millones
de años
atrás

ERA PALEOZOICA

PRE-CÁMBRICO
- Primeras bacterias y algas
- Gusanos
- Medusas

540

CÁMBRICO
- Primeros animales con partes duras
- Trilobites y esponjas
- Gusanos segmentados

500

ORDOVÍCICO
- Primeros vertebrados
- Peces sin mandíbula

435

SILÚRICO
- Primeras plantas terrestres
- Invertebrados marinos
- Peces cartilaginosos

410

DEVÓNICO
- Peces óseos
- Primeros vertebrados
- Anfibios

355

CARBONÍFERO
- Primeros reptiles

295

PÉRMICO
- Reptiles mamiferoides

ERA MESOZOICA

TRIÁSICO
- Primeros dinosaurios
- Tortugas marinas y terrestres
- Serpientes, lagartos y cocodrilos
- Primeros mamíferos

203

JURÁSICO
- Predominio de los dinosaurios
- Primeras aves

144

CRETÁCICO
- Declive de los dinosaurios

65

ERA CENOZOICA

TERCIARIO
- Predominio de los mamíferos

1.75
Hoy

CUATERNARIO – Humanos modernos

Cada ficha muestra un mapa (como el de arriba) que indica la localización de los hallazgos fósiles de cada animal. El mapa relleno indica el mundo actual, mientras que los contornos en rojo muestran las masas terrestres durante el período de existencia del animal: por ejemplo en los períodos Devónico, Triásico y Cretácico. Los mapas de los períodos geológicos se detallan en las páginas 26-27.

ESCALA DE LA PREHISTORIA

LOS GEÓLOGOS DIVIDEN LA HISTORIA DE LA TIERRA EN GRANDES INTERVALOS DE TIEMPO
DENOMINADOS ERAS. LAS FRONTERAS ENTRE ELLAS ESTÁN DETERMINADAS POR CAMBIOS
EN LOS TIPOS DE FÓSILES QUE CONTIENEN. LA CENTRAL DE LAS TRES ERAS PRINCIPALES,
EL MESOZOICO, SE CORRESPONDE APROXIMADAMENTE CON LA EDAD DE LOS DINOSAURIOS.
CADA ERA, A SU VEZ, SE DIVIDE EN FRAGMENTOS MÁS PEQUEÑOS DENOMINADOS
PERÍODOS, TAMBIÉN DELIMITADOS POR TRANSICIONES EN LOS TIPOS DE FÓSILES.
LOS DOS PERÍODOS MÁS RECIENTES TRAS LA EXTINCIÓN DE LOS DINOSAURIOS,
EL TERCIARIO Y EL
CUATERNARIO, AÚN
SE PUEDEN DIVIDIR EN
INTERVALOS DE TIEMPO MÁS
PEQUEÑOS DENOMINADOS
ÉPOCAS.

Los nombres de los períodos se toman de los principales tipos de rocas
depositadas en ellos o bien de los lugares en donde los geólogos estudiaron
por primera vez esas rocas. Así, por ejemplo, el período Jurásico recibe ese
nombre por los tipos de roca más comunes de las montañas Jura, que forman
parte de los Alpes entre Francia y Suiza. Las fechas exactas de todos estos
intervalos de tiempo varían ligeramente en las diferentes escalas temporales
usadas por geólogos, paleontólogos y otros científicos.

Todas las cifras representan millones de años antes del presente, por lo que
0,01 significa hace 10.000 años.

100

150

200

compuestas, lo que significa que para formar la imagen de un individuo típico se han reunido varias partes fósiles de diferentes individuos. Si faltan algunas partes, para completarlas puede recurrirse a comparar con dinosaurios parecidos, pero mejor estudiados. Los propios fósiles nos proporcionan numerosas pistas para ayudarnos a reconstruir el dinosaurio por completo; por ejemplo, la forma en que los huesos encajan en una articulación muestra su posición natural y su flexibilidad; las zonas rugosas en los huesos fósiles, es decir, las marcas o cicactrices musculares, revelan dónde se unían los músculos al hueso e indican su tamaño y las líneas de esfuerzo; los huecos, agujeros y cavidades de huesos como el cráneo indican el tamaño y la forma de partes como el cerebro y los ojos. Buena parte de las evidencias procede de animales actuales que guardan cierto parentesco con los dinosaurios, incluidos los reptiles en general y, más especialmente, los parientes vivos más cercanos de los dinosaurios: las aves y los cocodrilos. La anatomía de los huesos, la dentición, las escamas y los tejidos blandos, además de otros detalles de estos seres vivos están relacionados con su alimentación y sus patrones de conducta. Si se hacen comparaciones con la evidencia fósil, pueden hacerse propuestas sobre el aspecto y los hábitos que tendrían los dinosaurios en vida.

Por lo general, los tejidos blandos, tales como músculos, tripas y piel, no forman fósiles. Sin embargo, en unos pocos casos, unas condiciones muy especiales han permitido la conservación de estas partes. El conocimiento de estos escasos ejemplares de un tipo de dinosaurio puede generalizarse a otros tipos. El color y los patrones de coloración de la piel es un aspecto sobre el que no se dispone de conocimientos. Los fragmentos fosilizados de piel pueden mostrarnos el tamaño y la disposición de las escamas o de los nódulos óseos, pero, dado que estas partes y la piel original se han convertido en piedra, su color no es otro que el de ese tipo de roca. Así pues, no tenemos ninguna prueba directa para decir si un dinosaurio era verde, marrón, a rayas rosas y amarillas o de cualquier otro patrón y coloración. Normalmente, las hipótesis más plausibles se obtienen comparando el tamaño, la forma, el comportamiento y el hábitat con el de los animales actuales, como los cocodrilos.

INFERIOR DERECHA Los fósiles de partes como las escamas de un pez o de un dinosaurio son rocas y tienen, por tanto, el color de esa roca en particular. En vida, las escamas y la piel pudieron haber tenido colores vivos, como los de este clamidosaurio de Australia y Nueva Guinea. Hasta el momento, ninguna técnica científica nos permite sugerir el color de las escamas, la piel u otras partes del cuerpo a partir de los restos fósiles.

INFERIOR IZQUIERDA En estas escamas fosilizadas del pez *Dapedium*, de hace casi 200 millones de años, se pueden observar exquisitos detalles. Este pez no era mucho mayor que una mano humana y cada una de estas escamas conservadas es de un tamaño similar a esta letra 0.

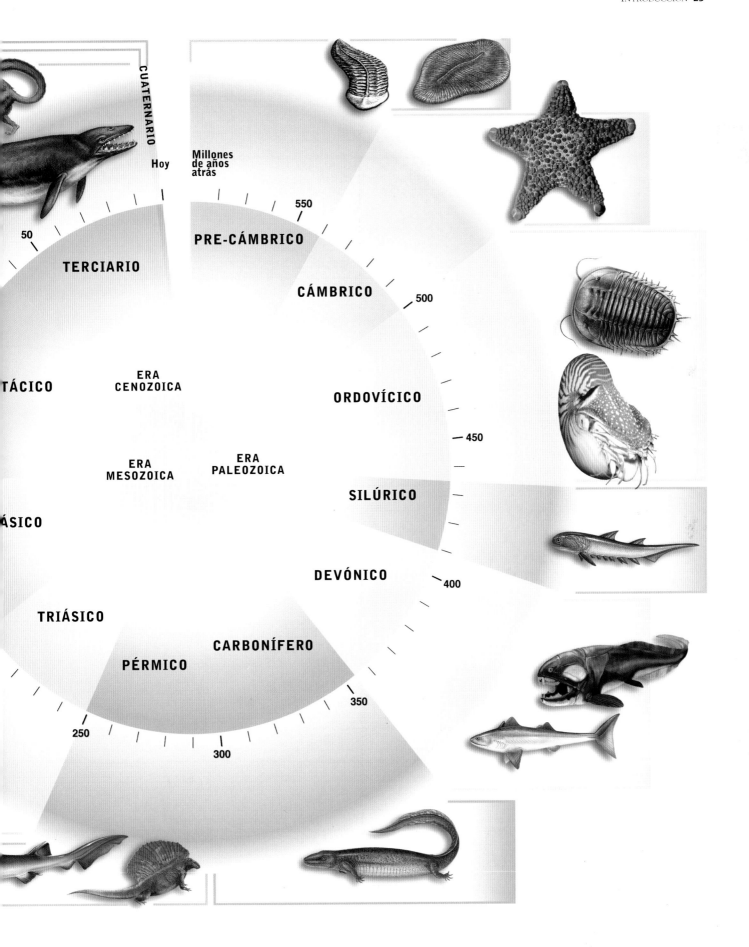

CUATERNARIO

Hoy

Millones
de años
atrás

550

500

450

400

350

300

250

50

PRE-CÁMBRICO

CÁMBRICO

ORDOVÍCICO

SILÚRICO

DEVÓNICO

CARBONÍFERO

PÉRMICO

TRIÁSICO

ÁSICO

TÁCICO

TERCIARIO

ERA
CENOZOICA

ERA
MESOZOICA

ERA
PALEOZOICA

UN MUNDO CAMBIANTE

EL MUNDO HA CAMBIADO A LO LARGO DEL TIEMPO MUCHO MÁS DE LO QUE PODEMOS IMAGINAR. NO SÓLO LOS DINOSAURIOS, TAMBIÉN OTROS ANIMALES Y PLANTAS HAN APARECIDO Y SE HAN EXTINGUIDO, Y LOS CLIMAS SE HAN ALTERADO CONSIDERABLEMENTE. LAS GRANDES MASAS TERRESTRES O CONTINENTES SE HAN IDO DESPLAZANDO POR EL GLOBO, HABITUALMENTE A UNA VELOCIDAD DE 1 O 2 CENTÍMETROS POR AÑO. A MEDIDA QUE EL NIVEL DEL MAR SUBÍA Y BAJABA MUCHAS VECES, LAS LÍNEAS COSTERAS CAMBIABAN, MODIFICANDO LOS TAMAÑOS Y LAS FORMAS DE LOS CONTINENTES. TODOS LOS CAMBIOS TEMPORALES SE EXPRESAN EN MILLONES DE AÑOS (MA).

1. CÁMBRICO
540–500 MA
ERA PALEOZOICA

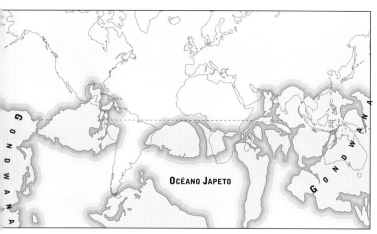

2. DEVÓNICO
410–355 MA
ERA PALEOZOICA

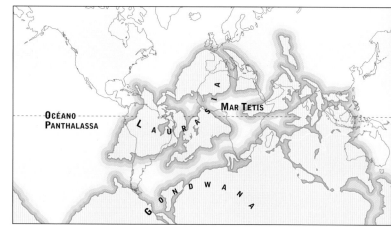

5. JURÁSICO
203–144 MA
ERA MESOZOICA

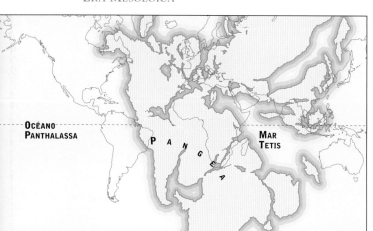

6. CRETÁCICO
144–65 MA
ERA MESOZOICA

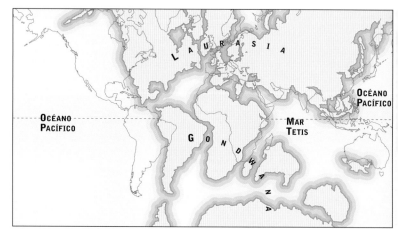

La historia general es la de los grandes supercontinentes que se desplazaron como uno solo, se separaron y volvieron a unirse otra vez durante la mayor parte de la era Paleozoica. En el período Pérmico colisionaron para formar el supercontinente Pangea. Éste mostró signos de rotura en el Jurásico inferior; se abrieron grietas y canales y Pangea se dividió en Gondwana y Laurasia en el Cretácico inferior. Al mismo tiempo cada uno de estos supercontinentes se estaba escindiendo. Durante el período Terciario las masas continentales se desplazaron hacia las posiciones que conocemos en el mundo actual. Estos mapas están centrados en la era Mesozoica, la edad de los dinosaurios; la era Paleozoica no está representada de forma exhaustiva, ya que no fue una época poblada por dinosaurios o animales emparentados con ellos.

3. CARBONÍFERO
355–295 MA

ERA PALEOZOICA

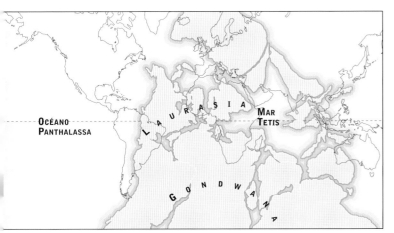

4. TRIÁSICO
250–203 MA

ERA MESOZOICA

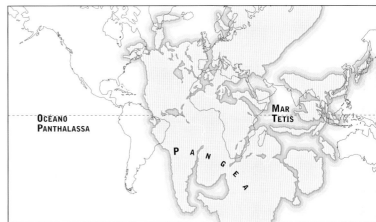

7. TERCIARIO
65–1,75 MA

ERA CENOZOICA

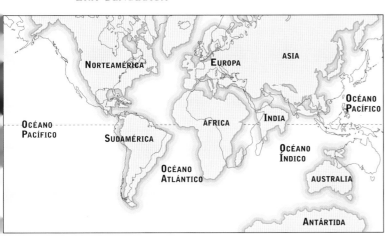

8. HOY
1,75 MA–PRESENTE

ERA CENOZOICA

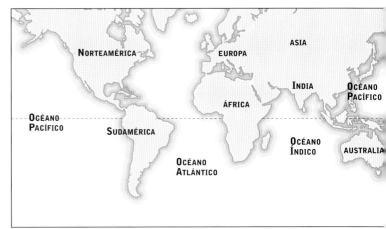

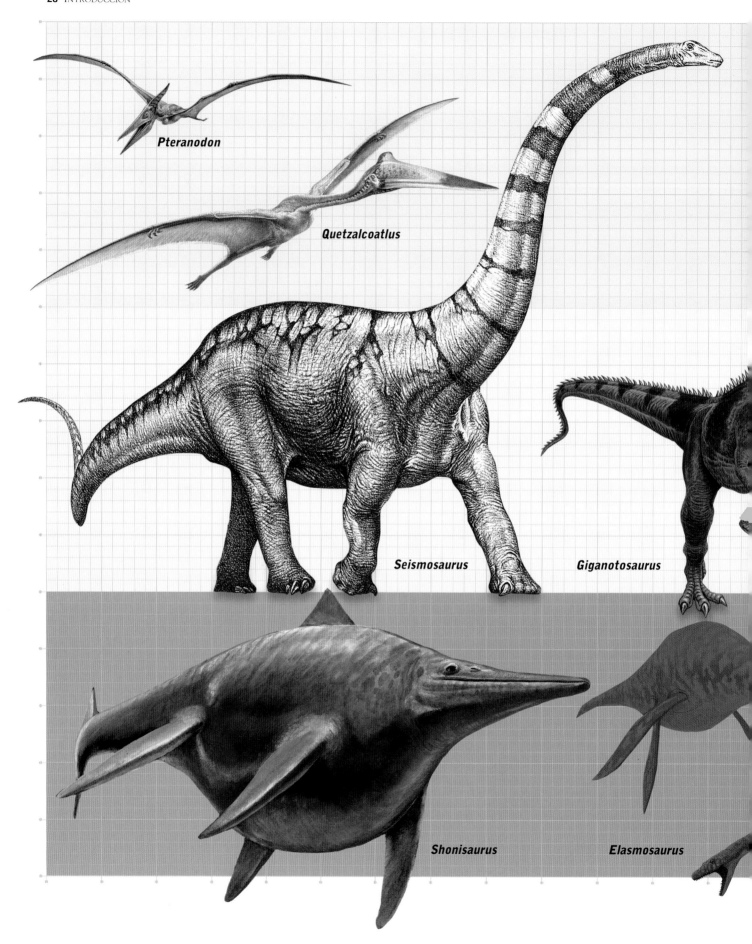

Pteranodon

Quetzalcoatlus

Seismosaurus

Giganotosaurus

Shonisaurus

Elasmosaurus

LA VIDA PREHISTÓRICA A ESCALA

AUNQUE MUCHOS DINOSAURIOS Y ANIMALES PREHISTÓRICOS ERAN REALMENTE ENORMES, ALGUNOS ERAN MUCHO MÁS PEQUEÑOS DE LO QUE ACOSTUMBRAMOS A IMAGINAR. EN ESTE DIAGRAMA SE COMPARAN LOS TAMAÑOS DE LOS ANIMALES CON EL DE UN SER HUMANO DE 1,83 METROS (6 PIES).

Seismosaurus era un dinosaurio muy largo, de hasta 52 metros; el más pesado se cree que fue *Argentinosaurus*, con 110 toneladas. *Giganotosaurus* fue el mayor de los dinosaurios depredadores conocidos, con 14 metros de altura, mayor que *Tyrannosaurus rex*, que hasta 1994 se creía que fue el mayor. *Anchiceratops* medía 4,5-6 metros, pero otros ceratopsios, como *Protoceratops*, no eran mayores que un cerdo. *Sinosauropteryx* era uno de los dinosaurios más pequeños, con una longitud máxima de apenas 1 metro. *Quetzalcoatlus* fue uno de los mayores animales voladores que existieron nunca, con una envergadura de 12-14 metros. *Ophtalmosaurus*, aunque no era especialmente grande, ostenta el récord de mayor globo ocular de entre todos los vertebrados, con un diámetro de casi 10 cm.

Cada ficha tiene una barra indicadora que compara el tamaño del animal con el de un humano de 1,80 metros. Si la altura del hombre equivale a 1 y la barra coloreada se extiende hasta 3 para un determinado animal, significa que ese animal es 3 veces mayor que un hombre. La escala cambia en cada capítulo para permitir un intervalo de tamaños comparativos. Por ejemplo, el animal más grande de un capítulo puede ser unas 3 veces mayor que un humano, pero en otro capítulo puede ser unas 30 veces mayor.

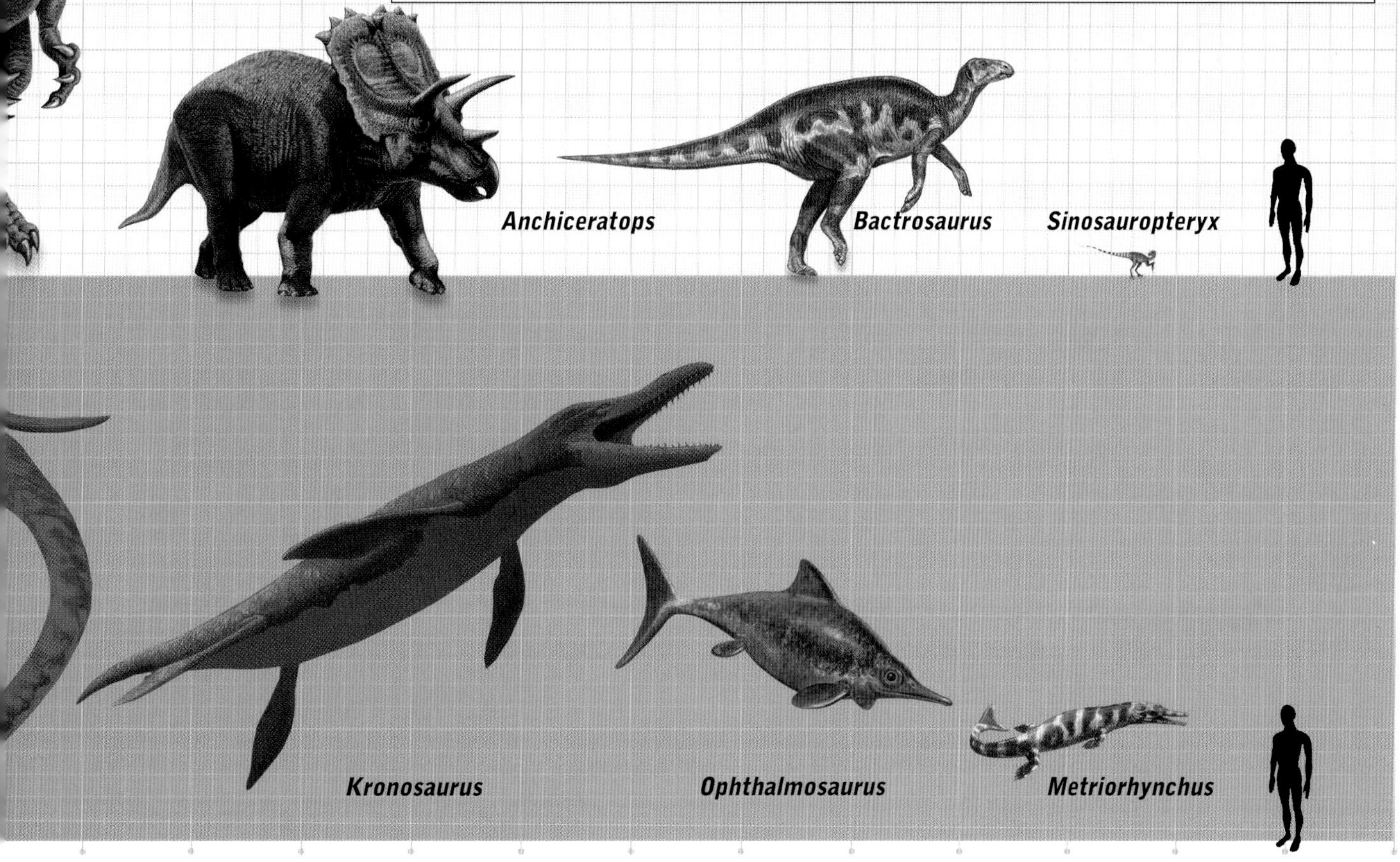

6 PIES

1 METRO

Anchiceratops

Bactrosaurus

Sinosauropteryx

Kronosaurus

Ophthalmosaurus

Metriorhynchus

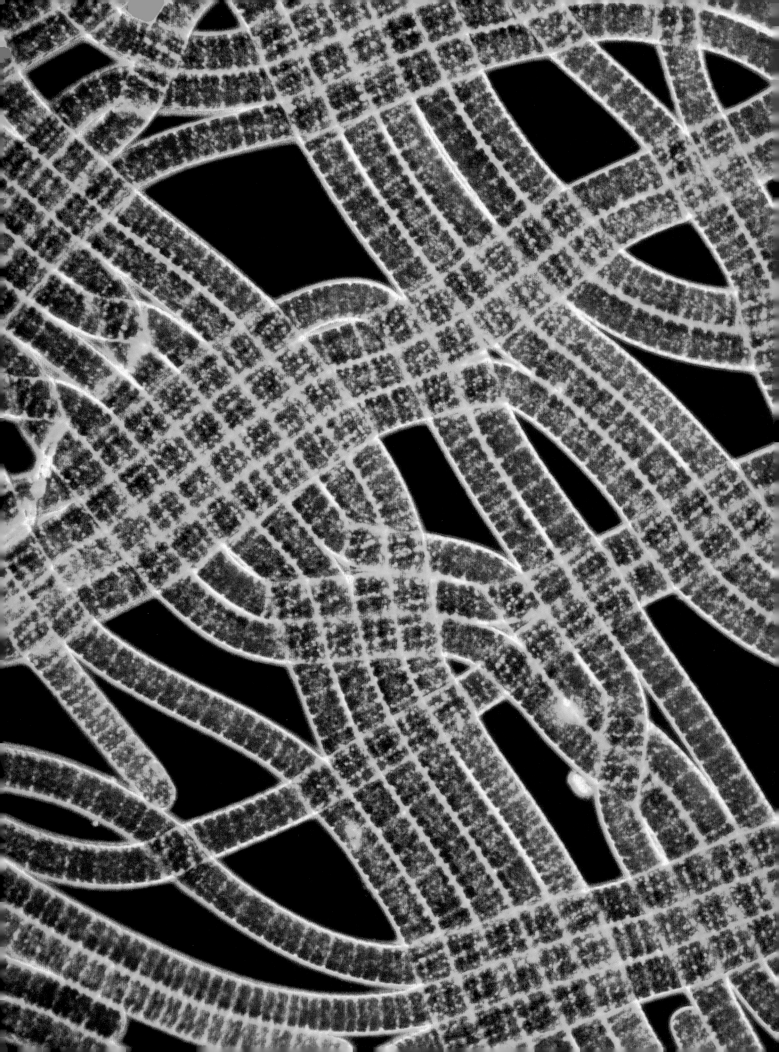

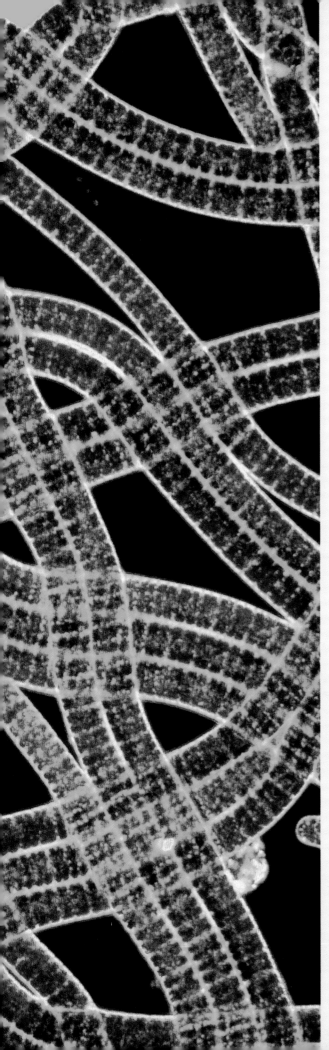

CAPÍTULO UNO

LA VIDA PRIMITIVA

LA ERA PALEOZOICA PRESENCIÓ LOS PRIMEROS TIPOS DE ANIMALES QUE POBLARON
NUESTRO PLANETA, DESDE LOS GUSANOS Y LAS MEDUSAS EN EL MAR HASTA
LAS PRIMERAS CRIATURAS QUE CAMINARON POR LA TIERRA.

CÓMO EMPEZÓ LA VIDA

EXISTEN VARIAS TEORÍAS SOBRE EL ORIGEN DE LA VIDA, ES MÁS, HAY VARIAS DEFINICIONES SOBRE LO QUE ES LA PROPIA VIDA. LA MAYORÍA SE CENTRAN EN LAS CARACTERÍSTICAS BÁSICAS DE LA REPRODUCCIÓN, EL CRECIMIENTO Y LA TRANSFORMACIÓN DE ENERGÍA. LOS SERES VIVOS SE REPRODUCEN, ES DECIR, GENERAN MÁS INDIVIDUOS DE SU MISMO TIPO; LUEGO ESTOS NUEVOS ORGANISMOS CRECEN, FORMAN NUEVOS TEJIDOS VIVOS UTILIZANDO NUTRIENTES Y MATERIAS PRIMAS, TALES COMO MINERALES QUE OBTIENEN DE SU MEDIO AMBIENTE; Y, POR ÚLTIMO, TAMBIÉN SE REPRODUCEN. EL PROCESO DE CRECIMIENTO REQUIERE ENERGÍA, QUE LOS SERES VIVOS OBTIENEN DE SU ENTORNO DE DETERMINADAS FORMAS, Y LA UTILIZAN PARA PRODUCIR CAMBIOS QUÍMICOS Y FÍSICOS.

PEQUEÑOS Y SIMPLES

Algunas teorías sobre el origen de la vida afirman que procede de fuentes extraterrestres o que fue creada por algún tipo de entidad o ser supremo. Estas hipótesis son muy difíciles de demostrar por métodos científicos. El punto de vista científico dominante sostiene que la vida se inició aquí, en la Tierra, hace miles de millones de años, en forma de organismos simples microscópicos. A partir de estos diminutos fragmentos de materia viva surgieron formas de vida mayores y más complejas, mediante un proceso de cambio o modificación conocido como evolución. La teoría de la evolución sustenta toda nuestra visión de la prehistoria y explica cómo y por qué los organismos han cambiado a lo largo del tiempo.

LAS PRIMERAS FORMAS DE VIDA

La Tierra se formó hace unos 4.500 millones de años. Los primeros indicios de vida son los microfósiles observados en rocas de más de 3.500 millones de años de antigüedad, que sugieren la presencia de organismos parecidos al actual grupo conocido como arqueobacterias. Esos organismos habitaban en el mar y podrían haber obtenido su energía de la luz del Sol, de la misma forma que hacen las plantas actualmente, mediante el proceso llamado fotosíntesis. Sus parientes actualmente vivos son las cianobacterias, o algas azul-verdes, que pueden observarse a veces como el verdín que cubre algunos estanques o charcas. Algunos de los primeros organismos pueden haber aprovechado los minerales energéticamente ricos que se hallan en la capa más externa de la Tierra, la corteza terrestre. Este proceso se sigue dando en las llamadas fuentes o chimeneas hidrotermales en las profundidades del océano, en donde sulfuros y otros minerales ricos en energía surgen burbujeando del lecho marino y son absorbidos por microorganismos simples.

LOS ANIMALES PRIMITIVOS

Durante más de 2.000 millones de años los seres vivos continuaron siendo pequeños y simples, como diminutos organismos unicelulares. Luego, tal como han mostrado algunos escasos y valiosos fósiles, las células empezaron a agruparse para formar organismos pluricelulares, mayores y más complejos. Las células se especializaron para realizar determinados trabajos, como el soporte físico, el movimiento, la alimentación o la reproducción, funcionando conjuntamente como entes vivos de mayor tamaño. Algunas de estas formas de vida pluricelulares seguían obteniendo su energía de la luz solar: eran las primeras plantas. Otras obtenían su energía consumiendo los microorganismos o las plantas, o bien otras como ellas: eran los primeros animales o metazoos, que siguieron evolucionando en los mares prehistóricos. En el Precámbrico tardío, hace unos 700-600 millones de años, estos seres habrían dado lugar a diferentes grupos de animales primitivos. Si nos extendemos a las criaturas más simples que existen actualmente, estos animales primitivos probablemente se parecían a esponjas, medusas y gusanos. Sin embargo, sus cuerpos eran blandos y vivieron hace muchísimo tiempo, por lo que sus fósiles son extraordinariamente escasos y nuestro conocimiento de ellos es limitado y esquemático. Conocemos mejor los animales de la explosión del Cámbrico, en la que surgieron nuevas características, tales como conchas y patas (*véanse* páginas 38 y 46).

PÁGINAS ANTERIORES Al ampliarlas 80 veces podemos ver cadenas de algas azul-verdes o cianobacterias conocidas como *Oscillatoria*. A simple vista aparecerían como una capa lanoso-algodonosa verdosa y viscosa. Las células individuales son muy simples y quizás se parecen a las primeras formas de vida que aparecieron en la Tierra, hace más de 2.000 millones de años.

IZQUIERDA Los lirios de mar o crinoideos abundan en un arrecife coralino tropical actual, tal como han hecho durante más de 500 millones de años. Estos seres en forma de flor son parientes invertidos de las estrellas de mar, unidos a la roca mediante un tallo. El grupo de las estrellas de mar, los equinodermos, fue uno de los primeros grupos principales de animales complejos en aparecer.

SIPHONIA Y CHAETETOPSIS

FICHA

SIPHONIA

Significado: sifón (animal absorbedor)

Período: a partir del Cretácico

Grupo principal: Porifera

Longitud: aprox. 1 centímetro

Dieta: plancton

Fósiles: en todo el mundo

DERECHA Estas esponjas fosilizadas, incrustadas en su matriz rocosa, son del período Cámbrico.

Los animales más simples actualmente vivos son las esponjas (poríferos). Hay más de 10.000 especies, básicamente en el mar, aunque algunas viven en el agua dulce de lagos y ríos. No tienen músculos y no pueden moverse, porque están unidas al lecho marino o fluvial, no tienen órganos tales como ojos u orejas y carecen de cerebro o sistema nervioso. Sin embargo, su nutrición se basa en el consumo de otros seres vivos, lo que las hace miembros del reino animal (*véase* página anterior).

Siphonia fue un tipo habitual de esponja en mares poco profundos durante 100 millones de años o quizás más. Formaba parte del grupo denominado demosponjas, en el que los tejidos de la pared corporal están reforzados con una red de fibras duras y callosas. Más del 90 % de las esponjas actuales pertenecen a este subgrupo; sus miembros más antiguos son algunos de los animales más antiguos conservados en forma de fósiles, de hace unos 600 millones de años. *Siphonia* tenía la típica forma de esponja, con un cuerpo hueco en forma de vaso o bolsa, en este caso colocado sobre un tallo. El agua con diminutos animales y plantas flotantes (plancton) era absorbida a través de unos pequeños orificios en la pared corporal hasta la cámara interior. Las células que recubrían esta cámara consumían el plancton y luego el agua era expulsada a través de un orificio mayor en el extremo superior del cuerpo.

Chaetetopsis, que vivió desde el Ordovícico hasta el Terciario (de 500 a menos de 60 millones de años atrás), era un tipo coralino de esponja. El refuerzo que confería rigidez a su cuerpo consistía en pequeñas espículas, a modo de agujas o espinas, hechas de minerales cálcicos. Tenía una forma más irregular que la mayoría de las esponjas, parecida a un montón de láminas superpuestas de unos 4 centímetros de altura.

FICHA

CHAETETOPSIS

Significado: rostro quebradizo, aspecto peludo

Período: Ordovícico-Terciario

Grupo principal: Porifera

Longitud: 4 centímetros

Dieta: plancton

Fósiles: abundantes, especialmente en el hemisferio norte

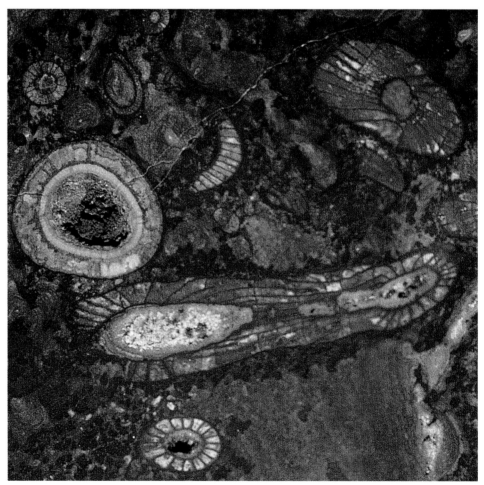

MILLEPORA Y HALYSITES

Los cnidarios (antes conocidos como celenterados) engloban una gran diversidad de animales actuales y extinguidos como, por ejemplo, medusas, corales, hidras, plumas marinas, gorgonias y anémonas marinas. Existen aproximadamente desde el Precámbrico, hace más de 600 millones de años. Sin embargo, los fósiles de las especies con cuerpos blandos, como las medusas o las anémonas, son muy escasos, ya que sus cuerpos se descomponían rápidamente.

De la gran mayoría de cnidarios prehistóricos todo lo que se conserva como fósiles son los tubos, los vasos u otras partes de sus «esqueletos» externos. La reconstrucción de los animales que contenían se basa en el conocimiento de las especies existentes.

Millepora es un ejemplo bastante moderno de un antiguo grupo de cnidarios denominado hidrozoos. Estos pequeños animales, llamados pólipos, parecían anémonas de mar en miniatura, altas y esbeltas. Vivían en colonias y formaban «esqueletos» comunes

con tubos ramificados de minerales rocosos, creando formas irregulares con aspecto de abanico o de dedos. Algunos pólipos se especializaban en la alimentación, mientras que otros situados en la zona externa resguardaban a los primeros. Los pólipos se podían encoger y esconderse en sus tubos rocosos para obtener protección.

Halysites era un tipo de coral conocido como coral en cadena y vivió entre el Ordovícico y el Pérmico superior, hace unos 250 millones de años. Al igual que *Millepora*, consistía en pólipos pequeños y alargados, parecidos a anémonas, cada uno de ellos con un conjunto superior de tentáculos flexibles que podían picar y coger partículas de comida, la mayoría animales aún más pequeños que flotaban en el plancton. Cada pólipo de *Halysites* construía un tubo de minerales rocosos a su alrededor, y éstos se unían por los costados formando un patrón irregular y creando colonias de hasta 10 centímetros de ancho en los antiguos arrecifes.

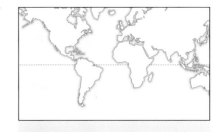

FICHA
MILLEPORA
Significado: mil poros
Período: Cuaternario
Grupo principal: Cnidaria
Longitud: hasta 10 centímetros de altura
Dieta: plancton
Fósiles: en todo el mundo

IZQUIERDA Los animales coralinos vivos, o pólipos, como estos *Dendrophylia*, parecen anémonas marinas en miniatura. Forman «esqueletos» calcáreos duros en forma de copa y abundan en algunas rocas como coral fosilizado.

FICHA
HALYSITES
Significado: coral en cadena
Período: Ordovícico-Pérmico
Grupo principal: Cnidaria
Longitud: colonias de unos 5 centímetros
Alimentación: plancton
Fósiles: en Europa y Asia.

SPRIGGINA Y SERPULA

FICHA

SPRIGGINA

Significado: de Sprigg (*véase* el texto)

Período: Precámbrico

Grupo principal: quizás Annelida

Longitud: 4 centímetros

Dieta: posiblemente partículas en el lodo del fondo marino

Fósiles: en Ediacara (Australia)

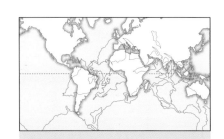

Todos los gusanos pueden parecer iguales, pero en realidad son uno de los grupos más variados de entre todos los animales. Existen varios grupos principales o fílums, entre ellos los gusanos segmentados (anélidos), como, por ejemplo, la lombriz o el arenícola o gusano rojo, y los gusanos redondos (nematodos), que se hallan prácticamente en cualquier lugar, incluso dentro de otros animales, como parásitos. Como la mayoría de las especies de gusanos prehistóricos tenían cuerpos blandos, sus ejemplos en el registro fósil son extraordinariamente raros. Aún así, se conocen varios ejemplares procedentes de rocas de Ediacara y de Burgess (*véanse* páginas siguientes).

Spriggina es un ejemplo hallado en Ediacara, bautizado por Reg Sprigg, un geólogo australiano que descubrió este impresionante yacimiento de fósiles en 1946. *Spriggina* tenía el tamaño de un pulgar y nadaba o se arrastraba por el lecho marino hace unos 600 millones de años. Es probable que fuera un anélido, pero, a diferencia de las versiones actuales, tenía un duro escudo curvo sobre su parte frontal; unas 80 aletas se disponían a lo largo de los dos costados, cada una terminada en una pequeña espina. Sin embargo, puede haber sido un cnidario o incluso un artrópodo.

En las costas actuales aún viven especies de *Serpula*, que pertenecen al subgrupo de los anélidos llamados gusanos tubícolas. Cada gusano construye un tubo espiral alrededor de su cuerpo, que se une a una roca o a una gran concha. El tubo acostumbra a ser blanco, formado por minerales calcáreos. El gusano asoma al agua su cabeza cubierta de tentáculos para capturar pequeños fragmentos de alimentos y se esconde en su tubo si se acerca algún peligro o cuando baja la marea. Se conocen fósiles de tubos espirales de *Serpula* del período Silúrico, hace más de 400 millones de años.

FICHA

SERPULA

Significado: pequeña serpiente

Período: a partir del Silúrico

Grupo principal: Annelida

Longitud: hasta 5 centímetros

Dieta: plancton

Fósiles: en todo el mundo

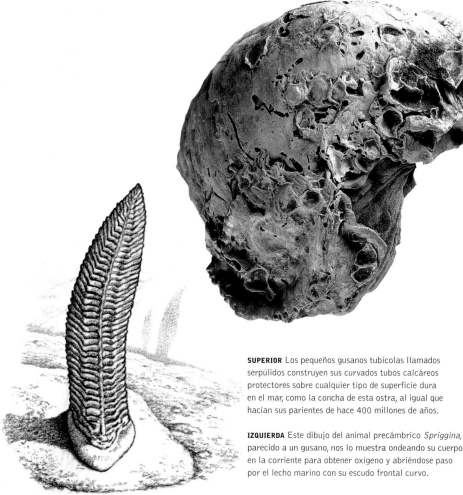

SUPERIOR Los pequeños gusanos tubícolas llamados serpúlidos construyen sus curvados tubos calcáreos protectores sobre cualquier tipo de superficie dura en el mar, como la concha de esta ostra, al igual que hacían sus parientes de hace 400 millones de años.

IZQUIERDA Este dibujo del animal precámbrico *Spriggina*, parecido a un gusano, nos lo muestra ondeando su cuerpo en la corriente para obtener oxígeno y abriéndose paso por el lecho marino con su escudo frontal curvo.

DICKINSONIA Y CANADIA

Dickinsonia es un tipo de gusano hallado en los extraordinarios fósiles de Ediacara (Australia). Para su tiempo era casi un gigante, pues algunos ejemplares parciales tienen una longitud estimada de 60 centímetros, aunque la mayoría eran de 5 a 20 centímetros. Los fósiles muestran un cuerpo plano y ancho, casi en forma de disco, con unas líneas claras que podrían ser los segmentos (secciones corporales que se repiten) del animal. El número de líneas varía entre 20 y 500. Sin embargo, ésta es sólo una posible interpretación de la identidad de *Dickinsonia*. Algunos especialistas sugieren que no era un anélido (gusano segmentado), sino un miembro de otro grupo principal o fílum muy diferente, los platelmintos (gusanos planos). Otras hipótesis consideran que *Dickinsonia* era una colonia coralina o incluso un liquen (una combinación de algas y hongos).

Canadia era del tamaño aproximado de un dedo humano y se considera la versión del Cámbrico medio de los nereidos actuales. Era un tipo de anélido con aletas parecidas a patas y cerdas a lo largo de sus costados. Sus fósiles proceden de las rocas de Burgess, en el sudoeste de Canadá. Si *Canadia* tenía el mismo estilo de vida que los nereidos actuales, hipótesis que muchos consideran probable, habría sido un depredador activo. Se arrastraría, serpentearía e incluso nadaría tras sus presas, gusanos más pequeños, atrapándolas con sus fuertes piezas bucales, similares a unas pinzas. Estas piezas bucales se cuentan entre las pocas partes endurecidas de los cuerpos de los gusanos y a menudo se han conservado. Se denominan escolecodontos y parecen pequeñas sierras o láminas de bordes aserrados de diferentes formas. La mayoría son menores que esta letra o.

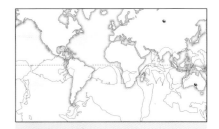

FICHA
DICKINSONIA
Significado: de Dickinson
Período: Precámbrico
Grupo principal: posiblemente Annelida
Longitud: hasta 60 centímetros
Dieta: posiblemente partículas en el lodo del fondo marino
Fósiles: en Ediacara (Australia) y Rusia

IZQUIERDA El gusano actual *Tomopteris*, nadando en medio del océano, se parece a grandes rasgos a su equivalente cámbrico, *Canadia*.

FICHA
CANADIA
Significado: de Canadá
Período: Cámbrico
Grupo principal: Annelida
Longitud: de 5 a 20 centímetros
Dieta: pequeños animales
Fósiles: en el sudoeste de Canadá

LA EXPLOSIÓN DEL CÁMBRICO

LA VIDA NO EMPEZÓ COMO UNA PEQUEÑA GOTA Y SE FUE DIVERSIFICANDO DE FORMA CONSTANTE HASTA EL PRESENTE. LOS SERES DE HACE MÁS DE 500 MILLONES DE AÑOS YA MOSTRABAN UNA EXTRAORDINARIA DIVERSIDAD, CON SEGMENTOS, CONCHAS, EXTREMIDADES ARTICULADAS, ALETAS FLEXIBLES Y TENTÁCULOS PRENSORES. EN MUY POCOS CASOS LA CONSERVACIÓN RÁPIDA POR PARTE DE SEDIMENTOS DE GRANO FINO FORMÓ FÓSILES EXQUISITOS, INCLUSO DE ANIMALES BLANDOS COMO LAS MEDUSAS Y LOS GUSANOS. DOS FAMOSOS EJEMPLOS SON LAS COLINAS DE EDIACARA, EN EL SUR DE AUSTRALIA (PRECÁMBRICO, CON MÁS DE 550 MILLONES DE AÑOS DE ANTIGÜEDAD) Y EL COLLADO DE BURGESS EN LAS MONTAÑAS ROCOSAS DE LA COLUMBIA BRITÁNICA, EN CANADÁ (CÁMBRICO, CON MÁS DE 500 MILLONES DE AÑOS DE ANTIGÜEDAD).

DERECHA *Anomalocaris*, que se alza en el centro de esta imagen, era un depredador gigante de los mares cámbricos, con sus aproximadamente 60 centímetros de longitud. Este artrópodo era un pariente lejano de los crustáceos, como los cangrejos.

CHITON Y CONOCARDIUM

DERECHA Los quitones son actualmente muy parecidos a como eran hace 500 millones de años, paciendo sobre los pequeños brotes de algas en las rocas costeras.

El grupo de los moluscos está abundantemente representado en el registro fósil, básicamente porque la mayoría de las especies vivían en el mar y tenían conchas duras, dos factores que hacen aumentar las probabilidades de conservación. *Chiton* es el nombre del género y también de una de las clases más importantes de moluscos: los quitones o «conchas de cota de malla» (también llamados poliplacóforos). Se originaron en el Cámbrico tardío, hace más de 500 millones de años, y desde entonces han aparecido y desparecido miles de especies, de las cuales actualmente existen unas 550, habitantes todas ellas del lecho marino o de las rocas costeras. Las especies del género *Chiton* variaban en tamaño desde menos de un centímetro hasta unos 50. Tenían la característica, típica del grupo, de presentar unas ocho placas superpuestas que formaban el caparazón, bordeadas por un «labio» de carne gomosa endurecida con granos o fragmentos de minerales. Bajo la concha, el cuerpo disponía de una cabeza frontal con una boca para comer los pequeños brotes de algas que recubren las rocas marinas y una potente ventosa que mantenía al animal firmemente sujeto a la roca, al igual que su lejano pariente actual, la lapa común.

Conocardium era un género de molusco del grupo conocido como rostroconquios. Se trata de uno de los muchos subgrupos extintos del fílum moluscos, aunque puede haber dado lugar a los bivalvos, como las ostras, las almejas y los mejillones. *Conocardium* tenía una concha cónica y ligeramente curvada, formada por dos mitades unidas, y medía unos 5 centímetros de ancho. Posiblemente se arrastraba sobre sus patas carnosas, parecidas a ventosas, y se alimentaba de los pequeños animales y plantas que continuamente se depositan y crecen en cualquier superficie dura del mar.

DENTALIUM Y MYTILUS

Estos dos animales con concha son ejemplos de dos subgrupos o clases de moluscos aún existentes actualmente, pero con diferentes grados de éxito. *Dentalium* era un género de la clase escafópodos con una concha de unos 10 centímetros de longitud, en forma de cono alargado y ligeramente curvado, como el colmillo de un elefante. El animal acostumbraba a situarse inclinado sobre el cieno del fondo marino, con el extremo puntiagudo de la concha asomándose por encima de la superficie. La cabeza sobresalía del extremo inferior, más ancho y abierto, para recoger pequeñas partículas comestibles del lodo con sus numerosos tentáculos filiformes. El pie también sobresalía por el extremo inferior y estaba adaptado para cavar. El agua necesaria para obtener oxígeno entraba y salía por un pequeño orificio en el extremo puntiagudo.

Los escafópodos como *Dentalium* aparecieron durante el Ordovícico y actualmente aún existen unas 560 especies. Los moluscos bivalvos se originaron más tarde, pero han tenido un mayor éxito evolutivo y actualmente existen unas 15.000 especies. Los bivalvos, también llamados lamelibranquios, tienen conchas formadas por dos piezas o valvas, habitualmente articuladas, que pueden cerrarse para proteger al animal. *Mytilus* es el género del mejillón común, que apareció por primera vez durante el Triásico, al mismo tiempo que los dinosaurios. La mayoría de las especies tenían una concha de 5 centímetros de longitud, aproximadamente. *Mytilus* se unía a las rocas para recibir una corriente continua de agua de mar, filtrando o tamizando pequeñas partículas comestibles como los microorganismos del plancton.

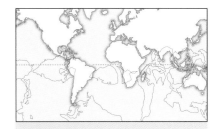

FICHA
DENTALIUM
Significado: con dientes, dentado
Período: Ordovícico
Grupo principal: Mollusca
Longitud: hasta 12 centímetros
Dieta: partículas comestibles en el lodo del lecho marino
Fósiles: en todo el mundo

IZQUIERDA Los mejillones son uno de los moluscos bivalvos más comunes. Sus antiguos congéneres (del mismo género *Mytilus*) ya poblaban las orillas cuando aparecieron los primeros dinosaurios.

FICHA
MYTILUS
Significado: mejillón
Período: a partir del Triásico
Grupo principal: Mollusca
Longitud: concha de unos 5-7 centímetros
Alimentación: plancton
Fósiles: en todo el mundo

Orthoceras y Stephanoceras

Los animales de esta página y de las dos siguientes eran cefalópodos, miembros avanzados y complejos del enorme grupo o fílum de los moluscos. Hoy en día entre los cefalópodos hallamos a los pulpos, los calamares, las sepias y los nautilos. Son cazadores rápidos y eficientes, con grandes ojos y tentáculos largos y flexibles para apresar a las víctimas. El grupo de los cefalópodos probablemente apareció hace más de 500 millones de años y muy pronto miles de especies poblaron los mares. Se conocen sobre todo por las conchas conservadas, con una impresionante variedad de formas y líneas de sutura (las crestas que unen las diferentes partes de las conchas).

Orthoceras era un nautiloideo con una concha recta y ahusada de unos 15 centímetros de longitud. La cabeza sobresalía por el extremo abierto y seguramente se parecía al miembro vivo de este grupo, el nautilo (*véase* página siguiente).

Stephanoceras formaba parte del grupo de cefalópodos denominado ammonoideos. Tenían conchas características, enrolladas en una espiral plana, con líneas y crestas formando patrones diferentes en cada una de las miles de especies. La concha tenía paredes transversales que la dividían en compartimentos, proporcionándole mayor resistencia. A medida que el animal crecía, iba añadiendo material a la concha por el extremo abierto, para continuar y ensanchar la espiral y formar nuevas paredes transversales. El cuerpo principal del animal se hallaba en el mayor y último compartimento, con la cabeza sobresaliendo por la abertura, al igual que en *Nautilus* (*véase* página siguiente). La concha de *Stephanoceras* crecía hasta unos 20 centímetros de diámetro, aunque algunos amonoideos alcanzaron tamaños superiores a los 2 metros. Tras un enorme éxito en los mares, antes y durante la era de los dinosaurios, los amonoideos se extinguieron a finales del Cretácico.

FICHA
ORTHOCERAS

Significado: concha recta o cuerno recto

Período: del Ordovícico al Triásico

Grupo principal: Mollusca

Longitud: concha de 15 centímetros

Dieta: animales pequeños

Fósiles: en todo el mundo

DERECHA Los orígenes de los amonoideos se remontan al Cámbrico, pero su verdadero éxito llegó durante el Mesozoico.

FICHA
STEPHANOCERAS

Significado: cuerno corona

Período: a partir del Jurásico

Grupo principal: Mollusca

Longitud: concha de unos 20 centímetros

Dieta: animales pequeños

Fósiles: en todo el mundo

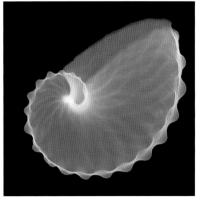

IZQUIERDA Una concha fosilizada de nautiloideo, muy similar en todos sus detalles a la de las especies actuales.

INFERIOR La estructura global del moderno argonauta (o «nautilo de papel») difiere poco de las conchas de hace más de 500 millones de años.

NAUTILUS

Los nautiloideos pertenecen a la clase de moluscos denominada cefalópodos. Algunos tienen conchas ahusadas y rectas, como *Orthoceras* (*véase* página anterior). El género llamado *Nautilus* engloba muchas especies que han aparecido y luego desaparecido hasta hoy. Las aproximadamente seis especies existentes de *Nautilus* habitan en las aguas profundas de los océanos Índico y Pacífico. A veces se les considera fósiles vivientes, aunque por supuesto este término no tiene ningún significado científico. El mayor de los nautilos vivientes tiene una concha de unos 25 centímetros, pero algunos nautiloideos desde el Ordovícico hasta el Jurásico eran enormes. Los más antiguos, con una concha recta de hasta 5 metros de longitud, se contaban entre los mayores depredadores de los mares ordovícicos, justo en el momento en que empezaban a aparecer los peces.

Los diversos tipos de nautiloideos tenían bocas puntiagudas, parecidas a picos (como la de un pulpo), rodeadas por dos anillos de abundantes tentáculos sin ventosas, que llegaban a ser a veces más de 60. La cabeza tenía dos grandes ojos para cazar por visión en la penumbra de las aguas profundas. Al igual que las conchas de los amonoideos (*véase* página anterior), la concha en espiral de estos nautiloideos tenía paredes transversales, denominadas tabiques o septos, a intervalos regulares. El cuerpo del animal ocupaba el último compartimento, pero la cabeza no podía replegarse.

El movimiento se conseguía mediante una forma de propulsión a reacción, en la que se absorbía agua a través de una gran abertura en una cavidad corporal, denominada cavidad del manto, y luego se expulsaba a presión a través de otra abertura más pequeña, el sifón (como en los calamares). Los nautiloideos también podían ajustar su flotabilidad para ascender o sumergirse modificando la composición de gases en los compartimentos no ocupados de la concha. Estos moluscos probablemente cazaban cualquier víctima a la que pudieran dominar, incluyendo peces.

FICHA
NAUTILUS
Significado: marino

Período: Ordovícico

Grupo principal: Mollusca (nautiloideos en general)

Longitud: concha de 10-20 centímetros

Dieta: animales pequeños

Fósiles: en todo el mundo

CALYMENE

Los trilobites son quizás los animales prehistóricos más numerosos y se conocen más de 15.000 especies a partir del registro fósil. Aparecieron durante el período Cámbrico, hace más de 500 millones de años, y dominaron los mares hasta que empezaron a evolucionar los primeros peces. Luego declinaron y las últimas especies desaparecieron hace 250 millones de años, al final del Pérmico, durante la mayor extinción en masa de toda la historia. Muchos de los fósiles no son los animales propiamente dichos, sino sus caparazones desechados. Los trilobites crecían de forma parecida a como lo hacen los cangrejos actuales, a intervalos: se despojaban o mudaban sus caparazones viejos y crecían rápidamente antes de que se endureciera el nuevo caparazón subyacente. Algunos tipos de trilobites alcanzaban los 70 centímetros de longitud (para más información, *véase* página 48).

Calymene es uno de los géneros de trilobites mejor conocidos. En el siglo XIX los mineros de carbón de las Midlands inglesas encontraron tal cantidad de sus fósiles que lo llamaron la langosta de Dudley, por una de las ciudades de la zona. Al igual que otros trilobites, el cuerpo consistía en tres grandes partes: un céfalo o cabeza en la parte delantera, con unos grandes ojos a cada lado de una giba central; una sección media o tórax, formada por una docena o más de unidades o segmentos repetidos; y un pigidio o cola, donde los segmentos estaban firmemente soldados, de forma que no podían articularse como los del tórax. El lóbulo central que recorre longitudinalmente el animal se denomina eje, mientras que los dos lóbulos laterales, más bajos, reciben el nombre de lóbulos pleurales. Llevaban agallas en forma de flecos a lo largo de los costados. La mayoría de los trilobites se arrastraban por el fondo y sus surcos se conservan fosilizados. Algunos podían nadar moviendo sus patas en forma de pala o incluso nadar ondeando todo el cuerpo.

IZQUIERDA En algunas rocas antiguas pueden hallarse cientos de individuos muertos y caparazones desechados de *Calymene*. Es posible que no vivieran en grupos, sino que murieran dispersos y luego las mareas y las corrientes los agruparan en determinados lugares, quizás acumulándolos en las playas como las conchas actuales.

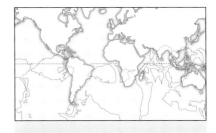

FICHA
CALYMENE

Significado: cubierta hermosa

Período: del Ordovícico superior al Silúrico

Grupo principal: Arthropoda (Trilobita)

Longitud: 7 centímetros

Dieta: pequeñas partículas comestibles

Fósiles: en todo el mundo

LINGULA (BRAQUIÓPODOS)

Lingula es uno de los animales que se acostumbran a denominar fósiles vivientes, simplemente una forma acientífica de decir que han estado sobre la Tierra muchísimo tiempo. En efecto, *Lingula* puede reclamar el honor de ser el fósil viviente más antiguo, ya que este orden ha existido desde el Ordovícico, hace casi 500 millones de años, y sigue existiendo hoy en día.

Con su concha en dos partes y en forma de lengua, de donde proviene su nombre, *Lingula* se parece mucho a los moluscos bivalvos, como los mejillones (*véase* página 41). Sin embargo, no es un bivalvo, ni siquiera un molusco; forma parte del gran grupo o fílum de los braquiópodos («pies en los brazos»). Este grupo engloba unas 350 especies existentes hoy en día, pero fue mucho más exitoso en la prehistoria, con más de 25.000 géneros conocidos. En ciertas épocas, los braquiópodos fueron tan numerosos que hay capas enteras de rocas formadas por sus restos acumulados en el lecho marino. La forma en que los detalles de sus conchas fueron cambiando a lo largo del tiempo los hace útiles como fósiles guía en la datación de rocas (*véase* página 16).

La diferencia entre un braquiópodo y un bivalvo es que el primero tiene las dos partes de la concha en el lado superior y en el lado inferior, mientras que el segundo las tiene en los lados derecho e izquierdo.

En algunos lugares a los braquiópodos también se les conoce como conchas de lámpara (*lampshells* en inglés) ya que los pueblos antiguos, como los romanos, utilizaban lámparas de piedra o de metal de forma similar a sus conchas para mantener el aceite de quemar.

Algunas especies de *Lingula* se fijaban al lecho con un pedicelo, otras eran móviles, y utilizaban el pedicelo para cavar. La concha en dos partes albergaba una estructura enrollada y con flecos denominada lofóforo, que recogía pequeños trozos de comida y los llevaba a la boca del animal. Actualmente la mayoría de los braquiópodos habitan en aguas profundas y tienen conchas de menos de 10 centímetros de anchura.

FICHA
LINGULA

Significado: pequeña lengua o lengüeta

Período: a partir del Ordovícico

Grupo principal: Brachipoda

Longitud: concha de unos 10 centímetros, habitualmente

Dieta: pequeñas partículas comestibles en el agua

Fósiles: en todo el mundo

PATAS Y EXTREMIDADES

LA EXTREMIDAD ARTICULADA, CONSISTENTE
EN UN CAPARAZÓN DURO EXTERNO UNIDO
A ESTRUCTURAS FLEXORAS, FUE UNO DE
LOS MAYORES ÉXITOS EVOLUTIVOS. ES LA
CARACTERÍSTICA QUE DA NOMBRE Y UNIFICA
EL GRAN GRUPO DE ANIMALES LLAMADOS
ARTRÓPODOS. EN ÉL SE INCLUYEN LOS
CRUSTÁCEOS, COMO LOS TRILOBITES,
DESAPARECIDOS HACE VARIAS ERAS,
Y LOS AÚN ABUNDANTES CANGREJOS,
ASÍ COMO LAS ARAÑAS Y LOS ESCORPIONES,
POR NO CITAR A LOS MILLONES DE ESPECIES
DE INSECTOS.

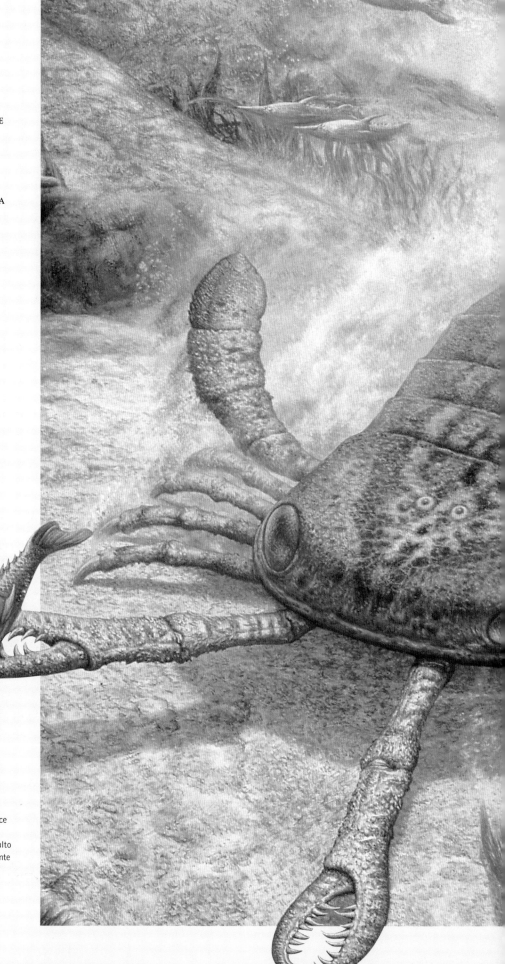

DERECHA Un amenazante euriptérido o escorpión
de mar merodea por las aguas poco profundas de hace
400 millones de años. Estos formidables artrópodos
alcanzaban un tamaño superior al de un humano adulto
y eran los mayores cazadores de su época. Actualmente
no sobrevive ninguno, pero como eran artrópodos
quelicerados, sus parientes lejanos actuales son
las arañas, los escorpiones y los ciempiés.

Ampyx y Pliomera

Uno de los animales prehistóricos mejor conocidos son los trilobites. Su nombre significa «de tres lóbulos», ya que su cuerpo tenía tres partes o lóbulos, separados por dos largos surcos de la cabeza a la cola. Su aspecto recuerda a las cochinillas de la humedad que actualmente podemos hallar debajo de las cortezas de los árboles húmedos. Las cochinillas son crustáceos, y están emparentadas con los cangrejos y las gambas; los trilobites, en cambio, no eran crustáceos, aunque forman parte del grupo más amplio o fílum al que también pertenecen éstos, junto con las arañas, los insectos y los escorpiones: los artrópodos. Los trilobites caminaban o nadaban con patas articuladas (*véase* página 46) y fueron los primeros animales en poseer ojos relativamente grandes que, por lo que parece, podían formar imágenes nítidas de su entorno.

Ampyx era uno de los tipos de trilobites más pequeño y temprano, del tamaño de un pulgar humano, aproximadamente. Era ligero, con un caparazón delgado que se extendía formando un largo hocico en la parte frontal y dos extremidades afiladas dirigidas hacia atrás desde la parte anterior de cada costado. Probablemente hurgaba en los sedimentos, como lodos y arenas, en busca de pequeños trozos comestibles, y cavaba más profundamente para esconderse y protegerse. *Pliomera* también era pequeño y vivió durante el Ordovícico, hace unos 450 millones de años. Carecía de las extensiones del caparazón, pero su cabeza tenía unas crestas con muescas, de forma que, cuando el animal se acurrucaba, encajaban en la parte posterior del cuerpo y así la vulnerable parte ventral quedaba protegida con el caparazón arrollado (*véase* imagen inferior).

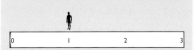

FICHA

AMPYX

Significado: aproximadamente dos

Período: Ordovícico

Grupo principal: Arthropoda (Trilobita)

Longitud: 4 centímetros

Dieta: pequeñas partículas comestibles

Fósiles: en Europa y Norteamérica

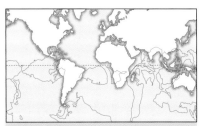

FICHA

PLIOMERA

Significado: más monstruoso

Período: Arthropoda (Trilobita)

Grupo principal: Arthropoda (Trilobita)

Longitud: hasta 5 centímetros

Dieta: materias particuladas en el lecho marino

Fósiles: sobre todo en el hemisferio occidental

SUPERIOR Un ejemplar de *Pliomera*, procedente de Putilowa, Polonia, muestra cómo el trilobite se enrollaba para proteger sus extremidades, branquias y otras estructuras de la parte ventral.

IZQUIERDA Las cochinillas de la humedad actuales son artrópodos, al igual que los extinguidos trilobites, y poseen la misma habilidad para enrollarse en forma de bola como medida de protección.

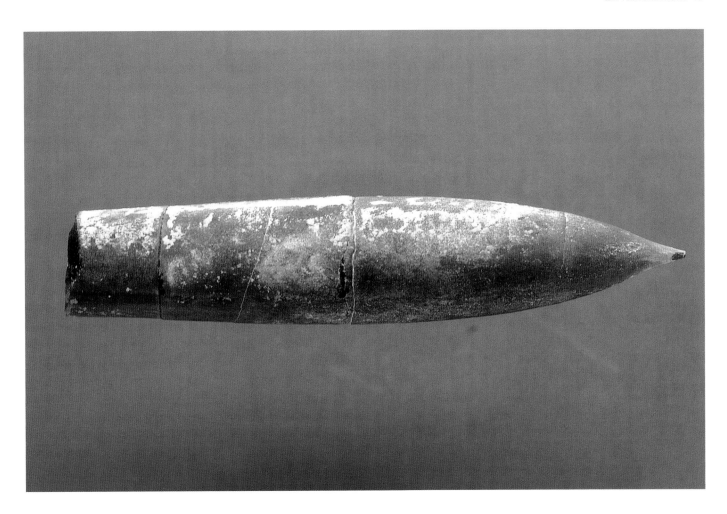

GONIOTEUTHIS

Al igual que los rápidos cazadores con grandes ojos de las páginas anteriores, *Gonioteuthis* era un molusco del grupo o clase de los cefalópodos («pies en la cabeza»). Pertenecía al subgrupo conocido como belemnoideos, que aparecieron con fuerza en el escenario marino del Ordovícico, con centenares de tipos diferentes. Sin embargo, al igual que los parecidos amonoideos (*véase* página 42), declinaron durante el período Cretácico y cuando éste concluyó ya se habían extinguido todos. *Gonioteuthis* era un ejemplo de belemnites de la época cercana a su final, el Cretácico superior. Era relativamente pequeño, con una longitud corporal de 15-20 centímetros, más los tentáculos.

En vida, los belemnites quizás se parecieran a otro grupo de cefalópodos que existen actualmente, los calamares (orden Teuthoidea). El cuerpo era largo e hidrodinámico, con dos extremidades laterales en forma de ala o aleta. La cabeza tenía dos grandes ojos y un pico córneo en el centro, rodeado de diez largos tentáculos, en algunos casos con ventosas o ganchos

en toda su longitud. Sin embargo, la parte principal de los belemnites que se fosilizó fue su concha, que estaba totalmente dentro del cuerpo del animal, en lugar de recubriéndolo. La concha tenía una parte frontal cónica, el fragmocono, en el medio del cuerpo, y una parte larga y estrecha, la pluma o rostro, que se extendía hacia la parte posterior del animal. Algunos yacimientos de fósiles contienen miles de estos rostros conservados. Los más cortos y anchos se acostumbran a llamar balas de belemnites o balas de moro, mientras que otros son más largos y finos, como hojas de un cuchillo. Los belemnoideos reciben su nombre de la forma de la concha, a partir de la palabra griega *belemnos*, que significa «dardo».

SUPERIOR Las balas de belemnites fosilizadas se hallan a cientos en algunos lugares, como la isla de Wight, en el sur de Inglaterra. Todas son la concha interna conservada de un belemnites, que se hallaba dentro del cuerpo en su extremo posterior puntiagudo. Un equivalente actual sería el jibión, la concha interna del pariente más cercano de los belemnites, la sepia.

FICHA
GONIOTEUTHIS
Significado: calamar estrecho

Período: Cretácico

Grupo principal: Mollusca

Longitud: hasta 20 centímetros sin los tentáculos

Dieta: animales pequeños

Fósiles: en Europa y en otros lugares

AEGER Y ERYON

Los crustáceos o animales de caparazón duro constituyen un enorme grupo o clase perteneciente al grupo más extenso o fílum de los artrópodos (*véase* página 46). Hoy en día hay más de 40.000 especies, las cuales dominan gran parte de la vida en el mar. Su historia fósil se remonta al Precámbrico, hace más de 550 millones de años. Uno de los mayores grupos de crustáceos es el de los decápodos (es decir, «de diez patas»), en el que se incluyen los langostinos, gambas, langostas, cangrejos y cigalas.

Aeger era un langostino prehistórico del período Jurásico, cuando los dinosaurios dominaban las tierras emergidas. Se han hallado sus fósiles en muchas zonas y, en términos generales, sus características difieren poco de las de los langostinos actuales. Siguen teniendo una extremidad puntiaguda, o rostro, en la frente, antenas muy largas (palpadoras), un caparazón sobre la cabeza y el tórax (la parte media del cuerpo) y extremidades acabadas en pinzas para recoger pequeños trozos de alimento y cualquier resto comestible del lecho marino.

Eryon era un tipo de langosta del Jurásico y del Cretácico inferior, hace unos 150-100 millones de años. Era ligeramente más pequeño que una mano humana y tenía un caparazón ancho y aplanado cefalotórax, seguido de un abdomen flexible y articulado en forma de cola. Sus cuatro pares de extremidades disponían de garras, mayores las del primer par, y el extremo de la cola tenía forma de abanico. Cuando Eryon doblaba la cola por debajo del cuerpo, con un coletazo, debía de impulsar súbitamente su cuerpo hacia atrás, con lo que sería una forma de escapar rápidamente de un peligro. Es posible que este tipo de animal fuera el antepasado de uno de los últimos grandes grupos de crustáceos en diferenciarse: los cangrejos, que aparecieron durante el Jurásico.

FICHA
AEGER

Significado: langostino

Período: Triásico-Jurásico

Grupo principal: Arthropoda (Crustacea)

Longitud: 2 centímetros sin el rostro

Dieta: pequeños trozos comestibles

Fósiles: en todo el mundo

DERECHA Este bello ejemplar de fósil de la especie de langostino *Aeger tipularius* está datado en el Jurásico medio, hace unos 170 millones de años, y procede de Alemania meridional. Su estructura corporal es extremadamente parecida a la de sus parientes vivos.

FICHA
ERYON

Significado: rojo (animal)

Período: Jurásico–Cretácico

Grupo principal: Arthropoda (Crustacea)

Longitud: 10 centímetros

Dieta: materias particuladas en el lecho marino, carroña

Fósiles: en el hemisferio norte

EURYPTERUS

Entre los más extraños y fascinantes animales prehistóricos figuraban los euriptéridos, conocidos como escorpiones de mar. Actualmente no existe nada parecido. Eran miembros del gran grupo de los artrópodos y pertenecían al subgrupo conocido como quelicerados, cuyo nombre se refiere a los quelíceros, las garras mordedoras que constituyen unas formidables piezas bucales, parecidas a colmillos, en muchas especies. Entre los quelicerados actuales tenemos las arañas, los escorpiones y la cacerola de las Molucas, *Limulus polyphemus*. Los euriptéridos aparecieron en el Ordovícico, hace 500 millones de años. Durante un tiempo fueron numerosos como depredadores marinos, hasta que empezaron a evolucionar peces carnívoros mayores. Frente a esta competencia, los euriptéridos fueron declinando hasta desaparecer por completo en la mayor extinción en masa, la del final del Pérmico hace 250 millones de años, aunque al menos tienen cierta fama local, ya que son el fósil representativo del estado de Nueva York.

Eurypterus da nombre al grupo y fue un género muy extendido, con varias especies, la mayoría de ellas bastante pequeñas. El extremo frontal, o prosoma, estaba cubierto por un caparazón a modo de escudo que cubría los quelíceros de cada lado de la boca y poseía cuatro pares de pequeñas extremidades ambulatorias detrás de ellos. El último par de extremidades era grande y en forma de paleta, adaptada para remar y nadar. Los ojos principales eran grandes y prominentes, y estaban acompañados por unos ojos auxiliares más pequeños cerca de la línea medial, en posición más elevada sobre la cabeza (como en los escorpiones). La segunda parte principal del cuerpo era el opistosoma, con 12 segmentos articulados denominados tergites. En la parte posterior tenía una cola afilada, el telson. *Eurypterus* probablemente se alimentaba de pequeños gusanos y otras presas presentes en el lecho marino.

SUPERIOR Un *Eurypterus* conservado visto desde arriba muestra las placas dorsales articuladas que cubren su dorso.

FICHA
EURYPTERUS
Significado: ala ancha

Período: Ordovícico

Grupo principal: Arthropoda (Chelicerata)

Longitud: 10 centímetros

Dieta: pequeñas presas

Fósiles: en EE. UU. y Europa

0		1		2		3

PTERYGOTUS

FICHA

PTERYGOTUS

Significado: animal alado o con aletas

Período: Silúrico superior

Grupo principal: Arthropoda (Chelicerata)

Longitud: hasta 2,3 metros de la cabeza a la cola

Dieta: animales grandes, tales como peces primitivos

Fósiles: en Norteamérica y Europa

Este temible depredador era un euriptérido, o escorpión de mar (*véase Eurypterus*, página anterior). Era el miembro más grande conocido de los quelicerados y también la mayor criatura conocida de todo el gran grupo de los artrópodos (*véase* página 46). Algunos ejemplares tenían una longitud total, de la cabeza a la cola, de más de 2 metros. A ello hay que añadir los quelíceros, unas grandes garras mordedoras, que en su caso tenían forma de pinza como las de un cangrejo. Cada uno de ellos era del tamaño de un brazo humano, doblado por el codo.

Pterygotus vivió durante el Silúrico superior, hace 420-410 millones de años, y se han hallado sus fósiles en Norteamérica y en Europa. Era más grande que la mayoría de los animales de los mares silúricos, a quienes aterrorizaba con su poder. Casi con toda seguridad cazaba con la vista: cada ojo era del tamaño de media pelota de baloncesto. Seguramente merodeaba por el lecho marino, arrastrándose sobre sus cuatro pares de patas ambulatorias, o moviendo su quinto par de extremidades en forma de remos.

En lugar del telson (cola) puntiagudo del *Eurypterus*, *Pterygotus* tenía un telson ancho y aplanado, casi como una aleta caudal. Posiblemente podía agitarlo de arriba abajo flexionando su cuerpo y, además, aletear sus extremidades en forma de remo y así conseguir una súbita aceleración para un ataque sorpresa. La víctima quedaba atrapada en sus quelíceros, clavada en las púas presentes a lo largo de sus superficies internas, para ser troceada y sus fragmentos llevados a la boca, situada debajo de la parte frontal de la cabeza, como una mantis religiosa gigante.

Se cree que algunos de estos escorpiones de mar vivían (pese a su nombre) en agua dulce, y algunos incluso se aventuraron a vivir en tierra, donde respiraban a través de branquias adaptadas como pulmones y conservaban la humedad en una cavidad corporal especial situada en la parte ventral.

DERECHA *Pterygotus* era aproximadamente de la misma longitud y altura que un moderno coche de Fórmula 1. Sus grandes ojos se hallan entre los mayores de cualquier animal, vivo o extinto, y sus pinzas a modo de escorpión podían romper las conchas más duras.

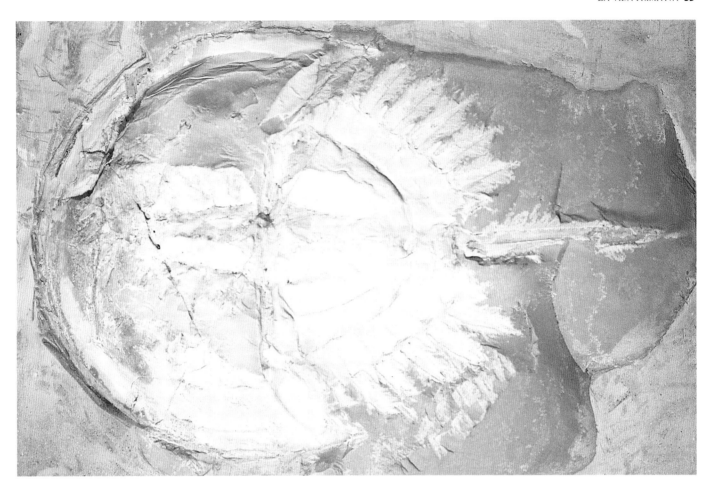

LIMULUS

Limulus, el animal actual conocido como cangrejo bayoneta o de las Molucas, tiene una historia fósil que se remonta a 400 millones de años. Los miembros de este grupo, los xifosuros, aparecieron en los mares del Devónico y desde entonces han aparecido y se han extinguido numerosos tipos. No son cangrejos verdaderos, sino que pertenecen al grupo de los artrópodos quelicerados, tal como se ha descrito para *Eurypterus* (*véase* página 51 y anterior), que también incluye a los arácnidos, como los escorpiones y las arañas. Los primeros tipos de cangrejos bayoneta eran pequeños, de sólo unos pocos centímetros, pero pronto se diversificaron en varias formas y tamaños. La primera especie de *Limulus* se halla en fósiles de rocas procedentes del Jurásico, hace más de 150 millones de años. Son casi idénticos a la especie actual *Limulus polyphemus*, habitual en las costas de Norteamérica. En primavera, multitud de estas criaturas aparecen en las aguas poco profundas de la costa atlántica de Norteamérica para reproducirse. Otras tres especies de *Limulus* habitan en los mares poco profundos de las costas del sudeste asiático.

La envoltura de *Limulus* consiste en un gran escudo frontal o caparazón que cubre la parte delantera del cuerpo, el cefalotórax. Dispone de un par de ojos grandes para la visión detallada y otro par más pequeño y simple cerca de la frente. Las piezas bucales, con sus garras mordedoras (los quelíceros) quedan en la parte inferior, cerca de la frente, y hay otro par a modo de extremidades justo detrás, los pedipalpos, especializados en detectar objetos mediante el tacto y el olfato. Detrás de éstas se sitúan cuatro pares de patas ambulatorias. La parte trasera del cuerpo, el abdomen, está unida de forma articulada con la parte frontal, de forma que *Limulus* puede nadar flexionando el cuerpo por esta articulación. La larga cola en forma de espina puede levantarse por encima del cuerpo para dar la vuelta al animal si éste cae cabeza abajo sobre el lecho marino.

SUPERIOR Una vista superior de *Limulus* que muestra la cabeza a la izquierda y la larga y afilada cola a la derecha.

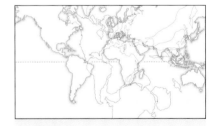

FICHA
LIMULUS
Significado: el viscoso

Período: a partir del Jurásico

Grupo principal: Arthropoda (Chelicerata)

Longitud: cuerpo de 5 a 30 centímetros (sin la cola)

Dieta: carroñero, filtra pequeños fragmentos comestibles

Fósiles: en todo el mundo

PLEUROCYSTITES Y BOTRYOCRINUS

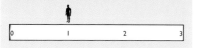

DERECHA Las estrellas de mar son parientes cercanos de los crinoideos y aparecieron durante el Ordovícico, hace casi 500 millones de años. Los primeros tipos se parecían bastante a las especies actuales, como esta estrella (*Asterodiscides truncatus*) de las aguas australianas.

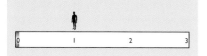

Los equinodermos forman actualmente un gran grupo o fílum de animales, con más de 6.000 especies, todas ellas marinas. Entre ellos se cuentan las estrellas, los erizos, los pepinos y las margaritas de mar y las ofiuras. Se distinguen de la mayoría de los grupos animales por poseer simetría radial, lo que significa que sus cuerpos son básicamente circulares, con tentáculos, espinas y otras partes dispuestas como los radios de una rueda. Los equinodermos son muy antiguos, pues aparecieron en los mares cámbricos hace más de 500 millones de años (para más información *véase* página siguiente).

Pleurocystites pertenecía a un grupo extinguido de equinodermos denominado blastoideos. Era muy pequeño, sólo 2 centímetros, y alargado y vivió durante el período Ordovícico. Se fijaba a la roca o a la arena con un pie. El cuerpo principal, el cáliz, tenía forma de copa, y por encima de él tenía dos largos brazos que en algunas especies disponían de numerosas cerdas. El animal filtraba el agua de mar con estos brazos para capturar pequeños fragmentos flotantes de comida. *Botryocrinus* pertenecía a otro grupo de equinodermos que aún existe actualmente: los crinoideos o lirios de mar. Parecen flores con un anillo o corona de tentáculos ligeros que rodean una boca central, dispuesta sobre un largo pie que se fija al lecho marino. También filtran pequeñas partículas de alimento que se hallan en el agua, al igual que los blastoideos. *Botryocrinus* vivió durante el Silúrico y su altura total era de 15-20 centímetros. Algunos crinoideos tenían pies de más de un metro y sus plumosos «pétalos» abarcaban más de 70 centímetros.

BOTHRIOCIDARIS Y DICHOGRAPTUS

Bothriocidaris era un tipo primitivo de erizo de mar del período Ordovícico y que pertenecía al grupo de los equinodermos. Muchos equinodermos fósiles se conocen a partir de fragmentos de sus caparazones que, al igual que en los representantes actuales del grupo, estaban hechos de placas duras y mineralizadas, casi de piedra, situadas justo bajo la piel. En un erizo de mar estas placas están unidas formando una sola bola hueca llamada testa. Sin embargo, en la mayoría de los casos las testas se rompen durante la fosilización y se conservan sólo como una mezcla de pequeños fragmentos. *Bothriocidaris* era muy pequeño, del tamaño de una uva. Al igual que los modernos erizos de mar, posiblemente se desplazaba inclinando sus espinas por la base, y se alimentaba de la película de microorganismos que crece constantemente en cualquier superficie marina, con una boca formada por cinco piezas en la parte inferior de la bola.

Dichograptus era un graptolito, miembro de un grupo de animales que surgieron en el Cámbrico y se expandieron y diversificaron durante el Ordovícico, pero se extinguieron en el Carbonífero. Los graptolitos eran como anémonas de mar o pólipos coralinos muy pequeños, con tentáculos para filtrar el agua de mar y obtener plancton y otros diminutos materiales comestibles. Cada animal individual o zooide vivía dentro de una estructura dura en forma de copa llamada teca, desde la cual extendía sus tentáculos para alimentarse. Un gran número de tecas podían unirse formando filas, conservadas como fósiles, que se parecen a la estrecha hoja dentada de una sierra para metales. Algunas flotaban, mientras que otras se fijaban al lecho marino. *Dichograptus* formaba colonias con ocho cadenas dobles de tecas proyectadas como radios de una rueda desde un eje central.

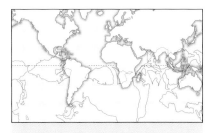

FICHA
BOTHRIOCIDARIS
Significado: el mejor surco o la mejor zanja
Período: Ordovícico
Grupo principal: Echinodermata
Longitud: 15 centímetros
Dieta: plancton
Fósiles: en todo el mundo

IZQUIERDA Estos erizos de mar actuales del género *Astropyga* cubren el lecho marino cerca de la costa francesa, de la misma forma que lo pudo haber hecho *Bothriocidaris* (que era mucho más pequeño) hace 450 millones de años.

FICHA
DICHOGRAPTUS
Significado: marca en doble línea, escritura con dos ramificaciones
Período: Ordovícico
Grupo principal: Branchiotremata (Graptolithinia)
Longitud: los animales individuales eran diminutos, de pocos milímetros
Dieta: plancton
Fósiles: en todo el mundo

El amanecer de los vertebrados

Los vertebrados (animales con columna vertebral) son los peces, los anfibios, los reptiles, las aves y los mamíferos. Unos fósiles chinos recién descubiertos muestran quizás el primer estadio prevertebral en un pequeño animal con aspecto de anguila de hace 530 millones de años. Una banda de tejido rígido, el notocordio, formaba una barra simple a la que se unían los músculos y contra la que podían estirar, produciendo el movimiento lateral que los peces explotarían más tarde de forma tan exitosa.

DERECHA Este pez fósil muestra la importancia de la columna vertebral, que sirve de soporte central flexible a lo largo de todo el cuerpo.

HEMICYCLASPIS

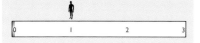

FICHA

HEMICYCLASPIS

Significado: placa o escudo semicircular

Período: Silúrico superior, Devónico inferior

Grupo principal: Osteostraci (Cephalaspida)

Longitud: 13 centímetros

Dieta: partículas comestibles en el lecho marino

Fósiles: en Europa (Inglaterra), Asia, Canadá oriental y este de EE. UU.

El pez más antiguo del Ordovícico superior se parecía a sus equivalentes modernos en su forma general, pero no tenía en los costados del cuerpo las aletas pares (aletas pectorales y pélvicas) que los peces modernos ajustan para tener maniobrabilidad; tampoco poseía verdaderas mandíbulas. Estos primeros peces se denominan agnatos, que significa «sin mandíbulas». Tenían una boca adaptada para aspirar o para raspar, que podía ser redondeada o en forma de hendidura. Existían diversos grupos principales y especies de muchas formas distintas. La mayoría eran más pequeños que una mano humana. Además, la mayoría de los tipos tenían placas óseas en la piel, como medida de protección frente a los poderosos cazadores de la época, como los escorpiones de mar. Esta característica les ha valido el nombre genérico de ostracodermos, es decir, «piel ósea».

Hemicyclaspis tenía una longitud total de apenas 12-13 centímetros, con un cuerpo bajo y aplanado, lo que indica que era un morador de los fondos marinos.

Vivió a partir del Silúrico superior, hace unos 420 millones de años, probablemente en agua dulce. En el extremo frontal presentaba un escudo cefálico óseo semicircular, con una boca a modo de ventosa en la parte inferior para recoger pequeñas partículas de alimento en el fango y la arena. Tenía dos ojos muy juntos en la parte superior de la cabeza y dos cuernos en forma de aleta, que se proyectaban hacia atrás desde cada lado de la parte inferior de la cabeza. La parte principal del cuerpo estaba envuelta por secciones o segmentos de placas óseas estrechas y curvadas, que podían moverse una respecto a otra. El extremo caudal se estrechaba hasta un punto donde se expandía por debajo en una aleta que funcionaba como una cola. Una proyección rígida a modo de aleta sobre el dorso daba a *Hemicyclaspis* una cierta estabilidad al mover su cuerpo de un lado a otro, como los peces actuales, en una combinación de serpenteo y natación, para hurgar en los lechos fluviales o lacustres y ocasionalmente para levantarse un poco por encima de ellos.

PTERASPIS

Pteraspis, «escudo alado», recibe su nombre en alusión a las espinas puntiagudas y en forma de ala que se proyectan desde sus costados. Éstas ayudaban a este pez sin mandíbula (o agnato) a mantener la estabilidad mientras nadaba sacudiendo su extremo posterior, que tenía un lóbulo caudal inferior mucho mayor que el superior. Este diseño proporcionaba, tanto propulsión para el avance como sustentación. Estas características, junto con la forma generalmente redondeada de la sección corporal y el perfil habitualmente hidrodinámico culminado en un afilado rostro (proyección nasal), inclinado hacia arriba para proporcionar sustentación, sugieren que *Pteraspis* también era un nadador activo en aguas más altas, además de morar en los fondos, al igual que *Hemicyclaspis*. Desde el dorso se proyectaba una espina grande, larga y curvada hacia atrás, con otras espinas similares, pero más pequeñas y cada vez menores detrás de la primera, a lo largo de la parte posterior del cuerpo y el lóbulo superior de la cola. Estas espinas evitaban que *Pteraspis* se tumbara o girara mientras nadaba.

Pteraspis tenía una boca en forma de hendidura y es probable que se alimentara de pequeños animales marinos que capturaba mientras nadaba hacia delante cerca del lecho marino. Sus ojos eran pequeños y estaban situados a cada lado de la cabeza, con un campo de visión restringido. Al igual que la mayoría de los peces sin mandíbulas primitivos, *Pteraspis* era pequeño: medía apenas unos 20 centímetros de longitud. Su coraza cefálica estaba formada por varias placas curvadas, mientras que la parte posterior se encontraba cubierta por unas pequeñas escamas superpuestas.

Tras un período de éxito relativamente corto, durante el Silúrico superior y el Devónico inferior, los peces sin mandíbulas empezaron a sufrir la presión de sus parientes mandibulados, con aletas y más rápidos (como se muestra en las páginas siguientes). Hacia el Pérmico ya eran mucho más escasos y hoy en día sólo sobreviven dos tipos principales: las lampreas y los mixinos, con unas 90 especies en total.

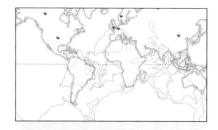

FICHA

PTERASPIS

Significado: escudo alado

Período: Devónico inferior

Grupo principal: Heterostraci

Longitud: hasta 20 centímetros

Dieta: pequeños animales tales como crustáceos en aguas superficiales o sedimentos del fondo

Fósiles: en Europa (Bélgica, Noruega, Inglaterra, Gales), Asia, norte de Canadá y EE. UU.

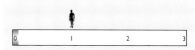

IZQUIERDA Las corazas y espinas de *Pteraspis* tenían probablemente una función protectora, o quizás también para forzar el paso a través de las algas. La musculatura corporal reconstruida de este pez no sugiere que fuera un nadador rápido.

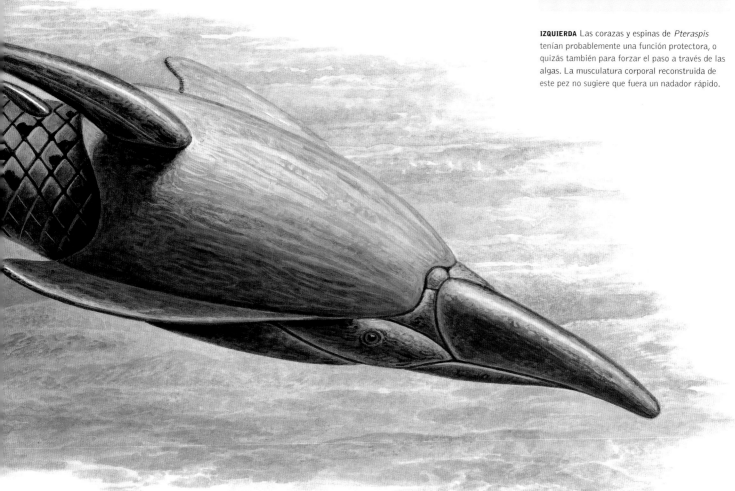

CLIMATIUS Y ACANTHODES

FICHA
CLIMATIUS

Significado: pez inclinado (por su cola desviada hacia arriba)

Período: del Silúrico superior al Devónico inferior

Grupo principal: Acanthodii

Longitud: 8 centímetros

Dieta: pequeñas presas en aguas intermedias, tales como crustáceos y peces pequeños

Fósiles: en Europa y Norteamérica

Entre los primeros peces con mandíbulas y aletas laterales pares y simétricas se hallan los acantodios. Evolucionaron en el mar, pero pronto se expandieron hacia el agua dulce; sus fósiles más antiguos se remontan al Silúrico inferior, hace unos 430 millones de años. A veces se les denomina tiburones espinosos porque tenían hileras de grandes y afiladas espinas a lo largo del dorso y del vientre, que ayudaban a sujetar las finas aletas membranosas, y porque el perfil de algunos de ellos era esbelto y parecido a un tiburón. Sin embargo, los verdaderos tiburones pertenecen a un grupo diferente y aparecieron más tarde que los acantodios. Estos últimos gozaron de su mayor éxito durante la edad de los peces del Devónico, pero luego decayeron hasta extinguirse a finales del Pérmico, hace 250 millones de años.

Climatius era del tamaño de un dedo humano. Tenía un morro redondeado, dientes afilados en su recientemente evolucionada mandíbula inferior y grandes ojos para cazar las presas mediante la visión. Disponía de dos grandes aletas espinosas en el dorso y cuatro pares o más en la parte inferior, lo que convertía a Climatius en un bocado realmente espinoso para cualquier depredador. Las aletas pectorales se proyectaban rígidamente a partir de la parte anteroinferior del cuerpo, con placas óseas protectoras justo encima. Acanthodes, que ha dado su nombre al grupo entero al que pertenece, era mayor que Climatius, con unos 30 centímetros de longitud. Su cuerpo era más delgado, más parecido a una anguila, pero tenía la misma cola desviada hacia arriba con una aleta sólo en la parte inferior. Tenía una aleta sostenida por una espina en el dorso y otra en la parte ventral, ambas cerca del extremo posterior. Las mandíbulas no tenían dientes y se alimentaba a través de las agallas, que habían evolucionado a modo de rastrillos o peines para filtrar pequeños fragmentos de comida del agua. Disponemos de fósiles de Acanthodes procedentes de Australia y de varios lugares del hemisferio norte, como Estados Unidos (Illinois, Pennsylvania, Virginia Occidental) y Europa (Escocia, Inglaterra, Alemania, España).

SUPERIOR Los acantodios como Acanthodes reciben el sobrenombre de tiburones espinosos por las espinas afiladas y rígidas que soportan la parte frontal de cada aleta.

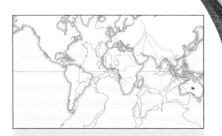

FICHA
ACANTHODES

Significado: base espinosa

Período: del Carbonífero al Pérmico

Grupo principal: Acanthodii

Longitud: 30 centímetros

Dieta: plancton, pequeños animales

Fósiles: en el hemisferio norte y Australia

SUPERIOR En esta imagen se muestra un Climatius de tamaño superior al real. Además de los dos pares de aletas espinosas pectorales y las aletas posteriores superior (dorsal) e inferior (anal), tenía una hilera de proyecciones espinosas a lo largo del vientre.

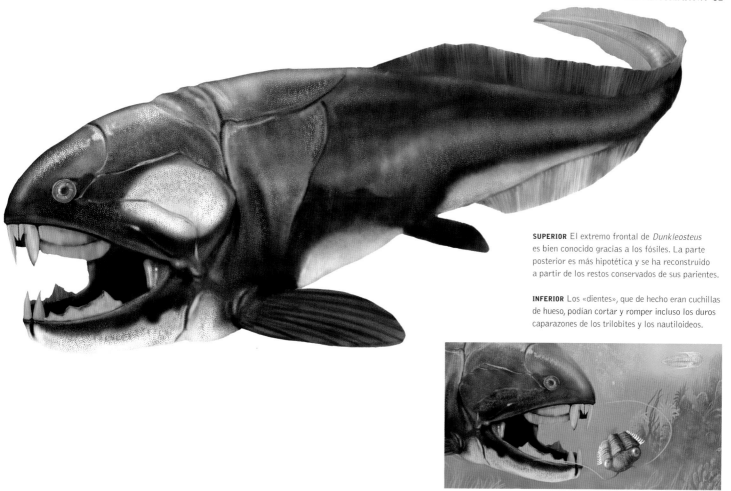

SUPERIOR El extremo frontal de *Dunkleosteus* es bien conocido gracias a los fósiles. La parte posterior es más hipotética y se ha reconstruido a partir de los restos conservados de sus parientes.

INFERIOR Los «dientes», que de hecho eran cuchillas de hueso, podían cortar y romper incluso los duros caparazones de los trilobites y los nautiloideos.

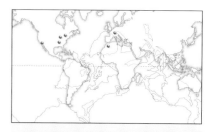

DUNKLEOSTEUS (DINICHTHYS)

Al igual que los acantodios (*véase* página anterior), los placodermos, o «piel con placas» fueron un grupo muy primitivo de peces con mandíbulas y aletas verdaderas pares. Su nombre hace referencia a las grandes placas óseas curvadas e incrustadas en la piel que cubrían su cabeza y la parte frontal de su cuerpo. Los placodermos se originaron en el Silúrico superior y se convirtieron en uno de los grupos de animales más exitoso durante el período siguiente, el Devónico. Sin embargo, pronto desaparecieron, cuando los tiburones y otros tipos de peces se diversificaron y los sustituyeron.

Uno de los mayores placodermos conocidos era *Dunkleosteus*, del Devónico superior. Se estima que medía entre 3,5 y casi 12 metros; en cualquier caso, fue uno de los mayores animales de su tiempo. Se han hallado fósiles en Marruecos, en yacimientos europeos de Polonia y Bélgica, y en Estados Unidos. El extremo frontal del pez es bien conocido gracias a las placas óseas conservadas, que muestran la forma de la cabeza, con una enorme boca y unas feroces cuchillas óseas a modo de dientes, algunas de ellas

de casi 30 centímetros, asentadas en unas potentes mandíbulas. La parte principal del cráneo tenía una longitud superior a 65 centímetros, con una articulación que la unía a las placas pectorales, de forma que *Dunkleosteus* era uno de los pocos peces con un «cuello» flexible. Podría haber triturado y cortado casi cualquier víctima de los mares devónicos. La parte posterior del cuerpo se conoce menos, presumiblemente porque tenía muy poca protección de placas o escamas óseas, o incluso carecía totalmente de ellas. Puede que tuviera una forma ahusada, a modo de anguila, con aletas carnosas y una cola dirigida hacia arriba con una aleta en la parte inferior; quizás *Dunkleosteus* devoraba presas que habitaban el fondo marino. También puede que tuviera un aspecto más parecido a un tiburón y que fuera un cazador rápido y activo de aguas intermedias. Pertenecía a un subgrupo de placodermos denominado artrodiros o «cuellos articulados», ya que tanto el cráneo como las mandíbulas podían bascular sobre las vértebras frontales (cervicales).

FICHA
DUNKLEOSTEUS

Significado: pez óseo de Dunkle (su descubridor)

Período: Devónico superior

Grupo principal: Placodermi (Arthrodira)

Longitud: 5 metros o más

Dieta: grandes peces y otras presas

Fósiles: en Europa, África y EE. UU. (California, Ohio, Tennessee, Pennsylvania)

La era
de los peces

Durante el Devónico, hace 410-355 millones
de años, muchos peces distintos fueron
los grandes animales dominantes en
todos los hábitats acuáticos. Algunos
grupos, como los acantodios y los placodermos
(en todo este capítulo), hace mucho tiempo
que han desaparecido. Otros, como los
tiburones y los peces de aletas lobuladas
(sarcopterigios) tuvieron un gran éxito
y todavía tienen representantes actuales,
mientras que algunos peces fueron
evolucionando hasta poder andar
por tierra firme.

DERECHA El diseño básico de los peces óseos apareció hace más de
400 millones de años y persiste hoy en día con muy pocos cambios.
Este espécimen fue hallado en la formación de esquistos de Green
River, en Wyoming (EE. UU.). Los peces son, con diferencia,
el mayor grupo de vertebrados por lo que respecta al número
de especies.

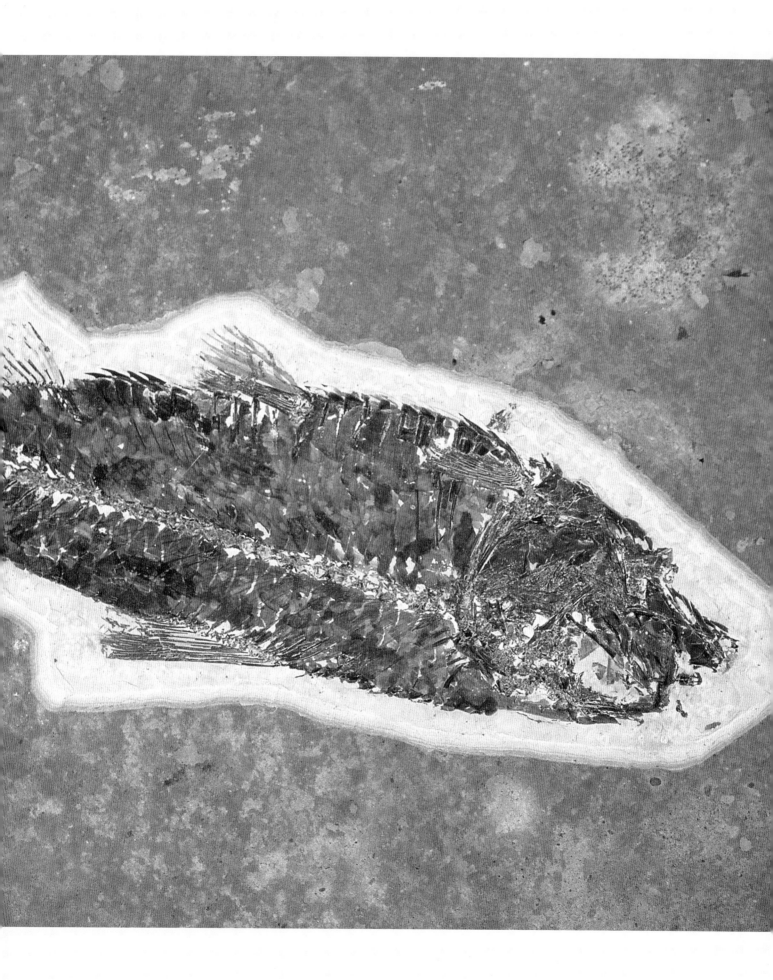

BOTHRIOLEPIS

FICHA
BOTHRIOLEPIS

Significado: escama con zanja

Período: Devónico superior

Grupo principal: Placodermi (Antiarchi)

Longitud: hasta 1 metro

Dieta: pequeñas partículas de comida, carroña

Fósiles: en todo el mundo

Este pez era un miembro del grupo de los placodermos, como el enorme depredador *Dunkleosteus*. Los placodermos se cuentan entre los primeros peces con mandíbulas verdaderas y aletas pares simétricas y aparecieron en el Silúrico superior. Como la mayoría de los miembros del grupo, *Bothriolepis* vivió durante el siguiente período, el Devónico, hace más de 350 millones de años, y tenía placas óseas curvadas que le protegían la cabeza y la parte frontal del cuerpo. Aún así era bastante diferente de su pariente gigante *Dunkleosteus*, ya que era más pequeño, aproximadamente de 1 metro de longitud, y tenía un cuerpo bajo y aplanado, con los ojos casi en la parte superior de la cabeza. Esta forma general es habitual entre los peces bentónicos (moradores del fondo marino). *Bothriolepis* probablemente se desplazaba con lentitud, examinando y escogiendo pequeños animales y otros materiales comestibles de la arena y el fango con su boca de débiles mandíbulas.

La característica más curiosa de *Bothriolepis* eran sus dos «brazos», unas aletas pectorales situadas a cada lado de la parte inferior del cuerpo, detrás de la cabeza, como en la mayoría de los peces. Eran estrechas y largas y estaban formadas por envolturas articuladas hechas de tubos óseos. Quizá las utilizara para «arrastrarse» por el agua, pero los ángulos de las secciones que forman los «brazos» y sus grados de movimiento no parecen adaptados para este fin. También es posible que los «brazos» sirvieran para sondear y cavar en el fondo, liberando así fragmentos de comida. Otra hipótesis es que *Bothriolepis* los usara para arrastrarse por tierra. Los fósiles de estos peces se han hallado en rocas que proceden de hábitats marinos y de agua dulce, y las comparaciones fósiles sugieren que *Bothriolepis* podría haber tenido pulmones simples para obtener oxígeno del aire (*véase Dipterus*, página 68).

SUPERIOR Las extrañas aletas pectorales (del lado anterior) de *Bothriolepis* estaban adaptadas como «tubos» articulados, pero su función no está clara.

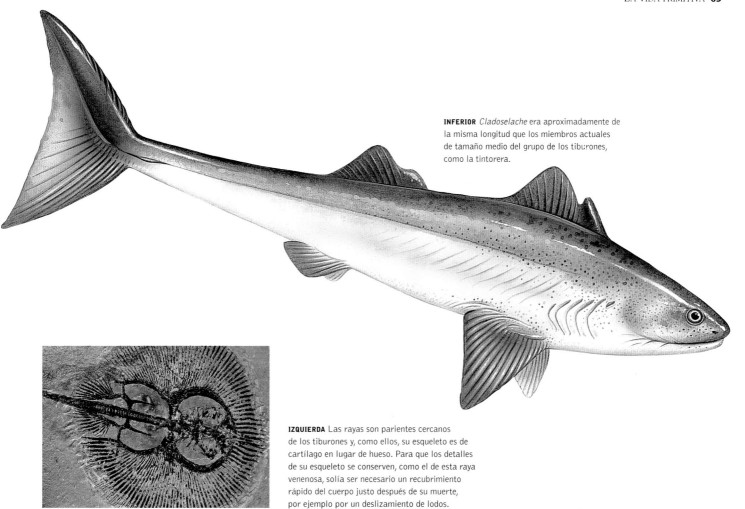

INFERIOR *Cladoselache* era aproximadamente de la misma longitud que los miembros actuales de tamaño medio del grupo de los tiburones, como la tintorera.

IZQUIERDA Las rayas son parientes cercanos de los tiburones y, como ellos, su esqueleto es de cartílago en lugar de hueso. Para que los detalles de su esqueleto se conserven, como el de esta raya venenosa, solía ser necesario un recubrimiento rápido del cuerpo justo después de su muerte, por ejemplo por un deslizamiento de lodos.

CLADOSELACHE

Los mayores peces depredadores de los mares actuales son los tiburones. Y así ha sido durante más de 400 millones de años, desde que el grupo de los tiburones apareció en los mares del Silúrico superior. Sin embargo, los fósiles más tempranos de estos cazadores definitivos sólo son fragmentos de dentículos, o «escamas» de piel, y dientes. De los períodos Devónico medio a Devónico superior, cuando el grupo se expandió en número y en diversidad, se han conservado restos mucho mejores. *Cladoselache* es uno de los primeros tiburones conocidos a partir de fósiles bien conservados. Algunos de los mejores ejemplares se hallan en las rocas conocidas como esquistos de Cleveland, en Ohio. Estos fósiles muestran trazas de tejido blando, como piel, aletas y músculos, que no acostumbran a conservarse. De hecho, existe un problema general con los tiburones fósiles, ya que sus esqueletos estaban hechos de cartílagos, no de huesos. El cartílago es algo más blando y más susceptible de

desintegrarse que el hueso, por lo cual es mucho menos probable la fosilización de esqueletos de tiburones y otros peces cartilaginosos como las rayas (es decir, de los peces del grupo condrictios) que la de los más duros esqueletos óseos de otros peces.

Cladoselache tenía un aspecto general de tiburón, especialmente por su cuerpo hidrodinámico, unas aletas grandes pero relativamente rígidas y una boca ancha llena de dientes tipo colmillo. Sin embargo, pertenecía a un grupo extinguido de tiburones, no a uno aún existente. *Cladoselache* presenta varias características que lo diferencian de los tiburones modernos: la boca en la parte delantera de la cabeza, en lugar de «suspendida» bajo el morro; carece de aleta anal (la situada en la parte trasera inferior); y su mandíbula superior tiene unas articulaciones más extensas con el cráneo.

Otros ejemplos de tiburones extinguidos son *Xenacanthus* e *Hybodus*, que se describen en la página siguiente.

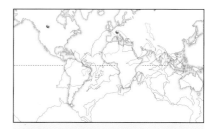

FICHA
CLADOSELACHE
Significado: tiburón bifurcado
Período: Devónico
Grupo principal: Chondrichthyes
Longitud: hasta 2 metros
Dieta: presas de tamaño adecuado
Fósiles: en Norteamérica y Europa

Xenacanthus e Hybodus

Tal como se ha descrito en la página anterior, el grupo de los tiburones adquirió su preeminencia en los mares devónicos hace casi 400 millones de años. Desde su aparición eran cazadores rápidos y grandes, y algunos grupos sobrevivieron durante largos períodos sin apenas modificaciones. Entre estos géneros duraderos figuran *Xenacanthus* e *Hybodus*. *Xenacanthus* pertenecía al grupo denominado xenacántidos, tiburones que proliferaron en las aguas dulces de lagos y ríos, pero finalmente se extinguieron. *Xenacanthus* tenía una forma más de anguila que de tiburón moderno, con una larga aleta dorsal a modo de cinta que se extendía hacia atrás para rodear el puntiagudo extremo caudal del cuerpo y unirse con la aleta anal en la parte inferior. Encima de la cabeza tenía una larga y afilada espina, que probablemente utilizaba como arma defensiva. Los dientes también eran poco habituales, en forma de V con dos puntas o cúspides. Es posible que *Xenacanthus* se alimentara de pequeños animales de agua dulce,

incluyendo otros peces, pero también de crustáceos y gusanos.

Hybodus era mucho mayor, con una longitud superior a 2 metros. Pertenecía al grupo de los tiburones modernos, los seláceos o elasmobranquios, y era muy parecido a los rápidos tiburones oceánicos de hoy en día, como la tintorera y el marrajo, aunque su morro era más redondeado. Sin embargo, tenía una característica que no se conserva en la mayoría de los tiburones modernos: las espinas de las aletas. Las dos aletas dorsales poseían una gran espina, larga y afilada, delante de ellas. *Hybodus* tenía unos dientes afilados en la parte frontal de sus mandíbulas y otros más bajos y anchos en la parte posterior, que utilizaba para triturar las partes duras de los alimentos. Este tipo de tiburones fue uno de los más extendidos y duraderos. Los fósiles de distintas especies de *Hybodus* se pueden hallar en todo el mundo y están fechados entre el Pérmico superior y el Cretácico, un período de tiempo que abarca más de 150 millones de años.

FICHA
XENACANTHUS
Significado: espina extraña
Período: del Devónico superior al Pérmico
Grupo principal: Chondrichthyes
Longitud: 75 centímetros
Dieta: pequeños animales de agua dulce
Fósiles: en los continentes septentrionales y Australia

FICHA
HYBODUS
Significado: entre dos
Período: del Pérmico al Cretácico
Grupo principal: Chondrichthyes
Longitud: 2 metros
Dieta: diversas presas
Fósiles: en todo el mundo

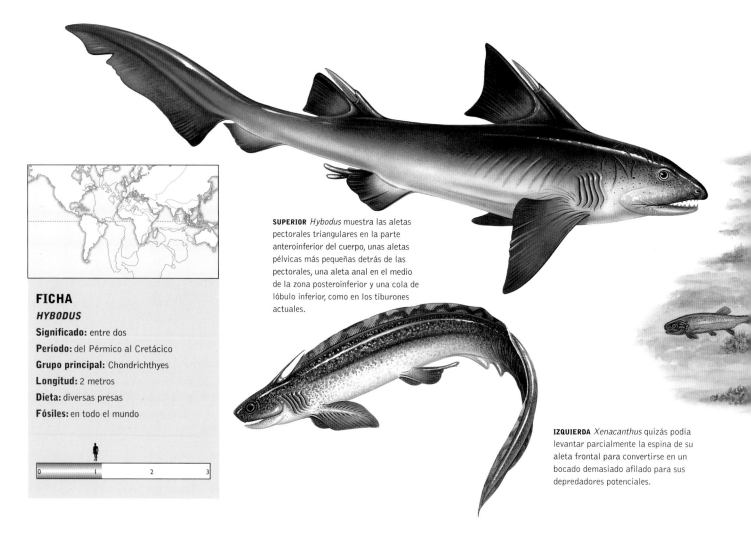

SUPERIOR *Hybodus* muestra las aletas pectorales triangulares en la parte anteroinferior del cuerpo, unas aletas pélvicas más pequeñas detrás de las pectorales, una aleta anal en el medio de la zona posteroinferior y una cola de lóbulo inferior, como en los tiburones actuales.

IZQUIERDA *Xenacanthus* quizás podía levantar parcialmente la espina de su aleta frontal para convertirse en un bocado demasiado afilado para sus depredadores potenciales.

EUSTHENOPTERON Y PANDERICHTHYS

La mayoría de los peces actuales pertenecen al grupo llamado de aletas con radios (actinopterigios). Sus aletas están sostenidas por estructuras espinosas llamadas radios, que pueden doblar o plegar la aleta para darle diferentes formas, como un abanico flexible. Muy pocos peces actuales pertenecen al grupo llamado de aletas lobuladas o carnosas (sarcopterigios, *véanse* también las dos páginas siguientes). Sin embargo, los peces de aletas lobuladas fueron en su momento mucho más abundantes y extendidos. Son de especial interés, porque se cree que algunos peces de este tipo evolucionaron hacia los primeros vertebrados que caminaron por tierra firme, los tetrápodos anfibios (como se describirá en el próximo capítulo).

Eusthenopteron y *Panderichthys* eran animales muy parecidos a los primeros tetrápodos terrestres. El lóbulo carnoso y muscular en la base de las aletas, en el punto en que se unen al cuerpo, contenía el conjunto de pequeños huesos que, en especies posteriores, se volverían mayores y formarían el esqueleto de una extremidad ambulatoria (*véase* página 79). Otras características corporales y dentales también vinculan a estos peces con los primeros tetrápodos, como los detalles de los huesos craneales, el patrón de esmalte duro en los dientes y las uniones entre las costillas y las vértebras. Se han hallado fósiles de *Eusthenopteron* en Escocia, Rusia y el Quebec (Canadá). Los fósiles de *Panderichthys* aún presentan más similitudes con los primeros tetrápodos. Este pez no tenía aletas dorsales, sino sólo pequeñas aletas caudales, pero los lóbulos de sus cuatro aletas lobuladas pares, pectorales (delante) y pélvicas (detrás), eran grandes y potentes.

Eusthenopteron y *Panderichthys* vivían en aguas dulces, medían aproximadamente 1 metro de largo y tenían dientes afilados mordedores.

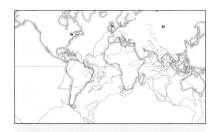

FICHA
EUSTHENOPTERON

Significado: Aleta fina y fuerte; aleta poderosa
Período: Devónico superior
Grupo principal: Sarcopterygii (Osteolepiformes)
Longitud: hasta 1 metro
Dieta: animales más pequeños
Fósiles: en Europa y Norteamérica

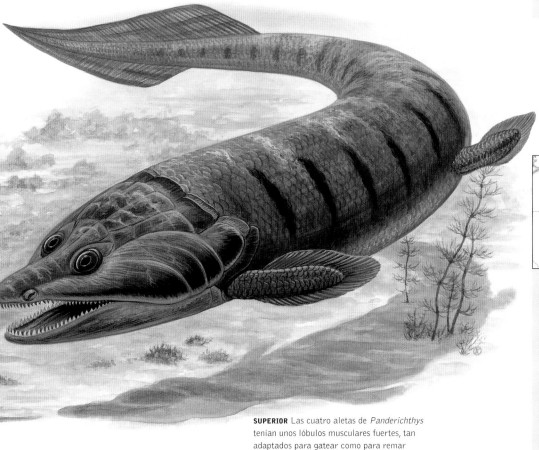

SUPERIOR Las cuatro aletas de *Panderichthys* tenían unos lóbulos musculares fuertes, tan adaptados para gatear como para remar y nadar, y prefiguraban, por tanto, el diseño a cuatro patas de los tetrápodos.

FICHA
PANDERICHTHYS

Significado: pez de Pander
Período: Devónico superior
Grupo principal: Sarcopterygii (Osteolepiformes)
Longitud: 1 metro
Dieta: animales más pequeños
Fósiles: en Europa

SUPERIOR Delgado e hidrodinámico, *Dipterus* tenía la mayoría de sus aletas dispuestas en la parte posterior del cuerpo para conseguir aceleraciones súbitas cuando se precipitaba sobre sus víctimas.

FICHA
DIPTERUS
Significado: dos aletas

Período: Devónico

Grupo principal: Sarcopterygii (Dipnoi)

Longitud: 30-40 centímetros

Dieta: presas de cuerpo duro y otros tipos

Fósiles: en Europa (Escocia, Alemania) y en EE. UU. (Idaho y estados vecinos)

DIPTERUS

Los peces pulmonados son miembros del grupo de peces de aletas lobuladas o sarcopterigios (*véase* página anterior). Actualmente existen seis especies: cuatro en África, una en Australia y una en Sudamérica. Un tipo primitivo de pez pulmonado fue *Dipterus*, del Devónico medio, hace casi 400 millones de años. Sus fósiles se han hallado en Europa, en yacimientos de Alemania y Escocia, y quizás también en Norteamérica. Su forma corporal general recuerda a los modernos peces depredadores que cazan emboscados, como el lucio. *Dipterus* era largo y delgado, con un hocico hidrodinámico, dos aletas dorsales en la parte posterior del cuerpo y una gran aleta caudal detrás de ellas. Esta estructura estaba adaptada para cambios bruscos de velocidad, lo que le permitía embestir a sus presas. *Dipterus* se volvió muy abundante a finales del Devónico. Vivía en aguas dulces y tenía dientes anchos, con los que aplastaba las presas de caparazón duro. El contenido estomacal fosilizado de otros peces, como los placodermos (*véase* página 61), indica que *Dipterus* era una víctima habitual de otros depredadores.

Los peces pulmonados no fueron los primeros en desarrollar órganos a modo de pulmones en el interior del cuerpo, capaces de obtener oxígeno del aire; es probable que otros peces los desarrollaran millones de años antes. Además, varios grupos de peces actuales introducen aire dentro de sus tripas, que funcionan parcialmente como pulmones. De hecho, los peces pulmonados, aunque podían respirar aire y tenían aletas lobuladas de base carnosa que parecen prefigurar las extremidades, no fueron un grupo antecesor de los tetrápodos (vertebrados terrestres). Lo demuestran los diversos detalles de sus esqueletos, especialmente en el cráneo y en los lóbulos de las extremidades. Fue otro grupo de peces de aletas lobuladas, los osteolepiformes, el que probablemente dio lugar a los tetrápodos. Aún así, quizá *Dipterus* podía «hibernar» como los modernos peces pulmonados. Cuando los estanques se secan, la mayoría de los peces pulmonados cavan en el lodo húmedo y permanecen allí durante meses o incluso años. Este estado de inactividad para evitar períodos secos se conoce más precisamente como estivación.

MACROPOMA Y LATIMERIA

En 1938, el descubrimiento de un *Latimeria* vivo, conocido habitualmente como celacanto, causó una gran sensación. El hallazgo se realizó en aguas profundas del sudeste de África. Los relatos populares de este fósil viviente contaron cómo el pariente vivo más distante de los humanos era un pez que había vivido durante la edad de los dinosaurios, pero que había desaparecido desde entonces. Había surgido del agua y dado lugar a los animales terrestres de cuatro patas, desde los primeros tetrápodos hasta los mamíferos. A finales de la década de 1990 se descubrió otra especie de *Latimeria* en los mares del sudeste asiático, de una longitud de 1,5 a 1,7 metros, aproximadamente el mismo tamaño que el celacanto africano.

Sin embargo, los relatos populares no eran totalmente exactos. Los celacantos, también conocidos como actinistios, eran un grupo de peces de aletas lobuladas (sarcopterigios), como los osteolepiformes

y los peces pulmonados (mostrados en las dos páginas anteriores). Pero el grupo que contenía a los probables antepasados de los vertebrados terrestres eran los osteolepiformes; los celacantos eran un grupo lateral, hermano de aquél. Los primeros celacantos se conocen a partir de fósiles en rocas devónicas y han cambiado muy poco a lo largo de un gran período de tiempo. Un tipo bien conocido era *Macropoma*, descrito a partir de fósiles de rocas del Cretácico superior en Inglaterra y la República Checa. Al igual que el *Latimeria* actual (pero con un tercio de su tamaño), *Macropoma* tenía aletas lobuladas, una gran boca con pequeños dientes para atrapar peces y otras presas, y una tercera aleta caudal pequeña entre las aletas caudales principales superior e inferior. Cuando finalizó el período Cretácico, y con él la edad de los dinosaurios, los fósiles de celacanto desaparecieron de las rocas. Los científicos creían que el grupo entero se había extinguido, hasta que apareció *Latimeria chalumnae*.

FICHA
MACROPOMA
Significado: manzana grande, fruto grande
Período: Cretácico tardío
Grupo principal: Sarcopterygii (Actinistia)
Longitud: 55 centímetros
Dieta: animales pequeños
Fósiles: en Europa

IZQUIERDA Un celacanto africano actual, *Latimeria chalumnae*, nada en el océano Índico, cerca de las islas Comores. Este pez carnívoro, de casi dos metros de longitud, se cobija en una cueva o una grieta durante el día y surge por la noche para cazar peces, calamares y crustáceos en el lecho marino o cerca de él, a profundidades de 200-710 metros.

FICHA
LATIMERIA
Significado: de Latimer
Período: del Cretácico al Terciario
Grupo principal: Sarcopterygii (Actinistia)
Longitud: hasta 1,8 metros
Dieta: animales más pequeños
Fósiles: en África y el sudeste asiático

La vida en tierra firme

A DIFERENCIA DE LO QUE A VECES PODEMOS VER EN
LOS DIBUJOS SOBRE LA PREHISTORIA, LOS PRIMEROS
ANIMALES QUE CAMINARON POR TIERRA NO FUERON
LOS GRANDES VERTEBRADOS DE CUATRO PATAS,
SIMILARES A GRANDES TRITONES QUE ARRASTRABAN
SU CUERPO DEL ORDEN DE UN METRO DE LONGITUD.
EN REALIDAD FUERON LOS ANTIGUOS PARIENTES
DE LOS ACTUALES ÁCAROS, SALTARINES Y MILPIÉS,
PEQUEÑOS E INSIGNIFICANTES. NO PODRÍAN
HABER PASADO DEL AGUA A LA TIERRA FIRME
HASTA QUE LAS PRIMERAS PLANTAS SE HUBIERAN
AVENTURADO A VIVIR EN LAS TIERRAS EMERGIDAS,
PROPORCIONANDO COMIDA, COBIJO Y LOS PRIMEROS
SUELOS.

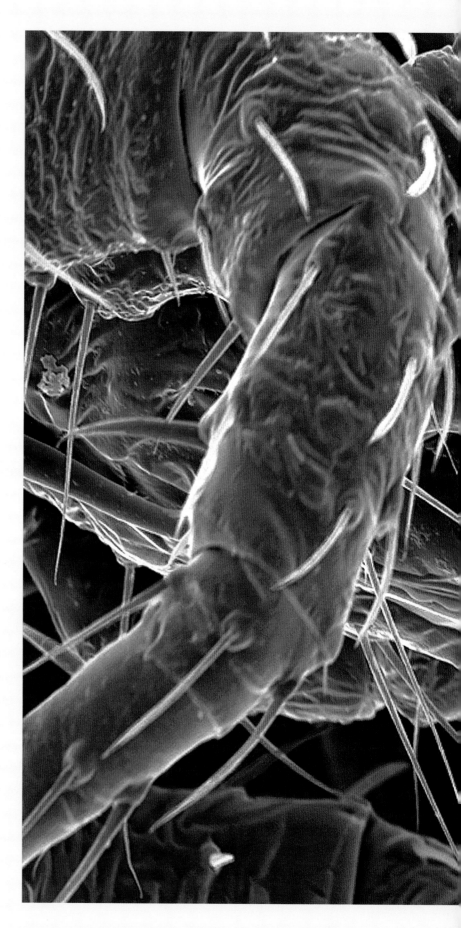

DERECHA Los ácaros figuran entre los primeros animales
terrestres. La mayoría eran más pequeños que esta
letra o. Es posible que empezaran alimentándose de partes
vivas o en descomposición de la primeras plantas terrestres.
Posteriormente, algunos evolucionaron hacia formas cazadoras,
como este ácaro depredador actual, y empezaron a alimentarse
de sus parientes herbívoros. Lentamente se iban formando
las primeras cadenas tróficas terrestres en miniatura:
plantas > herbívoros > carnívoros.

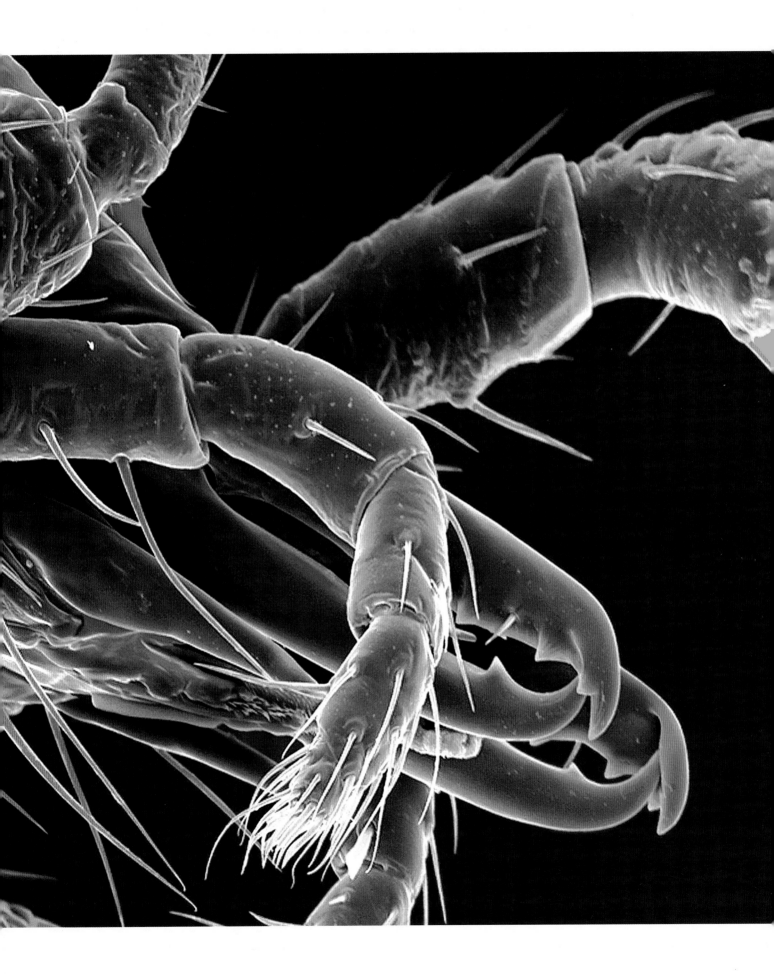

MEGANEURA

El Carbonífero superior era una época de humedad abundante y temperaturas cálidas en la mayoría de las masas terrestres. Esto favoreció el rápido crecimiento de grandes bosques de helechos gigantes y otras plantas. Los animales de la época, como *Arthropleura*, parecido a un milpiés (*véase* a continuación), también alcanzaron tamaños enormes. Entre las grandes plantas aleteaba el mayor insecto conocido, *Meganeura*. Era un tipo de libélula, del grupo de los insectos conocido como odonatos. Las libélulas fueron uno de los primeros tipos de insectos voladores en aparecer, hace unos 320 millones de años, y desde entonces sus estructuras alares prácticamente no se han modificado. Deben sostener las alas extendidas a los lados, ya que son incapaces de doblarlas en ángulo recto para que reposen a lo largo del dorso, como en muchos otros tipos de insectos alados.

Meganeura tenía una longitud de cabeza y cuerpo superior a una regla de medir estándar, y unas alas con una envergadura de 70 centímetros. Casi con toda seguridad vivía de la misma forma que las libélulas actuales. Era un depredador rápido y acrobático que podía girar súbitamente, localizar y seguir una presa con sus grandes ojos y apresarla utilizando las patas a modo de cesta. La presa pasaría a las fuertes piezas bucales mordedoras, donde era

descuartizada y posteriormente consumida, mientras *Meganeura* descansaba en una percha. De hecho, las patas de *Meganeura*, en comparación con las modernas libélulas, eran aún más largas y poderosas, casi del tamaño de una mano humana. Es posible que *Meganeura* descendiera en picado cerca de la superficie para capturar víctimas de, por ejemplo, otro grupo temprano de insectos, las cucarachas.

La clase de los insectos apareció probablemente como uno de los primeros pequeños animales terrestres, hace más de 400 millones de años. Entre los tipos primitivos hallamos versiones prehistóricas de los pececillos de plata, «saltarines de roca» o arqueognatos y cucarachas no voladoras y tijeretas. La capacidad de vuelo puede haber surgido hace unos 350 millones de años, al inicio del Carbonífero. Algunos de los insectos más comunes hoy en día son casi unos recién llegados: las abejas y avispas no aparecieron hasta el Cretácico, cuando su rápida evolución estuvo probablemente vinculada a la aparición de plantas con flor.

IZQUIERDA Una libélula jurásica fosilizada, de un género cercano a *Meganeura*, en las rocas calcáreas de grano fino de Solnhofen, Alemania.

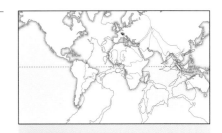

FICHA
MEGANEURA
Significado: gran filamento o ala
Período: Carbonífero tardío
Grupo principal: Arthropoda (Insecta)
Longitud: 35 centímetros de la cabeza a la cola
Dieta: insectos voladores
Fósiles: en Europa

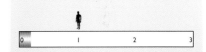

ARTHROPLEURA

Entre los primeros habitantes terrestres se hallan las criaturas conocidas de forma genérica como miriápodos, miembros del gran grupo de los artrópodos (*véase* página 46). Sus representantes actuales son, entre otros, los milpiés (diplópodos) y los ciempiés (quilópodos). *Arthropleura* puede considerarse un tipo antiguo de milpiés. Vivió mucho después de que los primeros miembros de su clase aparecieran sobre la tierra, pero alcanzó un tamaño extraordinario. Incluso los milpiés gigantes tropicales actuales apenas superan los 25 centímetros de longitud, mientras que *Arthropleura* alcanzaba los 2 metros y también era muy bajo y ancho, como una suerte de «mesa andadora». Vivió durante el período Carbonífero, hace más de 300 millones de años, y es el mayor artrópodo terrestre conocido de esa época, aunque no alcanzaba las dimensiones de los temibles artrópodos acuáticos conocidos como escorpiones de mar (*véase* página 52).

Arthropleura tenía un caparazón ancho que le cubría el cuerpo, formado por bandas unidas y delimitado por anchas espinas a lo largo de los costados. Superficialmente se parecía a las actuales cochinillas o quizás a los trilobites, pero éstos pertenecen a otros grupos de artrópodos. Bajo el escudo corporal se situaban las piezas bucales de *Arthropleura*, adecuadas para separar y masticar alimentos blandos, probablemente materia vegetal. El Carbonífero era una época de pantanos cálidos y «bosques de carbón»; los helechos gigantes y otros tipos de vegetación exuberante recubrían el suelo, ofreciendo grandes cantidades de comida a herbívoros de toda clase. *Arthropleura* desplazaba su pesado cuerpo gracias a unos 60 pares de patas articuladas ambulatorias, dos pares en cada uno de los 30 segmentos (como en los milpiés actuales). Los milpiés no deben confundirse con los ciempiés, que tienen un solo par de patas por segmento, en lugar de los dos pares de los milpiés, y son unos feroces depredadores.

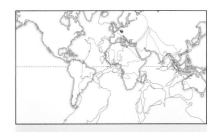

FICHA
ARTHROPLEURA
Significado: lados unidos
Período: Carbonífero
Grupo principal: Arthropoda (Diplopoda)
Longitud: hasta 2 metros
Dieta: materias vegetales
Fósiles: en Alemania

Aysheaia y Rhyniella

Los animales más numerosos de la actualidad son los insectos: el número de especies conocidas supera ampliamente el de todos los demás animales juntos. Sin embargo, sus orígenes son bastante misteriosos. Los insectos pertenecen al grupo de los artrópodos (*véase* página 46), junto con los crustáceos, las arañas, los escorpiones, los milpiés, los ciempiés y los ya extinguidos trilobites y otros animales de patas articuladas. Es posible que todos los artrópodos compartan un antepasado común del período Cámbrico, hace más de 500 millones de años, y que éste fuera un tipo de gusano que ya no existe. Podemos imaginar cómo hubiera sido este «gusano artrópodo» intermedio observando a *Aysheaia*, de las rocas canadienses del Cámbrico medio llamadas Burgess Shale (los esquistos de Burgess), ricas en fósiles (*véase* página 38). *Aysheaia* tenía el cuerpo segmentado de un gusano, pero también veinte patas muy cortas y gruesas dispuestas en dos hileras. Era parecido a los actuales invertebrados del grupo (fílum) de los onicóforos que, a diferencia del marino *Aysheaia*, viven en tierra. Las patas de los onicóforos son hidráulicas, es decir, se flexionan gracias a la presión de un fluido corporal, como el cuerpo de un gusano, y aunque no disponen de articulaciones, actúan como extremidades ambulatorias.

Rhyniella se parecía a los actuales colémbolos, animales parecidos a los insectos que tampoco tienen alas. En algunas clasificaciones los colémbolos se consideran insectos, pero en otras forman un grupo propio, cercano a los insectos. Los colémbolos se hallan en grandes cantidades, aunque pasan básicamente desapercibidos, en el suelo y entre las hojas muertas. Se alimentan de restos y la mayoría son más pequeños que esta letra o. *Rhyniella* era algo mayor, de aproximadamente un centímetro de longitud, aunque probablemente también se alimentaba de materia vegetal en descomposición.

FICHA
AYSHEAIA
Significado: de la montaña local, Aysheia
Período: Cámbrico
Grupo principal: Onychophora
Longitud: unos pocos centímetros
Dieta: posiblemente esponjas y materia en descomposición
Fósiles: en Canadá

```
0          I          2          3
```

DERECHA Este colémbolo moderno apenas muestra diferencias con respecto a sus equivalentes, pioneros en habitar en tierra durante el Devónico.

FICHA
RHYNIELLA
Significado: pico pequeño
Período: Devónico
Grupo principal: Arthropoda (Insecta)
Longitud: 1 centímetro
Dieta: materia en descomposición
Fósiles: en Groenlandia

```
0          I          2          3
```

SUPERIOR IZQUIERDA Las tarántulas son miembros del grupo de arañas llamado migalomorfos. Se consideran primitivas por los rasgos con sus parientes prehistóricos, como *Arthrolycosa*.

INFERIOR IZQUIERDA *Palaeophonus* se habría parecido a los escorpiones modernos en la mayoría de sus características, incluyendo las grandes pinzas, cuatro pares de patas y la cola arqueada culminada en un aguijón venenoso.

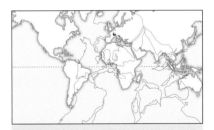

PALAEOPHONUS Y ARTHROLYCOSA

El grupo de artrópodos (animales de patas articuladas) denominado quelicerados se ha comentado en varias páginas anteriores. A este grupo pertenecían los temibles euriptéridos o escorpiones de mar (*véase* página 51). No se trataba de verdaderos escorpiones, de los que se esconden en la oscuridad y arquean sus aguijones venenosos por encima de sus cabezas, aunque los escorpiones verdaderos también son un grupo muy antiguo. *Palaeophonus* era uno de sus primeros representantes. Tenía una longitud similar a un dedo humano, unas grandes pinzas prensoras llamadas pedipalpos y unos poderosos quelíceros, o garras mordedoras, con las que descuartizaba a sus presas. También tenía un abdomen estrecho, parecido a una cola, con un extremo afilado que posiblemente usaba para inyectar veneno en sus víctimas o enemigos. En un momento se pensó que *Palaeopholus* era un animal terrestre, pero no tenía las aberturas respiratorias que se encuentran en los escorpiones terrestres, de forma que probablemente habitaba en el agua.

Los escorpiones pertenecen al subgrupo o clase de los quelicerados llamado arácnidos, que tienen cuatro pares de extremidades ambulatorias. En el período Carbonífero aparecieron más arácnidos en tierra firme: las arañas.

Un ejemplo típico de esa época era *Arthrolycosa*, que tenía casi el tamaño de una mano humana. Casi desde el principio estas arañas primitivas se parecían mucho a las actuales, especialmente los tipos cazadores-perseguidores, las tarántulas licósidas o «arañas lobo». Las primeras arañas usaban sus ocho largas patas para capturar a las víctimas; las telarañas para la captura son un desarrollo algo más tardío. Las dos extremidades más cortas a cada lado de la cabeza, llamadas palpos, eran básicamente sensoriales y se usaban para explorar el camino.

Esta araña primitiva tenía ocho ojos dispuestos a lo largo de la parte frontal de la cabeza y debajo de ellos, en el centro, tenía dos quelíceros a modo de colmillos con los que podía traspasar a sus víctimas.

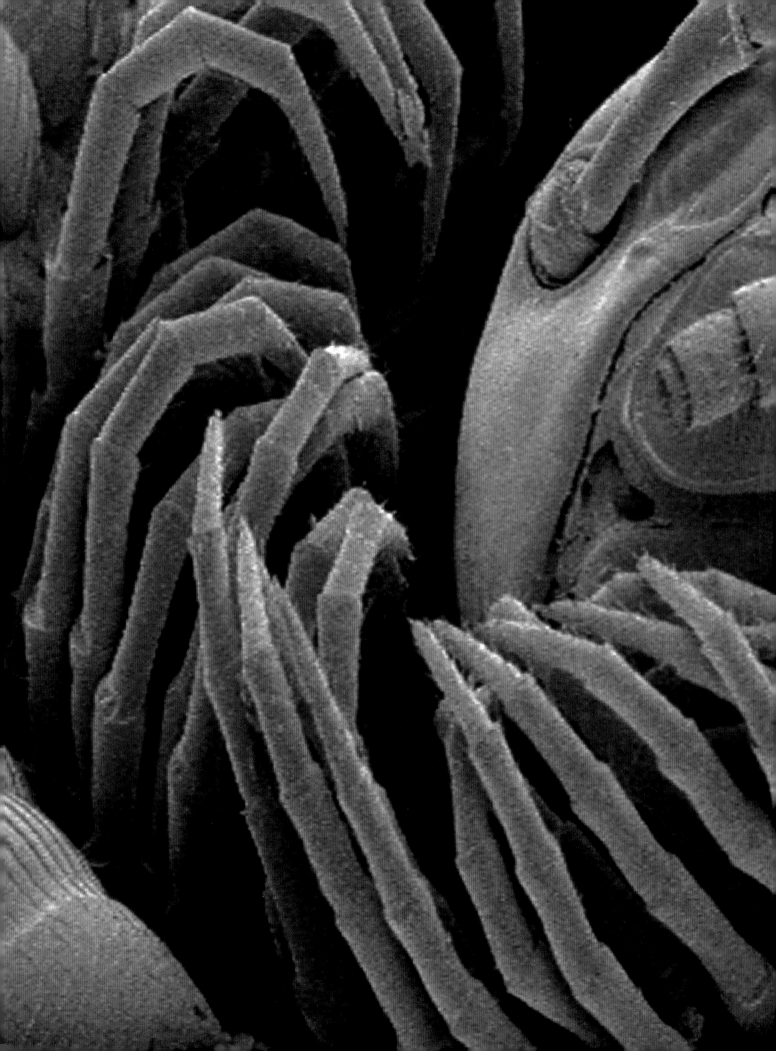

CAPÍTULO DOS

CONQUISTADORES DE LA TIERRA FIRME

A PARTIR DEL DEVÓNICO, HACE UNOS 400 MILLONES DE AÑOS, LOS ANIMALES
EMPEZARON A SERPENTEAR FUERA DEL AGUA PARA ARRASTRARSE POR LAS
ZONAS PANTANOSAS Y LUEGO ANDAR POR LA TIERRA FIRME; Y ALGO DESPUÉS
DEL PÉRMICO, HACE 230 MILLONES DE AÑOS, EL ESCENARIO YA ESTABA LISTO
PARA LA APARICIÓN DE LOS DINOSAURIOS.

FUERA DEL AGUA

MUCHOS RELATOS POPULARES SOBRE LA PREHISTORIA EMPIEZAN CON DINOSAURIOS, LO QUE QUIZÁS DA LA IMPRESIÓN DE QUE ÉSTOS FUERON LOS PRIMEROS ANIMALES TERRESTRES, O INCLUSO LOS PRIMEROS ANIMALES QUE EXISTIERON. Y, SIN EMBARGO, LOS VERTEBRADOS –ANIMALES CON COLUMNA VERTEBRAL– EMPEZARON A VIVIR EN TIERRA FIRME MÁS DE 100 MILLONES DE AÑOS ANTES DE QUE APARECIERAN LOS PRIMEROS DINOSAURIOS. MUCHO ANTES DE ESTE PERÍODO, INVERTEBRADOS (ANIMALES SIN COLUMNA VERTEBRAL) TALES COMO ÁCAROS, MILPIÉS, ESCORPIONES E INSECTOS, YA SE ARRASTRABAN POR EL SUELO O TREPABAN A LAS PLANTAS PREHISTÓRICAS. AUN ASÍ, LA CONQUISTA DE LA TIERRA FIRME POR LOS VERTEBRADOS PREVIAMENTE ACUÁTICOS FUE UN PASO MUY IMPORTANTE, TANTO EN SENTIDO LITERAL COMO DESDE EL PUNTO DE VISTA EVOLUTIVO. CON ESTE PASO SE ABRIÓ UNA LARGA SERIE DE HÁBITATS NUEVOS, DONDE LOS ANIMALES TERRESTRES DE MAYOR TAMAÑO PODÍAN ADAPTARSE –CON ESCASOS COMPETIDORES– A LAS NUEVAS FUENTES DE ALIMENTACIÓN Y CONDICIONES AMBIENTALES.

DE LAS ALETAS A LAS PATAS

Un acontecimiento clave fue el paso de las aletas de los peces a las patas, es decir, miembros aptos para andar por el suelo. Este paso empezaron a darlo ciertos sarcopterigios o peces de aletas lobuladas, un grupo de peces que aún sobrevive actualmente en los celacantos y los peces pulmonados (*véase* capítulo uno). Cada aleta tenía una base carnosa con huesos y músculos en su interior, que el pez usaba para controlar la forma y el movimiento de la superficie principal de dicha aleta. En algunas aletas lobuladas, sin embargo, la base empezó a aumentar gradualmente de tamaño mientras se iba reduciendo la parte de la aleta propiamente dicha, a medida que el apéndice se usaba para empujar contra superficies cada vez más duras y más resistentes que el agua. Los huesos se tornaron más largos y los músculos más poderosos, hasta que la aleta desapareció y el lóbulo se transformó en miembro.

TETRÁPODOS

El número de miembros en los primeros vertebrados terrestres derivaba del patrón estándar de los peces formado por dos grupos de aletas pares, las aletas pectorales y las pélvicas. Los animales de cuatro extremidades resultantes se conocen como tetrápodos (que significa «cuatro pies»). Algunos de los ejemplos más antiguos, los del Devónico superior hace más de 360 millones de años, se muestran en las páginas siguientes. Anteriormente se pensaba que estos animales eran plenamente capaces de andar por tierra firme, ya que el motor evolutivo del cambio desde la aleta hasta la pata era la necesidad de arrastrarse entre las charcas menguantes. Sin embargo, los estudios más recientes sugieren la posibilidad de que el desarrollo evolutivo de los tetrápodos hubiera tenido lugar en el agua. Al principio, sus miembros no eran patas para andar sino canaletes para nadar o para impulsarse a través de las plantas acuáticas. Tan sólo más tarde los tetrápodos empezaron a aventurarse fuera de su medio acuático hasta por la tierra firme, cuando sus canaletes se transformaron en patas.

VIDA EN TIERRA FIRME

El miembro andador fue tan sólo una de las varias características que necesitaron los tetrápodos para conquistar las tierras emergidas. Otros fueron los pulmones aptos para obtener oxígeno al respirar aire, a diferencia de las branquias que filtraban el oxígeno del agua. Los pulmones no eran un rasgo especialmente nuevo, dado que varios grupos de peces ya lo habían adquirido, quizás como ayuda para respirar en las charcas arremansadas y cálidas con un agua pobre en oxígeno. (Varios tipos de peces que tragan aire tienen actualmente esta capacidad, por ejemplo los osteoglósidos o peces de lengua ósea, familia que incluye uno de los mayores peces de agua dulce, el pirarucú.) Otra necesidad era tener una piel que pudiera evitar la pérdida demasiado rápida de la humedad y los fluidos corporales en el aire atmosférico, pérdida que en el agua no constituye problema alguno. La mayoría de los primeros tetrápodos eran lo que podríamos llamar anfibios, aunque en los sistemas de clasificación más recientes, *anfibio* es un término vago que describe una serie de grupos sin parentesco directo entre sí. Uno de los cambios que estos «anfibios» probablemente no hicieron fue liberarse del agua para reproducirse. Sus primeros estadios o larvas llevaban, en efecto, una vida acuática. La independencia completa del medio acuático se desarrolló más tarde, con la aparición del huevo amniótico provisto de cáscara que marcó el inicio de los reptiles (*véase* página 88).

PÁGINA ANTERIOR Microfotografía por microscopio electrónico de barrido a unos 15 aumentos de un milpiés enrollado de jardín (glomérido o bicho bola). Los artrópodos, que constituyen el filum al que pertenece este milpiés, fueron los primeros animales que vivieron en tierra.

IZQUIERDA Estos tetrápodos (animales de cuatro patas con columna vertebral) pioneros del género *Ichtyostega* descansan en una orilla entre helechos arbóreos gigantes, en los cálidos y húmedos bosques del Devónico, en lo que es hoy la fría Groenlandia.

ICHTHYOSTEGA Y ACANTHOSTEGA

Entre los primeros tetrápodos (animales de cuatro patas con columna vertebral) figuraban *Acanthostega* e *Ichtyostega*. En los primeros sistemas de clasificación, estos géneros se incluían en el grupo de los labirintodontos, que fueron los primeros anfibios (como se muestra en la página 78). Labirintodonto, que significa «dientes laberínticos», alude a los intrincados pliegues del muy duro esmalte de los dientes de estos animales. Sus dientes son uno de los rasgos que los vinculan con los peces que probablemente fueron sus ancestros: los peces con aletas lobuladas denominados osteolepiformes, un grupo al que pertenecían *Eusthenopteron* y *Panderichtys*.

Acanthostega alcanzaba casi 1 m de longitud y su aspecto exterior era el de una salamandra o un tritón con la boca grande. Es probable que sus miembros no fueran lo suficientemente fuertes para soportarlo y para que el animal pudiera caminar fácilmente por la tierra, y que éste los usara en cambio para impulsarse por las zonas pantanosas. Su ancha boca tenía unas mandíbulas tachonadas de dientes pequeños y afilados

y su cola tenía unas aletas bajas, aunque largas en sus caras inferior y superior. *Acanthostega* tenía branquias, pero es casi seguro que también respiraba aire.

Ichtyostega era algo más largo y más voluminoso que *Acanthostega* y también habitaba en aguas dulces. Vivió en la misma época, durante el Devónico superior hace unos 360 millones de años, y en la misma región, en lo que es hoy Groenlandia. Tenía una complexión más pesada y unos miembros más poderosos, en especial los dos anteriores. Durante muchos años se le consideró el ancestro principal de los tetrápodos modernos, pero en base a los detalles de su estructura esquelética, hoy suele considerarse perteneciente a una rama lateral del árbol genealógico de los tetrápodos. *Ichtyostega* tenía siete dedos en cada pie posterior, frente a los ocho dedos en cada pie anterior que presentaba *Acanthostega*. Entre los tetrápodos aún más antiguos se incluye *Elginerpeton*, que se ha vuelto a estudiar en fechas recientes a partir de fósiles conservados en Escocia y datados en unos 370 millones de años.

FICHA

ICHTHYOSTEGA

Significado: placa de pez

Período: Devónico superior

Grupo principal: Tetrapoda

Longitud: 1 metro

Dieta: animales

Fósiles: en Groenlandia

0	1	2	3	4	5	6

FICHA

ACANTHOSTEGA

Significado: placa en forma de espina

   o de púa

Período: Devónico superior

Grupo principal: Tetrapoda

Longitud: 1 metro

Dieta: animales

Fósiles: en Groenlandia

0	1	2	3	4	5	6

SUPERIOR Los anfibios actuales con cuatro patas y cola son los tritones, salamandras y afines, como esta salamandra común de Eurasia.

DERECHA El número de dedos de los primeros animales anfibios como este *Ichtyostega* ha sido muy debatido y varía entre cuatro y ocho por cada par, según los autores.

EOGYRINUS

Los vertebrados anfibios de cuatro patas denominados antracosaurios pervivieron durante más de 100 millones de años, casi tanto como el tiempo que duró la era de los dinosaurios. Muchos tipos de antracosaurios aparecieron y se extinguieron, entre ellos el masivo *Eogyrinus*. Fue uno de los más largos de entre los animales tipo anfibio y uno de los mayores animales de su tiempo. *Eogyrinus*, al igual que *Seymouria* (*véase* página siguiente) pertenecía al subgrupo que apareció en el Carbonífero superior, hace más de 300 millones de años pero que se extinguió hacia el final del período siguiente, el Pérmico.

Eogyrinus medía casi 5 metros y por su longitud total hubiera rivalizado con la mayoría de los cocodrilos actuales. Su forma corporal también era similar a la de un cocodrilo, aunque algo más esbelta en términos generales, al igual que su cráneo con largas y potentes mandíbulas equipadas con afilados dientes. Sus miembros eran no obstante relativamente pequeños y débiles, siendo pues probable que *Eogyrinus* se desplazara por tierra firme con una combinación de serpenteos, deslizamientos e impulsos con los pies. Su cola era extremadamente larga, parecida a la de una anguila moderna, con una larga aleta dorsal en la cara superior. Esto sugiere que vivía principalmente en el agua y que nadaba dando coletazos a uno y otro lado, una vez más como un cocodrilo. *Eogyrinus* vivió en una época en la que imperaban unas condiciones cálidas y húmedas y en que gran parte de las tierras estaba cubierta por espesos bosques de helechos gigantes y otras plantas del bosque carbonífero típico de las zonas pantanosas. Es probable que *Eogyrinus* se alimentara de presas tales como peces y pequeños tetrápodos.

FICHA
EOGYRINUS

Significado: anillo o círculo del alba
Período: Carbonífero superior
Grupo principal: Tetrapoda
　(Anthracosauria)
Longitud: 4,6 metros
Dieta: presas de tamaño medio
Fósiles: en Europa

0	1	2	3	4	5	6

SUPERIOR Los miembros relativamente pequeños y la cola larga, poderosa y provista de aletas de *Eogyrinus* indican que este animal pasaba la mayor parte de su tiempo en el agua o serpenteando por marjales someros, en vez de andar por tierra firme.

SEYMOURIA

Muchos fósiles en excelente estado de conservación de este depredador de 60 centímetros de longitud se han encontrado en las rocas de Texas conocidas como lechos rojos. En estas rocas, cuya antigüedad se remonta al período Pérmico, se han encontrado asimismo los restos de muchos otros animales impresionantes, como, por ejemplo, *Dimetrodon* que se describe más adelante en este mismo capítulo. *Seymouria* recibió su nombre de la población de Seymour, Texas, donde se descubrieron algunos de sus fósiles. Parecía un lagarto grande o incluso un cocodrilo, con su boca grande y sus dientes afilados para agarrar presas. *Seymouria* era un miembro del grupo de anfibios denominados tetrápodos, al igual que otros animales que se muestran en este capítulo. Dentro de este grupo principal, se clasifica en el subgrupo de los antracosaurios, al igual que *Eogyrinus* (*véase* página anterior). Los fósiles de otros animales y también de plantas encontrados junto con los de *Seymouria* muestran que el hábitat de aquella época estaba constituido por tierras altas bastante secas, cruzadas o punteadas aquí y allá por ríos y lagos. Aunque *Seymouria* era capaz de vivir tanto en tierra como en el agua, es probable que habitara sobre todo en tierra.

Los científicos que estudiaron por primera vez los restos de *Seymouria* creyeron que podía ser un reptil. Tenía rasgos reptilianos, entre ellos la estructura de los huesos de los hombros y de las caderas, así como las articulaciones entre el cráneo y las vértebras cervicales (vértebras del cuello). Sin embargo, presentaba algunos pequeños detalles que no eran reptilianos, como la presencia de líneas en el cráneo de los especímenes jóvenes. Estas líneas solían contener los órganos sensoriales de la línea lateral, la cual detecta las vibraciones que se crean en el agua y que puede verse claramente como una línea a cada lado del cuerpo en los peces actuales. Se conocen varias especies de *Seymouria* de la mayor parte del Pérmico.

FICHA

SEYMOURIA

Significado: de Seymour (el lugar donde fue descubierto)

Período: Pérmico

Grupo principal: Tetrapoda (Anthracosauria)

Longitud: 60 centímetros

Peso: 10-15 kilogramos

Dieta: animales más pequeños

Fósiles: en Norteamérica y Europa

DERECHA Este hermoso espécimen de *Seymouria* encontrado en Texas muestra la robusta construcción de su esqueleto, con huesos gruesos, aptos para llevar un peso considerable en tierra.

INFERIOR *Seymouria* era un tetrápodo vigoroso y de aspecto reptiliano, bien adaptado a la vida terrestre. Sin embargo, conservaba rasgos anfibios tales como la línea lateral, que aquí se observa como una raya que recorre toda la parte superior del cuerpo y que detecta ondas y vibraciones cuando el animal se sumerge en el agua.

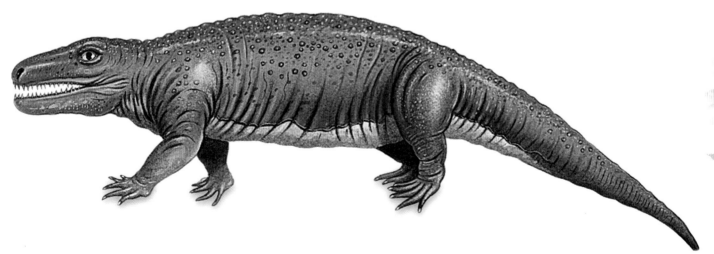

DIADECTES

Los vertebrados terrestres de cuatro patas conocidos generalmente como «anfibios» eran todos ellos carnívoros, o quizás carroñeros, hasta la aparición de animales como *Diadectes* en el Pérmico inferior. Sus dientes anteriores tenían forma de cuchara y se proyectaban ligeramente en ángulo hacia fuera desde la mandíbula, mientras que los posteriores eran anchos y adaptados para triturar. Este diseño parece indicar que el animal recolectaba materiales vegetales y los masticaba en sentido longitudinal, aunque una sugerencia alternativa es que recogía invertebrados provistos de caparazón o concha con los dientes anteriores exploratorios y los trituraba con los dientes posteriores. Con todo, el cuerpo ancho y abultado de *Diadectes* indica más bien un herbívoro lento que un depredador de movimientos rápidos. De hecho, fue uno de los mayores animales terrestres de su tiempo, con sus 3 metros de longitud. Los huesos de los hombros y la cadera eran muy

grandes, apropiados para sujetar los potentes músculos que movían sus cuatro robustos miembros. Es posible que *Diadectes* usara sus pies grandes y fuertes, provistos de cinco garras despuntadas, para desenterrar materias vegetales. La cola era relativamente corta y fina.

Diadectes tenía varios rasgos reptilianos en sus huesos, especialmente en el cráneo. Tenía un paladar óseo secundario parcialmente desarrollado (la «repisa» que separa la cavidad bucal de la cámara nasal), lo que le permitía respirar mejor por los conductos nasales mientras tenía la boca llena de comida. Estos rasgos se encuentran en algunos reptiles más avanzados. Durante un tiempo se sugirió que *Diadectes* fue un ancestro de los reptiles herbívoros, pero la alimentación a base de plantas ya había sido adoptada, más o menos por la misma época en que vivió *Diadectes*, por reptiles o animales tipo reptiles como *Edaphosaurus*.

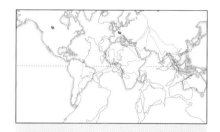

FICHA
DIADECTES

Significado: el que muerde a través, mordico penetrante

Período: Pérmico inferior

Grupo principal: Tetrapoda (Diadectomorpha)

Longitud: 3 metros

Peso: hasta 100 kilogramos

Dieta: plantas

Fósiles: en Norteamérica y Europa

0	1	2	3	4	5	6

IZQUIERDA *Diadectes* fue uno de los primeros tetrápodos tipo anfibio que adoptaron una dieta herbívora, o que al menos lo hicieron si es correcta la suposición de que sus dientes estaban adaptados para arrancar rastrillando y masticar materiales vegetales.

ERYOPS

Muchos de los grandes animales de cuatro patas y de tipo anfibio que vivieron en los períodos Carbonífero y Pérmico pertenecían al muy exitoso y duradero grupo de los temnospóndilos. Uno de sus miembros fue *Eryops*. Su nombre, que significa «ojo largo», fue acuñado en 1887 por Edgard Drinker Cope, un cazador de fósiles estadounidense, mientras se apresuraba en dar nombre a docenas de dinosaurios y muchos otros animales. *Eryops* tenía sin duda una cabeza ancha y de hocico largo, con poderosas mandíbulas que llevaban pequeños dientes en forma de escarpia. La complexión general del animal era robusta y fuerte, con un cuerpo ancho y voluminoso, unas patas cortas pero bien construidas y una cola de tamaño medio, ahusada y sin aletas. Es probable que *Eryops* fuera un cazador semiacuático y puede que acechara en los marjales, mostrando apenas los ojos y las narinas fuera del agua (o la parte superior de la cabeza) o que merodeara por

las orillas fluviales y lacustres en busca de posibles presas.

Se han encontrado fósiles de *Eryops* en varias localidades de Oklahoma, Texas, Nuevo México y otras partes de Norteamérica. Este género sobrevivió durante varios millones de años, hasta el Pérmico, cuando tuvo que enfrentarse a la competencia de los grandes depredadores recién aparecidos del grupo de los reptiles tipo mamífero. Los temnospóndilos, que aparecieron en el Carbonífero inferior, hace 350 millones de años, persistieron durante 150 millones de años y se extinguieron hacia el Jurásico inferior, cuando los más grandes dinosaurios carnívoros, denominados terópodos, empezaron a dominar las tierras emergidas. Sin embargo, es posible que durante su largo período de existencia, algunos temnospóndilos dieran origen a los ancestros de los anfibios actuales –sapos, tritones y afines–, los denominados lisanfibios.

FICHA
ERYOPS

Significado: ojo largo

Período: Carbonífero superior y Pérmico

Grupo principal: Temnospondylii

Longitud: hasta 2 metros

Peso: 50-70 kilogramos

Dieta: animales más pequeños, carroña

Fósiles: en EE. UU. (Oklahoma, Texas, Nuevo México)

0	1	2	3	4	5	6

DERECHA La enorme boca de *Eryops* debía ser difícil de abrir en tierra firme, dados el peso de la cabeza y de la mandíbula inferior, la posición de la articulación mandibular y la necesidad de levantar la cabeza del suelo. Así pues, es probable que *Eryops* cazara dentro del agua, agarrando presas, tales como peces, con su enorme abertura bucal.

INFERIOR *Gerrothorax* tenía un escudo cefálico ancho y fuerte, presumiblemente como protección. Sin embargo, detrás de este escudo sobresalían sus delicados y plumosos filamentos branquiales, que usaba para respirar bajo el agua incluso en fase adulta. Se ha sugerido que el animal podía ocultar sus filamentos bajo el escudo.

GERROTHORAX

Los anfibios tales como sapos y ranas empiezan su vida como jóvenes acuáticos –las larvas o renacuajos– que respiran dentro del agua por medio de branquias. Unos pocos anfibios actuales –como por ejemplo, el ajolote– conservan sus branquias y continúan viviendo bajo el agua incluso cuando son adultos. Lo mismo podía decirse de *Gerrothorax*, un depredador de 1 metro de longitud que vivió durante el Triásico superior, un momento en que los dinosaurios empezaban a extenderse y a dominar la tierra.

Gerrothorax se clasifica dentro del grupo de los temnospóndilos, junto con *Eryops* (*véase* página anterior). Sus fósiles se han encontrado en varias localidades de Suecia, del sur de Alemania y de otras partes de Europa.

Gerrothorax parecía un renacuajo rechoncho provisto de cuatro miembros pequeños y débiles. Tres pares de branquias plumosas sobresalían de los lados de su cabeza, justo detrás del rasgo más distintivo del animal, su cráneo de extraña forma.

Éste era extraordinariamente ancho y se extendía hacia los lados formando sendas «alas» puntiagudas. Tanto la cabeza como el cuerpo eran aplanados y estaban armados con unas placas duras. El rasgo quizás más notable de *Gerrothorax*, sus ojos muy grandes y juntos, se situaban en la parte superior del cráneo, lo que significaba que sólo podía mirar hacia arriba. Se ha sugerido que este depredador acechaba a sus presas desde el fondo de los lagos o marjales, quizás camuflado por su coloración y su contorno inusual. Desde allí debía arremeter súbitamente hacia arriba para tragar a sus presas con la boca bien abierta.

Gerrothorax presentaba una combinación de rasgos inmaduros o larvales (de renacuajo) en lo que era presumiblemente un cuerpo sexualmente maduro, capaz de reproducirse. Varios tipos de anfibios modernos, como el ajolote antes mencionado, también conservan caracteres juveniles en su estadio sexualmente maduro. Este fenómeno recibe el nombre de *neotenia*.

FICHA
GERROTHORAX
Significado: portador de pecho
Período: Triásico superior
Grupo principal: Temnospondylii
Longitud: 1 metro
Peso: 20-25 kilogramos
Dieta: animales pequeños
Fósiles: en Europa

| 0 | 1 | 2 | 3 | 4 | 5 | 6 |

DIPLOCAULUS

Aunque su nombre significa «doble tallo», *Diplocaulus* recibe el nombre informal de cabeza de bumerang. Este animal, que también era de agua dulce y tipo anfibio, se conoce a partir de fósiles encontrados en rocas pérmicas de Texas. Se clasifica en el grupo de los denominados lepospóndilos, que eran comunes durante el Carbonífero y el Pérmico, pero que no sobrevivieron hasta entrado el Triásico, al principio de la era de los dinosaurios. Aun así, es posible que los lepospóndilos dieran origen a los anfibios modernos, los tritones, ranas y afines.

Algunos lepospóndilos tenían formas similares a los tritones o las salamandras y se conocen con el nombre de nectrideos. *Diplocaulus* también era un nectrideo, aunque era inusual en muchos aspectos. Era, en efecto, muy plano, con un cráneo bajo, un cuerpo ancho y en forma de crepe, y una cola corta con pequeñas aletas que recorrían sus caras superior e inferior. Sus miembros eran pequeños y planos y se extendían a ambos lados del cuerpo. Los grandes ojos situados en la parte superior de la cara casi horizontal podían ver tanto hacia arriba como hacia los lados. Todo ello sugiere un animal que vivía en el fondo, desde donde vigilaba las aguas de encima para capturar presas y detectar peligros. *Diplocaulus* también tenía unas «alas» curvadas hacia atrás en la cabeza, formadas por sendas extensiones óseas de la parte posterior de cada lado del cráneo, ahusadas y terminadas en punta. Se han formulado muchas teorías sobre la función de estas extensiones. Es posible que ensancharan hasta tal punto la cabeza de *Diplocaulus* que incluso a los mayores depredadores de la época no les cupiera dentro de la boca. Por otra parte, y dado que su forma, más curvada en la superficie superior que en la inferior, recuerda a un ala de aeroplano, es posible que fueran «alas acuáticas» que sustentaban la cabeza del animal al fluir el agua hacia atrás, quizás mientras *Diplocaulus* nadaba de un lugar de descanso a otro.

SUPERIOR Vista desde arriba de *Diplocaulus* que refleja el aspecto que hubiera tenido el animal al mirarlo desde la orilla de una charca o de un arroyo.

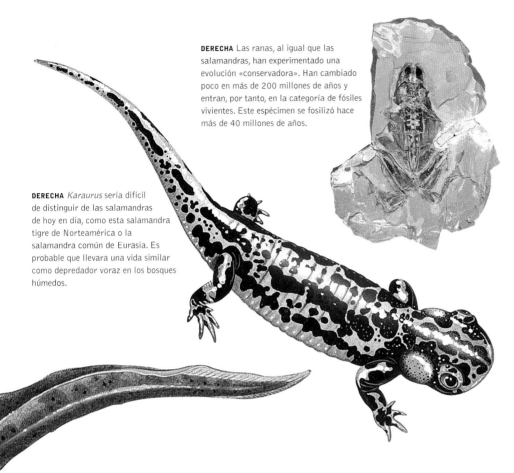

DERECHA Las ranas, al igual que las salamandras, han experimentado una evolución «conservadora». Han cambiado poco en más de 200 millones de años y entran, por tanto, en la categoría de fósiles vivientes. Este espécimen se fosilizó hace más de 40 millones de años.

DERECHA *Karaurus* sería difícil de distinguir de las salamandras de hoy en día, como esta salamandra tigre de Norteamérica o la salamandra común de Eurasia. Es probable que llevara una vida similar como depredador voraz en los bosques húmedos.

FICHA
KARAURUS
Significado: cabeza-cola
Período: Jurásico
Grupo principal: Amphibia (Urodela)
Longitud: 20 centímetros
Dieta: animales pequeños
Fósiles: en Asia central

TRIADOBATRACHUS Y KARAURUS

De entre los muchos y enormemente variados animales tipo anfibio de la prehistoria, sólo tres grupos principales sobreviven hoy: los sapos, ranas y afines (anuros o Salientia); las salamandras, tritones y afines (urodelos o Caudata), y las cecilias o ápodos (Gymnophiona), que son menos conocidos y tienen forma de gusanos. El conjunto de estos tres grupos constituye los denominados lisanfibios.

El primer animal tipo rana del registro fósil es un espécimen único encontrado en rocas de Madagascar y datado en el Triásico inferior, hace unos 240 millones de años, antes de que aparecieran los primeros dinosaurios. Este animal, *Triadobatrachus*, medía apenas 10 centímetros de largo, incluida su cola muy corta, un rasgo del que carecen casi todas las ranas modernas. Sus patas posteriores eran más largas y más poderosas que las anteriores, pero no mucho más. Éste es otro rasgo que sugiere que *Triadobatrachus* era un ser intermedio entre las ranas modernas y sus probables ancestros, un subgrupo de los lepospóndilos

(*véase Diplocaulus*, página anterior). En muchos otros aspectos, *Triadobatrachus* era similar a una rana moderna y probablemente se comportaba del mismo modo.

Karaurus fue uno de los anfibios con cola o salamandras más antiguos que se conocen. Vivió durante el Jurásico superior y era muy similar a las salamandras actuales, pese a los 150 millones de años transcurridos desde entonces. Tenía la cabeza ancha, cuatro fuertes patas y una longitud total de 20 centímetros.

Karaurus era probablemente un depredador pequeño, aunque feroz, que depredaba animales aún más pequeños, como gusanos, insectos o larvas. Es muy probable que pudiera desplazarse tan bien por tierra como por el agua en los húmedos bosques jurásicos, manteniéndose fuera del camino de los gigantescos dinosaurios saurópodos de aquel período. Los fósiles de *Karaurus* se han encontrado en Kazajstán, Asia Central.

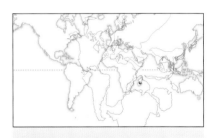

FICHA
TRIADOBATRACHUS
Significado: rana triásica
Período: Triásico
Grupo principal: Amphibia (Anura)
Longitud: 10 centímetros
Dieta: insectos y otros animales pequeños
Fósiles: en Madagascar

Fuera del agua

Los primeros tetrápodos (como los que se muestran en las páginas anteriores) probablemente ponían sus huevos en el agua, al igual que las ranas actuales, y estaban por tanto asociados a los hábitats acuáticos en los primeros estadios de su ciclo vital. Los reptiles se liberaron de esta restricción gracias a algunos rasgos como una piel escamosa en vez de húmeda, que evita las pérdidas de agua del cuerpo, o los huevos amnióticos, con una cáscara impermeable y un suministro interno de alimentos en forma de yema, cuya puesta podía efectuarse en tierra.

DERECHA Hace unos 300 millones de años, uno de los primeros reptiles conocidos, *Hylonomus*, vigilaba sobre el tallo leñoso de un licopodio gigante. Entre la cabeza y el cuerpo no era mucho más largo que un dedo humano. *Hylonomus* se parecía exteriormente a las lagartijas actuales, al igual que muchos tipos de reptiles prehistóricos, pero pertenecía a un grupo muy diferente de reptiles.

MESOSAURUS

Puede parecer extraño que después de que los reptiles pasaran millones de años de evolución para liberarse del agua, algunos retornaran a una vida acuática. *Mesosaurus* fue uno de los primeros reptiles conocidos que lo hicieron. Tenía rasgos que le hacían parecer una combinación de lagarto, cocodrilo y salamandra modernos, aunque sólo guardaba un lejano parentesco con cualquiera de estos animales. Tenía una cola muy larga con una extensa aleta, tanto en la línea media superior como en la inferior; grandes extremidades con grandes pies palmeados, cuyo par posterior más grande que el anterior; y un cuerpo largo y esbelto. Su cráneo era asimismo esbelto y alargado, y las estrechas mandíbulas estaban llenas de dientes largos en forma de agujas. *Mesosaurus* podía alcanzar 1 metro de longitud total, pero al ser tan esbelto, era un depredador relativamente pequeño. Es probable que persiguiera pequeños peces, camarones y otras presas de similar tamaño y que usara sus numerosos, largos y afilados dientes como herramientas para agarrar o como armas para clavar, aunque también es posible que abriera bien la boca y la cerrara en torno a pequeñas presas, de tal forma que quedaban atrapadas entre los dientes como las rejas de una jaula.

Mesosaurus dio su nombre a un grupo de reptiles de agua dulce, los mesosaurios, que aparecieron en el Pérmico hace más de 250 millones de años, pero que no sobrevivieron hasta el final del período. Su relación de parentesco con otros reptiles no está clara, aunque suelen considerarse un grupo compañero de los pareiasaurios y otros reptiles primitivos. Los fósiles de *Mesosaurus* se han encontrado tanto en Sudamérica como en África. Varios fósiles de reptiles y de otros animales muestran una distribución similar entre estos dos continentes. Esto se considera una evidencia más –además de las similitudes geológicas y del estrecho «ajuste» entre sus líneas de costa– de que estas dos grandes masas de tierra se encontraban unidas durante el Pérmico y de que se separaron al formarse el océano Atlántico en una época posterior (*véanse* mapas, página 26).

FICHA

MESOSAURUS

Significado: reptil intermedio

Período: Pérmico

Grupo principal: Reptilia

Longitud: 70-100 centímetros

Dieta: alimentos de pequeño tamaño

Fósiles: en Brasil y el sur de África

0	1	2	3	4	5	6

INFERIOR *Mesosaurus* nadaba principalmente con sus grandes pies posteriores y su larga cola con aletas.

DERECHA Las costillas de los mesosaurios estaban engrosadas para resistir la presión del agua, lo que junto con las robustas cinturas escapular y pélvica (de los hombros y de la cadera), daba un firme anclaje a los músculos natatorios.

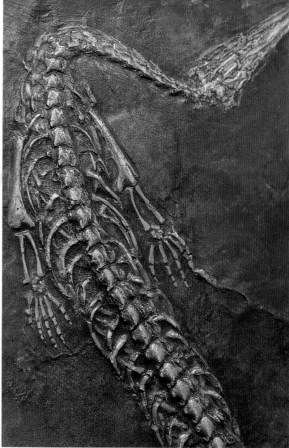

IZQUIERDA *Proganochelys* mascaba las plantas blandas y cortaba la vegetación con sus mandíbulas de bordes afilados. Al igual que hoy, las tortugas comían entonces de una forma desordenada, de modo que siempre se les caía de la boca algo de comida.

PROGANOCHELYS

Las tortugas forman un grupo especializado de reptiles denominados quelonios. Su rasgo característico es, por supuesto, el caparazón que se compone de dos partes, la superior o espaldar, que forma una bóveda sobre el dorso, y el más aplanado plastrón, que cubre la parte inferior. Cada parte tiene dos capas, una interior de placas óseas y otra exterior de placas córneas, y cada una de ellas está formada por muchas de estas placas articuladas en los bordes, como un rompecabezas. Los primeros quelonios conocidos, los del registro fósil del Triásico, eran notablemente similares a sus parientes modernos, pese a una separación temporal de más de 200 millones de años.

Proganochelys vivió más o menos por la misma época que los primeros dinosaurios. Tenía un caparazón completamente formado, con unas 60 placas que protegían su cuerpo contra los depredadores terrestres, ya que era en efecto una tortuga terrestre y no un galápago o tortuga de agua dulce. *Proganochelys* también tenía una cola espinosa, quizás con un engrosamiento óseo en la punta. Contrariamente a muchos quelonios modernos, *Proganochelys* no podía recoger la cabeza o las patas dentro del caparazón para protegerse mejor. Aun así, tenía la típica estructura esquelética de un quelonio: huesos de los hombros y de la cadera dentro de la caja torácica en vez de fuera de ella y costillas anchas y planas, unidas a la parte interior del caparazón junto con las vértebras. *Proganochelys* poseía también unas mandíbulas típicas de quelonio, que carecían de dientes, pero tenían un borde óseo afilado para cortar los alimentos vegetales. Los fósiles de *Proganochelys* provienen de rocas del sur de Alemania y posiblemente también de Tailandia. Otros animales similares, también de hábitats terrestres, se conocen a partir de fósiles algo más tardíos encontrados en otros continentes, en África, Asia y Norteamérica. (*véase* también *Archelon*, página 96). Tanto éstos como *Proganochelys* tenían protuberancias o bultos óseos en la cabeza y el cuello para proteger estas zonas, así como duras protuberancias dentro de la boca que le ayudaban a aplastar y triturar la comida que pacía con sus mandíbulas de afilados bordes.

FICHA
PROGANOCHELYS
Significado: anterior a los quelonios lustrosos

Período: Triásico superior

Grupo principal: Reptilia (Chelonia)

Longitud: 60 centímetros

Dieta: plantas

Fósiles: en Alemania y posiblemente también en Tailandia, África y Norteamérica

HYLONOMUS

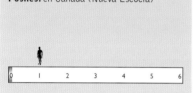

Hylonomus suele considerarse, si no el primer reptil conocido, al menos uno de los más antiguos. Estaba totalmente adaptado a la vida en tierra firme y carecía de branquias o de los rasgos esqueléticos típicos de los distintos animales tipo anfibio que se han descrito en páginas anteriores. Los fósiles de *Hylonomus* se encontraron en rocas del Carbonífero superior, hace unos 300 millones de años, en el yacimiento Joggins de Nueva Escocia (este de Canadá). La longitud total de *Hylonomus* era de 20 centímetros, incluida la cola larga y flexible. Su cráneo fuerte y sus mandíbulas robustas tenían pequeños dientes en forma de cono, apuntados y afilados, de modo que *Hylonomus* era probablemente un depredador de insectos, lombrices y pequeños animales similares. Por su aspecto general, parecía una lagartija moderna, pero vivió mucho antes de que apareciera este tipo de reptiles y tenía unas características esqueléticas diferentes.

Muchos especímenes de *Hylonomus* se han encontrado bellamente conservados dentro de viejos tocones podridos de los licopodios gigantes *Sigillaria*, que llegaban a ser tan grandes como algunos árboles modernos. Es posible que *Hylonomus* estuviera

hibernando, refugiándose de condiciones adversas. Sin embargo, otros animales como los insectos y los milpiés también poblaban estos lugares. Lo más probable es que el bosque de licopodios quedara inundado, quizás por agua salada, lo que provocó la muerte y la caída de las plantas, dejando los tocones más bajos en el suelo. Al pudrirse gradualmente desde el interior, dentro de estos tocones se formaron huecos en forma de balde en los que podrían haber caído pequeños animales. Esto es quizás lo que le sucedió a *Hylonomus*; aunque también es posible que hubiera trepado al interior del tocón para comer los animales atrapados, quedar atrapado a su vez y finalmente morir.

El interior del tocón se habría llenado luego de barro durante la siguiente inundación, con lo que pudo iniciarse el largo proceso de fosilización.

INFERIOR Esta ilustración muestra un *Hylonomus* aproximadamente a tamaño natural. Este reptil era esbelto y tenía patas largas, grandes pies y una cola a modo de látigo, lo que sugiere un animal que se desplazaba lanzándose a gran velocidad como un lagarto moderno. Sin embargo, el grupo de los lagartos no apareció hasta más de 50 millones de años más tarde.

IZQUIERDA El pareiasaurio *Scutosaurus*, uno de los primeros reptiles muy grandes, prefiguraba los grandes dinosaurios fitófagos provistos de coraza que aparecerían más de 100 millones de años después.

SCUTOSAURUS

Esta voluminosa bestia era tan grande como un rinoceronte moderno y tenía una capa protectora de placas, espinas y protuberancias óseas que le daba cierta similitud con algunos de los dinosaurios con coraza o placas, como *Ankylosaurus*. Sin embargo, *Scutosaurus* era un reptil de un tipo muy distinto y no era en absoluto un dinosaurio. Pertenecía, en efecto, a los pareiasaurios, los cuales pertenecían a su vez a un grupo más extenso de reptiles muy primitivos denominados parareptiles. (En algunos sistemas de clasificación más antiguos, los pareiasaurios se incluyen dentro de un grupo alternativo, el de los captorínidos o cotilosaurios).

Los pareiasaurios figuran entre los primeros reptiles realmente grandes. Eran animales fitófagos pesados y rechonchos, que usaban los bordes aserrados de los dientes en forma de hoja que tenían en las mandíbulas, y también en el paladar, para mordisquear y desmenuzar grandes cantidades de plantas, como helechos y colas de caballo. Sus patas fuertes y en forma de pilar se extendían ligeramente hacia los

lados, en ángulo con el cuerpo, y luego hacia abajo en las articulaciones, en vez de soportar el cuerpo directamente desde justo debajo, como los dinosaurios.

Scutosaurus tenía una cola muy corta, cinco garras cortas y despuntadas en cada uno de sus anchos pies, protuberancias cónicas e irregulares en el dorso y un cráneo que se extendía por las mejillas como una especie de escudo de cuello.

En la cabeza tenía muchas protuberancias y excrecencias verrugosas; en particular, tenía una púa dirigida hacia abajo, que crecía desde la parte posterior de cada lado de la mandíbula inferior, además de pequeños grupos de protuberancias en el hocico. Estas estructuras, según parece, aparecían por primera vez en la fase juvenil y luego se agrandaban con la edad.

Al igual que en los dinosaurios de épocas posteriores, las púas y protuberancias de *Scutosaurus* pudieron servir para la exhibición –como signos de madurez física y de disponibilidad para la reproducción– o bien como armas que el animal usaba contra los rivales durante la reproducción o contra sus enemigos.

FICHA
SCUTOSAURUS
Significado: reptil con escudos

Período: Pérmico medio y superior

Grupo principal: Reptilia

Longitud: 2,5 metros

Dieta: plantas

Fósiles: en el este de Europa y el sureste de África

LOS REPTILES
SE DIVERSIFICAN

LOS PRIMEROS REPTILES APARECIERON HACE
UNOS 300 MILLONES DE AÑOS, HACIA EL FINAL DEL
PERÍODO CARBONÍFERO. EN EL PERÍODO SIGUIENTE,
EL PÉRMICO, SE PRODUJO UN RÁPIDO INCREMENTO DEL
TAMAÑO, DEL NÚMERO DE FORMAS Y DE LA DIVERSIDAD
Y APARECIÓ UNA DESCONCERTANTE COLECCIÓN DE
GRUPOS DE REPTILES: PAREIASAURIOS, MESOSAURIOS,
NEODIÁPSIDOS, WEIGELTISAURIOS Y MUCHOS OTROS.
ALGUNOS DE ELLOS DURARON APENAS UNAS POCAS
DECENAS O MILES DE AÑOS, AL COMPETIR ENTRE SÍ POR
LA SUPERVIVENCIA EN TIERRA O EN EL AGUA.

DERECHA Los cocodrilos son los grandes supervivientes de la
era de los reptiles. Aparecieron más o menos en la misma época
que los dinosaurios y eran al principio depredadores terrestres,
si bien la mayoría de los tipos de cocodrilos adoptó pronto un
estilo de vida semiacuático. *Sarcosuchus* era uno de los gigantes
del grupo y vivió hace 110 millones de años en lo que hoy es
el desierto del norte de África.

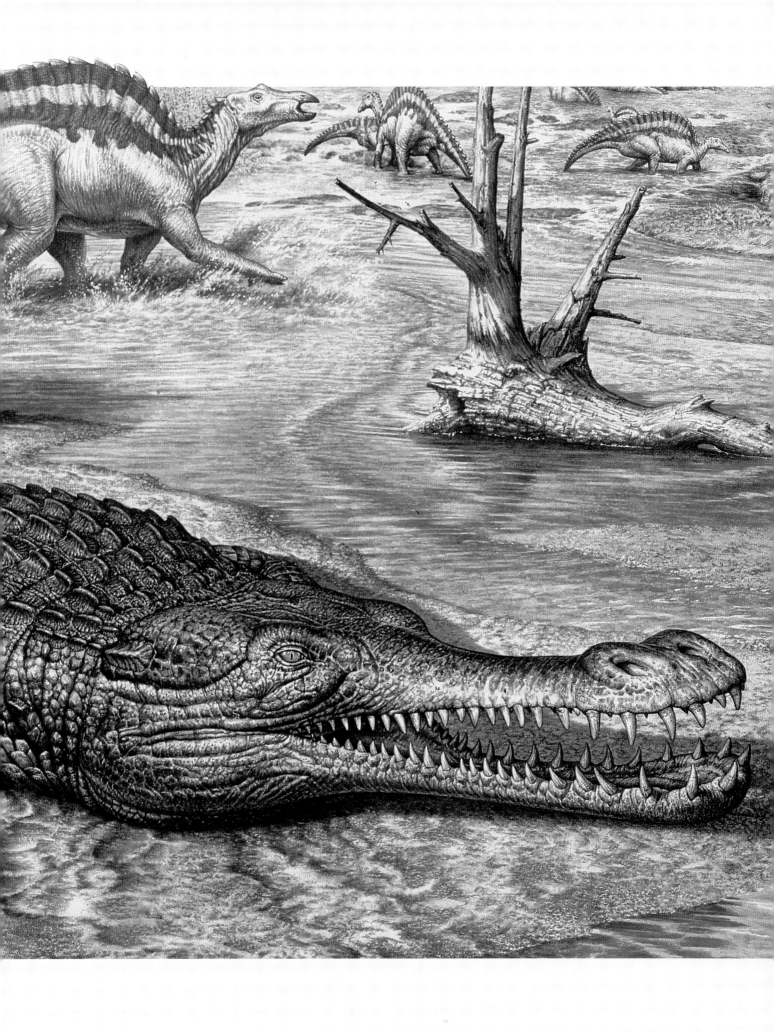

DERECHA Las enormes aletas anteriores de *Archelon* medían bastante más de 1 metro de largo cada una, y batían arriba y abajo con un movimiento de «vuelo bajo el agua» en vez de remar hacia delante y hacia atrás.

ARCHELON

FICHA
ARCHELON

Significado: quelonio o tortuga dominante

Período: Cretácico superior

Grupo principal: Reptilia (Chelonia)

Longitud: más de 4 metros

Dieta: probablemente animales marinos de cuerpo blando

Fósiles: EE. UU. (Kansas, Dakota del Sur)

0	1	2	3	4	5	6

Tras su primera aparición en el Triásico, los quelonios o tortugas se extendieron ampliamente y no tardaron en evolucionar, adoptando una gran variedad de tamaños, aunque sus formas generales no cambiaron tanto. El mayor quelonio que existió jamás, o por lo menos el mayor quelonio conocido del registro fósil, fue el voluminoso *Archelon* del Cretácico superior. Su caparazón medía 3,7 metros de largo, es decir, el doble del mayor quelonio actual, que es la tortuga laúd. La distancia entre los extremos de las patas anteriores extendidas de *Archelon* era similar a esta longitud. Sus cuatro miembros estaban muy modificados para nadar, con los músculos de los hombros y la cadera enormemente poderosos, y los cinco dedos de cada pie estaban envueltos en una gran membrana o «guante» en forma de canalete. Los miembros anteriores proporcionaban la mayor parte del impulso, al batir arriba y abajo con un movimiento similar a las alas de un ave.

Archelon recorría los mares de la era de los dinosaurios. Sus mandíbulas, débiles y sin dientes, tenían bordes afilados a modo de tijeras, como algunas tortugas marinas actuales (entre ellas la laúd). *Archelon* se alimentaba de medusas y otros animales marinos de cuerpo blando similares. Y como la tortuga laúd, *Archelon* tenía un caparazón que no era una bóveda maciza de placas óseas, como otros quelonios, sino que estaba formado por riostras óseas con amplios espacios intermedios. En vida, esta estructura de andamiaje estaba quizá cubierta y llena de una piel gruesa y correosa, como de goma, una vez más como su pariente moderno la tortuga laúd. Esto reducía en gran medida la cantidad de tejido óseo y, por ello, el peso de la tortuga, aunque su masa estaba habitualmente sostenida por el agua. Pese a ello, es probable que *Archelon* saliera a la orilla para poner sus huevos en tierra, al igual que todos los quelonios (y todos los reptiles) actuales. La necesidad de moverse brevemente por tierra debió limitar su tamaño.

YOUNGINA

Más de la mitad de las especies actuales de reptiles del mundo –más de 4.500– son lagartos o saurios. Sus orígenes evolutivos no están claros y se debate mucho al respecto. Parte del problema se debe a que, en su aspecto externo, muchos reptiles prehistóricos tenían un gran parecido con los saurios, si bien un estudio más a fondo del cráneo y el esqueleto reveló que pertenecían a grupos diferentes de reptiles. Durante un tiempo se sugirió que *Youngina* fue el antecesor del grupo de los saurios, sobre todo por las similitudes con las partes posteriores de su cráneo. Hoy, sin embargo, este reptil alargado y esbelto se considera un miembro del grupo de los neodiápsidos, así llamados por las dos aberturas o «ventanas» situadas a cada lado del cráneo, una de ellas justo detrás de cada órbita. La mayoría de los neodiápsidos vivieron durante los períodos Pérmico y Triásico inferior. El grupo emparentado con ellos, el de los diápsidos, es uno de los grupos principales de reptiles. Los neodiápsidos –aunque no el propio *Youngina*– probablemente

dieron origen a los dos grupos más diversificados de reptiles: los escamosos, que comprenden los saurios y los ofidios o serpientes; y los arcosaurios, que incluían a los dinosaurios, los cocodrilos y también los pterosaurios.

Youngina era muy alargado y esbelto, con patas pequeñas y un cráneo fuerte provisto de un hocico largo, bajo y puntiagudo, que se parecía a los lagartos excavadores actuales. De hecho se han encontrado varios especímenes fósiles de *Youngina* juveniles en una madriguera, donde según parece se habían agrupado para buscar refugio, quizás para escapar a las temperaturas extremas del exterior. Los afilados dientes de *Youngina* indican que era un depredador de gusanos, larvas, insectos y otros animales pequeños. Pero sus dientes eran inusuales porque no sólo crecían en los bordes de las mandíbulas, sino también en el interior de la boca, en el paladar. *Youngina* fue bautizado en 1914 por Robert Broom e incluye los antiguos géneros *Youngoides* y *Youngopsis*.

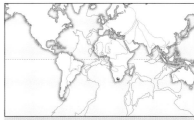

FICHA

YOUNGINA

Significado: de Young

Período: Pérmico superior

Grupo principal: Reptilia

Longitud: hasta 50 centímetros de la cabeza a la cola

Dieta: animales pequeños

Fósiles: en Sudáfrica

| 0 | 1 | 2 | 3 | 4 | 5 | 6 |

DERECHA Las afiladas garras de *Youngina* eran apropiadas para escarbar en el suelo blando en busca de pequeñas presas y quizás para cavar madrigueras para refugiarse.

COELUROSAURAVUS E ICAROSAURUS

Los denominados lagartos voladores aparecieron por evolución varias veces durante la prehistoria y todavía viven hoy en las selvas del sureste de Asia. En realidad, ninguno de ellos ha sido nunca capaz de volar –todos ellos se limitaban a planear– y no todos ellos fueron lagartos, ni mucho menos. *Caelurosauravus* era miembro de un grupo de reptiles distinto, los weigeltisaurios, así llamado por *Weigeltisaurus*, un reptil planeador similar del Pérmico superior, cuyos fósiles se han encontrado en Alemania e Inglaterra. Los weigeltisaurios eran reptiles diápsidos, al igual que *Youngina* (*véase* página anterior). *Caelurosauravus* tenía forma de lagarto y dientes pequeños y afilados, pero sus rasgos más distintivos eran sus dos grandes «alas». Cada una de ellas consistía en unas varillas óseas largas y finas que soportaban una membrana planeadora a modo de piel. Las «alas» podían extenderse como abanicos para planear o quedar plegadas junto al cuerpo cuando no se utilizaban. *Caelurosauravus* tenía unos dedos largos con unas garras afiladas para aferrarse a las cortezas

mientras huía a toda prisa, saltaba para despegar y luego aterrizaba entre los árboles. Las alas podían inclinarse o cambiar ligeramente de forma gracias a los músculos de la base de las varillas.

Las finas riostras óseas de las alas de *Caelurosauravus* no estaban conectadas a otras partes del esqueleto, a diferencia del lagarto volador *Draco* que sí las tiene conectadas. Las membranas planeadoras de este verdadero saurio se extienden gracias a las largas y finas extensiones de sus costillas. *Draco* planea sobre todo para escapar de sus enemigos o para desplazarse a nuevos lugares de alimentación. *Icarosaurus* era un animal similar del Triásico superior cuyos fósiles se encontraron en Nueva Jersey. Otro planeador del mismo tipo era *Kuehneosaurus*, que vivió en lo que es hoy el oeste de Inglaterra. Estos animales eran parientes próximos de los primeros saurios. Sus alas eran más largas y más esbeltas que las de los actuales *Draco*, pero se extendían del mismo modo, con costillas muy largas y finas.

FICHA
COELUROSAURAVUS

Significado: coelurosaurio abuelo

Período: Pérnico superior

Grupo principal: Reptilia

Longitud: 60 centímetros de la cabeza a la cola

Dieta: insectos y otros animales pequeños

Fósiles: en Europa y Madagascar

|0|1|2|3|4|5|6|

DERECHA Unas 22 varillas de hueso ligeramente curvas soportaban cada una de las alas de *Caelurosauravus*. La función de la curiosa cresta del borde dentado que rodea la parte posterior del cráneo no se conoce.

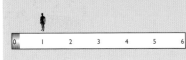

FICHA
ICAROSAURUS

Significado: reptil Ícaro

Período: Triásico superior

Grupo principal: Reptilia

Longitud: 40 centímetros

Dieta: animales pequeños

Fósiles: en EE. UU. (Nueva Jersey)

|0|1|2|3|4|5|6|

DINILYSIA

Las serpientes u ofidios, con casi 3.000 especies vivientes, forman el segundo grupo de reptiles en importancia numérica. Aunque tienen su propio subgrupo, Serpentes, se incluyen junto con los saurios, Lacertilia, en el grupo más extenso denominado escamosos (Squamata). Algunos especialistas proponen que las serpientes evolucionaron a partir de los lagartos en algún momento entre el Cretácico inferior y el medio, hace más de 100 millones de años. Es posible que algunos lagartos adoptaran un modo de vida excavador y que perdieran por completo sus extremidades. Posteriormente, algunas de estas serpientes recién originadas abandonaron a su vez la vida subterránea y volvieron a vivir en la superficie, en lo alto de los árboles o incluso dentro del agua. Después de todo, unos pocos saurios actuales, como por ejemplo el lución, carecen de patas. Otra hipótesis es que las serpientes evolucionaron a partir de los mismos reptiles que dieron origen a los feroces reptiles marinos denominados mosasaurios (*véase* página 397).

Los tipos más antiguos de serpientes modernas son las pitones y boas, que matan a sus presas por constricción. *Dinilysia* era quizás una serpiente muy primitiva de este tipo. Vivió en Patagonia, en el extremo sureste de Sudamérica, durante el Cretácico superior, cuando la era de los dinosaurios estaba llegando a su fin. Medía unos 1,8 metros de longitud y tenía un esqueleto típico de serpiente: un cráneo de huesos a modo de riostras conectados de forma laxa; afilados dientes en sus mandíbulas; y un cuerpo largo formado principalmente por docenas de vértebras, cada una de ellas con un par de costillas. *Dinilysia* tenía pequeños huesos de extremidades vestigiales. Algunas de las pitones y boas modernas todavía conservan diminutos vestigios de los huesos de sus miembros posteriores, pero no de los anteriores. Los vestigios de la cadera quedan encerrados dentro de los músculos y de la carne de la parte postero-inferior del cuerpo y lo que queda de la pata es apenas visible en la superficie como una pequeña garra o espolón.

FICHA
DINILYSIA
Significado: dos lirios o flores
Período: Cretácico superior
Grupo principal: Reptilia
Longitud: 1,8 metros
Dieta: animales más pequeños
Fósiles: en Sudamérica

| 0 | 1 | 2 | 3 | 4 | 5 | 6 |

IZQUIERDA Restos fosilizados de una serpiente. Los ofidios constrictores, tales como boas y pitones, fueron las primeras serpientes. Las primeras serpientes venenosas del registro fósil se remontan apenas a unos 30 millones de años.

INFERIOR *Dinilysia* se enrosca alrededor de un joven cocodrilo del Cretácico y empieza a apretar para ahogarlo. La serpiente constrictora moderna anaconda, que habita en Amazonia y en otras regiones de Sudamérica tropical, hace esto mismo con los cocodrilos actuales llamados caimanes.

SCAPHONYX

FICHA

SCAPHONYX

Significado: uña en canoa

Período: Triásico medio y superior

Grupo principal: Reptilia (Rhynchosauria)

Longitud: entre la cabeza y el cuerpo
 1,8 metros

Peso: 40 kilogramos

Dieta: plantas

Fósiles: en Sudamérica

Los rincosaurios como *Scaphonyx* reciben a veces el nombre de ovejas del Triásico. Al ser reptiles y no mamíferos, tenían escamas en vez de lana, pero eran unos herbívoros muy numerosos y más o menos del tamaño de una oveja, no es difícil imaginarlos salpicando el paisaje y paciendo plantas de bajo porte como los helechos. (No había flores, plantas herbáceas o gramíneas en aquella época.) Y también, al igual que algunas ovejas actuales, los rincosaurios eran probablemente presas ocasionales de los grandes depredadores; en su caso, de los primeros dinosaurios, como *Herrerasaurus* y de los cocodrilos, principalmente terrestres, de la época.

Los rincosaurios están emparentados con el grupo de los reptiles arcosaurios, que incluye los cocodrilos y los dinosaurios. *Scaphonyx* era un rincosaurio típico, con un cuerpo abultado, como de cerdo, patas rechonchas aunque robustas, cola gruesa y una mandíbula superior curvada hacia abajo y terminada en punta como un pico de ave. (*Rincosaurio*

significa precisamente «reptil con pico».) Algunos rincosaurios tenían el cráneo ensanchado en la región de las mejillas, donde formaba pequeños escudos o proyecciones parietales. Es probable que el pico sirviera para arrancar y recoger plantas, y los numerosos dientes masticadores de extremo ancho se disponían en largas hileras en la región de las mejillas. La mandíbula inferior tenía bordes estrechos y encajaba en un surco labrado en la mandíbula superior, de tal forma que los dientes se juntaban en una acción combinada de desmenuzar, cortar y triturar.

Los rincosaurios fueron muy abundantes, pero sólo durante un tiempo relativamente corto. En algunas zonas con riqueza y variedad de restos fosilizados, los fósiles de los rincosaurios constituyen más de la mitad de todos los grandes animales fitófagos que se conservan. Estos reptiles se extinguieron a finales del Triásico, quizás debido a la competencia alimentaria ejercida por los dinosaurios fitófagos cuando éstos se extendieron por las tierras emergidas.

DERECHA El pico estrecho y ganchudo, como de loro, del herbívoro *Scaphonyx* fue un diseño apto para pacer plantas recurrente en las épocas prehistóricas. Varios tipos de dinosaurios desarrollaron rasgos muy similares, entre ellos los dinosaurios cornudos o ceratopsios como *Triceratops*.

DEINOSUCHUS (PHOBOSUCHUS)

Durante décadas, *Deinosuchus* gozó de la fama de ser el mayor cocodrilo que existió jamás. Sin embargo, actualmente tiene un rival en *Sarcosuchus*, cocodrilo descubierto en 1970 (*véase* página 387). Esto se debe en parte a que los especímenes de *Sarcosuchus* descubiertos en África muestran que este género alcanzaba mayor tamaño de lo que se creía a partir de los restos encontrados anteriormente en Sudamérica. Y también se debe a que los estudios recientes del cráneo fósil de *Deinosuchus*, que es la única parte descubierta, dieron como resultado una estimación a la baja de la longitud total del animal, que pasó de medir más de 15 metros a casi 10 metros. Incluso con esta estimación reducida, *Deinosuchus* era todavía mayor que el más grande de los cocodrilos actuales –y de todos los reptiles–, el cocodrilo marino o de estuario del sureste de Asia y de Australia.

Deinosuchus vivió unas pocas decenas de millones de años después que *Sarcosuchus* y en un continente distinto, Norteamérica.

El cráneo de *Deinosuchus* mide más de 2 metros desde el extremo posterior hasta el anterior y tiene un hocico más bien ancho. Sus proporciones son similares a las del cráneo del cocodrilo del Nilo, que está especializado en la caza de grandes presas, como antílopes y cebras. Es probable que *Deinosuchus* acechara a la orilla de ríos o marjales, a la espera de presas que vinieran a beber y a las que quizás agarraba con sus mandíbulas tachonadas de dientes largos, aunque no demasiado afilados; a continuación, el cocodrilo arrastraba sus presas dentro del agua para ahogarlas, o quizás giraba en torno a su eje longitudinal como una peonza para arrancarles trozos de carne. Entre las presas probables de *Deinosuchus* figuraban dinosaurios y quizás grandes peces o reptiles natatorios.

FICHA
DEINOSUCHUS
Significado: cocodrilo terrible

Período: Cretácico superior

Grupo principal: Reptilia (Crocodilia)

Longitud: 10 metros; hasta 15 m según algunas estimaciones

Peso: 2-3 toneladas

Dieta: animales de gran tamaño

Fósiles: en EE. UU. (Texas)

0	1	2	3	4	5	6

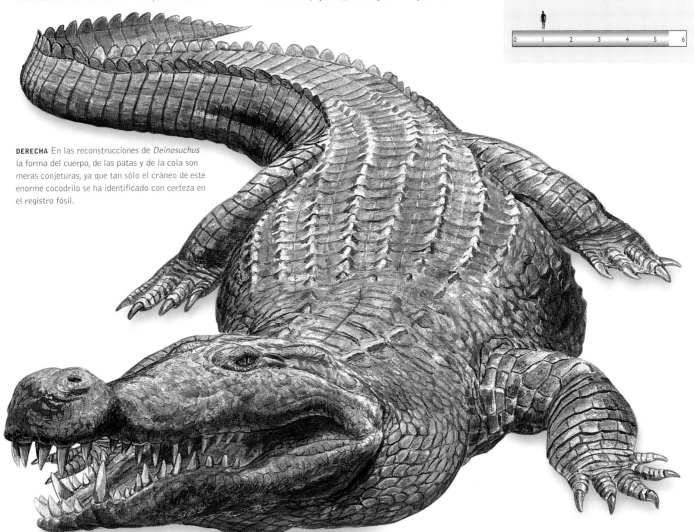

DERECHA En las reconstrucciones de *Deinosuchus* la forma del cuerpo, de las patas y de la cola son meras conjeturas, ya que tan sólo el cráneo de este enorme cocodrilo se ha identificado con certeza en el registro fósil.

Euparkeria

Los reptiles que fueron los antecesores directos de los dinosaurios son objeto de un debate muy acalorado. Los dinosaurios más antiguos que se conocen eran carnívoros que andaban sobre sus dos miembros posteriores, los cuales se disponían verticalmente debajo del cuerpo para soportarlo desde abajo, en vez de disponerse en ángulo y extendidos hacia los lados. Es probable que estos dinosaurios, entre los que se incluyen *Herrerasaurus* y *Eoraptor*, evolucionaran a partir de animales similares a ellos mismos o quizás a *Euparkeria*. Algunos autores clasifican este pequeño reptil dentro del grupo de los denominados arcosauromorfos, esto es, de los reptiles con una forma o una estructura corporal similar a la de los arcosaurios, el grupo que comprende los cocodrilos, los dinosaurios y los pterosaurios. Sin embargo, en otros sistemas de clasificación, por lo general más antiguos, *Euparkeria* se incluye en el grupo de los tecodontos o reptiles con dientes en alvéolos, así llamados porque sus dientes crecían a partir de alvéolos a modo de hoyos situados en la mandíbula inferior, en vez de hacerlo desde la superficie del hueso. Los tecodontos, sin embargo, ya no se

consideran un verdadero grupo monofilético (con un solo antecesor común), sino un grupo de arcosaurios o casi arcosaurios que no evolucionaron hacia un dinosaurio, pterosaurio o crocodilio.

Cualquiera que sea el sistema de clasificación empleado, *Euparkeria* no se considera el antecesor de todos los dinosaurio, ni siquiera de algunos dinosaurios, sino probablemente similar a los verdaderos antecesores, y podría servir, por tanto, para dar una idea aproximada del aspecto que debía tener un «protodinosaurio». Los fósiles de *Euparkeria* provienen de Sudamérica y se remontan al Triásico inferior. *Euparkeria* era un depredador ágil y diestro, con una cabeza relativamente grande y unos dientes afilados, aserrados y curvados hacia atrás que tachonaban los bordes de sus mandíbulas. Es probable que persiguiera insectos, gusanos y otros pequeños animales a través de la maleza. Las patas posteriores eran mayores y más poderosas que las anteriores y *Euparkeria* podía alzarse sobre ellas para correr a gran velocidad, equilibrando con su larga cola la cabeza y la parte anterior del cuerpo.

FICHA

EUPARKERIA

Significado: verdadero [reptil] de Parker

Período: Triásico inferior

Grupo principal: Reptilia

Longitud: 60 centímetros de la cabeza a la cola

Dieta: insectos y otros animales pequeños

Fósiles: en el sur de África

| 0 | 1 | 2 | 3 | 4 | 5 | 6 |

INFERIOR *Euparkeria* tenía aproximadamente la talla de un gato doméstico actual y es probable que fuera tan rápido y ágil como éste cuando cazaba gracias a sus pies de afiladas garras y sus numerosos dientes como agujas.

DERECHA *Ornithosuchus* alcanzaba 4 metros de longitud y era uno de los depredadores más formidables de hace 200 millones de años, en una época en que los dinosaurios carnívoros empezaban a extenderse por todos los continentes.

ORNITHOSUCHUS

Ornithosuchus, el «cocodrilo ave», no era ni un ave ni un cocodrilo. Hoy se considera un arcosauromorfo (como se explica en la página anterior) o, de acuerdo con los sistemas más antiguos, un reptil tecodonto. Sea cual sea su clasificación exacta, estaba estrechamente emparentado con el grupo de los arcosaurios que incluía a los dinosaurios y los cocodrilos. De hecho, durante un tiempo *Ornithosuchus* fue considerado un dinosaurio, uno de los más antiguos de todos ellos. Sin embargo, este reptil tenía varios rasgos que no eran propios de un dinosaurio, entre ellos el patrón de las aberturas o agujeros del cráneo; la estructura de la parte inferior de la columna vertebral y sus articulaciones con los huesos de la cadera; el número de dígitos en los pies (que sumaban cinco) y, en especial, los detalles de la articulación del tobillo, cuya parte alta, el denominado astrágalo, no tenía una forma dinosauriana, ya que carecía de las proyecciones hacia arriba y de la extensión típicas de la mayoría de los dinosaurios.

Thomas Henry Huxley le dio el nombre de *Ornithosuchus* en 1877. Huxley era un paleontólogo británico que continúa siendo famoso hoy en día por su clamoroso apoyo a Charles Darwin y a la teoría propuesta por él y por otros científicos de la evolución por selección natural. Huxley vio en los fósiles de *Ornithosuchus* caracteres que le recordaban a las aves y a los cocodrilos.

A primera vista, un *Ornithosuchus* reconstruido podría confundirse con un terópodo (dinosaurio carnívoro) primitivo. *Ornithosuchus* podía inclinarse hacia abajo para desplazarse a cuatro patas y también levantarse para andar o correr de forma bípeda, sobre sus dos patas posteriores más grandes y más potentes. Éstas se disponían verticalmente debajo del cuerpo, en la postura erguida característica de los dinosaurios. El largo hocico de *Ornithosuchus* comprendía unas mandíbulas poderosas con afilados dientes para morder y desgarrar a las presas.

Varios reptiles similares, los denominados ornitosuquios, se han descubierto en Europa, sobre todo en Escocia, y también en Sudamérica. Los ornitosuquios variaban entre medio metro y más de tres metros de longitud total y la mayoría de ellos tenía unas proporciones corporales similares a *Ornitosuchus*.

FICHA
ORNITHOSUCHUS

Significado: cocodrilo ave

Período: Jurásico medio y superior

Grupo principal: Reptilia

Longitud: 2 metros de la cabeza a la cola; hasta 4 metros según algunas estimaciones

Dieta: presas de tamaño medio

Fósiles: en las islas Británicas, otras partes de Europa y Sudamérica

ANTES DE LOS DINOSAURIOS

Antes de la era de los dinosaurios, y también durante sus inicios, vivieron los sinápsidos, denominados a veces reptiles tipo mamífero. Los más primitivos, como los pelicosaurios, eran animales tipo reptil con la piel escamosa, la sangre fría y miembros extendidos, y algunos presentaban altas velas de piel en el dorso. Los sinápsidos posteriores, como los cinodontos, eran animales mucho más parecidos a los mamíferos, con la piel peluda y la sangre caliente.

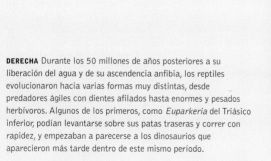

DERECHA Durante los 50 millones de años posteriores a su liberación del agua y de su ascendencia anfibia, los reptiles evolucionaron hacia varias formas muy distintas, desde predadores ágiles con dientes afilados hasta enormes y pesados herbívoros. Algunos de los primeros, como *Euparkeria* del Triásico inferior, podían levantarse sobre sus patas traseras y correr con rapidez, y empezaban a parecerse a los dinosaurios que aparecieron más tarde dentro de este mismo período.

DIMETRODON

Uno de los animales que ha recibido más a menudo el nombre de dinosaurio sin serlo es *Dimetrodon*. Este animal aparece a menudo en las ilustraciones y reconstrucciones del mundo antiguo, exhibiendo una gran vela dorsal y unos temibles dientes largos y afilados. Sin embargo, *Dimetrodon* apareció y se extinguió antes que los dinosaurios y en algunos sistemas de clasificación modernos ni siquiera se le considera un verdadero reptil. En vez de ello, se le clasifica en el grupo de los denominados sinápsidos, que se definen por tener una sola abertura detrás de la órbita a cada lado del cráneo. Los sinápsidos también se conocen informalmente, y de un modo que induce a confusiones, con el nombre de reptiles tipo mamíferos. (*Véanse* también las páginas siguientes de este capítulo.) Dentro del grupo de los sinápsidos, *Dimetrodon* pertenecía al subgrupo de los pelicosaurios, junto con su pariente fitófago y probable presa, *Edaphosaurus* (*véase* página siguiente).

Dimetrodon alcanzaba 3,5 metros de longitud y fue uno de los más grandes cazadores terrestres del Pérmico inferior, hace unos 280 millones de años. Constituye un hallazgo común en las rocas ricas en fósiles de Texas y Oklahoma, así como en algunas partes de Europa. Tenía una cabeza grande, un cuerpo rechoncho aunque alargado, y una cola esbelta y ahusada. Sus dientes eran de varias formas y tamaños, lo que era inusual en los animales tipo reptil de su época; eran más pequeños, aunque más afilados en la parte frontal de la mandíbula, aptos para agarrar; grandes y tipo canino algo más hacia atrás, para acuchillar y desgarrar; y más bajos, pero más grandes y fuertes en la parte posterior de la mandíbula, para cortar y masticar. La vela o aleta del dorso de *Dimetrodon* era una fina capa de piel y de carne sostenida por unas extensiones a modo de espinas de las vértebras y podía alcanzar 1 metro de altura.

FICHA
DIMETRODON

Significado: dientes de dos formas, dos tipos de dientes

Período: Pérmico inferior

Grupo principal: Synapsida (Pelycosauria)

Longitud: 3,5 metros de la cabeza a la cola

Dieta: animales de gran tamaño

Fósiles: en Norteamérica y Europa

DERECHA La evidencia paleoecológica de los fósiles de otros animales y también de plantas conservados junto con *Dimetrodon* muestra que éste último vivió en un paisaje seco y de monte bajo, salpicado de arroyos serpenteantes y de pequeñas charcas, pero también sujeto a prolongadas sequías.

INFERIOR Muchos esqueletos de *Dimetrodon* están prácticamente completos, en especial los de las formaciones rocosas del Pérmico de Texas conocidas con el nombre de Red Beds («lechos rojos»)

DERECHA La vela o aleta dorsal de *Edaphosaurus* tenía una forma algo más de hoja o de concha que la curva en medialuna de la vela de *Dimetrodon* (*véase* página anterior). *Edaphosaurus* también tenía varios pequeños trozos de hueso transversales en cada una de las espinas rígidas que sostenían la vela, rasgo del que carecía *Dimetrodon*.

EDAPHOSAURUS

Al igual que el carnívoro *Dimetrodon* (*véase* página anterior), *Edaphosaurus* era un miembro del subgrupo de sinápsidos primitivos de los pelicosaurios. Los pelicosaurios aparecieron durante el Carbonífero superior. En las rocas del Pérmico inferior, período en que vivieron *Edaphosaurus* y *Dimetrodon*, sus fósiles son en algunas localidades –que en su época se situaban en tierras altas de monte bajo– más numerosos que los de otros animales vertebrados. Aunque los pelicosaurios y otros sinápsidos se denominan a veces reptiles tipo mamífero, *Edaphosaurus* se parecía bien poco a un mamífero y además, pese a su parecido superficial con *Dimetrodon*, no era un depredador. Es probable que fuera un fitófago, con dientes en forma de clavija para recoger y masticar los alimentos vegetales, y que esta vegetación parcialmente masticada fuera a parar al intestino grande y espacioso, contenido dentro de un cuerpo rechoncho y corto de patas, donde podía ser fermentada y digerida para liberar sus nutrientes.

Al igual que *Dimetrodon*, *Edaphosaurus* tenía una vela o aleta alta en el dorso, sostenida por espinas neurales, largas extensiones verticales de las vértebras. Esta disposición a modo de vela o de aleta se desarrolló en varios grupos distintos de animales prehistóricos, incluidos los dinosaurios (*véase* también página 266). La teoría más común sobre la función de la vela es que ayudaba a regular la temperatura corporal. Cuando la vela se orientaba en ángulo recto con respecto al sol, su extensa superficie debía absorber el calor y transmitirlo a través del flujo sanguíneo al cuerpo del animal, lo que incrementaba rápidamente su temperatura corporal y le permitía una actividad mayor y más rápida después del frescor de la noche. Inversamente, cuando el animal se colocaba a la sombra con la vela en ángulo recto con la brisa, su cuerpo se refrescaba. Por lo demás, es posible que la vela tuviera colores vivos para ayudar al reconocimiento entre, por ejemplo, ambos sexos al reproducirse.

FICHA
EDAPHOSAURUS
Significado: reptil pavimento
Período: Pérmico inferior
Grupo principal: Synapsida (Pelycosauria)
Longitud: hasta 3 metros
Dieta: plantas
Fósiles: en Norteamérica y Europa

| 0 | 1 | 2 | 3 | 4 | 5 | 6 |

Moschops

FICHA
MOSCHOPS

Significado: cara divertida, rostro
humorístico

Período: Pérmico superior

Grupo principal: Synapsida (Therapsida)

Longitud: hasta 5 metros de la cabeza
a la cola

Dieta: plantas

Fósiles: en el sur de África

Moschops era un sinápsido o reptil tipo mamífero
(como los animales de las primeras dos páginas
y de las siguientes páginas de este capítulo). Sus fósiles
se descubrieron en los Karroo Beds (capas rocosas
del Karroo) de Sudáfrica. Era una bestia enorme
y de complexión pesada, con un cuerpo tan grande
como el de un rinoceronte y con una cola corta
y ligeramente ahusada. Las extremidades posteriores
eran más pequeñas y se disponían directamente
debajo del cuerpo, mientras que las anteriores
eran poderosas y se extendían en ángulo, primero
hacia los lados y luego hacia abajo. La forma general
y la postura de *Moschops* ha inducido a algunos
autores a compararlo con los luchadores de
sumo de Japón. *Moschops* tenía unas mandíbulas
escorzadas, equipadas con dientes en forma
de escoplo, que usaba para cortar plantas. Su rasgo más
notable era el gran engrosamiento del hueso craneal
en la frente y en la parte superior de la cabeza. Esto
sugiere que *Moschops* entablaba luchas cabeza contra
cabeza, empujando o topetando, probablemente

contra adversarios de su misma especie, quizás para
derrotar a los rivales por una misma pareja potencial
en la época de reproducción o para establecer
su dominancia dentro del grupo (*véanse* también
los dinosaurios paquicefalosaurios, página 304).

Moschops pertenecía al subgrupo de los sinápsidos
denominado terápsidos. Los terápsidos aparecieron en
el Pérmico y en muchas zonas tomaron el relevo del
subgrupo de sinápsidos rival, anteriormente más común,
los pelicosaurios como *Dimetrodon* y *Edaphosaurus*.

Debido al engrosamiento de su bóveda craneal,
Moschops se clasifica dentro de los terápsidos
dinocéfalos («de cabeza terrible»), aunque carecía de
los bultos, cuernos, protuberancias y púas que crecían
en la cabeza de otros géneros, algunos de los cuales
alcanzaban tallas aún mayores.

SUPERIOR Los cuartos anteriores con poderosos músculos, la
postura achaparrada y el engrosado hueso craneal sugieren
que *Moschops* entablaba luchas a base de empujones
o choques cabeza contra cabeza, quizás contra sus rivales
en la época de apareamiento.

LYSTROSAURUS

Los animales de la última parte de este capítulo eran todos ellos reptiles tipo mamífero, aunque en los sistemas de clasificación más nuevos se considera que no son mamíferos ni reptiles, sino miembros de un grupo distinto, los sinápsidos. A los sinápsidos más antiguos, como *Dimetrodon* y los otros pelicosaurios, les siguieron los terápsidos primitivos, entre ellos *Moschops* (*véase* página anterior). Durante el Pérmico inferior apareció otro grupo de terápsidos, los dicinodontos. *Lystrosaurus* y *Dicynodon* eran dos ejemplos de este grupo. *Lystrosaurus* era un género tardío y bastante pequeño del Triásico inferior; tenía el tamaño aproximado de un cerdo, pero con patas más robustas, las anteriores más extendidas que las del par posterior. Los fósiles de *Lystrosaurus* se han encontrado en un área extensísima que incluye yacimientos en el este de Europa, el oeste de Asia, China, la India, el sur de África y la Antártida. Esto respalda la hipótesis de que estas masas terrestres estuvieron unidas en aquella época.

El nombre dicinodonto significa «dos dientes de perro». La mayoría de los géneros de este grupo tenía dos largos dientes que crecían cerca de la parte frontal de la mandíbula superior y solían estar dirigidos hacia abajo y visibles fuera de la boca como colmillos. La parte frontal de la mandíbula superior también era inusual, ya que tenía la forma del pico ganchudo hacia abajo de un ave de presa moderna. Este rasgo era común en muchos dinosaurios fitófagos y también en los reptiles rincosaurios que vivieron en la misma época que los dicinodontos (*véase Scaphonyx*, página 100). Los dicinodontos eran todavía más inusuales porque la mayoría tenía pocos dientes además de los colmillos, o ninguno en absoluto. Estos animales pacían la vegetación con su «pico» y según parece, la trituraban y amasaban sobre todo en el intestino. Los posibles usos de sus colmillos se discuten en la página siguiente.

INFERIOR El cuerpo alargado y la cola corta, como se muestra en *Lystrosaurus,* era un rasgo común a muchos sinápsidos herbívoros del Pérmico superior y del Triásico inferior.

FICHA
LYSTROSAURUS

Significado: reptil pala

Período: Triásico inferior

Grupo principal: Synapsida (Dicynodontia)

Longitud: 1 metro entre la cabeza y el cuerpo

Dieta: plantas

Fósiles: en el sur de África, China, la India, Rusia y la Antártida

DICYNODON

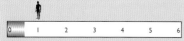

FICHA

DICYNODON

Significado: dos dientes de perro

Período: Pérmico superior

Grupo principal: Synapsida (Dicynodontia)

Longitud: 1 metro entre la cabeza
y el cuerpo

Peso: 450 kilogramos

Dieta: plantas

Fósiles: en África

0	1	2	3	4	5	6

Este fitófago robusto ha dado su nombre al grupo de los sinápsidos dicinodóntidos (tal como se explica en la página anterior). Fue uno de los primeros géneros, ya que vivió en el Pérmico inferior hace unos 260-250 millones de años, y sus fósiles se han encontrado en Tanzania (este de África), así como en Sudáfrica. Al igual que muchos otros dicinodóntidos, tenía el tamaño de un cerdo, en torno a 1 metro o poco más de longitud, con la cola corta y unos miembros cortos. Los últimos representantes de este grupo alcanzaban tallas mucho mayores, hasta 3 metros de longitud y quizás una tonelada de peso, es decir, eran tan grandes como un hipopótamo de tamaño medio actual. Otras similitudes con los hipopótamos modernos son el cuerpo ancho y en forma de barril y las patas cortas y robustas. Durante un tiempo se creyó que los dicinodóntidos eran semiacuáticos y que vivían en lagos y marjales. Sin embargo, otros fósiles hallados junto con sus restos muestran que muchos tipos de dicinodóntidos vivían en paisajes bastante secos y de monte bajo.

¿Cómo es que *Dicynodon* y sus parientes tienen sólo dos dientes principales a modo de colmillos? Según una de las hipótesis al respecto, los usaban para excavar y obtener así materias vegetales a nivel del suelo o bajo tierra, tales como raíces y tallos rastreros.

Según otra hipótesis, estos animales usaban los colmillos para defenderse contra los depredadores, ya que en aquella época había varios tipos de carnívoros de mayor tamaño, entre ellos cocodrilos terrestres y otros reptiles cazadores. Una tercera hipótesis sostiene que los colmillos se usaban para intimidar o pinchar a los rivales durante la época de apareamiento o que si no servían realmente para luchar, sí se usaban en exhibiciones visuales de fuerza y de madurez.

Los últimos dicinodóntidos vivieron al final del período Triásico. Al igual que otros fitófagos de tamaño medio, especialmente los de tipo reptil, es probable que sufrieran los efectos de la rápida extensión de los dinosaurios no sólo por la depredación por las especies carnívoras, sino también la competencia alimentaria ejercida por los dinosaurios herbívoros.

IZQUIERDA Este cráneo fósil pertenece a *Kannemeyria*, un dicinodóntido que era muy similar a *Dicynodon* por su forma general, pero vivió algo más tarde, durante el Triásico superior, y era bastante mayor, ya que tenía el tamaño de un buey actual. El colmillo es especialmente prominente.

INFERIOR Reconstrucción de *Dicynodon* que muestra su postura achaparrada, las patas anteriores extendidas y los dientes a modo de colmillos.

LYCAENOPS

A medida que pasaba el tiempo, los reptiles tipo mamífero que se muestran en estas páginas iban pareciéndose cada vez menos a los reptiles y más a los mamíferos, aunque es probable que no pertenecieran a ninguno de estos grupos, puesto que eran sinápsidos (*véase* página 106). *Lycaenops* fue un género del Pérmico superior y su postura y sus proporciones corporales mostraban muchos cambios con respecto al patrón reptiliano usual. Es probable que se alzara muy alto sobre unas patas bastante largas, que se disponían verticalmente debajo del cuerpo como en los dinosaurios y los mamíferos, en vez de extenderse hacia los lados como en la mayoría de los reptiles. *Lycaenops* también tenía un hocico alto y despuntado, con el extremo alto. Esto era así en parte para acomodar las raíces de los caninos, dos dientes largos y tipo colmillo que crecían en la mandíbula superior. Estos dientes constituyen un rasgo muy característico de los mamíferos carnívoros, como cánidos y félidos, y alcanzaban un tamaño inmenso en los tigres de dientes de sable como *Smilodon* (*véase* página 427). Los otros dientes de las mandíbulas de

Lycaenops eran más pequeños y más típicos de los reptiles carnívoros.

Se han encontrado restos de *Lycaenops* en las rocas ricas en fósiles del Pérmico superior de Sudáfrica, sobre todo en la zona de la cuenca del Karoo, del Gran Karoo y del desierto del Karoo en el suroeste del país. Estos restos muestran que *Lycaenops* era esbelto y de complexión ligera, quizá capaz de correr más deprisa y a mayores distancias que la mayoría de los demás reptiles achaparrados y de complexión pesada de su época. Es posible que cazara en manadas, como los lobos modernos, persiguiendo y atacando a los grandes herbívoros. *Lycaenops* se clasifica dentro del grupo de los gorgonopsios, a su vez subgrupo del de los terápsidos. Es probable que los gorgonopsios evolucionaran a partir de los mucho más reptilianos pelicosaurios (*véanse* las páginas anteriores) como *Dimetrodon*, y en todo caso se extinguieron hacia el final del período Pérmico.

SUPERIOR *Lycaenops* hunde sus caninos (colmillos superiores) en un joven dicinodonto (*véase* página anterior). Este sinápsido tenía la complexión de un corredor fuerte y resistente.

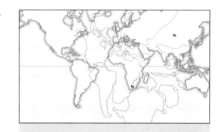

FICHA
LYCAENOPS
Significado: cara de lobo

Período: Pérmico superior

Grupo principal: Synapsida (Therapsida)

Longitud: entre la cabeza y el cuerpo hasta 1 metro

Peso: 10-15 kilogramos

Dieta: presas animales, tales como reptiles pequeños

Fósiles: en Sudáfrica y Asia

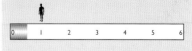

| 0 | 1 | 2 | 3 | 4 | 5 | 6 |

CYNOGNATHUS

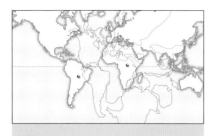

FICHA

CYNOGNATHUS

Significado: mandíbula de perro

Período: Triásico inferior

Grupo principal: Synapsida (Cynodontia)

Longitud: hasta 1 metro entre la cabeza y el cuerpo

Dieta: carne

Fósiles: en África y Sudamérica

Cynognathus, «mandíbula de perro», no era un perro, aunque a primera vista podría haberse confundido con algún extraño tipo de mamífero perruno. En la mayoría de las reconstrucciones aparece con el cuerpo cubierto de pelo, orejas bien formadas, patas flexionadas bajo el cuerpo y tres tipos de dientes en las mandíbulas, entre ellos un par superior de caninos largos y afilados, como de perro. De hecho, *Cynognathus* era un miembro del subgrupo de los cinodontos, perteneciente al grupo más amplio de los terápsidos, que a su vez formaba parte del grupo de mayor rango de los sinápsidos. Los sinápsidos se conocen con frecuencia como reptiles tipo mamífero aunque no eran ni mamíferos ni reptiles. Los cinodontos eran los sinápsidos que más se parecían a los mamíferos; en realidad, se consideran los antecesores del grupo de los mamíferos (*véase* también *Thrinaxodon*, página siguiente).

 Cynognathus era algo más pequeño que un lobo moderno, pero con una complexión mucho más pesada y poderosa, con las patas más gruesas, la cabeza más ancha y el hocico más voluminoso y menos puntiagudo. Sus mandíbulas y dientes presentaban rasgos muy de mamífero. Así, por ejemplo, la mandíbula inferior se componía en su mayor parte

de un único hueso, el dentario, mientras que en la mayoría de los reptiles el dentario es sólo uno más de los seis o siete huesos que forman la mandíbula inferior. Además, en la mayoría de los reptiles todos los dientes de las mandíbulas son o eran muy parecidos, mientras que los dientes de *Cynognathus* y de otros cinodontos eran de tres tipos. Había pequeños incisivos en la parte anterior para mordisquear o cortar, a continuación unos grandes caninos en forma de lanza para apuñalar y detrás de ellos, en la región de los carrillos, dientes más pequeños para rebanar o cizallar. Los huesos del oído eran también tipo mamífero en vez de tipo reptil: los fósiles muestran signos de la existencia de tres huesos auditivos (martillo, estribo y yunque) en una secuencia diseñada para conducir los sonidos, muy similar a la de nuestros oídos, mientras que los reptiles tienen sólo un hueso más grande, la columela. Estos diminutos huesos ayudan a distinguir los mamíferos de los reptiles.

INFERIOR *Cynognathus* fue quizás el reptil tipo mamífero que llegó a ser más parecido a los mamíferos depredadores tales como los lobos. Sus dientes mostraban una gran especialización, con los típicos caninos grandes y afilados o colmillos de los carnívoros. Este fósil proviene de la región del Karoo, en Sudáfrica.

THRINAXODON

Este pequeño, aunque bien equipado cazador, era un cinodonto o «dientes de perro» (según se explica en la página anterior). Los sinápsidos, el grupo principal al que pertenecía, reciben a veces el nombre de reptiles tipo mamífero, pero *Thrinaxodon* se situaba muy hacia el extremo «mamiferiano» del rango y tan sólo unos pocos rasgos le separaban de los verdaderos mamíferos que aparecieron más tarde durante el mismo período Triásico (*véase* página 398). *Thrinaxodon* tenía el tamaño aproximado de un gato doméstico moderno, pero tenía las patas más cortas y algo más flexionadas –especialmente las anteriores– y una cola corta y ahusada. Su complexión ligera y su cuerpo esbelto sugieren que debió vivir como un armiño, dentro de una madriguera.

Al igual que *Cynognathus*, *Thrinaxodon* tenía tres tipos de dientes, todos ellos adaptados para capturar, empalar y rebanar a sus presas, como gusanos, larvas y pequeños reptiles. Su cráneo muestra hoyos o cavidades diminutas hacia el extremo del hocico, un rasgo que se observa en muchos cráneos de mamíferos. Estas cavidades alojaban los nervios que inervaban

las raíces de los bigotes o vibrisas, pelos largos y gruesos que aparecieron probablemente después de la envoltura o capa de pelaje básico. De ello se deduce que *Thrinaxodon* y otros cinodontos también pudieron ser peludos, lo cual sugiere a su vez que pudieron tener sangre caliente y que el pelaje les servía de aislante. Dentro del cráneo había un paladar secundario que separaba los conductos respiratorios entre la nariz y la garganta de la cámara bucal, lo que permitía a *Thrinaxodon* respirar mientras comía, otro rasgo típico de mamífero. El cerebro de *Thrinaxodon* era relativamente grande en comparación con su talla corporal. Todas estas características, además de las que se han descrito para *Cynognathus* (*véase* página anterior), convierten a los cinodontos en los animales que, sin ser realmente mamíferos, estaban más próximos a ellos.

SUPERIOR *Thrinaxodon* presentaba muchos rasgos de mamífero –y muy pocos de reptil–, como por ejemplo un hueso de talón diferenciado en cada pie y una mandíbula formada en su mayor parte por un hueso único en vez de dos o tres.

FICHA
THRINAXODON

Significado: dientes en tridente o con tres puntas

Período: Triásico inferior

Grupo principal: Synapsida (Cynodontia)

Longitud: 50 centímetros incluida la cola

Peso: 1-2 kilogramos

Dieta: animales pequeños

Fósiles: en el sur de África y la Antártida

CAPÍTULO TRES

LOS PRIMEROS DINOSAURIOS

EL TRIÁSICO SUPERIOR PRESENCIÓ LA APARICIÓN DE UN GRUPO DE REPTILES QUE DOMINÓ LA VIDA EN TIERRA FIRME DURANTE MÁS DE 160 MILLONES DE AÑOS, MÁS QUE LA MAYORÍA DE LOS OTROS GRUPOS DE ANIMALES.

¿QUÉ SON LOS DINOSAURIOS?

¿QUÉ ERA EXACTAMENTE UN DINOSAURIO? ¿ERA UNA BESTIA FEROZ CON LA PIEL VERDE, UN RUGIDO TERRIBLE Y UNA BOCA QUE GOTEABA SANGRE? QUIZÁS SÍ, PERO NO SE HA ENCONTRADO NADA ENTRE LOS FÓSILES QUE RESPALDE ESTA IMAGEN. LOS DINOSAURIOS SE DEFINEN MEDIANTE CIERTAS CARACTERÍSTICAS DE SUS FÓSILES, PRINCIPALMENTE HUESOS, DIENTES, GARRAS Y CUERNOS. ALGUNOS HUESOS DEL CRÁNEO SON IMPORTANTES (LA BÓVEDA CRANEAL, POR EJEMPLO), AL IGUAL QUE EL HÚMERO, LOS DÍGITOS O DEDOS ANTERIORES, LA PELVIS, LA TIBIA Y LOS TARSALES O HUESOS DEL TOBILLO.

DETALLES DINOSAURIANOS

Algunos de estos fósiles podrán parecer pequeños e insignificantes. Así, por ejemplo, la pelvis o hueso de la cadera tiene un alvéolo en forma de cuenco denominado acetábulo, dentro del cual encaja la cabeza (o extremo superior) en forma de bola del fémur o hueso del muslo. Esta estructura general de la articulación de la cadera se encuentra en todos los vertebrados, pero la articulación de la cadera de los dinosaurios se distingue de la de todos los demás reptiles por tres aspectos. En primer lugar, el acetábulo o alvéolo de la cadera tenía una cresta o borde, que era más gruesa en la parte superior que en la inferior; esta cresta acetabular descansaba sobre el extremo en forma de bola del fémur. En segundo lugar, la cabeza del fémur se proyectaba en ángulo recto a partir de su eje o longitud principal. Y en tercer lugar, el acetábulo no era un cuenco completo de hueso, sino que estaba «abierto» y tenía un hueco o ventana en su parte más honda. Otra decena de detalles del esqueleto, que pasan inadvertidos al observador ocasional, completan la lista de rasgos o características que definen a los dinosaurios, aunque la importancia de encontrar una pelvis en un fósil no puede subestimarse.

MANTENERSE ERGUIDO

Los detalles anteriores forman una articulación de la cadera que, dentro de los reptiles, es exclusiva de los dinosaurios. En el exterior del animal, dicha articulación muestra la posición de la pata con respecto al cuerpo. Los dinosaurios tenían una postura erguida: cuando estaban de pie, la pata se disponía verticalmente debajo del cuerpo, con la articulación de la rodilla recta. Por el contrario, la mayoría de los demás reptiles tenían una postura extendida, como puede apreciarse todavía en los lagartos actuales: la pata se une al cuerpo formando un ángulo, con la parte superior dirigida hacia el lado y la parte inferior hacia abajo. Esta estructura necesita más potencia muscular y su movimiento es menos eficiente energéticamente. La postura erguida pudo ser una de las razones por las cuales los dinosaurios tuvieron tanto éxito evolutivo.

DÓNDE EMPEZARON LOS DINOSAURIOS

Los restos encontrados en Sudamérica, y especialmente los de Argentina, figuran entre los fósiles de dinosaurios más antiguos conocidos por la ciencia. Se remontan a casi 230 millones de años. Como se muestra en las pocas páginas siguientes, la mayoría de estos dinosaurios pertenecía al grupo de los terópodos, depredadores que por lo general se desplazaban sobre sus dos extremidades posteriores de mayor tamaño, tenían «brazos» o miembros anteriores más pequeños, y dientes largos y afilados que usaban para morder a sus presas. Los probables antecesores de estos tipos de dinosaurios se discutieron en el capítulo anterior. Con todo, esta visión general se ha complicado recientemente por los descubrimientos de fósiles de un grupo distinto de dinosaurios, los prosaurópodos, en Madagascar. Estos hallazgos situarían los orígenes de los dinosaurios en épocas todavía más antiguas, en el Triásico medio. Tan pronto como aparecieron, los dinosaurios empezaron a extenderse y a evolucionar adquiriendo muchas formas y tallas distintas, lo que tuvo efectos devastadores sobre los otros animales de la época.

PÁGINA ANTERIOR Estas huellas de dinosaurio con tres dedos, cada una más grande que un plato, aparecen en una losa de roca de Utah que tiene 150 millones de años de antigüedad y muestra un patrón curiosamente geométrico de resquebrajaduras en el lodo. Son las huellas de un gran terópodo o dinosaurio carnívoro, grupo al que pertenecía el enorme y terrorífico *Allosaurus*.

IZQUIERDA Estos delgados y esbeltos *Coelophysis*, cuyo comportamiento alerta y rápido recuerda al de las aves, corren a toda velocidad por las tierras altas y secas de lo que hoy es Nuevo México. *Coelophysis* es uno de los dinosaurios que mejor se conocen de hace 225 millones de años.

EORAPTOR

FICHA

EORAPTOR

Significado: ladrón del alba, cazador del alba

Período: Tríasico medio y superior

Grupo principal: Prosauropoda

Longitud: 1 metro

Peso: 3-15 kilogramos

Dieta: animales pequeños

Fósiles: en Argentina

Los fósiles de *Eoraptor*, que figuran entre los restos de dinosaurio más antiguos descubiertos hasta la fecha, se remontan a unos 228 millones de años. Fueron exhumados en las estribaciones de los Andes argentinos por un equipo de paleontólogos de la zona y también de la universidad de Chicago, y bautizados dos años más tarde por Paul Sereno, de esta misma universidad, y sus colegas. Las capas de cenizas volcánicas asociadas al descubrimiento permitieron hacer una estimación bastante precisa de su edad. *Eoraptor* era un pequeño terópodo, un miembro del grupo de los dinosaurios carnívoros. Por sus proporciones, se parecía a muchos de los géneros depredadores posteriores, con la cabeza y el cuello alargados y esbeltos, la cola larga y ahusada, los miembros anteriores cortos y las patas posteriores poderosas, aptas para la marcha y la carrera bípeda. Sin embargo, los dientes de la parte frontal de sus mandíbulas tenían una inusual forma de hoja, en vez de las afiladas dagas con bordes de cuchilla o puntas en forma de lanza típicas de los dinosaurios carnívoros.

Eoraptor puede contemplarse como un terópodo primitivo de pequeño tamaño, exactamente lo que podía esperarse de una de las primeras «ramillas» de la rama de los depredadores en el árbol evolutivo de los dinosaurios. Tenía unos huesos huecos y ligeros, similares a los del algo posterior y mucho mejor conocido *Coelophysis*. *Eoraptor* era un depredador esbelto y ágil que probablemente cazaba varios tipos de animales pequeños, entre ellos lagartijas y otros pequeños reptiles, y quizás también grandes insectos y gusanos. Tenía cinco dígitos en cada miembro anterior, un rasgo primitivo, ya que el número de dígitos de los posteriores terópodos se redujeron a tres o incluso a dos. Los dígitos de *Eoraptor* tenían uñas afiladas para escarbar en el suelo o para agarrar presas. Otra posibilidad es que *Eoraptor* se alimentara de las carroñas de reptiles de mayor tamaño, muertos o moribundos; sin embargo, esto es menos probable, ya que sus dientes no estaban diseñados para cortar alimentos duros y correosos, sino que eran pequeños, afilados y curvados hacia atrás, y, por tanto, más adaptados para agarrar y cortar pequeñas presas.

DERECHA Este *Eoraptor* otea en busca de cualquier animal pequeño del que pueda alimentarse. Su longitud total de aproximadamente 1 metro viene indicada por fósiles, pero las estimaciones de su peso varían entre 3 kilogramos y cinco veces esta cantidad.

STAURIKOSAURUS

Uno de los restos dinosaurianos que ha sido objeto de más acalorados debates es uno de los pocos fósiles de dinosaurios importantes de Brasil, donde se descubrió en el extremo sur, cerca de Santa María. Por sus características generales, este animal era un terópodo o carnívoro más bien pequeño, mayor que *Eoraptor*, pero no tan voluminoso como *Herrerasaurus*, dinosaurios ambos apenas algo anteriores dentro del mismo período y encontrados en la vecina Argentina. Los restos de *Staurikosaurus* son relativamente incompletos, si bien permiten estimar su longitud total, del hocico a la cola, en unos 2 metros o muy poco más. Este dinosaurio era un depredador esbelto y rápido, con mandíbulas largas y armadas con muchos dientes pequeños y puntiagudos. Entre sus probables víctimas se incluían distintos reptiles pequeños y quizás sus huevos, o los reptiles algo mayores que abundaban en aquella época, tales como los rauisuquios similares a cocodrilos y los fitófagos rincosaurios.

Al igual que sus parientes *Eoraptor* y *Herrerasaurus*, *Staurikosaurus* había evolucionado ya a una postura casi erguida. Este importante rasgo define el grupo

que comprendía estos dinosaurios y difiere de la postura ligeramente extendida que presentaban sus antecesores (*véase* página 117). Lo que revela este cambio es la estructura de la articulación de la cadera a base de bola y alvéolo. En una postura extendida, en que el fémur forma un ángulo con el acetábulo (alvéolo de la cadera) en forma de cuenco, el peso del animal empuja hacia arriba y hacia el lado, hacia dentro del acetábulo, y de ahí que éste se haya fortalecido para resistir estos esfuerzos. En una postura erguida, con el fémur en posición casi vertical debajo del acetábulo, el peso del cuerpo ejerce más presión sobre la parte superior del cuenco. *Staurikosaurus* muestra un «labio» engrosado en torno a la parte superior del acetábulo para hacer frente a esta presión. Sin embargo, la pelvis o hueso de la cadera es uno de los pocos fósiles que se han descubierto de este animal.

SUPERIOR Como muchos de los dinosaurios carnívoros primitivos, *Staurikosaurus* tenía un cuello esbelto y flexible, lo que le permitía girar súbitamente la cabeza de largas mandíbulas hacia la presa para golpearla y capturarla.

FICHA
STAURIKOSAURUS
Significado: reptil de la cruz (por la constelación del hemisferio sur denominada Cruz austral)

Período: Triásico superior

Grupo principal: Theropoda

Longitud: 2 metros

Peso: 15 kilogramos

Dieta: animales pequeños

Fósiles: en el sur de Brasil

HERRERASAURUS

FICHA

HERRERASAURUS

Significado: reptil de Herrera

Período: Triásico medio y superior

Grupo principal: Theropoda

Longitud: 3 metros

Peso: 35 kilogramos

Dieta: animales pequeños

Fósiles: en Argentina

Herrerasaurus, uno de los dinosaurios primitivos que mejor se conocen, fue bautizado así en honor al agricultor argentino Victorino Herrera, que fue el primero en descubrir un esqueleto fósil de uno de estos animales en los afloramientos rocosos de las estribaciones andinas cercanas a San Juan. En 1988, un equipo dirigido por Paul Sereno de la universidad de Chicago excavó este espécimen bien conservado y casi completo. Otros restos similares encontrados en la misma zona general son huesos de las patas posteriores, de la cadera y de la cola. Se ha propuesto la posibilidad de que *Herrerasaurus* fuera un tipo muy antiguo de dinosaurio, anterior incluso a la división del grupo en sus dos grandes subgrupos, Saurischia y Ornithischia. Otra posibilidad es que *Herrerasaurus* fuera un saurisquio o dinosaurio de cadera de reptil, pero que aún no hubiera desarrollado los rasgos que lo situarían dentro del subgrupo principal de los saurisquios, los carnívoros terópodos.

Por lo que se sabe de las reconstrucciones, *Herrerasaurus* era un depredador de tamaño medio y complexión potente. Tenía muchos dientes afilados y curvados hacia atrás en unas mandíbulas muy largas. Sus miembros anteriores eran cortos, pero el cuarto y el quinto dígito estaban muy atrofiados, carecían de uñas y parecían muñones rechonchos. Este dinosaurio tenía unas extremidades posteriores fuertes, con muslos cortos y pies y dedos muy largos, es decir, las proporciones de un corredor veloz. La cola era larga y flexible, lo que ayudaba a *Herrerasaurus* a girar y modificar su trayectoria cuando corría a gran rapidez. Este cazador corría manteniendo el cuerpo horizontalmente y el cuello levantado hacia arriba, de tal forma que su cabeza podía mirar hacia delante. Otros depredadores que vivieron hace unos 228 millones de años en Sudamérica eran los rauisúquidos, reptiles de mayor tamaño y más fuertes que *Herrerasaurus*, pero con una postura extendida y cuadrúpeda y un aspecto de cocodrilo. *Herrerasaurus* y sus parientes representan un avance evolutivo decisivo entre los depredadores reptilianos que habría de perdurar durante 160 millones de años.

IZQUIERDA *Herrerasaurus* tenía más o menos el mismo tamaño que el mayor de los saurios actuales, el poderoso y musculoso varano o dragón de Komodo. Sin embargo, es muy probable que este dinosaurio depredador muy primitivo pudiera desplazarse con una rapidez mucho mayor que su pariente lejano actual.

COELOPHYSIS

Pocos dinosaurios primitivos se conocen tan a fondo como *Coelophysis*. En la década de 1940 se exhumaron miles de fósiles en un yacimiento de Nuevo México denominado Ghost Ranch («rancho fantasma»). Eran huesos rotos y revueltos de centenares de dinosaurios *Coelophysis* individuales que probablemente habían sufrido algún tipo de muerte en masa. Es posible que perecieran todos juntos durante una inundación súbita, o quizás que murieran en grupos espaciados en el tiempo y que luego las aguas de una crecida barrieran y acumularan sus restos en putrefacción en una pequeña área. Los fósiles, en todo caso, están datados en 220-225 millones de años.

Coelophysis era un depredador, muy esbelto y de complexión ligera. Sus proporciones generales, junto con unas largas mandíbulas a modo de pico, un cuello flexible como de cigüeña, la distintiva forma de las articulaciones de su pelvis y sus huesos huecos para ahorrar peso son rasgos, todos ellos, que compartía con las aves primitivas. Sus numerosos dientes pequeños y afilados están mejor adaptados para capturar pequeños animales, como insectos, con movimientos de picoteo de su largo cuello que para desgarrar trozos de carne en presas más grandes. Los dedos con afiladas garras podían agarrar pequeñas presas o escarbar la tierra en busca de lombrices y larvas. También es posible que *Coelophysis* comiera peces, agarrándolos con un golpe

rápido de la cabeza hacia delante, a la manera de las garzas actuales. Era sin duda un animal rápido y ágil, que saltaba y corría velozmente en pos de sus presas y también para escapar de sus enemigos.

En 1998, un cráneo fósil de *Coelophysis* fue enviado al espacio en el trasbordador espacial *Endeavor*. Una vez transferido a la estación espacial rusa *Mir*, el fósil viajó más de 6 millones de kilómetros en torno a la Tierra. Así fue como uno de los dinosaurios más antiguos de Norteamérica se convirtió en el primer «dinoastronauta».

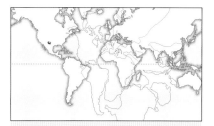

FICHA
COELOPHYSIS

Significado: forma hueca

Período: Triásico superior

Grupo principal: Theropoda

Longitud: 3 metros

Peso: 35 kilogramos

Dieta: animales pequeños

Fósiles: en el suroeste de EE. UU.
(Nuevo México)

0	1	2	3	4	5	6

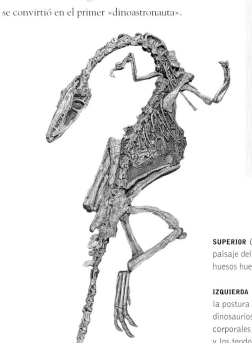

SUPERIOR *Coelophysis* captura un pequeño reptil en el seco paisaje del Triásico superior. Era rápido, ligero y ágil con huesos huecos para ahorrar peso como los de las aves.

IZQUIERDA Este famoso espécimen de *Coelophysis* muestra la postura en «curva de la muerte» típica de muchos dinosaurios fosilizados. Después de morir, los tejidos corporales se tornaron rígidos, se secaron y encogieron, y los tendones del cuello y la cola se acortaron, doblando la cabeza y el extremo de la cola por encima del cuerpo.

LOS DINOSAURIOS INICIAN SU REINADO

EL DESARROLLO DE LOS DINOSAURIOS
DURANTE EL PERÍODO TRIÁSICO TUVO
UN INMENSO EFECTO SOBRE OTROS REPTILES
TERRESTRES DE AQUELLA ÉPOCA. CON TODO,
TAMBIÉN SE PRODUJERON DOS MISTERIOSAS
«MINIEXTINCIONES» EN MASA QUE MARCARON
EL FINAL DE VARIOS GRUPOS DE REPTILES,
COMO POR EJEMPLO LOS RINCOSAURIOS,
LOS DICINODONTOS Y LOS CINODONTOS. ESTO
DEJÓ VARIOS RECURSOS VACANTES TALES COMO
COMIDA, ESPACIO VITAL Y REFUGIOS LISTOS
PARA SER EXPLOTADOS POR LOS PRIMEROS
GRUPOS DE DINOSAURIOS QUE EN SU
MAYORÍA ERAN PEQUEÑOS CARNÍVOROS.

DERECHA *Coelophysis* y otros dinosaurios primitivos, junto
con lagartos planeadores y otros reptiles, huyen de un incendio
producido hace unos 225 millones de años. En esta época,
la fauna terrestre experimentaba rápidos cambios, al extenderse
con rapidez los dinosaurios tanto depredadores como fitófagos.

SEGISAURUS

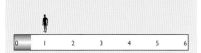

FICHA

SEGISAURUS

Significado: reptil de Segi

Período: Jurásico inferior

Grupo principal: Theropoda

Longitud: 1 metro

Peso: 5 kilogramos

Dieta: animales pequeños

Fósiles: en EE. UU. (Arizona)

Segisaurus no es tan conocido como el similar *Coelophysis* (*véase* página 121), porque no dejó muchos restos fósiles. El primer espécimen de lo que hoy se identifica como *Segisaurus* fue desenterrado en 1933 cerca del cañón Segi, en Arizona, en una zona denominada Arenisca Navajo, y descrito en 1936. Este espécimen, sin embargo, estaba incompleto y carecía de la cabeza con sus muy importantes dientes. Los restos fragmentarios consistían en partes de las extremidades anteriores y posteriores, trozos de pelvis y unas pocas costillas y vértebras. A partir de estos fragmentos, *Segisaurus* se reconstruyó como un terópodo (dinosaurio carnívoro) similar a *Coelophysis*, pero más pequeño y probablemente perteneciente al subgrupo de los terópodos denominado ceratosaurios.

Es probable que *Segisaurus* corriera a gran velocidad con sus largas patas y pies posteriores con tres dedos, llevando cerca del pecho sus miembros anteriores más cortos, provistos de afiladas garras en los dígitos. Las esbeltas proporciones de los huesos fósiles muestran que este dinosaurio tenía una complexión ligera, era capaz de modificar súbitamente su trayectoria cuando perseguía presas, desplazando la cola hacia un lado para equilibrarse e impulsar a la vez el cuerpo en una nueva dirección. Es posible que *Segisaurus* capturara grandes insectos, como libélulas o grillos, o pequeños vertebrados, como lagartijas y ranas. La falta de fósiles de dientes y mandíbulas condiciona que las propuestas sobre la dieta de este dinosaurio se basen necesariamente en comparaciones con otros parientes suyos más conocidos, como *Ceolophysys*.

DERECHA La cabeza, las mandíbulas y los dientes del «reptil de Segi» son en gran parte hipotéticas, aunque es seguro que este dinosaurio primitivo tenía una complexión muy ligera y es probable que cazara animales pequeños gracias a una combinación de sentidos aguzados y reacciones rápidas.

MELANOROSAURUS

Melanorosaurus, que recibió su nombre oficial en 1924 en alusión al lugar de su descubrimiento, fue durante muchos años –junto con *Plateosaurus*– uno de los pocos dinosaurios fitófagos conocidos de los períodos Triásico superior a Jurásico inferior. Los hallazgos más recientes, sin embargo, y en especial los de Sudamérica, como el de *Riojasaurus*, han contribuido a aumentar nuestro conocimiento de cómo este primitivo grupo de grandes dinosaurios, los prosaurópodos, evolucionó y se extendió por las tierras emergidas. En particular, las similitudes entre los prosaurópodos sudafricanos, como *Melanorosaurus*, y los de Sudamérica podrían ser consecuencia de las posiciones adyacentes de estos dos continentes durante el Triásico.

Melanorosaurus era un miembro bastante típico del grupo de los prosaurópodos, aunque quizás más grande que la mayoría de ellos. Tenía la cabeza pequeña, el cuello y la cola largos, el cuerpo voluminoso y cuatro patas muy robustas, que le hacían caminar con dificultad. Los fósiles de sus extremidades son bien conocidos y su grosor sugiere adaptaciones para poder llevar un peso corporal de una tonelada o más sobre cuatro anchos pies de cinco dedos. Las patas posteriores eran más largas, de forma que el cuerpo estaba inclinado hacia abajo desde la cadera hasta los hombros. Se estima que la longitud total variaría entre 7 y 12 metros. Al igual que otros prosaurópodos, es probable que *Melanorosaurus* estirase su largo cuello para llegar hasta lo alto de los árboles y ramonear las partes más blandas de la vegetación, tales como frondes de helechos arborescentes y jóvenes hojas, yemas y brotes de coníferas. A diferencia de *Plateosaurus*, es poco probable que *Melanorosaurus* pudiera levantar del suelo las patas anteriores y apoyarse únicamente en las patas posteriores y en la cola para poder ramonear a alturas todavía mayores.

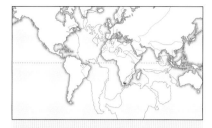

FICHA
MELANOROSAURUS

Significado: reptil de la Montaña negra

Período: Triásico superior, Jurásico inferior

Grupo principal: Prosauropoda

Longitud: 10 metros

Peso: 1 tonelada

Dieta: materias vegetales, especialmente en plantas de elevado porte

Fósiles: en Sudáfrica

IZQUIERDA *Melanorosaurus* presentaba quizás una garra más larga y afilada en el primer dígito (el más interior) de cada pie, pero la evidencia fósil no está clara.

THECODONTOSAURUS

FICHA

THECODONTOSAURUS

Significado: reptil con dientes en alvéolos

Período: Jurásico inferior

Grupo principal: posiblemente Prosauropoda (esta clasificación es rebatida por algunos autores)

Longitud: 2,2 metros

Peso: 10 kilogramos

Dieta: plantas

Fósiles: en Inglaterra y Gales

El nombre de este dinosaurio, que alude a que sus dientes se disponen dentro de alvéolos en los huesos mandibulares, puede prestarse a confusión con el grupo de reptiles conocidos tradicionalmente como tecodontos, pero descritos hoy en día como arcosauriomorfos (*véase* página 102). Esta similitud en los nombres puede parecer irritante actualmente, pero *Thecodontosaurus* recibió su título oficial hace mucho tiempo, tras el descubrimiento de fósiles fragmentados en unas fisuras (grietas) rocosas cercanas a Bristol, en el suroeste de Inglaterra. Esto sucedió en 1843, justo después de que se acuñara el nombre del grupo entero, es decir, Dinosauria. En aquellos tiempos, las ideas científicas sobre los animales prehistóricos y sobre cómo debían clasificarse eran muy distintas de las actuales.

Thecodontosaurus era un dinosaurio fitófago más bien pequeño, que se alzaba y se desplazaba principalmente sobre las patas posteriores más largas. Es posible que llevara las patas anteriores, más cortas y débiles, separadas del suelo, excepto cuando saltaba a cuatro patas o quizás cuando se inclinaba hacia delante o se agachaba para alimentarse de la vegetación a ras del suelo. A este respecto, *Thecodontosaurus* era similar a un pariente prosaurópodo mucho más conocido y más ampliamente extendido, *Anchisaurus*. *Thecodontosaurus* tenía cinco dígitos en cada «mano», de los cuales era especialmente grande la garra del pulgar, y cuatro dígitos en cada pie. Su cola era larga, la cabeza y el cuello relativamente pequeños y los dientes pequeños, en forma de hoja y con los bordes aserrados. Al igual que *Anchisaurus*, *Thecodontosaurus* es considerado por algunos especialistas un tipo pequeño y primitivo de prosaurópodo. Representa una vía muerta en la evolución, ya que su grupo no tardó mucho en extinguirse.

SUPERIOR Los fósiles asociados con *Thecodontosaurus* sugieren que vivió en un hábitat seco de matojos y arbustos, un tipo de paisaje común en el Triásico superior y el Jurásico inferior, hace unos 200 millones de años.

RIOJASAURUS

Los fósiles de este gran dinosaurio fitófago se descubrieron por primera vez en el remoto y ventoso valle de la Luna, en la provincia de la Rioja del oeste de Argentina, pero desde entonces se han encontrado en otras localidades de las estribaciones orientales de los Andes argentinos. El primer esqueleto casi completo fue desenterrado durante la década de 1960 y bautizado en 1969 por el eminente paleontólogo argentino, José Bonaparte. Desde entonces se ha encontrado una veintena más de especímenes. *Riojasaurus* fue uno de los primeros dinosaurios que alcanzaron o incluso sobrepasaron los 10 metros de longitud y 1 tonelada de peso. Era un animal muy voluminoso para su época, hace unos 220 millones de años, y prefiguró a los verdaderos gigantes, los saurópodos, que se extendieron durante el Jurásico, el período siguiente. Hasta la fecha, sin embargo, no hay evidencias de que exista un parentesco evolutivo directo entre *Riojasaurus* y los posteriores saurópodos.

La columna vertebral de *Riojasaurus* estaba formada por vértebras grandes y robustas, tanto para llevar su elevado peso corporal como para soportar sus largos cuello y cola. Los pies con uñas de sus patas grandes como las de un elefante eran desproporcionados, ya que los anteriores tenían la mitad del tamaño de los posteriores. Es posible que las patas posteriores llevaran la mayor parte del peso corporal de *Riojasaurus* y que el dinosaurio pudiera erguirse sobre ellas, usando la cola como tercer soporte para no caerse hacia atrás. Los dientes eran pequeños y en forma de hoja, adaptados para arrancar y desmenuzar el follaje. *Riojasaurus* tragaba el follaje sin masticarlo y lo reducía a pulpa dentro del enorme estómago, quizás con la ayuda de piedras trituradoras, los denominados gastrolitos (piedras estomacales) que tragaba especialmente para este propósito.

FICHA
RIOJASAURUS
Significado: reptil de la Rioja
Período: Triásico superior
Grupo principal: Prosauropoda
Longitud: 10 metros
Peso: 1 tonelada
Dieta: plantas
Fósiles: en Argentina

INFERIOR *Riojasaurus* fue uno de los primeros dinosaurios realmente cuadrúpedos, es decir, que se desplazaba la mayor parte del tiempo a cuatro patas. Es posible que pudiera alzarse por breve tiempo sobre las patas posteriores, pero el tamaño y la robustez de sus huesos están adaptados para soportar un considerable peso.

DERECHA *Plateosaurus* se muestra aquí en su postura de canguro, erguido sobre las patas posteriores y contrapesado y soportado por una cola musculosa, pesada y de base amplia. En esta posición podía llegar al follaje situado a alturas de casi 5 metros por encima del suelo.

PLATEOSAURUS

FICHA

PLATEOSAURUS

Significado: reptil plano

Período: Triásico superior

Grupo principal: Prosauropoda

Longitud: 7-8 metros

Peso: hasta 1 tonelada

Dieta: plantas

Fósiles: en Francia, Alemania y Suiza

Las docenas de esqueletos fosilizados encontrados en varios lugares de Europa hacen de este dinosaurio uno de los más conocidos del Triásico superior, hace unos 220 millones de años. *Plateosaurus* era uno de los animales terrestres más grandes de su época y es probable que pesara cerca de 1 tonelada. Entre los fósiles de este dinosaurio figuran los especímenes originales que sirvieron para nombrarlo y describirlo en 1837 –antes incluso que los propios dinosaurios hubieran sido reconocidos como grupo– junto con los hallazgos posteriores de principios de la década de 1910, de la de 1920 y también de principios de la de 1930. En la zona en torno a la ciudad de Trossingen, situada 100 kilómetros al suroeste de Stuttgart, Alemania, se encontraron especímenes particularmente bien conservados.

Plateosaurus era un prosaurópodo poderoso con los rasgos típicos de este grupo: cabeza pequeña, cuello largo y flexible, cuerpo rechoncho, patas robustas y una cola que medía casi la mitad de su longitud total. Las patas posteriores eran considerablemente mayores que las anteriores y es probable que llevaran la mayor parte del peso durante la marcha. *Plateosaurus* se representa a menudo erguido como un canguro gigante, apoyado sobre la cola y con la cabeza alzada sobre un largo cuello para ramonear plantas a 5 metros o más por encima del suelo. En cada pulgar tenía una gran uña que el animal debía usar como un gancho para empujar las ramas hasta la boca, o bien como un pincho para acuchillar a sus enemigos. Sus cerca de 120 dientes tenían forma de hoja con los bordes aserrados, una morfología ideal para recortar o ramonear las hojas y frondes más blandos en la vegetación alta del Triásico superior, la cual incluía coníferas, helechos arborescentes y cicadáceas. Se han encontrado montones fosilizados con huesos apilados de numerosos individuos, lo que sugiere que los miembros de una manada perecieron todos juntos o bien que las crecidas arrastraron individuos diseminados hasta una localidad única en un valle o una orilla fluvial. Los últimos fósiles de *Plateosaurus* encontrados sugieren que todos sus dedos tenían largas garras, incluido el pulgar.

SELLOSAURUS / EFRAASIA

En 1909, Eberhrad Fraas decubrió los fósiles de un dinosaurio fitófago de unos 2,4 metros de longitud. Sus proporciones eran similares a las de los prosaurópodos como *Plateosaurus*, que vivieron en la misma región más o menos durante la misma época. Tras una descripción científica de estos restos se propuso que correspondían a un tipo de prosaurópodo y en fechas posteriores se les dio el nombre de *Efraasia* en honor a su descubridor.

Un año antes, un prosaurópodo similar había sido designado como *Sellosaurus* por otro paleontólogo, Friedrich Freiherr von Huene. (Von Huene también fue el científico responsable de los informes y descripciones principales del propio *Plateosaurus*, durante la década de 1920.) Finalmente, se determinó que estos restos eran partes mezcladas de unos 20 esqueletos, el mayor de los cuales medía casi 7 metros de longitud. Las similitudes generales con *Plateosaurus* fueron confirmadas después de estudiar en detalle los fósiles de ambos animales y de comparar el tamaño y la forma de sus huesos.

Poco a poco, sin embargo, fueron apareciendo más similitudes entre *Efraasia* y *Sellosaurus*, lo que indujo a creer que el primer dinosaurio era una versión en pequeño del segundo. Las proporciones eran ligeramente distintas –*Efraasia*, por ejemplo, tenía el cuello más corto que *Sellosaurus* en comparación con su longitud total–, pero en los dinosaurios, como sucede con los animales actuales, las proporciones relativas del cuerpo cambiaban a medida que crecían hasta la madurez. Los ulteriores estudios de los huesos mostraron que *Efraasia* era quizás un joven *Sellosaurus*. Dado que la versión adulta había sido bautizada un año antes, las convenciones científicas dictaban que *Sellosaurus* se convirtiera en el nombre oficial, con lo que todos los especímenes de *Efraasia* fueron reclasificados durante un tiempo como *Sellosaurus*. Sin embargo, un estudio reciente muestra que los dos nombres genéricos corresponden, de hecho, a dos dinosaurios diferentes. Fraas, por su parte, es también conocido por los estudios de fósiles de primates que realizó en Egipto a principios del siglo XX.

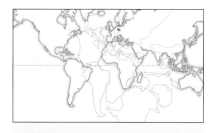

FICHA
SELLOSAURUS
Significado: reptil silla de montar
Período: Triásico superior
Grupo principal: Prosauropoda
Longitud: 7 metros
Peso: 600 kilogramos
Dieta: plantas
Fósiles: en Alemania

LA ALIMENTACIÓN DE LOS PRIMEROS DINOSAURIOS

¿QUÉ COMÍAN LOS DINOSAURIOS PRIMITIVOS? LOS MÁS PEQUEÑOS DINOSAURIOS CARNÍVOROS CAPTURABAN PROBABLEMENTE INVERTEBRADOS COMO INSECTOS Y GUSANOS, Y QUIZÁS PEQUEÑOS VERTEBRADOS TALES COMO REPTILES MÁS PEQUEÑOS U OCASIONALES MAMÍFEROS PRIMITIVOS (AÚN NO EXISTÍAN LAS AVES). TAMBIÉN ES POSIBLE QUE SE ALIMENTARAN DE LAS CARROÑAS DE MAYOR TAMAÑO. LOS MÁS VOLUMINOSOS DINOSAURIOS HERBÍVOROS PACÍAN Y RAMONEABAN DISTINTOS TIPOS DE PLANTAS, DESDE MUSGOS, COLAS DE CABALLO Y HELECHOS DE BAJO PORTE HASTA ALTOS HELECHOS ARBORESCENTES, GINKGOS, CICADÁCEAS Y CONÍFERAS. (LAS PLANTAS DE FLOR, COMO LAS GRAMÍNEAS, HERBÁCEAS Y ÁRBOLES PLANIFOLIOS, NO APARECIERON HASTA EL PERÍODO CRETÁCICO.)

DERECHA Varios dinosaurios terópodos de distintos tamaños se congregan en torno al cadáver de un rincosaurio —un reptil fitófago primitivo—, mientras otros rincosaurios de su misma especie contemplan la escena con cautela en segundo término. Los rincosaurios fueron un grupo muy exitoso en cuanto a sus números poblacionales, pero sólo lo fueron durante un tiempo relativamente corto, durante el Triásico medio y el superior.

MUSSAURUS

FICHA

MUSSAURUS

Significado: reptil ratón

Período: Triásico superior

Grupo principal: Prosauropoda

Longitud: 3 metros

Peso: 150 kilogramos

Dieta: plantas

Fósiles: en Argentina

Mussaurus era un dinosaurio del grupo de los prosaurópodos, un fitófago voluminoso que iba a cuatro patas, con la cabeza pequeña, el cuello y la cola largas y un aspecto general similar al de otros prosaurópodos. Pero entonces, ¿a qué se debe que los paleontólogos argentinos José Bonaparte y Martín Vince, quienes en 1979 clasificaron esa bestia de 3 metros de largo y 150 kilogramos de peso, le dieran un nombre que significa «reptil ratón»? *Mussaurus* sólo se conocía a partir de unos restos fosilizados de bebés, que están muy lejos de ser completos. Una versión compuesta de estos fragmentos muestra que si los bebés no eran realmente tan pequeños como un ratón, sí tenían al menos el tamaño de una rata, ya que cada uno medía unos 20 centímetros de longitud, con una cola larga y un cráneo que tenía el tamaño aproximado de un pulgar humano. Algunos eran bebés recién eclosionados, que perecieron justo después de salir del huevo, y otros eran individuos no eclosionados, embriones que estaban todavía dentro de la cáscara cuando se fosilizaron.

El grado de detalle en estos fósiles de *Mussaurus* encontrados durante la década de 1970 en la región argentina de Santa Cruz es realmente asombroso. Las mandíbulas contienen hileras de dientes apenas mayores que cabezas de alfiler y los huesos de los tobillos y los pies tienen el tamaño de un grano de arroz. Son los especímenes de dinosaurios relativamente completos más pequeños que se han descubierto hasta la fecha.

En fechas más recientes, se han podido identificar positivamente fósiles de adultos, si bien en su mayoría se trata de restos parciales. La estimación actual del tamaño del animal completamente desarrollado, mencionada antes, se basa en estos restos, en los rangos de tamaño de otros dinosaurios encontrados en el registro fósil y en las tasas de crecimiento de los reptiles actuales. Con todo, es posible que otro dinosaurio, *Coloradisaurus*, encontrado en la misma región y en las mismas capas rocosas, y datado en unos 215 millones de años, sea la versión adulta de *Mussaurus*. Sin embargo, *Coloradisaurus* todavía no ha podido estudiarse con detalle, ya que solamente se han encontrado fósiles del cráneo y de las mandíbulas.

INFERIOR Los *Mussaurus* adultos suelen reconstruirse aplicando las tasas de crecimiento típicas de los prosaurópodos a las proporciones corporales de los bebés recién nacidos, que son los principales especímenes fósiles conocidos de este género. Sin embargo, los fósiles argentinos previamente descritos como *Plateosaurus* podrían ser en realidad *Mussaurus* adultos.

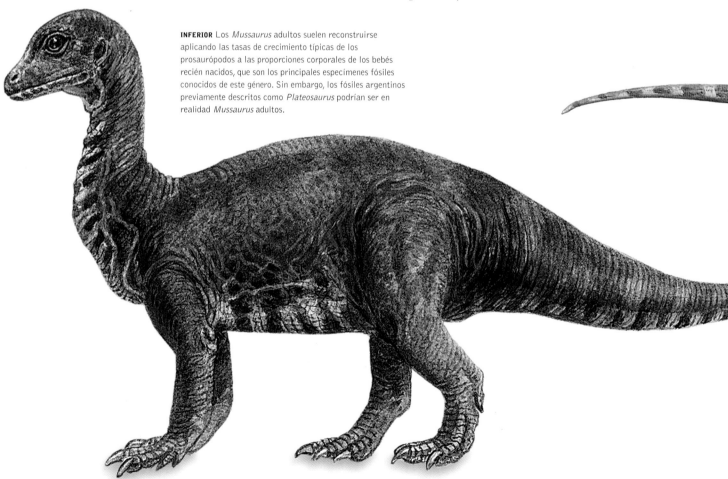

ANCHISAURUS

Anchisaurus, que tenía el tamaño aproximado de un perro grande, tiene el honor de ser el primer dinosaurio descubierto en Norteamérica, concretamente en el valle Connecticut, y el primero descrito en la literatura científica basándose en los fósiles que dejó. No obstante, todo esto sucedió en 1818, y la historia de este animal ha dado muchas vueltas desde entonces. Durante un tiempo, los restos de *Anchisaurus* se atribuyeron a un antiguo ser humano. Hacia la década de 1850 se reconoció que pertenecían a un reptil, aunque no necesariamente a un dinosaurio, ya que el grupo entero de los dinosaurios sólo había recibido su título oficial y su reconocimiento unos pocos años antes, en 1841. En 1885, Othniel Charles Marsh le dio el nombre de *Anchisaurus* a otra serie de fósiles, esta vez procedentes de Massachussets. En 1912, casi un siglo después de que se describieran por primera vez, los restos fueron identificados finalmente como pertenecientes a *Anchisaurus*.

Anchisaurus vivió hace unos 195 millones de años. Tenía un cuerpo típico de prosaurópodo, con una cabeza pequeña y un cuello y una cola largos. Sin embargo, su cuerpo y sus patas eran proporcionalmente más esbeltos que los de otros prosaurópodos de mayor tamaño como *Plateosaurus* o *Massospondylus*. *Anchisaurus* se desplazaba probablemente a cuatro patas, corriendo a paso largo como un canguro actual y buscando plantas por el suelo. No obstante, también es posible que se levantara sobre las dos patas posteriores más grandes para correr a gran velocidad. Cada pie anterior tenía cinco dígitos, el primero de los cuales con una garra grande y curvada, posiblemente para defenderse. El pie posterior tenía cuatro dígitos, cada uno con una garra grande y en forma de uña. Al igual que muchos prosaurópodos, *Anchisaurus* tenía pequeños dientes en forma de hoja con los bordes aserrados, bien adaptados para desgarrar alimentos vegetales, como hojas y frondes. Su hábitat era un profundo valle con muchos lagos bordeados de plantas.

FICHA
ANCHISAURUS

Significado: casi reptil, próximo a los reptiles

Período: Jurásico inferior

Grupo principal: Prosauropoda

Longitud: 2,5 metros

Peso: 35 kilogramos

Dieta: plantas

Fósiles: en EE. UU. (valle Connecticut, Massachussets) y posiblemente en Sudáfrica

SUPERIOR *Anchisaurus* fue uno de los prosaurópodos más pequeños y también uno de los más esbeltos y ligeros. Es probable que pudiera recorrer distancias considerables trotando o corriendo a paso largo cuando se desplazaba a nuevas zonas de alimentación con vegetación fresca.

EL PAISAJE DEL TRIÁSICO

EL TRIÁSICO, HACE 250-203 MILLONES DE AÑOS, FUE EN TODAS PARTES UN PERÍODO DE CALOR. TODOS LOS CONTINENTES DE LA TIERRA FORMABAN UNA MASA DE TIERRAS GIGANTESCA, EL SUPERCONTINENTE PANGEA. EN LOS CINTURONES COSTEROS, BARRIDOS POR LOS VIENTOS HÚMEDOS, CRECÍAN HELECHOS, CICADÁCEAS Y CONÍFERAS, PERO EN EL INTERIOR DE ESTE SUPERCONTINENTE DOBLE (YA QUE PANGEA EMPEZÓ A DIVIDIRSE EN DOS DURANTE EL TRIÁSICO SUPERIOR) HABÍA GRANDES EXTENSIONES DE TERRENOS ARBUSTIVOS, DE MATORRAL O DE DESIERTO. EN ESTE MUNDO APARECIERON LOS PRIMEROS DINOSAURIOS.

DERECHA Durante el Triásico superior, las charcas y pozas diseminadas por el seco paisaje debieron atraer a muchos animales (del mismo modo que lo hacen hoy). En esta escena reptiliana, un fitosaurio con aspecto de cocodrilo se alza sobre el agua para hacer frente a un pequeño grupo de dinosaurios terópodos tipo *Coelophysis* a la derecha, en primer término, mientras en el fondo se destacan un aetosaurio fitófago protegido por espinas dorsales y grandes púas en los hombros y un pareiasaurio de gran tamaño, que se aleja de la charca.

IZQUIERDA *Yunannosaurus* vivió hace casi 200 millones de años y presenta rasgos, tanto del grupo de los prosaurópodos como del más moderno de los más voluminosos saurópodos. Con todo, los dientes en forma de cincel que se le atribuyeron durante un tiempo se cree hoy que provenían de otro prosaurópodo que vivió en el mismo lugar y la misma época.

YUNNANOSAURUS

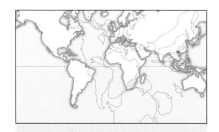

FICHA
YUNNANOSAURUS

Significado: reptil de Yunnan (por el lugar donde fue descubierto)

Período: Jurásico inferior

Grupo principal: Prosauropoda

Longitud: 7 metros

Peso: 600 kilogramos

Dieta: plantas

Fósiles: en el sur de China

Este prosaurópodo de tamaño medio fue descrito por primera vez y bautizado en 1942 por Young Chung Chien, un famoso paleontólogo chino conocido en Occidente como C.C. Young. En total se han localizado los especímenes fósiles de 20 individuos en la provincia de Yunnan, en el sur de China. Por su forma corporal y sus proporciones generales, *Yunnanosaurus* se parece a otros prosaurópodos en su mayoría más antiguos, como *Plateosaurus*. Junto con *Lufengosaurus*, otro prosaurópodo similar de la misma zona, *Yunnanosaurus* ayudó a demostrar la distribución casi cosmopolita del grupo de los dinosaurios fitófagos prosaurópodos.

Al igual que otros prosaurópodos, *Yunnanosaurus* tenía la cabeza pequeña, aunque con un hocico relativamente corto, el cuello largo, el cuerpo voluminoso, las patas robustas, con las posteriores algo más largas y más fuertes, y una cola larga y ahusada. Es probable que pasara la mayoría de su tiempo caminando despacio entre los bosques de coníferas, cicadáceas y helechos arborescentes, balanceando el largo cuello para que su boca pudiera recoger hojas blandas, yemas y brotes. Podía llegar hasta el suelo cuando iba a cuatro patas y quizás levantarse sobre los patas posteriores y alargar el cuello para alimentarse a más de 5 metros por encima de él.

Yunnanosaurus ha sido objeto de acalorados debates debido a sus presuntos dientes, que sumaban más de 60 y tenían una vaga forma de cincel o de cuchara. A este respecto, *Yunnanosaurus* era más similar a los saurópodos –los fitófagos más modernos y más voluminosos (*véanse* páginas 218-255)– que a los prosaurópodos, los cuales tenían en su mayoría dientes en forma de hoja. Debido a estos dientes a modo de cuchara, algunos especialistas han sugerido que *Yunnanosaurus* era un saurópodo primitivo, pero es posible que algunos de los dientes en forma de cincel provengan de otro dinosaurio. En la provincia de Yunnan se han encontrado numerosos fósiles de dinosaurios y de animales prehistóricos, entre otros, algunos primates como *Lufengpithecus* y los humanos primitivos *Homo erectus*.

MASSOSPONDYLUS

Del mismo modo que *Plateosaurus* es bien conocido por docenas de individuos fósiles encontrados en Europa, *Massospondylus*, que vivió en el Jurásico inferior, se conoce por docenas de individuos conservados en el sur de África. Las localidades donde se encontraron estos fósiles se hallan, entre otros lugares, en Sudáfrica, Lesotho y Matabeland, en el oeste de Zimbawe. También se han encontrado restos de *Massospondylus* o de un dinosaurio muy similar en Arizona, con lo que éste sería posiblemente un dinosaurio con una distribución excepcionalmente extensa.

Massospondylus era relativamente esbelto y de complexión ligera para un dinosaurio prosaurópodo. La cabeza, en particular, parece diminuta: simplemente una boca en el extremo del largo cuello, en vez de la parte corporal voluminosa y dilatada que suele encontrarse en el extremo anterior de los dinosaurios. Por lo demás, los dientes eran bastante puntiagudos, con bordes prominentemente aserrados, y la estructura entera de las mandíbulas y el cráneo parece demasiado delicada para morder y arrancar alimentos vegetales duros y fibrosos. Durante la década de 1980, estas características fueron objeto de prolongadas discusiones entre los expertos sobre el tipo de dieta de *Massospondylus*. ¿Acaso arrancaba y tragaba las

materias vegetales enteras a la manera usual de los prosaurópodos? ¿O era en realidad un carnívoro? En algunos aspectos, sus dientes largos y aserrados parecen los de un dinosaurio carnívoro. Es posible que *Massospondylus* capturara pequeñas presas o que desgarrara la blanda carne en putrefacción de las carroñas. Posteriormente, ulteriores comparaciones mostraron que algunos saurios fitófagos actuales presentan dientes similares, largos y aserrados. Junto con los fósiles de *Massospondylus* también se encontraron gastrolitos, guijarros pulimentados que el animal tragaba y conservaba en el intestino para triturar los alimentos vegetales duros. Así pues, es posible que *Massospondylus* fuera después de todo un prosaurópodo fitófago típico.

DERECHA Las mandíbulas y los dientes de *Massospondylus* muestran una curiosa mezcla características, algunas de las cuales indican fitofagia mientras que otras sugieren una dieta a base de presas pequeñas o incluso de carroña. Las recientes revisiones de las evidencias al respecto apuntan más bien hacia la fitofagia.

FICHA
MASSOSPONDYLUS

Significado: vértebras masivas

Período: Jurásico inferior

Grupo principal: Prosauropoda

Longitud: 5 metros

Peso: 350 kilogramos

Dieta: plantas

Fósiles: en el sureste y sur de África y posiblemente en el sur de EE. UU.

| 0 | 1 | 2 | 3 | 4 | 5 | 6 |

LUFENGOSAURUS

FICHA

LUFENGOSAURUS

Significado: reptil de Lufeng (por el lugar donde fue descubierto)

Período: Jurásico inferior

Grupo principal: Prosauropoda

Longitud: 6 metros

Peso: 500 kilogramos

Dieta: plantas

Fósiles: en el suroeste de China

Se ha sugerido a menudo que *Lufengosaurus* y *Yunnanosaurus* son el mismo tipo de dinosaurio. Ambos son, en efecto, prosaurópodos –cabeza pequeña, cuello y cola largos, torso rechoncho y postura a cuatro patas– de forma y tamaño similares, con 6 o 7 metros de longitud total y media tonelada de peso o muy poco más. Fueron bautizados oficialmente con apenas un año de diferencia, *Lufengosaurus* en 1941 y *Yunnanosaurus* en 1942, por el mismo eminente especialista chino en fósiles, Young Cheng Chien (conocido en Occidente como C.C. Young). Por lo demás, ambos géneros son muy similares a otro prosaurópodo más antiguo de Europa, el muy conocido *Plateosaurus*.

Sin embargo, los detalles de los huesos fósiles de una treintena larga de individuos muestran que *Lufengosaurus* era probablemente un animal distinto de *Yunnanosaurus*. *Lufengosaurus* vivió hace unos 210-220 millones de años y sus fósiles se encontraron en rocas del Jurásico inferior de la cuenca del Lufeng, en la provincia de Yunnan, en el sur de China. Sus dientes estaban ampliamente espaciados y tenían una forma más de hoja que de cuchara estrecha como *Yunnanosaurus*. Por esta razón, *Lufengosaurus* se incluye a veces en la familia de los dinosaurios prosaurópodos denominada Plateosauridae, que contiene al propio *Plateosaurus* (y que también tiene dientes en forma de hoja). *Yunnanosaurus*, el pariente más cercano de *Lufengosaurus* en términos geográficos aunque no evolutivos (y que también tiene unos característicos dientes puntiagudos), se clasifica en cambio en la familia Yunnanosauridae. Cualesquiera que sean los detalles de su clasificación, *Lufengosaurus* probablemente recorría lentamente los variados paisajes del Triásico, balanceando el cuello de un lado a otro y también hacia arriba, e incluso se alzaba sobre las patas posteriores para incrementar su altura y poder así arrancar trozos blandos de vegetación arbórea que tragaba con rapidez.

DERECHA La diferencia entre las extremidades anteriores y posteriores es más marcada en *Lufengosaurus* que en muchos otros prosaurópodos, lo que indica la posibilidad de que este dinosaurio se alzara habitualmente sobre las patas traseras para acceder al follaje más alto.

IZQUIERDA *Pisanosaurus* suele considerarse uno de los primeros dinosaurios que perteneció al grupo de los ornitisquios o dinosaurios «con cadera de ave». Más de la mitad de su metro de longitud la ocupaba la cola.

PISANOSAURUS

Pisanosaurus, uno de los dinosaurios más interesantes del Triásico superior, era un fitófago pequeño que recibió su nombre en 1967 en honor a Juan Pisano, un paleontólogo argentino. Sin embargo, como sus restos son escasos y fragmentarios, los especialistas no han podido sacar conclusiones firmes sobre su estructura y su estilo de vida. Los fósiles principales son trozos del cuello, el dorso, el hombro, la cadera, la pata posterior, el pie anterior y, lo que es más interesante, partes de la mandíbula y dientes. Juntas, estas piezas muestran que era un dinosaurio pequeño, esbelto y de complexión ligera, con las mismas proporciones generales que los pequeños fitófagos del grupo de los ornitópodos, como *Lesothosaurus* y *Heterodontosaurus* (*véase* página 272). Por sus dientes, *Pisanosaurus* también era similar a estos dinosaurios del Jurásico inferior, y bastante diferente de otros fitófagos de su época, los mucho mayores prosaurópodos del Triásico superior. *Pisanosaurus* tenía unos dientes muy apretados entre sí, que casaban unos con otros para cortar

los alimentos vegetales y al mismo tiempo rasparlos o desgastarlos, con lo que se mantenían afilados y eficaces. *Pisanosaurus* era probablemente un corredor rápido y ágil, capaz de picotear y conseguir materias vegetales, así como de huir súbitamente ante el menor atisbo de peligro.

Si esta descripción es correcta –algo sobre lo que no hay un acuerdo general, ni mucho menos– *Pisanosaurus* ocuparía un importante lugar en la historia de los dinosaurios como uno de los primeros ornitisquios, o quizás el primero de todos ellos. El grupo entero Dinosauria se divide en dos grandes subgrupos, Saurischia y Ornithischia, según el patrón de la cadera de sus componentes. Todos los dinosaurios primitivos que se muestran en las páginas anteriores eran terópodos carnívoros o prosaurópodos fitófagos, y tanto unos como otros eran saurisquios. *Pisanosaurus* es, por tanto, único en su tiempo como un ornitisquio muy primitivo, un miembro del grupo que iba a incluir la mayoría de los dinosaurios fitófagos durante los siguientes 150 millones de años.

FICHA
PISANOSAURUS
Significado: reptil de Pisano
Período: Triásico superior
Grupo principal: Ornithischia
Longitud: 1 metro
Peso: 3 kilogramos
Dieta: plantas
Fósiles: en Argentina

| 0 | 1 | 2 | 3 | 4 | 5 | 6 |

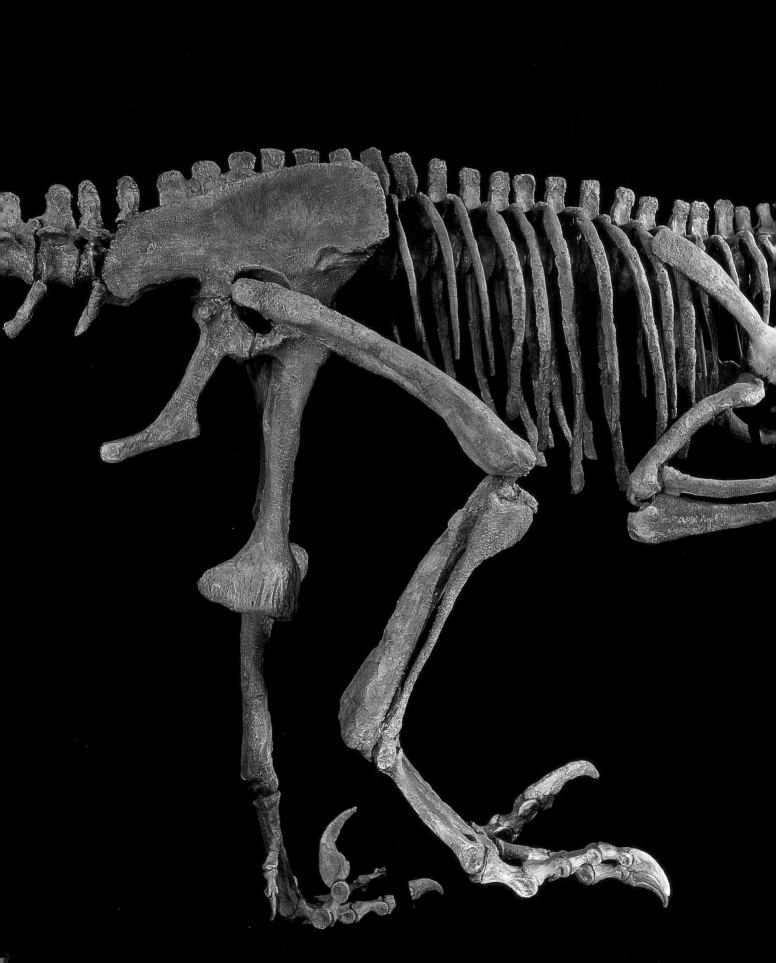

Capítulo cuatro

Los carnívoros pequeños

Del mismo modo que hoy tenemos gatos salvajes, comadrejas, mangostas, zorros y depredadores similares, en la era Mesozoica el papel de depredadores pequeños pero igualmente mortíferos lo desempeñaba una gran variedad de dinosaurios y, dado que los animales eran mayores entonces, algunos de estos carnívoros más pequeños ¡eran mayores que los tigres y osos actuales!

DE MUY PEQUEÑOS A PEQUEÑOS

POR LO GENERAL, LOS DEPREDADORES PEQUEÑOS CAZAN PRESAS PEQUEÑAS O AL MENOS DE UN TAMAÑO SIMILAR. LOS DINOSAURIOS QUE SE DESCRIBEN EN ESTE CAPÍTULO MEDÍAN EN SU MAYORÍA MENOS DE 3 METROS DE LONGITUD Y PESABAN MENOS DE 100 KILOGRAMOS, MÁS O MENOS COMO UN HUMANO ADULTO GRANDE. SE TRATABA DE UN TAMAÑO PEQUEÑO PARA LA ERA DE LOS DINOSAURIOS, CUANDO ALGUNOS DE LOS DEPREDADORES DE MAYOR TAMAÑO ERAN 70 VECES MÁS PESADOS. TODOS LOS DINOSAURIOS CARNÍVOROS, TANTO GRANDES COMO PEQUEÑOS, SE DENOMINAN TERÓPODOS, «PIES DE BESTIA». SIN EMBARGO, MUCHOS DE LOS MIEMBROS MÁS PEQUEÑOS DE ESTE GRUPO ERAN ESBELTOS O INCLUSO CASI DELICADOS, CON UNA ESTRUCTURA ESQUELÉTICA LIGERA. SUS PIES POSTERIORES, EN PARTICULAR, TENÍAN TRES DEDOS Y ALGUNOS DE SUS HUESOS ERAN HUECOS, AL IGUAL QUE EN LAS AVES MODERNAS. ALGUNOS, LOS DENOMINADOS CELUROSAURIOS, FIGURABAN ENTRE LOS DINOSAURIOS MÁS PEQUEÑOS Y LIGEROS, PERO TODO LO QUE NO POSEÍAN DE FUERZA Y POTENCIA LO COMPENSABAN CON LA VELOCIDAD Y AGILIDAD CON QUE CAMBIABAN BRUSCAMENTE DE DIRECCION Y SE PRECIPITABAN ENTRE LAS ROCAS Y EL SOTOBOSQUE PERSIGUIENDO A LAS PRESAS.

DE PEQUEÑOS A MEDIANOS

Algo mayores que estos minicazadores eran los dromeosáuridos, carnívoros de tamaño medio que por lo general aparecieron en fechas más tardías de la era de los dinosaurios. Los dromeosáuridos pertenecían al grupo más extenso de los maniraptores. Uno de los dromeosáuridos mejor estudiados es *Deinonychus*, que era ligero y ágil, aunque lo suficientemente potente para atacar a presas mayores que él mismo, quizás del tamaño de un cerdo actual. Las pistas dadas por el registro fósil sugieren que los dromeosáuridos vivían en grupos y cazaban en manadas, cooperando gracias al uso de su cerebro relativamente grande. De hecho, en comparación con el cuerpo, su cerebro era mayor que el de cualquier otro reptil, tanto actual como extinguido.

PRESAS PROBABLES

¿Qué devoraban estos cazadores? Sus equivalentes actuales se regalan a menudo con una multitud de pequeños roedores, como ratones, topillos o lémmings, y pequeñas aves, como fringílidos. Estas presas, sin embargo, no existían a principios de la era de los dinosaurios, ya que entonces los mamíferos y aves eran probablemente escasos. En vez de ello, los dinosaurios predadores más pequeños perseguían invertebrados, como cucarachas y otros insectos, larvas, babosas, lombrices y arañas. También había un gran número de pequeños reptiles no dinosaurianos, en especial lagartijas y otros reptiles similares, y sus huevos y crías también debían ser presas usuales de los dromeosáuridos. La caza cooperativa en manadas les permitía capturar presas mucho mayores, como los grandes dinosaurios fitófagos que pesaban 1 tonelada o más.

DESCENDIENTES VIVIENTES

A principios de la década de 1960, los estudios científicos de dromeosáuridos como *Deinonychus* ayudaron a desvelar la falsedad del mito de que todos los dinosaurios eran lentos y estúpidos. La hipótesis de que eran rápidos e inteligentes fue cobrando fuerza, e incluso la de que pudieron ser de sangre caliente. A partir de la década de 1980, los hallazgos de fósiles, sobre todo en China, nos han deparado una sorpresa adicional: la de dinosaurios con plumas como *Sinornithosaurus* y *Microraptor gui*, éste último con patentes impresiones de plumas en todas sus extremidades. Los miembros anteriores de estos géneros no estaban modificados como alas –sus músculos no eran lo bastante fuertes para el vuelo verdadero–, de modo que sus plumas filamentosas y encrespadas debieron servir como aislantes. Una vez más, esto implica sangre caliente y una probable pertenencia al linaje ancestral de las aves.

PÁGINA ANTERIOR Uno de los mayores dinosaurios carnívoros «pequeños» fue *Utahraptor*, un cazador rápido, ágil y potente, que pesaba cerca de media tonelada. Era, por tanto, tan pesado como los mayores depredadores terrestres actuales, los osos pardos del norte de Norteamérica. *Utahraptor* tenía en cada segundo dedo la abultada garra curva característica de los dinosaurios cazadores denominados dromeosáuridos.

IZQUIERDA «Lobos» dinosaurianos en busca de presas. *Velociraptor* y otros dromeosáuridos similares se reconstruyen hoy como depredadores rápidos, ligeros, ágiles y probablemente inteligentes, que cazaban en manadas.

SALTOPUS

FICHA

SALTOPUS

Significado: pie saltador

Período: Triásico superior

Grupo principal: Theropoda

Longitud: Menos de 1 metro

Peso: 1-2 kilogramos

Dieta: animales pequeños

Fósiles: en Escocia

| 0 | I | 2 | 3 | 4 | 5 | 6 |

Si se hubiese encontrado un esqueleto bastante completo de este dinosaurio, hoy podría ser famoso como uno de los dinosaurios más pequeños conocidos a través de sus fósiles. Pero sus restos son demasiado fragmentarios para que nos formemos una imagen razonable de *Saltopus* y de cómo pudo haber sobrevivido en el Triásico superior, hace unos 225-220 millones de años. Lo que se cree que son los huesos conservados de un solo individuo se encontró en la región escocesa de Elgin, una zona bien conocida por sus fósiles. Es posible que *Saltopus* fuera un ceratosaurio, un miembro de un grupo que incluía al algo mayor pero todavía bastante pequeño *Coelophysis*, así como a carnívoros mucho más voluminosos del Jurásico, entre ellos el propio *Ceratosaurus*.

Los restos de *Saltopus*, aun siendo escasos, sugieren que se trataba de un terópodo de complexión muy ligera, un dinosaurio depredador que andaba y corría las más de las veces con las dos patas posteriores más largas. Su longitud y su altura generales eran probablemente menores, y su complexión mucho más esbelta que los de un gato doméstico actual. Su región pélvica muestra que cuatro de sus cinco vértebras sacras estaban fusionadas con la pelvis (hueso de la cadera), a diferencia de otros dinosaurios depredadores pequeños de la época como *Procompsognathus*, que tenía cinco vértebras sacras fusionadas. Sin embargo, *Saltopus* tenía cinco dígitos en el extremo de cada miembro anterior, un rasgo relativamente primitivo, aunque los dígitos cuarto y quinto eran diminutos. La tendencia general de los terópodos en perder dígitos continuó vigente durante toda la era de los dinosaurios, dando finalmente como resultado unas extremidades anteriores con tan sólo dos dígitos. *Saltopus* debió ser rápido y ágil, capaz de precipitarse en pos de pequeñas presas, tales como insectos y crías de reptiles.

DERECHA *Saltopus* es uno de los dinosaurios más pequeños que se conocen, pero sus fósiles son demasiado pequeños como para permitir una reconstrucción fiable. Es probable que sólo midiera 25 centímetros de altura cuando adoptaba esta postura erguida.

PROCOMPSOGNATHUS

En 1913, el paleontólogo alemán Eberhard Faas dio a unos restos fragmentarios exhumados cerca de Wittenberg (al norte de Berlín, Alemania) el nombre de *Procompsognathus*, lo que podía sugerir que este dinosaurio fue algún tipo de antecesor del pequeño y bien conocido *Compsognathus* («mandíbula bonita» o «elegante»). Pese a que los fósiles de ambos dinosaurios se encontraron en la misma región general y a que ambos tenían una forma similar, una enorme distancia temporal de 70 millones de años les separa: *Procompsognathus* está datado en el Triásico superior, hace unos 220 millones de años, mientras que *Compsognathus* se remonta a unos 155-150 millones de años (*véase* página 148). La similitud en el nombre es por tanto meramente simbólica y no indica que *Procompsognathus* fuera un antecesor directo o quizás ni siquiera indirecto del más conocido *Compsognathus*.

Es probable que *Procompsognathus* fuera algo más grande que su muy posterior «homónimo parcial».

En todo caso, era un corredor rápido y ligero, que cazaba pequeñas presas, como insectos y larvas, así como pequeños vertebrados, tales como reptiles recién nacidos. Su medio ambiente era seco, con una vegetación dispersa que formaba un monte bajo a base de matojos. Las largas patas posteriores denotan velocidad y agilidad, ya que sólo tres de los cuatro dedos de cada pie entraban en contacto con el suelo. Las patas anteriores eran mucho más cortas, pero *Procompsognathus* tenía cuatro fuertes dígitos en cada una de ellas y es probable que los usara para agarrar y quizás desgarrar a sus víctimas. La cabeza era larga y estrecha, con el hocico puntiagudo, y las mandíbulas contenían numerosos dientes pequeños, inadecuados para el duro trabajo de roer carroñas. La cola, larga y ahusada, constituía la mitad de la longitud total del animal. La estructura de las vértebras caudales (huesos de la cola) sugiere que la cola entera era relativamente rígida y que el animal no podía agitarla o moverla rápidamente como si fuera un trozo de cuerda.

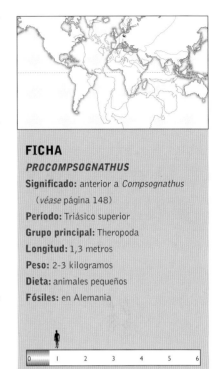

FICHA
PROCOMPSOGNATHUS

Significado: anterior a *Compsognathus* (*véase* página 148)

Período: Triásico superior

Grupo principal: Theropoda

Longitud: 1,3 metros

Peso: 2-3 kilogramos

Dieta: animales pequeños

Fósiles: en Alemania

| 0 | 1 | 2 | 3 | 4 | 5 | 6 |

DERECHA *Procompsognathus* tenía más o menos el mismo peso que un gato doméstico actual, pero era mucho más esbelto y tenía más del doble de la longitud típica de un gato desde la nariz a la cola. El cuello en forma de S le permitía lanzar la cabeza hacia casi cualquier dirección.

COELURUS

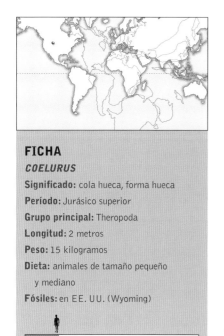

FICHA
COELURUS

Significado: cola hueca, forma hueca

Período: Jurásico superior

Grupo principal: Theropoda

Longitud: 2 metros

Peso: 15 kilogramos

Dieta: animales de tamaño pequeño y mediano

Fósiles: en EE. UU. (Wyoming)

El nombre de este dinosaurio –que en latín significa «formas huecas»– se refiere a sus huesos a modo de tubos, los cuales tenían las paredes finas y numerosas cámaras en su interior, lo que aminoraba su peso y a la vez conservaba gran parte de su fuerza, un rasgo que éste y otros dinosaurios terópodos pequeños compartían con las aves. *Coelurus* ha dado su nombre a varios grupos similares de dinosaurios terópodos; varios tipos generalmente similares de depredadores pequeños reciben, en efecto, el nombre de celurosaurios, un término conveniente, pero bastante vago para todo un cajón de sastre zoológico; sin embargo, el nombre Coelurosauria se aplicó de una manera más precisa a un grupo de pequeños terópodos que vivieron entre el Jurásico superior y la mayor parte del período siguiente, el Cretácico. Esta pretendida familia tenía una distribución cosmopolita e incluía formas tan bien conocidas como *Compsognathus* y *Ornitholestes*, así como muchos otros géneros de más dudosa clasificación. Según las ideas más recientes, sin embargo, los celurosaurios se describen como un grupo más extenso y carente de un antecesor común que dio origen a varios subgrupos diferentes, como los enormes tiranosáuridos, los ornitomimosaurios similares a avestruces y los maniraptores como *Deinonychus*. (*Coelurosauravus*

era un tipo muy diferente de reptil, un planeador con aspecto de lagarto, *véase* página 98.)

Pese a la fama de su grupo, *Coelurus* es poco conocido. Se usó como base para agrupar a varios dinosaurios similares porque era uno de los primeros de estos tipos generales que recibió un nombre científico oficial. En 1879, Othniel Charles Marsh, un eminente cazador de dinosaurios estadounidense, acuñó el nombre *Coelurus* para unos restos de 155-145 millones de años de antigüedad encontrados en Wyoming. Una reconstrucción compuesta de *Coelurus* muestra que tenía una cabeza pequeña y baja, de unos 20 centímetros de longitud, un cuello largo y flexible, y una cola larga y fina. Los tres dedos grandes, fuertes y armados con garras de cada una de las extremidades anteriores le permitían probablemente agarrar con mucha fuerza. El fémur (hueso del muslo) mide unos 55 centímetros de longitud, lo que da una idea de las proporciones generales de este terópodo ligero, pero de complexión fuerte que se desplazaba sobre las patas posteriores. Es probable que *Coelurus* se alimentara de grandes insectos, de pequeños vertebrados, como lagartijas y ranas, y quizás de algunos de los pequeños mamíferos que en el Jurásico superior poblaban los bosques y marjales de esta región de Norteamérica.

DERECHA Los fuertes dedos y afiladas garras de las patas anteriores de *Coelurus* debieron ser herramientas útiles para escarbar, revolver y agarrar pequeñas presas, como insectos y gusanos.

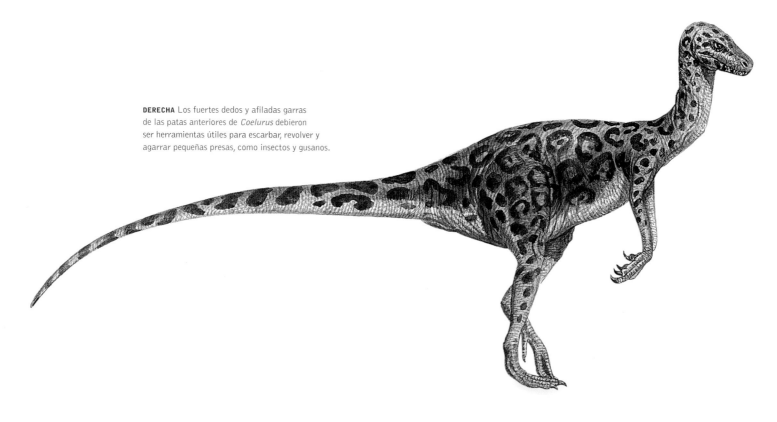

IZQUIERDA Las funciones de la pequeña cresta ósea o «cuerno» de la nariz de *Ornitholestes* han sido muy debatidas. La cresta parece demasiado débil e insignificante para servir de arma. Es posible que fuera un signo de madurez o propia de uno de los sexos, por ejemplo distintiva de los machos.

ORNITHOLESTES

Ornitholestes recibió este nombre –«ladrón de huevos»– porque se pensaba que podría haber dado caza y consumido aves primitivas como *Archaeopteryx*. Estas aves vivieron más o menos por la misma época, hace 150 millones de años, pero los yacimientos de sus fósiles están separados por miles de kilómetros. Sólo se conoce un espécimen importante de *Ornitholestes*, un esqueleto casi completo descubierto en 1900 en el famoso yacimiento de Bone Cabin Quarry cerca de Como Bluff, Wyoming. Los fósiles fueron estudiados y bautizados en 1903 por el legendario paleontólogo Henry Fairfield Obsorn, quien redactó también un informe de sus posteriores estudios sobre ellos en 1916. Sólo se conoce un puñado de especímenes muy limitados, tales como partes de un miembro anterior, de otros individuos. *Ornitholestes* suele considerarse un celúrido, es decir, un pariente de *Ceolurus* (*véase* página anterior). Era un terópodo (dinosaurio depredador o carnívoro) ligero y rápido que andaba y corría sobre las patas posteriores esbeltas y largas, aunque fuertes.

Las extremidades anteriores eran asimismo largas y poderosas, con «manos» relativamente grandes y dedos de considerable longitud, comparable a la de los antebrazos. Cada uno de estos tres dígitos tenía una garra afilada y ganchuda, lo que sugiere que *Ornitholestes* las usaba para capturar y desgarrar a sus víctimas. Las mandíbulas podían abrirse mucho y dejar al descubierto unos dientes pequeños, afilados y bien espaciados, aunque sólo en la mitad frontal, ya que la parte posterior de ambas mandíbulas carecía de dientes. Otros dos rasgos de *Ornitholestes* son asimismo notables. Algunas reconstrucciones muestran un fino reborde óseo en el hocico, como una cresta nasal redondeada y comprimida lateralmente, que quizás era un signo visual de madurez; y la cola de *Ornitholestes*, que era excepcionalmente larga y flexible, medía más de la mitad de la longitud total del dinosaurio. Los dientes eran algo inusuales, ya que los de la parte anterior de la boca eran casi cónicos mientras que los de más atrás eran como cuchillas.

FICHA
ORNITHOLESTES
Significado: ladrón de aves
Período: Jurásico superior
Grupo principal: Theropoda
Longitud: 2,2 metros
Peso: 15 kilogramos
Dieta: animales pequeños y medianos
Fósiles: en EE. UU. (Wyoming)

COMPSOGNATHUS

Entre los aficionados a los dinosaurios, este diminuto terópodo tiene una enorme reputación como uno de los dinosaurios más pequeños que se conocen a partir de restos razonablemente completos. Hay dos especímenes fósiles principales. El más pequeño, que tiene una longitud total de 70 centímetros, corresponde quizás a un individuo parcialmente desarrollado. Fue desenterrado a finales de la década de 1850 en la zona de Riedenberg, en Baviera, al sur de Alemania. El individuo de mayor tamaño y probablemente desarrollado del todo se exhumó en 1972, en el Var cerca de Niza, en el sur de Francia, y medía cerca de 1,3 metros de longitud.

Compsognathus no sólo era pequeño, sino que tenía una complexión extremadamente ligera, ya que es probable que sólo pesara 2-3 kilogramos. Durante mucho tiempo se pensó que sus manos tenían apenas dos garras ligeramente curvas, lo que se refleja en las reconstrucciones e ilustraciones. Sin embargo, las evidencias más recientes sugieren que las manos tenían probablemente tres dígitos, con el primero o pulgar más grande y grueso que los otros dos. La cabeza era alargada y baja; el cráneo se componía sobre todo de riostras con espacios intermedios para contener carne, en vez de grandes placas de hueso; y las mandíbulas relativamente pequeñas podían describirse como «elegantes» (y de ahí el nombre del dinosaurio). Los dientes eran diminutos y estaban espaciados de un modo uniforme. Las patas posteriores también eran esbeltas, con muslos y corvejones relativamente cortos, pero con los pies muy largos, es decir, tenían las proporciones propias de un corredor rápido. El cuello y la cola también eran largos y sus articulaciones muestran que eran muy flexibles.

La impresión general de *Compsognathus* era la de un animal rápido, fibroso y ágil que podía cambiar rápidamente de trayectoria y lanzarse a toda velocidad cuando perseguía presas, se precipitaba entre la maleza o se escondía en estrechas grietas rocosas para escapar de sus enemigos, como dinosaurios de mayor tamaño. Hay evidencias de su dieta en un espécimen alemán de *Compsognathus*: dentro de su cuerpo se encontraron los restos fosilizados de un pequeño saurio, *Bavarisaurus*.

INFERIOR El cuerpo de *Compsognathus* tenía la longitud y el peso aproximados de un gato doméstico actual.

DROMAEOSAURUS

Los dromeosáuridos, o «reptiles corredores», se denominaron así en alusión a este dinosaurio, que fue uno de los primeros descritos de este grupo, pero que continúa siendo uno de los menos comprendidos. Barnum Borwn, un respetado buscador de fósiles de su época, desenterró los primeros restos de *Dromaeosaurus* cerca del río Red Deer de Alberta (Canadá), en 1914. Junto con William Diller Mathew, Brown dio nombre a este dinosaurio en 1922, aunque ambos se basaron tan sólo en unos restos escasos: partes del cráneo y de la mandíbula inferior más unos pocos huesos de las patas y los pies. La situación cambió drásticamente durante la década de 1960 con el hallazgo de *Deinonychus* (*véase* página 153) y las subsiguientes discusiones sobre la inteligencia, la sangre caliente y, en fechas más recientes, sobre si la piel estaba cubierta de plumas en vez de escamas. Tras comparar los fósiles detallados de *Deinonychus* con el material menos apropiado para extraer conclusiones de *Dromaeosaurus*, los científicos establecieron que los dromeosáuridos eran unos dinosaurios depredadores rápidos y poderosos. Dado

que este grupo incluye a *Velociraptor*, *Utahraptor*, *Microraptor* y otros dinosaurios que se describen en las páginas siguientes, los dromeosáuridos reciben a veces el nombre más coloquial de *raptores*.

Retroceder en el tiempo a partir de la imagen más completa que se tiene actualmente del grupo de los dromeosáuridos ayuda a llenar algunas lagunas sobre el conocimiento del propio *Dromaeosaurus*. Este dinosaurio tenía una cabeza grande con ojos grandes, un hocico alto y redondeado y unas mandíbulas poderosas tachonadas de dientes a modo de colmillos. Las extremidades anteriores eran más pequeñas que las posteriores, aunque sí poderosas, y estaban armadas con garras afiladas. Las extremidades posteriores eran también fuertes, aptas para correr y saltar. El segundo dígito de cada pie llevaba la enorme garra curvada en forma de hoz que es uno de los principales rasgos del grupo. Por su tamaño general, *Dromaeosaurus* era comparable a *Velociraptor* (*véase* página 154), y más pequeño que *Deinonychus* y sobre todo que *Utahraptor* (*véase* página 152). Vivió hace 75-72 millones de años.

FICHA
DROMAEOSAURUS
Significado: reptil corredor, reptil rápido
Período: Cretácico superior
Grupo principal: Theropoda
Longitud: 1,7 metros
Peso: 25 kilogramos
Dieta: animales, carroña
Fósiles: en el medio-oeste de EE. UU. y en Canadá (Alberta)

¿Tenían sangre caliente los dinosaurios?

Desde la década de 1960 ha ido cobrando fuerza la hipótesis de que algunos dinosaurios —especialmente los raptores como *Deinonychus*— eran probablemente de sangre caliente. Los fósiles que muestran sus huesos conservados revelan que la estructura microcelular era más similar a la de los mamíferos que a la de los reptiles de sangre fría. La sangre caliente hubiera permitido movimientos más rápidos y mayor resistencia a los climas fríos.

DERECHA Un dromeosáurido o raptor, *Deinonychus,* acecha a una pequeña manada de los más voluminosos y fitófagos *Tenontosaurus*. Puede que esté esperando a que uno de los herbívoros más jóvenes se aleje de la manada, o quizás a atacar en el frescor del atardecer, cuando los movimientos de *Tenontosaurus* se ralentizan mientras el depredador de sangre caliente continúa siendo igual de rápido y ágil.

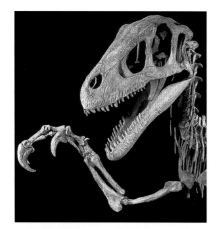

SUPERIOR Los temibles dientes y garras de *Utahraptor*.

INFERIOR El segundo dedo tenía unas articulaciones muy flexibles para que la garra en forma de hoz pudiera atacar con un movimiento fulminante.

DERECHA *Utahraptor* se erguía a la altura de un adulto humano y por su envergadura rivalizaba con el mayor reptil actual, el cocodrilo de estuario.

FICHA
UTAHRAPTOR

Significado: cazador de Utah, ladrón de Utah (por el lugar donde fue descubierto)

Período: Cretácico inferior

Grupo principal: Theropoda

Longitud: 5-6 metros

Peso: 500 kilogramos

Dieta: animales de gran tamaño

Fósiles: en EE. UU. (Utah)

| 0 | 1 | 2 | 3 | 4 | 5 | 6 |

UTAHRAPTOR

Este cazador, uno de los mayores dromeosáuridos o raptores, se ha descubierto en fechas recientes. Saltó a la fama a principios de la década de 1990, a causa de un hecho real que siguió a otro ficticio. Los dinosaurios inteligentes y cooperativos de la película de 1993 *Parque Jurásico* se basan en dromeosáuridos más pequeños como *Velociraptor* y *Deinonychus*, pero para convertirlos en unos adversarios creíbles de los seres humanos, se agrandaron a la altura de una persona adulta y a varios metros de longitud. Durante la producción de la película, en 1991, se encontraron los restos de un raptor exactamente de estas dimensiones en el este de Utah, lo que dio una base fundamentada en los hechos a los temibles monstruos de *Parque Jurásico*.

Varios especímenes parciales de *Utahraptor* se han identificado desde entonces en diversas localidades norteamericanas. Sumados al conocimiento que se tiene de otros raptores, *Utahraptor* se ha reconstruido como un poderoso depredador, bastante ligero y rápido para su longitud y su altura totales, con hileras de colmillos afilados y curvos en sus mandíbulas, cada uno del tamaño aproximado de un pulgar humano. Su

longitud doblaba a la de *Deinonychus* (*véase* página siguiente) y su peso era quizás diez veces superior. Al igual que otros dromeosáuridos, poseía una enorme garra en forma de hoz en el segundo dígito de cada pie posterior, con la que podía atacar de un modo fulminante describiendo un arco cortante y letal.

Con sus más de 20 centímetros de longitud, esta garra era más larga que la mayoría de las manos humanas. Es probable que *Utahraptor* coceara y acuchillara con sus garras a las presas grandes para abrirlas en canal. Sus fósiles se remontan al Cretácico inferior y medio –hace 120-110 millones de años–, lo que le convierte en uno de los dromeosáuridos más antiguos. Es probable que *Utahraptor* fuera un depredador de dinosaurios fitófagos más débiles, como los saurópodos y los ornitópodos, y que fuese capaz de atacar a presas mayores que él. Este dinosaurio también aporta nuevos datos sobre cómo pudo haber evolucionado el grupo de los raptores. Sus principales fósiles provienen de unas rocas denominadas formación Cedar Mountain, en el centro de Utah, y su nombre se lo dieron en 1993 James Kirklaand, Robert Gaston y Donald Burge.

DEINONYCHUS

En 1964, John Ostrom, Grant Meyer y un equipo de excavadores estaban explorando un yacimiento de fósiles en el sur de Montana. Durante los pocos años siguientes, desenterraron muchos especímenes, pero el hallazgo más emocionante fue el de los restos fósiles de un terópodo (dinosaurio depredador o carnívoro) de tamaño medio. Varios buenos esqueletos de 115-110 millones de antigüedad permitieron hacer una reconstrucción detallada de este cazador, *Deinonychus*, de aspecto poderoso y, sin embargo, ágil, mandíbulas anchas y de gran abertura, armadas con colmillos de bordes aserrados, «manos» grandes y fuertes para agarrar con gran firmeza y una cola recta y rígida. La aviesa y enorme «garra terrible» que da nombre a este dinosaurio crecía en el segundo dígito de cada pie y el animal podía moverla con rapidez en un movimiento cortante y circular como si fuera un cuchillo. En Wyoming se encontraron otros restos de *Deinonychus* y el estudio de estos notables hallazgos continuó durante varios años.

En 1969, los informes de John Ostrom sobre *Deinonychus* causaron sensación. De repente parecía quedar claro que no todos los dinosaurios eran de sangre fría, lentos y estúpidos. Varias líneas de evidencia sugerían que *Deinonychus* y sus parientes más próximos eran animales que se movían a gran velocidad, con una gran capacidad de salto, reacciones rápidas y un cerebro proporcionalmente grande. Incluso se sugirió que eran capaces de presentar un comportamiento aprendido e inteligente y que quizás eran también de sangre caliente. Aunque el debate continúa hoy en día, en particular sobre los temas de la inteligencia y de la sangre caliente, la percepción de los dinosaurios entre el gran público y entre algunos científicos, se transformó profunda y definitivamente. Una interpretación in situ (tal como fueron hallados) de los fósiles de *Deinonychus* sugiere que los raptores coordinaban sus ataques a las presas de gran tamaño. El yacimiento incluye los restos de una víctima potencial, un dinosaurio ornitópodo de una tonelada de peso denominado *Tenontosaurus*. ¿Se agrupaban acaso los cazadores para saltar sobre el fitófago y acuchillarlo mortalmente, de un modo similar a como una manada de lobos rodearía actualmente a un ciervo, o un grupo de leonas abatiría a un ñu adulto?

FICHA
DEINONYCHUS
Significado: uña terrible
Período: Cretácico medio
Grupo principal: Theropoda
Longitud: 3 metros
Peso: 60 kilogramos
Dieta: animales
Fósiles: en EE. UU. (Montana, Wyoming)

DERECHA *Deinonychus* pesaba aproximadamente lo mismo que un humano adulto típico, pero era algo más bajo, probablemente en torno a 1,5 metros hasta el ápice de la cabeza. La cola era rígida en vez de flexible y similar a un látigo.

VELOCIRAPTOR

FICHA

VELOCIRAPTOR

Significado: ladrón rápido, cazador veloz

Período: Cretácico superior

Grupo principal: Theropoda

Longitud: 1,7 metros

Peso: 20-30 kilogramos

Dieta: animales pequeños

Fósiles: en China y Mongolia

Este depredador pequeño y musculoso se conoce desde 1924. Fue durante una serie de importantes expediciones en busca de fósiles organizadas por el Museo Americano de Historia Natural cuando se encontraron por primera vez sus restos en la región Byan Dzak (Shabarak Usu) de Mongolia. El lugar que ocupa *Velociraptor* dentro del grupo de los terópodos no se aclaró hasta el descubrimiento de *Deinonychus* y de sus vínculos con *Dromaeosaurus* durante la década de 1960. Entonces quedó patente que *Velociraptor*, con su garra a modo de hoz en el segundo dígito de cada dedo, era uno de los raptores. Es probable que tuviera el mismo comportamiento y que cazara presas a las que capturaba con sus «manos» armadas con potentes garras, golpeándolas luego con el pie posterior y finalmente acuchillándolas y abriéndolas en canal con su garra.

Al igual que otros dromoesáuridos, *Velociraptor* tenía la cola atiesada por tendones óseos en forma de vara que se solapaban entre sí, lo que significa que la cola sólo podía flexionarse por su base. Aunque no fuera muy útil como arma, la cola debió ser importante como contrapeso para mantener el equilibrio, balanceándose hacia un lado mientras el dinosaurio giraba la cabeza y el cuerpo hacia el otro. Una hipótesis más antigua es que la cola actuaba como un puntal, permitiendo que *Velociraptor* se reclinara sobre ella, mientras daba golpes con los pies posteriores.

Un sorprendente grupo de fósiles encontrado en 1971 en la región de Toogreeg, en Mongolia, pertenece a un *Velociraptor* que parece estar luchando a muerte en el monte bajo seco de hace 80 millones de años con un dinosaurio cornudo del tamaño de un cerdo denominado *Protoceratops*. El carnívoro *Velociraptor* parece estar mordiendo el hocico de su oponente y golpeándole en la garganta, mientras el herbívoro *Protoceratops* tiene el miembro anterior de *Velociraptor* atrapado por su potente pico como de loro. Ambos dinosaurios, abrazados en un combate mortal, fueron barridos por el desplome de una duna o por una tormenta de arena que los ha conservado casi a la perfección.

TROODON

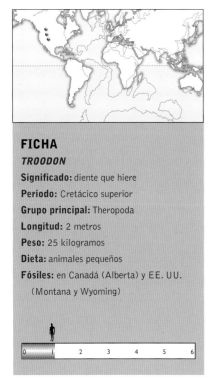

FICHA

TROODON

Significado: diente que hiere

Período: Cretácico superior

Grupo principal: Theropoda

Longitud: 2 metros

Peso: 25 kilogramos

Dieta: animales pequeños

Fósiles: en Canadá (Alberta) y EE. UU. (Montana y Wyoming)

Si, como argumentan muchos científicos, la proporción entre el tamaño del cerebro del animal y su tamaño corporal es una indicación de lo que podría llamarse inteligencia, *Troodon* sería quizás uno de los dinosaurios más inteligentes que existieron. Este depredador de 2 metros, que vivió hace unos 70 millones de años, debía llegar de pie a la altura del pecho de un ser humano. Los fósiles encontrados en Alberta, Canadá, y en dos estados de EE. UU. (Montana y Wyoming) indican que tenía la complexión ligera de un corredor rápido y que en muchos aspectos era más aviano que reptiliano, con una cabeza larga y baja y unos ojos grandes que miraban al frente para calcular las distancias con su visión estereoscópica. Es posible que (como se discutirá más adelante) *Troodon* fuera de sangre caliente y estuviera cubierto de plumas tipo plumón o a modo de fibras. La garra grande y curvada del segundo dígito del pie, siempre a punto para moverse trazando un arco con gran rapidez, era típica del grupo de los dromeosáuridos o raptores. Las fuertes extremidades anteriores estaban adaptadas para extenderse y agarrar presas, y de ahí el nombre que recibe el grupo más extenso al que pertenece *Troodon*: maniraptores, «manos que agarran».

Las informaciones sobre este dinosaurio continuaron siendo confusas hasta unos 130 años después de que recibiera su nombre (que significa «diente que hiere») en 1856. El nombre le fue atribuido basándose en la más exigua de las evidencias: un único diente estrecho, triangular y con bordes aserrados. Los fósiles descubiertos desde entonces muestran que había, de hecho, 120 de estos dientes en sus mandíbulas. En la década de 1980, dientes similares a éstos fueron atribuidos por nuevos estudios a los huesos de otros dinosaurios similares, como *Stenonychosaurus*. En el reajuste de clasificación que vino después, el primer nombre dado al animal primó sobre los demás. *Troodon* resultó ser un depredador rápido y ágil de pequeños vertebrados, como lagartijas, ranas y quizás pequeñas aves y mamíferos del tamaño de una rata. Sus fósiles se encontraron en Alberta, así como en Montana y Wyoming, donde se han encontrado asociados con huevos y otros dinosaurios como *Orodromeus* (*véase* página 278).

IZQUIERDA *Velociraptor* era esbelto, pero muy musculoso. Cuando andaba, mantenía la garra en forma de hoz del segundo dedo de cada pie inclinada hacia arriba y hacia atrás, bien separada del suelo.

INFERIOR Un cráneo bien conservado de *Velociraptor* encontrado en las capas rocosas de la formación Djadochta de Mongolia y datado en unos 70 millones de años. Su longitud total es de 31 centímetros.

DINOSAURIOS QUE CAZAN EN MANADAS

EN UN YACIMIENTO SE HAN ENCONTRADO RESTOS DE CUATRO *DEINONYCHUS* CERCA DE FÓSILES DE *TENONTOSAURUS* (UN PARIENTE DE *IGUANODON*). RESULTA TENTADOR RECONSTRUIR UN ATAQUE EN MANADA: LOS ÁGILES Y PODEROSOS CARNÍVOROS SALTAN DESDE TODOS LOS ÁNGULOS PARA GOLPEAR CON LA GARRA DEL PIE Y ACUCHILLAR AL FITÓFAGO, QUE PESABA UNA TONELADA. SIN EMBARGO, ESTO IMPLICARÍA UN NIVEL AVANZADO DE COORDINACIÓN Y DE PLANIFICACIÓN ENTRE LOS RAPTORES, UN TIPO DE COMPORTAMIENTO QUE VA MUCHO MÁS ALLÁ DEL DE LOS REPTILES ACTUALES.

DERECHA Hace 110 millones de años en lo que hoy es Montana, EE. UU., tres *Deinonychus* se lanzan a matar a *Tenontosaurus*, mientras éste lucha por su vida. Los dromoesáuridos eran capaces de saltar poderosamente sobre la espalda de su víctima, o de golpearla y acuchillarla por los lados con la enorme garra curvada y cortante del segundo dedo de sus pies.

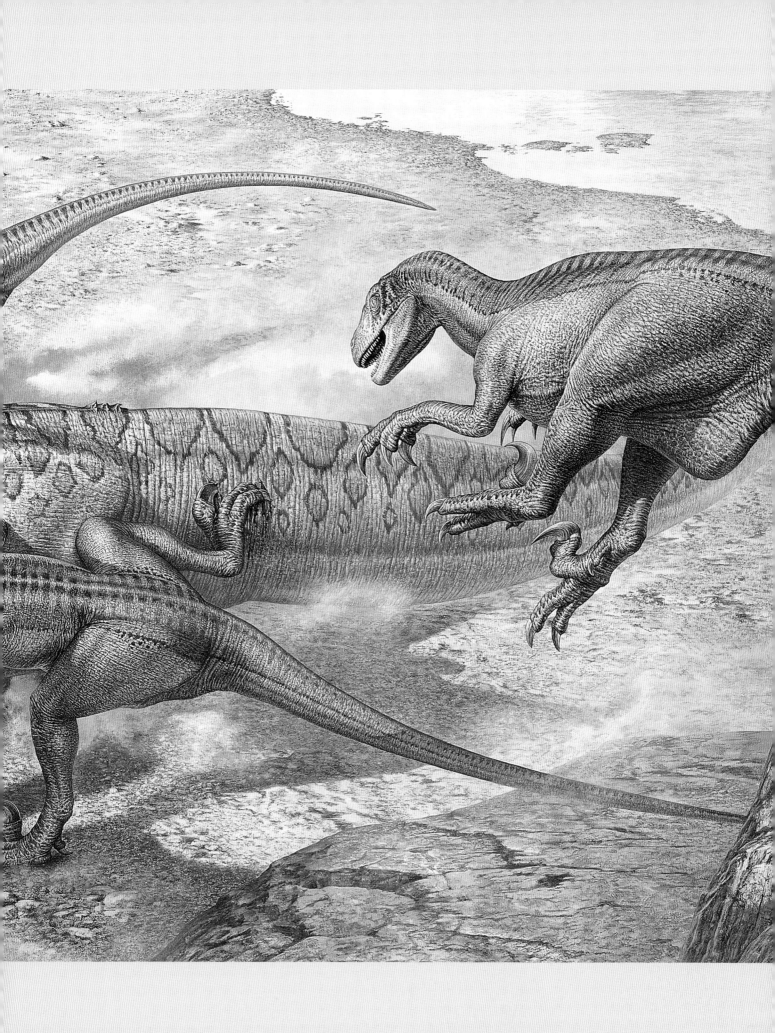

SAURORNITHOIDES

FICHA

SAURORNITHOIDES

Significado: reptil tipo ave

Período: Cretácico superior

Grupo principal: Theropoda

Longitud: 2 metros; algunos restos
    sugieren 3,5 metros

Peso: 30 kilogramos

Dieta: animales pequeños

Fósiles: en Mongolia

En muchos aspectos, *Saurornithoides* era una versión asiática de *Troodon* (*véase* página 154). Sus fósiles fueron exhumados en 1923, durante la legendaria e increíblemente productiva expedición a Asia central organizada por el Museo Americano de Historia Natural. Entre estos restos se incluían partes de un cráneo y de la columna vertebral, caderas y trozos de huesos de patas y pies. Se encontraron en la región de Byan Dzak (Shabarak Usu) del desierto de Mongolia, a unos pocos kilómetros de su pariente *Velociraptor* y de muchos otros animales del Cretácico superior. Los fósiles están datados en 85-77 millones de años. Henry Fairfield Osborn, entonces director del museo, lo designó como *Saurornithoides* en 1924 por su esqueleto y sus proporciones corporales de ave.

Por las fechas de su descubrimiento se sugirió incluso que *Saurornithoides* no era en absoluto un reptil, sino un ave con dientes primitiva. Desde entonces, sin embargo, se han realizado varios descubrimientos de fósiles similares en Mongolia, además de comparaciones con dinosaurios tales como *Troodon* y *Velociraptor*. *Saurornithoides* encaja dentro

de la imagen típica de un cazador veloz, que corría rápidamente sobre sus patas posteriores largas y esbeltas, y que usaba probablemente sus dígitos con garras afiladas para capturar presas. Al igual que *Troodon*, los ojos eran enormes en comparación con los de otros dinosaurios. Esto originó la teoría de que *Saurornithoides* era crepuscular, lo que significa que cazaba durante el alba y el ocaso, cuando muchos otros depredadores no eran capaces de ver con claridad en la penumbra. Si *Saurornithoides* hubiera tenido la sangre caliente, esto le habría dado una ventaja adicional, ya que los reptiles de sangre fría –tanto las presas potenciales como los depredadores– se enfriaban y se volvían por tanto menos activos durante las primeras y últimas horas del día.

SUPERIOR El «reptil tipo ave» fue identificado como un ave cuando sus fósiles se estudiaron por primera vez. Los dientes eran pequeños, pero afilados como cuchillas diminutas, y estaban aserrados, aunque sólo en el borde posterior.

«ORNITHODESMUS»

La historia de cómo los cazadores de fósiles y paleontólogos han considerado la pequeña colección de fósiles de *Ornithodesmus* ha dado muchas vueltas. Los primeros restos conocidos se encontraron en la isla de Wight, frente a las costas del sur de Inglaterra, que ha sido llamada a veces isla de los dinosaurios debido a su riqueza en estos restos. *Ornithodesmus* fue identificado en primer lugar no como un dinosaurio, sino como un pterosaurio o reptil alado, y fue bautizado en 1887 por Harry Grovier Seely, quien escribió uno de los primeros informes donde se popularizaban los pterosaurios, *Dragons of the Air*. Fue Seely quien ideó el método de dividir el grupo entero de los dinosaurios en saurisquios (con cadera de lagarto) y ornitisquios (con cadera de ave), basándose en la estructura de la pelvis. El principal espécimen de la especie, *Ornithodesmus cluniculus*, desenterrado en la bahía Brook y datado en 127-120 millones de años, fue el sacro (la parte central de la cintura pélvica), formado por seis vértebras sacras fusionadas entre sí. Seely dedujo una conexión con el vuelo y eligió un nombre que significaba «ligamento de ave» o «eslabón de ave».

Más tarde, en 1905, se encontraron otros fósiles de este género que en 1913 fueron identificados como pertenecientes a *Ornithodesmus latidens*, otra especie del mismo género. En 1993, unos ulteriores estudios revelaron que el espécimen original no era un pterosaurio, sino un pequeño dinosaurio terópodo, y *Ornithodesmus* fue «bajado a tierra». Desde entonces el «dinosaurio» *Ornithodesmus* ha sido comparado con los troodóntidos como *Troodon*; con los dromeosáuridos como *Deinonychus*; e incluso con otros dinosaurios predadores como los celúridos. Las evidencias son, sin embargo, limitadas y continúa habiendo muchos desacuerdos. Entretanto, otros fósiles antes incluidos con *Ornithodesmus* como un dinosaurio han sido reclasificados como pterosaurios. Algunos han sido clasificados como *Istiodactylus*, un pterosaurio sin cola o tipo pterodáctilo con una envergadura de 5 metros. Actualmente, la situación de estos fósiles está en proceso de revisión y los especialistas en pterosaurios conservan el nombre *Ornithodesmus* para el reptil volador, mientras que los fósiles de dinosaurio retirados de esta colección se conocen informalmente como «*Ornithodesmus*».

FICHA

«ORNITHODESMUS»

Significado: ligamento de ave, correa de ave, eslabón de ave

Período: Cretácico inferior

Grupo principal: Theropoda/Petrosauria

Longitud: 1,7 metros

Peso: 15 kilogramos

Dieta: animales pequeños

Fósiles: en Inglaterra

DERECHA El pterosaurio (reptil alado) *Ornithodesmus*, que se muestra en la parte superior derecha, fue reconstruido en un principio usando algunos huesos fósiles que hoy se atribuyen en principio a un dinosaurio. Éste último recibe el nombre informal de «*Ornithodesmus*» y se ha reconstruido de forma provisional como se muestra a la derecha.

OVIRAPTOR

Este dinosaurio recibió este nombre que significa «ladrón de huevos» porque una serie de sus fósiles se encontró junto con restos de huevos de dinosaurios. George Olsen fue quien hizo este hallazgo en 1923, durante las expediciones a Asia organizadas por el Museo Americano de Historia Natural. Los especialistas llegaron a la conclusión de que este *Oviraptor* había muerto mientras intentaba robar el nido de otro dinosaurio, y los extraños cráneo y mandíbulas de este dinosaurio respaldan esta idea. El cráneo era alto, con mandíbulas igualmente altas y con la forma puntiaguda del pico de un loro. Las mandíbulas carecían de dientes, pero estaban adaptadas para ejercer una gran presión a lo largo de sus bordes y para poder cascar objetos duros tales como nueces o huevos. Otro rasgo interesante era la cresta alta, delgada y curva, que variaba de una a otra especie de *Oviraptor*: una de ellas, *Oviraptor philoceratops*, tenía una cresta en forma de paralelogramo (un rectángulo desviado o distorsionado); la otra, *Oviraptor mongoliensis*, tenía una cresta más alta y redondeada (*véase* también *Ingenia*, página siguiente). El resto del cuerpo de *Oviraptor* era bastante típico de los terópodos pequeños: patas posteriores largas y esbeltas para correr y extremidades anteriores grandes, cada

una de ellas con tres dígitos alargados y poderosos, armados con afiladas garras. El cuello y la cola, sin embargo, no eran tan largos como en muchos terópodos similares.

La situación se aclaró bastante más en la década de 1990, tras el descubrimiento de otros fósiles de *Oviraptor* en Mongolia y China, asociados una vez más con restos de huesos. Pero esta vez las evidencias estaban más a favor de un dinosaurio que cuidaba de su nido que de un animal que robaba en los nidos de otros dinosaurios. En uno de estos hallazgos, el esqueleto conservado de un diminuto embrión de *Oviraptor* estaba recostado en fragmentos de cáscara. En otro parecía como si un adulto del tipo *Oviraptor* hubiese muerto mientras extendía las patas anteriores sobre los 22 huevos del nido, quizás para protegerlos contra una tormenta o un depredador. Sin embargo, es muy discutible si estos nuevos hallazgos representan a *Oviraptor* o a otro género similar (*véase* también *Protoceratops*, página 355).

DERECHA La cresta cefálica de *Oviraptor philoceratops* se muestra claramente en esta ilustración. *Oviraptor* se representa a menudo con el cuerpo parcialmente cubierto con un fino plumón en vez de con escamas.

INFERIOR Aunque ya no pueden eclosionar, ya que son de roca maciza, los huevos fosilizados de *Oviraptor* muestran cómo se reprodujeron estos dinosaurios en lo que hoy es Mongolia hace más de 70 millones de años.

INGENIA

De este dinosaurio suele decirse que es un oviraptórido, lo que significa que tenía muchas similitudes con *Oviraptor* (*véase* página anterior), del que podía ser un pariente próximo. *Ingenia* era quizás algo menor, con unos 1,5 metros de longitud total. La mayoría de sus rasgos corporales recuerdan a los de *Oviraptor* y vivió más o menos por la misma época, hace unos 80 millones de años, y en la misma región, en lo que hoy es Mongolia. Recibió su nombre oficial en 1981. Al igual que *Oviraptor*, la dieta de *Ingenia* continúa siendo en gran parte un misterio. Puede que fuera un omnívoro que picoteaba y cascaba todo tipo de alimentos duros, entre ellos insectos, huevos, animales de concha o caparazón duro tales como caracoles o crustáceos, otros animales pequeños e incluso raíces y semillas. O puede que comiera huesos y carne en las carroñas, al igual que los actuales buitres y cóndores, o bien que picoteara la vegetación. Es probable que el hueso mandibular en forma de pico estuviera recubierto por una capa o estuche córneo, al igual que las aves actuales, lo que constituía quizás una herramienta para comer todavía más ganchuda y con los bordes aún más afilados.

Oviraptor es uno de los terópodos que mejor se conocen. Algunos cráneos fósiles con mandíbulas altas, sin dientes y como de loro, similares a los de *Oviraptor*, pero con una cresta muy pequeña en el hocico o sin cresta alguna fueron identificados durante un tiempo como jóvenes *Oviraptor*. El razonamiento que se hizo entonces fue que los rasgos como las crestas y los cuernos, tanto en los animales actuales como en los prehistóricos, debían ser proporcionalmente muy pequeños en los juveniles, pero crecían con rapidez cuando el individuo iba madurando. Sin embargo, otros detalles de estos cráneos indujeron a algunos autores a asignarles un nuevo género, concretamente *Ingenia*. Los estudios más recientes efectuados en fósiles de *Ingenia*, junto con un conocimiento más profundo de cómo funciona el pico en las aves actuales, se decantan por la hipótesis fitófaga.

INFERIOR El pico ganchudo de *Ingenia* debió ser suficientemente poderoso para hacer frente a muchos alimentos duros, como nueces y semillas, así como los correosos cartílagos y los duros huesos llenos de tuétano de los pequeños mamíferos. Según alguna hipótesis, *Ingenia* cazaba en aguas someras, en busca de crustáceos tales como gambas de agua dulce y cangrejos de río. Según otra hipótesis, era un fitófago que se nutría de partes vegetales duras, como raícesy tallos llenos de savia, pero con un envoltorio leñoso.

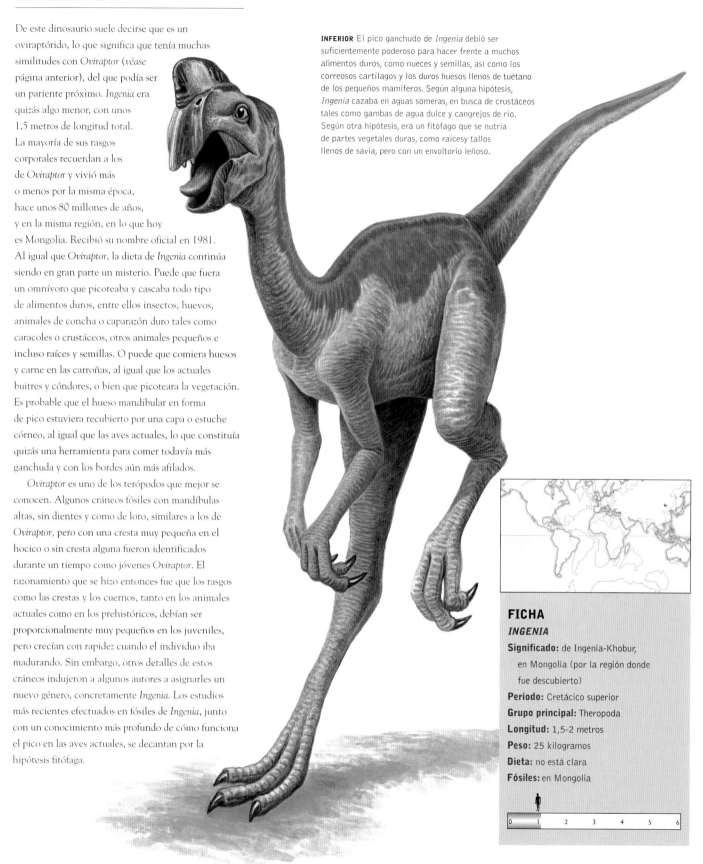

FICHA
INGENIA

Significado: de Ingenia-Khobur, en Mongolia (por la región donde fue descubierto)

Período: Cretácico superior

Grupo principal: Theropoda

Longitud: 1,5-2 metros

Peso: 25 kilogramos

Dieta: no está clara

Fósiles: en Mongolia

| 0 | 1 | 2 | 3 | 4 | 5 | 6 |

SAURORNITHOLESTES

FICHA

SAURORNITHOLESTES

Significado: reptil-ave ladrón, reptil ladrón aviano

Período: Cretácico superior

Grupo principal: Theropoda

Longitud: 1,8-2 metros

Peso: 5-20 kilogramos

Dieta: animales pequeños

Fósiles: en Canadá (Alberta)

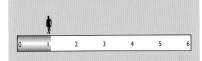

El carnívoro de rápidos movimientos *Saurornitholestes* era un raptor o miembro del grupo de los dromeosáuridos, que vivió en Norteamérica durante la última fase del período Cretácico y cuyos fósiles se remontan a 75-73 millones de años. Ésta era una época en la que los grandes dinosaurios depredadores, tales como el temible *Albertosaurus* y el aún más terrible *Tyrannosaurus*, vagaban por lo que hoy es Norteamérica. *Saurornitholestes* era cientos de veces más pequeño que estos gigantes y en posición erguida sólo habría llegado hasta la cintura de un humano adulto. Aun así, era igualmente mortífero para sus presas, que eran probablemente pequeños vertebrados, como lagartos, serpientes o ranas y quizás aves, así como mamíferos del tamaño aproximado de una rata, que por ello se sabe que estaban presentes en la zona hacia aquella época.

Saurornitholestes mostraba algunas similitudes con *Velociraptor* (*véase* página 154) y ha sido considerado

su equivalente norteamericano. Hans-Dietaer Sues lo llamó *Saurornitholestes* en 1978, más de 50 años después de que *Velociraptor* recibiera su nombre. Entre los fósiles principales recuperados se incluyen partes del cráneo, algunos dientes y partes de los huesos de los miembros anteriores. Hay razones para suponer que *Saurornitholestes* era bípedo y se desplazaba únicamente sobre las patas posteriores largas y fuertes aunque esbeltas. Su longitud total era de cerca de 2 metros. Las estimaciones sobre su complexión y su peso varían entre 5 kilogramos y cuatro veces esta magnitud, debido a lo incompleto de sus restos. Otra suposición más antigua es que *Saurornitholestes* era más similar a *Troodon* (*véase* página 154), con unas manos aptas para agarrar con fuerza y un gran cerebro capaz de aprender y de desplegar un comportamiento relativamente inteligente. Los estudios ulteriores mostraron mayores similitudes con *Velociraptor* que con *Troodon*.

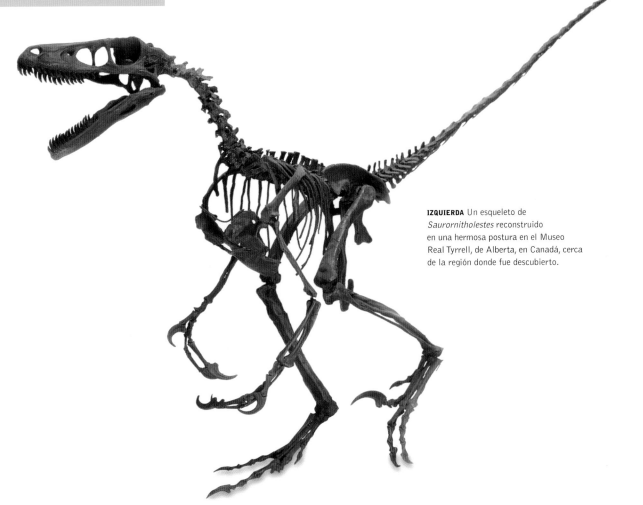

IZQUIERDA Un esqueleto de *Saurornitholestes* reconstruido en una hermosa postura en el Museo Real Tyrrell, de Alberta, en Canadá, cerca de la región donde fue descubierto.

CHIROSTENOTES

Este dinosaurio terópodo de complexión fuerte fue durante largo tiempo un misterio, ya que sólo se conocía a partir de unos huesos fosilizados descubiertos en la región del río Red Deer, en Alberta (Canadá), y fue bautizado por el especialista en fósiles estadounidense Charles Gilmore en 1924. El hallazgo incluía huesos de las patas anteriores, cada una de ellas con tres dígitos extremadamente alargados y provistos de uñas, el central de los cuales era aún más largo que los otros dos. Durante muchos años, se encontró muy poca información adicional sobre estos restos con extrañas proporciones de *Chirostenotes*. Hubo intentos de vincularlos con algunos dientes y parte de una mandíbula inferior encontrados a unas cuantas millas de distancia en las mismas capas rocosas, y en datarlos casi al final del Cretácico. Con ello se habría completado la reconstrucción y se habría asignado *Chirostenotes* al grupo de los dromeosáuridos, junto con *Deinonychus* y *Velociraptor*. Otros especialistas, sin embargo, sospechaban que *Chirostenotes* podía estar más emparentado con otro grupo, los ornitomimosáuridos o dinosaurios tipo avestruz (*véase* página 208).

En 1932, Charles Sternberg denominó *Macrophalangia* («grandes dedos») a otro grupo de fósiles. Finalmente resultó que estos fósiles eran similares a *Chirostenotes* y se clasificaron como tales.

También se estudiaron partes de otros esqueletos, entre ellos una que había estado en gran parte sin preparar en un museo, todavía dentro de la roca tal como se desenterró del suelo, 60 años antes. Estos «nuevos» fósiles proporcionaron partes del cráneo, trozos de la mayoría de las secciones de la larga columna vertebral, y partes de la zona de la cadera. Una de las hipótesis actuales es que *Chirostenotes* pudo haber sido más similar a *Oviraptor*, con una cabeza como de ave, un pico de loro, unas patas posteriores robustas y unas patas anteriores poderosas. El misterio, en todo caso, no se ha solucionado aún de forma definitiva.

FICHA

CHIROSTENOTES

Significado: manos esbeltas, dedos finos

Período: Cretácico superior

Grupo principal: Theropoda

Longitud: 2 metros

Peso: 35 kilogramos

Dieta: posiblemente animales pequeños

Fósiles: en Canadá (Alberta)

IZQUIERDA Esta reconstrucción compuesta de *Chirostenotes* sigue la hipótesis moderna de que era un oviraptosáurido con una boca alta, ganchuda y a modo de pico, y con una cresta craneal alta y delgada. Se han formulado otras hipótesis a lo largo de los años, entre ellas la posibilidad de que *Chirostenotes* fuera un tipo de raptor o dromeosáurido.

AVIMIMUS

FICHA

AVIMIMUS

Significado: imitador de aves

Período: Cretácico superior

Grupo principal: Theropoda

Longitud: 1,6 metros

Peso: 10-15 kilogramos

Dieta: animales pequeños, quizás semillas y plantas

Fósiles: en Mongolia y China

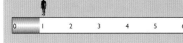

La idea de que algunos dinosaurios tenían el cuerpo cubierto de plumas y no de escamas ha causado un tremendo impacto estos últimos años. Una antigua sugerencia de que éste podía ser el caso fue formulada en 1981, cuando Sergei Mijáilovich Kurzánov, un especialista ruso en dinosaurios, describió y dio nombre a *Avimimus*. Kurzánov basó su descripción en fósiles encontrados en la región de Omnogov, en Mongolia, durante las extensas expediciones realizadas en el Gobi y las zonas circundantes en la década de 1970, conjuntamente por investigadores soviéticos y mongoles.

Kurzánov identificó varias grandes similitudes entre *Avimimus* y las aves, entre ellas el pico sin dientes, el cráneo alargado, el cuello esbelto y flexible, las cicatrices musculares en el húmero, las articulaciones del miembro anterior que le permitían plegarse como un ala (*véase* página 143), un cuerpo alto y compacto y unos huesos fusionados en la parte superior del pie. Una de las evidencias destacada por Kurzánov era la cresta que recorría la ulna, uno de los huesos del miembro anterior. Desconocido en otros terópodos, este hueso resultó estar en la misma posición donde un hueso equivalente de las aves modernas tendría una hilera de protuberancias diminutas, a modo de granos. Estos «granos»

se denominan papilas y son pequeñas protuberancias donde los músculos que mueven (inclinan y tuercen) las plumas se sujetan al hueso. La conclusión de Kurzánov es que *Avimimus* tenía plumas, al menos a lo largo de esta parte del miembro anterior. Sin embargo, entre los restos fósiles no se encontraron impresiones o signos de plumas. *Avimimus* abrió así el camino para la hipótesis de los dinosaurios con plumas. A partir de mediados de la década de 1990, los descubrimientos de dinosaurios con plumas se sucedieron con gran rapidez y este concepto goza hoy de gran aceptación.

Es probable que *Avimimus* corriera a gran velocidad por los paisajes abiertos de la región, hace unos 83 millones de años, capturando pequeños animales con su poderoso pico. Por lo demás, el dinosaurio continúa siendo en cierto modo un rompecabezas y la evidencia a favor de sus plumas es todavía una mera conjetura. Pero incluso si las tuviese, los miembros anteriores eran demasiado pequeños y débiles para permitirle realizar un vuelo batido sostenido, de modo que quizás las plumas desempeñaban otra función. Es posible que ayudaran a aislar el cuerpo de sangre caliente, o que sirvieran como trampa para cazar presas aladas tales como libélulas.

DERECHA Ésta es una de las reconstrucciones «desnudas» de *Avimimus,* en la que se descarta la sugerencia de que las extremidades anteriores tuvieran plumas. La evidencia a favor de dichas plumas era tenue y fue recibida con inmenso recelo en la década de 1980, pero desde la década siguiente se han encontrado muchos restos de dinosaurios con plumas.

SUPERIOR Es probable que *Sinosauropteryx* capturara animales más pequeños, tales como mamíferos y lagartijas. Su recubrimiento de plumas recuerda el fino plumón peludo que poseen los pollos de aves para mantener caliente su cuerpo.

SINOSAUROPTERYX

En la provincia rural china de Liaoning, al norte de Pekín, se han realizado descubrimientos de dinosaurios muy emocionantes desde más o menos 1994. Uno de ellos es el de *Sinosauropteryx*, que bajo algunos aspectos es un terópodo bastante estándar, tipo *Compsognathus*, de hace 120 millones de años. *Sinosauropteryx* era pequeño y ligero, con patas posteriores largas para andar y correr, extremidades anteriores cortas y una larga cola que ayudaba a equilibrar el cuerpo cuando corría a toda prisa. Pero había una sorpresa. Las rocas de grano muy fino en las que se encontraron los restos habían permitido la conservación de los detalles, entre ellos impresiones de lo que parecían plumas. Éstas no eran las plumas con banderas anchas, completamente formadas, que las aves modernas usan para volar y como recubrimiento externo del cuerpo, sino que eran más pequeñas, tipo plumón o a modo de pelos, cada una de unos 0,5 centímetros de largo. Los fósiles mostraban estas huellas principalmente en el cuello y los hombros del animal, pero también a lo largo del dorso y en partes de la cola.

El primer espécimen que se descubrió de *Sinosauropteryx* era probablemente un juvenil que medía unos 55 centímetros de longitud total, la mitad de los cuales correspondía a la cola. Los científicos chinos Ji Quiang y Ji Shu-An lo describieron y bautizaron en 1996. Poco después, los paleontólogos descubrieron otro espécimen de mayor tamaño y probablemente desarrollado del todo que también tenía impresiones de plumas. Junto con él se habían conservado lo que parecían los restos de un pequeño mamífero, con mandíbulas, dientes y otras partes, que eran probables evidencias de la dieta del dinosaurio.

El papel que desempeñaban las plumas ha sido muy debatido (*véase* página siguiente). Puede que sirvieran de aislantes, para mantener el calor del cuerpo, lo que implicaría que *Sinosauropteryx* era de sangre caliente, hipótesis que cada día se valora más. Puede que tuvieran colores brillantes, quizás para atraer a una pareja en la época de apareamiento, o que fueran en cambio de colores apagados para que el animal se camuflara con su entorno.

FICHA

SINOSAUROPTERYX

Significado: reptil alado o con plumas de China

Período: Jurásico superior

Grupo principal: Theropoda

Longitud: 1 metro

Peso: 3 kilogramos

Dieta: animales pequeños

Fósiles: en China

0	1	2	3	4	5	6

¿Desde el suelo hasta el aire?

Muchos paleontólogos proponen que algunos tipos de dinosaurios carnívoros, probablemente del grupo de los maniraptores («manos que agarran») fueron los antecesores de las aves. Su característica clave era un pequeño hueso en forma de medialuna en la muñeca que permitía que ésta se doblara y girase con rapidez, el mismo sistema que usan las aves modernas para batir y plegar las alas. *Troodon* fue un representante tardío del grupo de los maniraptores, cuando las aves ya estaban bien establecidas. Tenía un cerebro desarrollado y unos ojos grandes, y era un cazador veloz de presas más pequeñas.

DERECHA Un descubrimiento realizado en China y anunciado en 2003 fue el de una especie del género *Microraptor* denominada *Microraptor gui*. Este dinosaurio datado en el Cretácico inferior tenía plumas no sólo en los miembros anteriores y la cola, sino también en las patas posteriores. Según parece, los músculos de las extremidades anteriores eran demasiado pequeños para el vuelo verdadero, pero es muy posible que el dinosaurio fuera capaz de planear cortas distancias. Las impresiones de plumas son claramente visibles en varios especímenes.

DERECHA Las plumas con banderas y dispuestas en abanico de *Caudipteryx* se situaban en los miembros anteriores y la cola. Su tamaño y los detalles de su forma, combinados con el tamaño y la fuerza muscular de sus miembros anteriores, muestran que este dinosaurio no era capaz de volar. La función de las plumas continúa siendo un misterio.

FICHA

CAUDIPTERYX

Significado: ala cola, plumas en la cola

Período: Cretácico inferior

Grupo principal: Theropoda

Longitud: 80 centímetros

Peso: 5 kilogramos

Dieta: variada, quizás animales y plantas

Fósiles: en China

CAUDIPTERYX

Este animal ha sido objeto de grandes discusiones desde la descripción de sus fósiles, que se encontraron en la provincia china de Liaoning en 1998. Se ha clasificado de varias maneras, bien como una rama lateral muy inusual del grupo principal de los pequeños terópodos, bien como el descendiente no volador de dinosaurios todavía por descubrir, o bien como un descendiente de las aves que había perdido la capacidad de volar. *Caudipteryx* vivió algo más tarde que *Archaopteryx*, la primera ave que voló realmente, así que no pudo ser un antecesor de este grupo. Lo más probable es que fuera miembro de un grupo de dinosaurios que no dejó descendientes, ni entre los reptiles ni entre las aves.

La mezcla de caracteres de este animal es ciertamente confusa. Parte de su esqueleto es similar en estructura y proporciones a las de un pequeño dinosaurio depredador típico. Pero la cola es extremadamente corta y los miembros anteriores también, aunque *Caudipteryx* tenía tres largos dedos armados de uñas en cada uno, al igual que muchos

otros dinosaurios. La cabeza es alargada y la boca tiene un pico curvado, como *Oviraptor* (*véase* página 160). Hay dientes en la parte anterior de la mandíbula superior, pero son afilados y sobresalen poco, casi como si formaran una orla. Las patas son largas y esbeltas, adaptadas para el movimiento rápido, y algunos de los huesos y articulaciones recuerdan una vez más a *Oviraptor*, mientras que otras partes son más parecidas, según parece, a las patas de un ave típica moderna.

El rasgo quizás más extraño de *Caudipteryx* son sus plumas. En los miembros anteriores y en la cola, éstas tienen banderas y raquis, de modo similar a las plumas de vuelo de las aves. Las del extremo de la cola miden hasta 20 centímetros de longitud y se extienden en forma de abanico. Aunque las plumas de *Caudipteryx* no tenían la misma forma detallada que las plumas de vuelo verdaderas, en tanto que el tamaño y la potencia de los miembros anteriores muestran que no era capaz de volar. Según parece, la mayor parte del cuerpo debía estar cubierta de plumas a modo de plumón o fibrosas, al igual que *Sinosauropteryx* (*véase* página 165).

THERIZINOSAURUS

A finales de la década de 1940, durante una expedición conjunta soviético-mongola de caza de fósiles en el desierto de Gobi, se encontraron algunas garras óseas sorprendentes y de enorme tamaño. Se creyó que provenían de un dinosaurio o de una bestia grande similar, y este animal, por lo demás desconocido, fue bautizado como *Therizinosaurus* «reptil guadaña» en 1954. Durante las décadas de 1950 y 1960 aparecieron más garras en Asia central, así como partes del esqueleto de un miembro anterior y unos pocos fragmentos de una pata posterior. Más tarde, tras unos hallazgos realizados en China, los especialistas concluyeron que los huesos pertenecían a un grupo de dinosaurios similares que recibieron el nombre de terizinosaurios y que incluía el hallazgo de 1993, *Alaxasaurus*, así como *Beipiaosaurus*, encontrado en 1966. Estos últimos hallazgos ayudaron a completar las partes que faltaban para la reconstrucción y los resultados son realmente asombrosos. *Therizinosaurus* era un dinosaurio terópodo enorme, lo que significa que encaja dentro del grupo de los carnívoros y, sin embargo, debió vivir más como una jirafa o un gorila, consumiendo tan sólo plantas.

Therizinosaurus está datado en 75-70 millones de años y fue uno de los últimos representantes de su grupo. Los tres dígitos del miembro anterior tenían cada uno una enorme garra, ligeramente curvada y aplanada, y ahusada hasta una afilada punta. Pero el primer dígito llevaba la garra más grande –más de 60 centímetros de longitud– y la extremidad anterior entera medía 2,5 metros de longitud. El cuello era inmenso, la cabeza pequeña con una boca terminada en pico, el cuerpo alto y voluminoso, las caderas anchas y las patas posteriores robustas, con pies anchos y cortos, cada uno de ellos terminado en cuatro dígitos. *Therizinosaurus* debió ser enorme con más de 10 metros de longitud o de altura, y estaba cubierto de plumas tipo plumón.

Como grupo, los terizonosaurios debieron ser parientes de *Oviraptor* (*véase* página 160). Su comportamiento es objeto de acalorados debates. Es posible que estiraran el largo cuello para picotear y agarrar frutos y otras materias vegetales de los árboles. Las garras debían servir como rastrillos para recolectar comida, como armas defensivas o como señales de estatus social y madurez sexual (como los colmillos de una morsa), o bien para desgarrar y abrir termiteros y hormigueros a la manera del actual hormiguero gigante, también provisto de grandes garras. Otros «reptiles guadaña» eran *Segnosaurus*, *Nanshiungosaurus*, *Erlikosaurus* y *Enigmosaurus*. La evidencia de que estaban cubiertos de plumas proviene sobre todo de los fósiles de *Beipaiosaurus*.

FICHA
THERIZINOSAURUS
Significado: reptil guadaña
Período: Cretácico superior
Grupo principal: Theropoda
Longitud: 10 metros o más
Peso: alrededor de 1 tonelada
Dieta: quizás plantas
Fósiles: en Asia central y oriental

0	1	2	3	4	5	6

IZQUIERDA *Therizinosaurus*, uno de los dinosaurios más extraños de todos, se reconstruye a veces con una piel escamosa, como se ha hecho aquí, y otras veces con plumas. Las dos uñas más grandes «en guadaña» de este animal eran tan largas como un brazo humano.

LAS AVES COMO DINOSAURIOS

HASTA HACE POCO, CONSIDERÁBAMOS QUE
TODO ANIMAL CON PLUMAS ERA UN AVE, PERO
LOS RECIENTES HALLAZGOS DE DINOSAURIOS CON
PLUMAS HAN OBLIGADO A REPLANTEARSE A FONDO
ESTA IDEA. ES POSIBLE QUE LAS PLUMAS APARECIERAN
INICIALMENTE COMO AISLANTES O COMO UNA «RED»
PARA CAPTURAR PEQUEÑAS PRESAS, O BIEN COMO
CAMUFLAJE. POSTERIORMENTE SE DESARROLLÓ
EL VUELO, CUANDO LOS DINOSAURIOS QUE TREPABAN
A LOS ÁRBOLES EMPEZARON A CONTROLAR SUS PLANEOS
DESCENDENTES O CUANDO LOS CORREDORES RÁPIDOS
PASARON DE AGITAR LOS MIEMBROS ANTERIORES PARA
DAR SALTOS CUANDO PERSEGUÍAN A SUS PRESAS
O ESCAPABAN DE SUS DEPREDADORES, A DAR
VERDADERAS SERIES DE ALETEOS EN UN ESBOZO
DE VUELO BATIDO. PARA COMPLICAR TODAVÍA
MÁS LAS COSAS, LA CLASIFICACIÓN MODERNA
NO CONSIDERA LAS AVES UN GRUPO PRINCIPAL
O VERDADERA CLASE —A DIFERENCIA DE
LOS REPTILES O DE LOS MAMÍFEROS—, SINO
UN MERO SUBGRUPO DE LA CLASE DINOSAURIA.
POR CONSIGUIENTE, LAS AVES SON EN EFECTO
DINOSAURIOS VIVIENTES, DE SANGRE CALIENTE
Y CUBIERTOS DE PLUMAS.

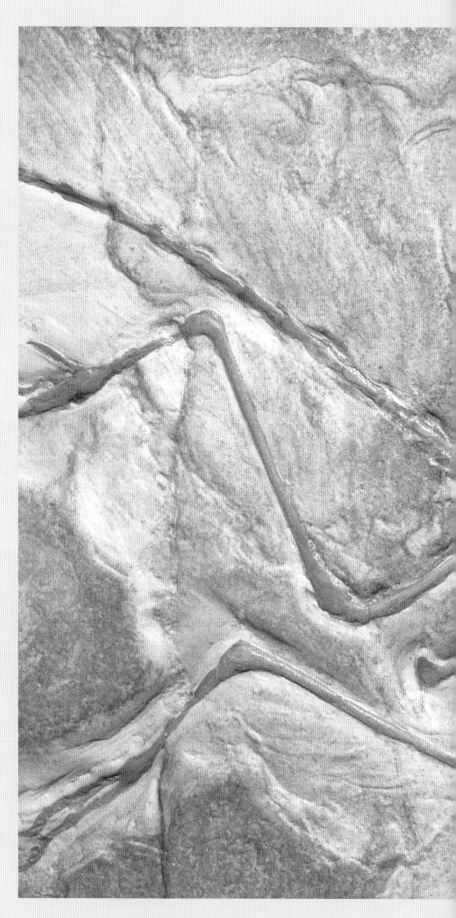

DERECHA Uno de los fósiles más famosos y valiosos del mundo
muestra un *Archaeopteryx* bellamente conservado en la típica
postura de la muerte arrellanada, en que los tendones del cuello
se atiesan después de la muerte y estiran la cabeza hacia arriba
y hasta por encima del dorso. La larga y huesuda cola sobresale
por la parte superior izquierda y las impresiones de las plumas
de las alas se abren en abanico en la parte superior derecha
y la inferior central.

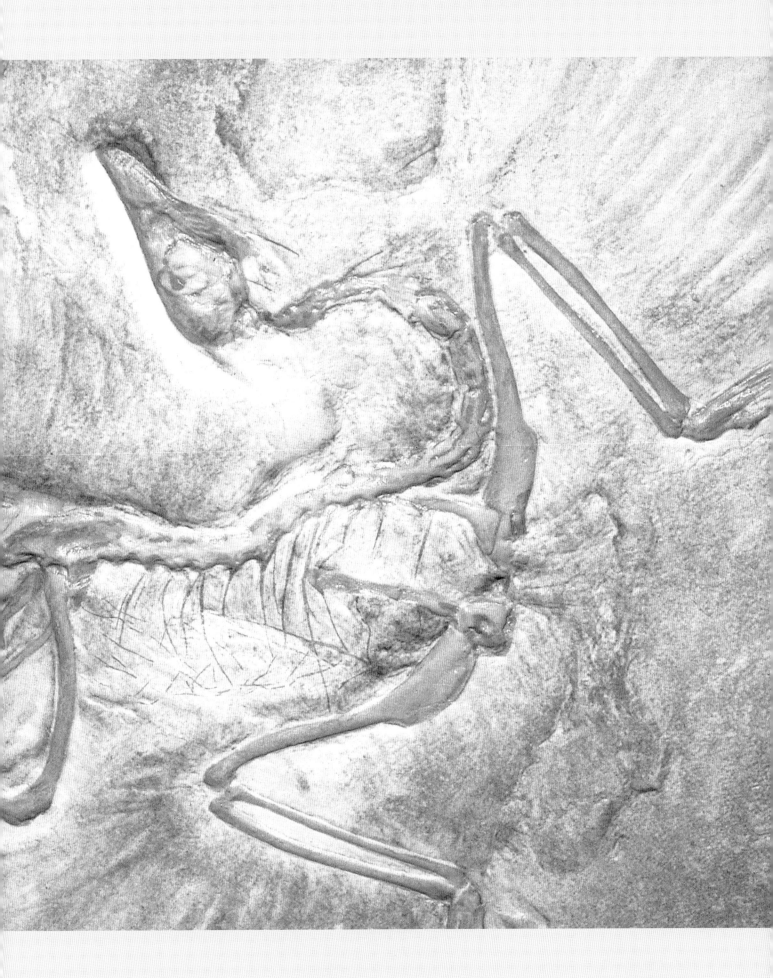

ARCHAEOPTERYX

FICHA
ARCHAEOPTERYX

Significado: ala antigua

Período: Jurásico superior

Grupo principal: aves

Longitud: 60 centímetros del pico
a la cola

Envergadura: 70 centímetros

Dieta: insectos y otros animales pequeños

Fósiles: en Alemania

0		1	2	3	4	5	6

Casi cada año se baten nuevos récords prehistóricos
con la descripción de nuevos animales todavía más
grandes, primitivos o extraños y llegará un momento
en que *Archaeopteryx* pierda su destacado puesto,
pero de momento, continúa siendo el representante
más antiguo conocido del grupo de las aves,
un grupo cuya definición se vuelve cada año más
borrosa (*véase* página 188). *Archaeopteryx* se conoce
a partir de varios fósiles; uno de ellos es apenas una
pluma y otro es un espécimen hermoso y espectacular
que muestra al animal entero con las alas extendidas,
las plumas, el cráneo, el cuerpo, las patas y la cola con
un fantástico detalle. Este espécimen quedó conservado
en una arenisca de grano muy fino, en la región bávara
de Solnhofen, en el sur de Alemania. *Archaeopteryx*
fue designado con este nombre que significa
«ala antigua» por Hermann von Meyer,
un paleontólogo alemán, en 1861.

Durante mucho tiempo, otros dos especímenes
parciales de *Archaeopteryx* fueron identificados
como dinosaurios terópodos o carnívoros similares
al terópodo *Compsognathus*, que vivió más o menos
en la misma época y se había encontrado en la misma
región. Sin embargo, durante las décadas de 1950
y de 1970 estos restos fueron reclasificados como

Archaeopteryx, afirmándose así la similitud entre
algunos terópodos, en especial los dinosaurios
llamados raptores, con el grupo de las aves, tal
como se describió ya en la página 143. *Archaeopteryx*
presentaba una combinación de rasgos reptilianos
y avianos. Entre estos últimos figuraban la boca a modo
de pico, las extremidades anteriores modificadas como
alas, las largas plumas y los pies adaptados para posarse,
con un hálux invertido (dedo gordo del pie orientado
hacia atrás). Y entre los rasgos reptilianos estaban los
dientes de las mandíbulas, las garras de los tres dedos
alares y la larga cola con huesos vertebrales. Sus plumas
ya no eran un mero plumón, sino verdaderas plumas
de vuelo con un raquis o eje central y una bandera
asimétrica, como en las aves actuales. Es probable
que *Archaeopteryx* pudiera volar, pero sin la elegancia,
la agilidad y la resistencia de las aves modernas,
cuando corría, aleteaba y capturaba con la boca
insectos y otros animales pequeños similares.

INFERIOR *Archaeopteryx* aletea preparándose para
el despegue. Las plumas de este animal, que es la primera
ave conocida, están totalmente adaptadas para el vuelo
y no se han encontrado evidencias anteriores de versiones
parcialmente evolucionadas, aunque se han encontrado
muchos especímenes más tardíos con toda una serie
de diseños de plumas.

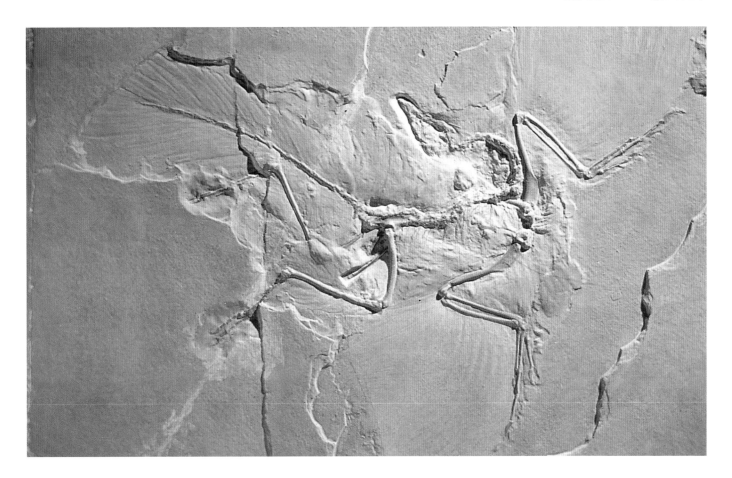

CONFUCIUSORNIS

Esta ave del tamaño de una urraca, bautizada en honor a Confucio, el filósofo y profesor cuyas ideas fueron dominantes en China durante dos mil años, vivió durante el Cretácico inferior, hace más de 120 millones de años. Existen algunas similitudes entre *Confuciusornis* y la mucho más antigua *Archaeopteryx* (*véase* página anterior). *Confuciusornis* conservaba algunos rasgos esqueléticos reptilianos, tales como los dedos anteriores con garras y los detalles estructurales de las muñecas y la cadera, pero también tenía varios rasgos avianos. Carecía de dientes en el pico provisto de un estuche córneo y tenía, en cambio, unas robustas clavículas dispuestas en espoleta como en las aves modernas. La cola no era una serie de 20 huesos vertebrales o más, como en *Archaeopteryx*, sino un corto muñón de huesos fusionados entre sí, lo que en las aves modernas recibe el nombre de pigostilo (o «rabadilla»).

Si nos basamos en los numerosos y variados fósiles hallados en Liaoning (*véase* página 176), parece que *Confuciusornis* vivía en colonias, era un volador experto y se posaba en los árboles con destreza. Aunque carecía de huesos caudales, tenía cola.

Las impresiones de plumas muestran que algunos individuos tenían unas plumas caudales (de la cola) muy alargadas, en forma de zagual o paleta con un mango largo, mientras que otros carecían de dichas plumas y tenían el extremo caudal cubierto de plumas corporales o de contorno «normales», como en las aves modernas. Es difícil imaginar que las plumas caudales largas y colgantes tuvieran algún uso físico práctico, bien para encontrar alimentos o bien para escapar de los enemigos, y es por tanto tentador suponer que dichas plumas se usaban como exhibición visual. En las aves actuales, es casi siempre el macho el que tiene un plumaje extravagante, que le sirve para atraer a la hembra en la época de apareamiento. Así pues, es posible que los dos tipos de especímenes de *Confuciusornis* representaran a machos y hembras.

SUPERIOR Los fósiles de *Confuciusornis* se parecen a los de *Archaeopteryx* (uno de los ejemplos se muestra arriba, pero *véase* también página 170), pero no son tan completos o detallados. Sin embargo, en lugar de la cola larga y huesuda de *Archaeopteryx*, *Confuciusornis* tenía un pequeño muñón de hueso como las aves modernas.

FICHA
CONFUCIUSORNIS

Significado: ave de Confucio

Período: Cretácico inferior

Grupo principal: Aves

Longitud: 35 centímetros del pico a la cola

Envergadura: unos 70 centímetros

Dieta: plantas

Fósiles: en China

0   1   2   3   4   5   6

Huevos
Alterados

La mayoría de los reptiles actuales ponen huevos. (Algunas serpientes y otros pocos reptiles paren crías ya bien formadas.) Los dinosaurios también ponían huevos, como muestran extensamente los fósiles de huevos que contienen cáscaras de huevos y bebés de dinosaurios o incluso embriones delicadamente conservados dentro de sus cáscaras antes de eclosionar. Es presumible que las aves continuaran empleando este método de reproducción. Sin embargo, la mayoría de las aves actuales tiene cáscaras duras y quebradizas, mientras que los reptiles tienen en su mayoría cáscaras más flexibles, con una textura más o menos similar al papel o el cuero. El momento en que tuvo lugar este cambio en la estructura del huevo no está claro, pero en todo caso, con los numerosos dinosaurios que vagaban por las tierras emergidas durante la era Mesozoica, los huevos de todo tipo debieron ser un alimento básico para muchos de los pequeños depredadores de la época.

DERECHA Un terópodo tipo *Ornitholestes* se dedica a robar huevos, con los sentidos bien pendientes del posible regreso de uno de los padres. Los huevos no sólo eran tentempiés rellenos de nutrientes, sino que también proporcionaban valiosos fluidos en los hábitats secos. La mayoría de los reptiles modernos ponen sus huevos y luego los abandonan a su suerte, sin invertir tiempo alguno en vigilarlos o en cuidar de sus crías. Sin embargo, las hembras de un grupo de reptiles actuales sí ayudan a sus crías a salir del huevo, además de protegerlas durante un tiempo: las de los cocodrilos, que son los reptiles vivientes más estrechamente emparentados con los dinosaurios.

LIAONINGORNIS Y PROTARCHAEOPTERYX

FICHA
LIAONINGORNIS

Significado: ave de Liaoning (el lugar donde fue descubierto)

Período: Cretácico inferior

Grupo principal: Aves

Longitud: 15-18 centímetros del pico a la cola

Dieta: probablemente omnívoro

Fósiles: en China

Desde la década de 1990, la provincia de Lioaning, en el noreste de China, ha sido uno de los lugares donde se han descubierto más fósiles de la era de los dinosaurios. Entre ellos se incluyen *Confuciusornis* (*véase* página anterior), *Liaoningornis* y *Protoarchaeopteryx*. En uno de sus yacimientos parece como si un desastre –probablemente una erupción volcánica– hubiera matado a casi todos los seres vivos de la zona, dándonos una «instantánea» de aquel momento. Al principio, algunos expertos dataron los fósiles en el Jurásico superior, quizás en 150 millones de años de antigüedad. Otros, sin embargo, estimaron más tarde que los fósiles se remontaban al Cretácico inferior, hace 130-120 millones de años. En cualquier caso, los descubrimientos han causado un intenso debate. Los fósiles de *Liaoningornis* y de *Protoarchaeopteryx*, en particular, son difíciles de interpretar y desafían muchas de las ideas establecidas sobre los reptiles y las aves (*véase* página 170).

Liaoningornis fue un ave primitiva del tamaño aproximado de un gorrión actual, que tenía una quilla muy alta (la quilla es el reborde del esternón que sujeta los principales músculos responsables del vuelo batido). Éste y otros rasgos sugieren que *Liaoningornis* era más parecido a las aves modernas y que no pertenecía a los grupos más antiguos que incluían a *Archaeopteryx* y *Confuciusornis*. De ser esto cierto, *Liaoningornis* podría ser el ave «moderna» más antigua. *Protoarchaeopteryx*, por su parte, también fue considerado al principio un ave y, como sugiere su nombre, tenía rasgos que parecían indicar que era algún tipo de antecesor de *Archaeopteryx* (*véase* página 172). Sin embargo, *Liaoningornis* vivió mucho después que *Archaeopteryx* y es probable que no fuera un ave, sino un dinosaurio no aviar. Este terópodo (carnívoro) era incapaz de volar, pero tenía plumas en los «brazos» y en la mayor parte del cuerpo, así como en la corta cola, donde se disponían en abanico. Puede que estas plumas le sirvieran para aislar su cuerpo de sangre caliente o para la exhibición visual durante el cortejo (*véase* página 168).

FICHA
PROTARCHAEOPTERYX

Significado: anterior a *Archaeopteryx*

Período: Cretácico inferior

Grupo principal: Theropoda

Longitud: 70 centímetros

Dieta: probablemente pequeñas presas u omnívoro

Fósiles: en China

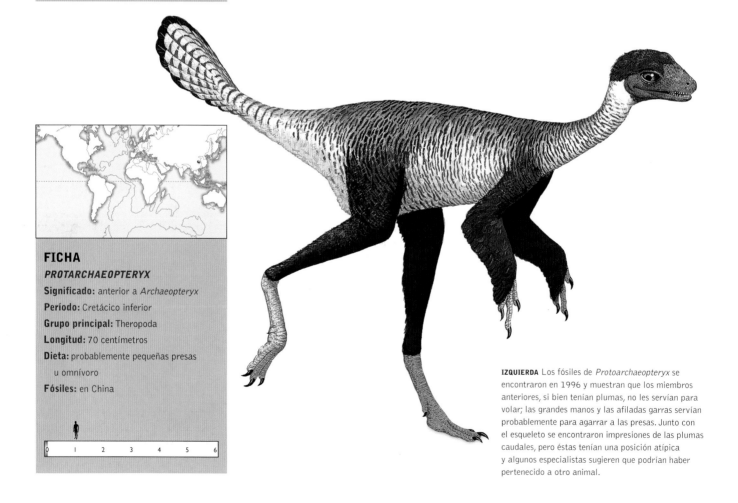

IZQUIERDA Los fósiles de *Protoarchaeopteryx* se encontraron en 1996 y muestran que los miembros anteriores, si bien tenían plumas, no les servían para volar; las grandes manos y las afiladas garras servían probablemente para agarrar a las presas. Junto con el esqueleto se encontraron impresiones de las plumas caudales, pero éstas tenían una posición atípica y algunos especialistas sugieren que podrían haber pertenecido a otro animal.

SUPERIOR La fundamental álula (ala bastarda) de *Eoalulavis* es el pequeño mechón de plumas situado en el extremo del borde de ataque de cada ala, sostenido por dígitos con garras. Esta característica es de gran importancia, ya que muestra que esta pequeña ave era una voladora experta.

EOALULAVIS

Esta ave muy pequeña, similar en tamaño a un gorrión actual, fue descrita en 1996 a partir de fósiles encontrados en España. Es notable por ser el ave más antigua conocida que poseía un álula, es decir, una pluma o un pequeño grupo de plumas situado en el borde de ataque o anterior del ala, en la zona del «pulgar» o del ángulo que forman la parte ósea o esquelética del ala y las grandes plumas del extremo alar. El álula recibe a veces el nombre de ala bastarda y está sostenida por el hueso del pulgar o primer dígito. El álula ayuda a ajustar el flujo de aire sobre el ala, especialmente a bajas velocidades, lo que permite un control mucho mayor del vuelo. (Los aeroplanos inclinan los alerones del borde de ataque y también los del borde posterior de sus alas cuando aminoran la velocidad, por ejemplo cuando aterrizan, para conseguir el mismo efecto.) Todas las aves actuales conservan el álula.

El yacimiento fósil de *Eoalulavis* consistía en una «bolsa» de rocas calizas denominada Las Hoyas, cerca de la ciudad de Cuenca. La mayoría de los restos encontrados allí están datados en unos 15 millones de años e incluyen también dinosaurios, peces, anfibios, insectos y crustáceos que vivían en y alrededor de un lago.

Eoalulavis fue, según parece, una rama lateral de los grupos principales que evolucionaron hasta las aves modernas. Al igual que *Iberomesornis* (*véase* página 178), pertenece al subgrupo de los denominados enantiornites o «aves opuestas», lo que significa que tenían los huesos del hombro y del pecho, incluidos la escápula (omóplato) y el coracoides (espoleta), orientados como la imagen especular de las aves modernas. Es probable que *Eoalulavis* viviera de una forma muy similar a un gorrión moderno, saltando y aleteando, y picoteando una gran variedad de alimentos. Los grandes huesos del pecho tenían una ancha superficie para sujetar los músculos pectorales, los que empujan con fuerza las alas hacia abajo durante el aleteo, lo que muestra que este pequeño pájaro tenía un vuelo potente y ágil. Los enantiornites se extinguieron, según parece, hace unos 70 millones de años.

FICHA
EOALULAVIS

Significado: pequeña ave alada del alba
Período: Cretácico inferior
Grupo principal: Aves
Longitud: 15 centímetros
Peso: unos 50 gramos
Dieta: omnívora
Fósiles: en España (cerca de Cuenca)

0 1 2 3 4 5 6

IBEROMESORNIS

Iberomesornis, una de las aves más pequeñas de la era de los dinosaurios, tenía apenas el tamaño de un gorrión o un petirrojo actuales, con sus 15 centímetros desde el extremo del pico hasta la punta de la cola. Fue designado así en 1922 por José Luis Sanz y José Bonaparte, en alusión a la región fosilífera de la península Ibérica donde se encontró. Dónde encaja *Iberomesornis* exactamente en el esquema de la evolución aviar es objeto de debate, ya que muchos grupos primitivos de aves parece que fueron «vías muertas» de la evolución, sin supervivientes modernos.

Uno de estos grupos de aves se denomina ornitotoraces y su característica principal era el álula, un pequeño mechón de plumas situado en el borde anterior o de ataque del ala que ayudaba en gran medida al vuelo a poca velocidad y a la agilidad aérea; (*véase Eolalulavis*, página 177). El álula es prominente en muchas aves acrobáticas modernas, más que en las que se remontan a grandes alturas.

Un subgrupo de los ornitotoraces era el de los enantiornites, que incluyen a *Iberomesornis*

y a *Eoalulavis*. Estas aves cretácicas mostraron algunos cambios evolutivos, en especial durante la parte inicial y media del período, pero entonces parece que se extinguieron. Diferían de las aves modernas en la estructura de las regiones de los hombros y del pecho, donde el hueso coracoides a modo de riostra y la escápula o esternón se disponen de forma opuesta a las aves modernas –enantiornites significa «aves opuestas»–. También hay diferencias con respecto a las aves modernas en la orientación de los huesos que conforman la cadera. La mayoría de los enantiornites carecían de dientes, pero *Iberomesornis* tenía unos dientes diminutos y en forma de púa en un pico pequeño. Es probable que fuera un volador razonablemente ágil y que se alimentara de pequeños animales, como lombrices, insectos y larvas.

SUPERIOR *Iberomesornis* podía aletear y revolotear entre las ramas con razonable facilidad mientras buscaba insectos y otros pequeños animales que agarraba con un pico provisto de dientes en forma de púa

HESPERORNIS

Una de las aves de mayor tamaño conocidas que vivieron durante la era de los dinosaurios fue sin duda *Hesperornis*. Este nombre, que significa «ave occidental», se lo dio Othniel Charles Marsh en 1872, en alusión al lugar donde se encontaron sus fósiles, cerca del río Smoky Hill en Kansas (EE. UU.). *Hesperornis*, que fue una de las primeras aves en recibir un nombre científico, vivió a finales de la era de los dinosaurios, en el Cretácico superior. Medía al menos 1 metro de altura y, según algunas estimaciones, era tan alta como un ser humano, con 1,8 metros. Puede parecer extraño que después de millones de años de evolución para que las aves finalmente consiguieran volar, *Hesperornis* hubiese perdido esta capacidad, pero sus restos –que incluyen casi todas las partes del cráneo y del esqueleto de varios especímenes– muestran que efectivamente descendía de antecesores voladores.

Hesperornis era un ave nadadora en vez de voladora o corredora. Sus fuertes patas y grandes pies estaban dispuestos muy atrás en el cuerpo, lo que le daba en tierra una postura anadeante, como las aves actuales llamadas colimbos. Esta estructura es excelente para nadar, ya que los pies palmeados proporcionan potencia de empuje en la parte posterior del cuerpo, lo que maximiza la eficiencia de la propulsión. La quilla o reborde del esternón, donde se sujetan los poderosos músculos del vuelo batido en las aves voladoras, casi había desaparecido en *Hesperornis*, al igual que los huesos de las alas. Dichas alas eran en efecto muy pequeñas, casi como muñones, y *Hesperornis* debía usarlas como timones cuando nadaba. El cuello era largo y fuerte, al igual que el cráneo y las mandíbulas, que estaban equipadas con dientes diminutos, aptos para agarrar presas escurridizas. *Hesperornis* debía nadar por las orillas de los mares someros que cubrían Kansas en el Cretácico superior, usando su cuello flexible y su pico poderoso para capturar una gran variedad de animales marinos.

INFERIOR Es probable que *Hesperornis* tuviera un modo de vida similar al de los pingüinos modernos y que nadara rápidamente bajo el agua, persiguiendo peces y otros pequeños animales marinos. Era por lo menos tan alto como el mayor de los pingüinos, el emperador. Sin embargo, los pingüinos nadan bajo el agua aleteando las alas como si volaran, mientras que *Hesperornis* usaba unos grandes pies palmeados.

FICHA
HESPERORNIS
Significado: ave occidental
Período: Cretácico superior
Grupo principal: Aves
Longitud: 1,8 metros
Dieta: peces, animales acuáticos
Fósiles: en EE. UU. (Kansas)

Capítulo cinco

Los grandes predadores

Los carnívoros más voluminosos que vagaron por la Tierra, como *Allosaurus*, *Tyrannosaurus* y *Giganotosaurus*, pueden llenarnos de espanto todavía 65 millones de años después de su extinción.

LOS MAYORES CARNÍVOROS

EL GRUPO DE LOS TERÓPODOS INCLUYE A TODOS LOS DINOSAURIOS DEPREDADORES, TANTO GRANDES COMO PEQUEÑOS. ENTRE SUS DISTINTOS SUBGRUPOS HUBO VARIOS QUE REUNIERON A LOS MAYORES CAZADORES TERRESTRES QUE HAN EXISTIDO JAMÁS. CON TODO, CONVIENE DECIR AL RESPECTO QUE EN LOS MARES PREHISTÓRICOS VIVIERON DEPREDADORES TODAVÍA MÁS GIGANTESCOS, COMO EL PLIOSAURIO *LIOPLEURODON*, Y QUE HOY EXISTEN ENORMES CAZADORES QUE RECORREN LOS OCÉANOS –LOS CACHALOTES– Y PESAN VARIAS VECES MÁS QUE LOS MAYORES DINOSAURIOS DEPREDADORES.

¿CÓMO ERA DE GRANDE?

Los grandes dinosaurios terópodos eran varias veces mayores que los cazadores terrestres que hoy poseen los récords de tamaño o peso, como el oso grizzly o el tigre siberiano, que pesan menos de 1 tonelada cada uno. El bien conocido *Tyrannosaurus* de Norteamérica pesaba más de 5 toneladas y *Giganotosaurus*, cuyos fósiles fueron descubiertos en fechas mucho más recientes en Sudamérica, era una o dos toneladas más pesado que aquél. Unos fósiles recién excavados, también de Sudamérica, indican tamaños todavía mayores.

GRUPOS DE CAZADORES

Los grandes carnívoros pertenecían a dos subgrupos de dinosaurios terópodos. Uno de ellos era el de los ceratosaurios, como *Dilophosaurus*, *Carnotaurus* y el propio *Ceratosaurus*. El nombre de *ceratosaurio* significa «reptil cornudo», pero no todos los ceratosaurios tenían cuernos y muchos otros dinosaurios no ceratosaurios sí los tenían. Estos depredadores tuvieron un gran éxito evolutivo, sobre todo durante el Jurásico, pero se extinguieron después de este período en los continentes boreales. Los tetanuros o «colas rígidas» como *Eustreptospondylus*, *Megalosaurus*, *Spinosaurus* y *Allosaurus* tomaron el relevo. Más tarde aparecieron tetanuros aún mayores como *Giganotosaurus* y al final mismo de la era de los dinosaurios, *Tyrannosaurus* (*véanse* páginas 187 y 202).

¿CAZADORES O CARROÑEROS?

Gran parte del debate actual versa sobre si estas grandes bestias eran cazadoras o bien carroñeras. Si eran carroñeras, debían seguir las grandes manadas de dinosaurios fitófagos para regalarse con las víctimas fáciles, los individuos muertos o moribundos, los viejos o muy jóvenes, los enfermos o los heridos. Si eran cazadoras, ¿acechaban o perseguían a sus presas? ¿Acaso acechaban y a continuación se acurrucaban a la espera de cargar contra una víctima por sorpresa, o por el contrario perseguían a la presa a la manera de los lobos hasta que ésta se cansaba y aminoraba la carrera? La evidencia de las huellas fosilizadas de dinosaurios como *Tyrannosaurus* muestra que podían correr tan bien como caminaban. Aun así, no está claro si andaban pesada y pausadamente o si corrían a mayor

velocidad. Las estimaciones de su velocidad máxima en carrera varían desde menos de 20 hasta más de 50 kilómetros por hora. Los dientes y el cráneo de muchos terópodos de gran tamaño parecen sin duda muy fuertes y potentes, capaces de soportar las tensiones ejercidas por una presa que se debate, y su cuello era asimismo una estructura poderosa, capaz de sacudir y doblar la cabeza mientras arrancaban quizás grandes bocados de carne.

APETITOS OPORTUNISTAS

Es posible que en vida, los grandes dinosaurios depredadores no se vieran obligados a elegir entre la emboscada, la persecución o el carroñeo. Al igual que las hienas, los chacales y los lobos actuales, puede que simplemente aprovecharan cualquiera de las oportunidades que se les presentaran. Los recientes descubrimientos de fósiles de *Tyrannosaurus* sugieren que vivían en grupos familiares o quizás más numerosos. La mera posibilidad de una manada de estos enormes carnívoros, con algunos al acecho, otros persiguiendo presas y otros, quizás los jóvenes, alimentándose de carroñas, es realmente terrorífica.

PÁGINA ANTERIOR Cada diente de *Tyrannosaurus* medía 15 centímetros de longitud, estaba curvado hacia atrás y tenía los bordes aserrados. La naturaleza desigual de los dientes se debía a su patrón de renovación: cuando un diente en concreto se rompía o se perdía, uno nuevo crecía en su lugar, de tal forma que las mandíbulas tenían siempre una mezcla de dientes en distintas fases de crecimiento. Este patrón se observa en algunos reptiles actuales, tales como los cocodrilos. No había un reemplazo de «toda la serie» como sucede en los mamíferos, incluidos nosotros mismos.

IZQUIERDA Un *Ceratosaurus* hambriento se acerca a un imponente y elevado *Brachiosaurus* y la confrontación entre ambos espanta a una bandada de pterosaurios *Rhamphorhynchus* en esta escena del Jurásico superior (hace unos 150 millones de años).

DASPLETOSAURUS

Charles M. Stenberg fue el primero en excavar los restos de este depredador grande, poderoso y de complexión fuerte, en 1921, en la zona de Steveville del río Red Deer, en Alberta, Canadá. Al principio se identificaron como *Gorgosaurus*, un dinosaurio similar a *Tyrannosaurus* que había sido descubierto y bautizado en 1941. En 1970, sin embargo, Dale Russell, un paleontólogo estadounidense especializado en dinosaurios, realizó un exhaustivo estudio de este tipo de dinosaurios en el oeste de Canadá y a resultas de ello, los especímenes de *Gorgosaurus* con una complexión más ligera fueron reclasificados como *Albertosaurus*. Otros especímenes que tenían una estructura corporal más robusta recibieron el nuevo nombre de *Daspletosaurus*; en varias ocasiones, sin embargo, *Daspletosaurus* ha sido propuesto alternativamente como un macho más pesado de una de las especies del género *Albertosaurus* o como un antecesor más pequeño del algo posterior –y también de mayor tamaño– *Tyrannosaurus*. Las opiniones al respecto están aún muy divididas y a la espera de más evidencias fósiles.

El temible y espantoso *Daspletosaurus* vivió hace unos 75-72 millones de años. Los fósiles de otros animales y plantas encontrados con los restos de este dinosaurio sugieren que vivió en un hábitat pantanoso o de marjal. *Daspletosaurus* tenía varios rasgos notables. Sus dientes figuran entre los más largos de todos los dinosaurios, con una corona (la parte que queda visible fuera de la encía) que medía 20 centímetros o más. Son dos hileras de dagas grandes y curvadas hacia atrás, dispuestas en las fuertes mandíbulas de una cabeza enorme, lo que sugiere que se trataba de un cazador muy potente, capaz de capturar las presas más difíciles, incluidos los hadrosaurios y quizás *Triceratops*. Sus miembros anteriores son pequeños, pero proporcionalmente mayores que en casi cualquier otro tiranosáurido. *Daspletosaurus* también tenía unos pequeños cuernos superciliares, ligeramente por encima y justo delante de cada ojo, al igual que varios otros grandes terópodos.

FICHA
DASPLETOSAURUS

Significado: reptil espantoso, reptil carnívoro espantoso

Período: Cretácico superior

Grupo principal: Theropoda

Longitud: 9-10 metros

Peso: 3 toneladas

Dieta: presas de gran tamaño, carroñas

Fósiles: en Canadá (Alberta)

| 0 | 1 | 2 | 3 | 4 | 5 | 6 | 7 | 8 |

DERECHA *Daspletosaurus* tenía unas mandíbulas que eran algo más cortas (de delante hacia atrás) y más altas (de la parte inferior hacia la superior) que la mayoría de los carnívoros tipo *Tyrannosaurus*. Sus dientes también eran enormes, pero estaban bien espaciados y los tenía en menor número que sus parientes.

ACROCANTHOSAURUS

Algunos de los especímenes fósiles de este gran dinosaurio depredador desenterrados en Oklahoma (EE. UU.), principalmente en el condado Atoka, presentan más de la mitad de su material esquelético. Además de los rasgos usuales de los terópodos, tales como patas posteriores poderosas, cola larga y de base gruesa, cabeza grande y dientes largos y afilados, una de las características que se advierte de inmediato es la columna vertebral. Cada una de las vértebras, desde el cuello hasta la base de la cola, tiene una alta proyección hacia arriba (dorsal) denominada espina neural, la más larga de las cuales sobresale más de 40 centímetros. Es posible que estas espinas formaran a lo largo del dorso la estructura interna de soporte de un largo repliegue o cresta de piel carnosa similar a la vela dorsal de *Spinosaurus* (*véase* página 199), aunque más corta. La función de esta cresta ha sido muy debatida, pero con frecuencia se considera que servía para controlar la temperatura.

Otras características esqueléticas de *Acrocanthosaurus*, así como la antigüedad de sus restos, que es de unos 114-106 millones de años, sitúan a este formidable cazador como un pariente más probable de *Allosaurus*, que vivió en el Jurásico superior, que de los posteriores grandes terópodos, los tiranosáuridos. Los brazos de *Acrocanthosaurus*, en particular, eran relativamente largos y cada uno tenía tres poderosos dígitos armados con garras en forma de hoz que parecían adaptados para agarrar y desgarrar. Los 68-70 dientes eran largos, afilados y con los bordes aserrados, aunque también eran relativamente finos, y el cráneo que los albergaba medía unos 1,4 metros de longitud.

Acrocanthosaurus fue bautizado en 1950 y sus fósiles se han encontrado en Oklahoma, Texas y Utah. Varios rastros (series de pisadas fosilizadas) han sido atribuidos asimismo a este formidable carnívoro.

SUPERIOR *Acrocanthosaurus* es notable por la cresta que recorría su dorso, aunque no está claro si ésta era gruesa y carnosa o más bien fina y tipo membrana.

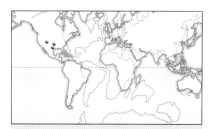

FICHA
ACROCANTHOSAURUS

Significado: reptil con espinas en lo alto, reptil con espinas altas

Período: Cretácico inferior

Grupo principal: Theropoda

Longitud: hasta 12 metros

Peso: 2 toneladas

Dieta: animales de gran tamaño

Fósiles: en EE. UU. (Oklahoma, Texas, Utah)

ALLOSAURUS

Allosaurus, uno de los animales más famosos del mundo –pese a que se extinguió hace 140 millones de años–, fue uno de los depredadores más grandes y terroríficos que caminaron jamás sobre la tierra. El depredador dominante del Jurásico de Norteamérica alcanzó un tamaño que no volvería a observarse en la región hasta la aparición de los tiranosaurios unos 50 millones de años después. *Allosaurus* medía unos 12 metros de longitud, pesaba quizás 2 toneladas o más, tenía un cráneo enorme (y, sin embargo, proporcionalmente ligero), con mandíbulas enormes que al abrirse revelaba unos 50 dientes afilados, cada uno de hasta 10 centímetros de longitud. Su cuello era más robusto que largo, sus miembros anteriores cortos aunque poderosos, cada uno con tres dígitos terminados en garras de 25 centímetros, y cada pie apoyaba con los tres dedos principales en el suelo, pero tenía un cuarto dedo más corto separado del suelo y dirigido hacia atrás que era en realidad el primer dígito o «pulgar».

Allosaurus se conoce a partir de centenares de especímenes encontrados en varias localidades, principalmente en el medio oeste de Norteamérica. Othniel Charles Marsh bautizó a este gran depredador en 1887, principalmente a partir de fósiles de Colorado. En 1927, en un asombroso hallazgo en la cantera de dinosaurios Cleveland-Lloyd de Utah se obtuvieron docenas de individuos muy cerca unos de otros. Este hallazgo dio pie a la hipótesis de que *Allosaurus* cazaba en manadas o que al menos vivía en grupos. Un solo *Allosaurus* debía ser capaz de derribar herbívoros de quizás una tonelada de peso, como el muy extendido *Camptosaurus* similar a *Iguanodon* (*véase* página 263). Y un grupo de *Allosaurus* podía depredar sin duda los gigantescos dinosaurios fitófagos de su época, tales como *Diplodocus* y *Brachiosaurus*; de hecho, un fósil del fitófago *Apatosaurus* presenta marcas de dientes tipo *Allosaurus*. Restos de terópodos muy similares a *Allosaurus* se han encontrado en el sureste de África y en el sureste de Australia.

FICHA
ALLOSAURUS
Significado: otro reptil, reptil diferente
Período: Jurásico superior
Grupo principal: Theropoda
Longitud: 11-12 metros
Peso: 1,5-2 toneladas
Dieta: animales de tamaño medio y grande
Fósiles: en EE. UU. (Utah, Colorado), Portugal, Australia y África

| 0 | 1 | 2 | 3 | 4 | 5 | 6 | 7 | 8 |

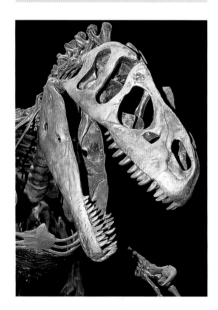

SUPERIOR Visión que tendría una víctima de los dientes de *Allosaurus* en la que se aprecian en el abultado cráneo los huecos diseñados para ahorrar peso.

DERECHA *Allosaurus* al acecho en un bosque del Jurásico, donde escucha con atención y husmea el aire mientras otea los alrededores en busca de presas.

IZQUIERDA *Giganotosaurus* vivió en esa «tierra de gigantes» que hoy es Argentina, donde este carnívoro, el terópodo de mayor tamaño que se conoce hasta la fecha, capturaba algunos de los mayores fitófagos que existieron, como *Argentinosaurus*. Sin embargo, nuevos hallazgos de fósiles parciales sugieren que pudieron haber existido carnívoros todavía más grandes.

GIGANOTOSAURUS

«El rey está muerto; ¡larga vida al rey!» Durante casi 90 años, *Tyrannosaurus rex* reinó en el registro fósil como el depredador terrestre más grande que existió jamás. Pero en 1944, Rubén Carolini, un mecánico de coches y entusiasta de los fósiles en su tiempo de ocio, estaba cazando en la Patagonia, en el sur de Argentina, cuando se encontró con lo que resultó ser las dos terceras partes completas del esqueleto de un depredador todavía más grande. Un equipo del cada vez más conocido Museo Carmen Funes de Neuquén, Argentina, dirigido por Rodolfo Coria y su colega Leonardo Salgado, excavaron los fósiles que fueron bautizados en 1995 (*véase* también *Carcharodontosaurus*, página 206).

Giganotosaurus era un metro o dos mayor y una tonelada o dos más pesado que *Tyrannosaurus*. Las estimaciones de longitud varían entre 13 y más de 15 metros. Datado en 100-90 millones de años, *Giganotosaurus* estaba separado por un continente y por 25 millones de años de su rival *Tyrannosaurus*, el «rey de los dinosaurios». *Giganotosaurus* tenía un cerebro más pequeño que *Tyrannosaurus*, pero su cráneo era más grande, ya que medía 1,8 de longitud, es decir, tanto como la altura de un ser humano. Los dientes no tenían tanto forma de daga como de punta de flecha, sus bordes eran aserrados y medían más de 20 centímetros de longitud. Las pequeñas extremidades anteriores tenían tres dígitos con garras y las macizas patas posteriores llevaban cada una unas pocas toneladas de peso cuando *Giganotosaurus* caminaba pesadamente en busca de comida. Pocos son los fósiles adicionales de este monstruo que se han encontrado, pero con el tiempo es posible que nuevos descubrimientos permitan formular más especulaciones sobre su comportamiento y sus probables presas. Puede que devorara dinosaurios fitófagos, que según se sabe eran muy abundantes en esta región, donde se han encontrado fósiles de 20 especies, entre ellas uno de los mayores saurópodos, *Argentinosaurus*, y todas ellas datadas más o menos en la misma época.

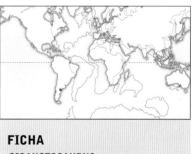

FICHA
GIGANOTOSAURUS
Significado: reptil gigante del sur

Período: Cretácico medio

Grupo principal: Theropoda

Longitud: 14 metros

Peso: 8 toneladas

Dieta: grandes animales

Fósiles: en Argentina

0 1 2 3 4 5 6 7 8

Temibles familias

La mayoría de los mayores depredadores actuales, como los osos y los tigres, llevan una vida en gran parte solitaria. Un número mucho menor vive en cambio en grupos familiares, como los leones y los lobos. Los enormes dinosaurios carnívoros también fueron considerados todos ellos depredadores solitarios que cazaban al acecho. La mayoría, como *Allosaurus* y *Daspletosaurus*, probablemente lo eran, pero los recientes hallazgos de especímenes de diferentes edades de *Tyrannosaurus* en el mismo lugar podrían indicar un estilo de vida familiar.

DERECHA Un aterrorizado *Triceratops* intenta ahuyentar a dos *Tyrannosaurus* adultos. Sin embargo, si los carnívoros eran capaces de planear un ataque coordinado, uno de ellos podía acercarse por un costado y evitar así los afilados cuernos y la dura proyección parietal que protegía el cuello de *Triceratops*. Los recientes descubrimientos fósiles sugieren que *Tyrannosaurus* podría haber vivido en grupos no sólo de adultos, sino también de jóvenes que les acompañaban.

BARYONYX

FICHA

BARYONYX

Significado: uña pesada

Período: Cretácico inferior

Grupo principal: Theropoda

Longitud: 9,5 metros

Peso: 2 toneladas

Dieta: animales, quizás peces

Fósiles: en Inglaterra

Los fósiles del animal que hoy se llama *Baryonyx* causaron mucha sorpresa cuando fueron desenterrados en una cantera de arcilla de Surrey, un condado del sur de Inglaterra. No menor fue la sorpresa inicial de William Walter, fontanero y buscador de fósiles aficionado, cuando se tropezó con una enorme garra en 1983. *Baryonyx*, designado así por Angela Milner y Alan Charig, paleontólogos con base en el Museo de Historia Natural de Londres, resultó ser un terópodo inusual, probablemente un pariente de *Spinosaurus* (*véase* página 199). Bajo algunos aspectos, *Baryonyx* es un dinosaurio-cocodrilo de hace 125-120 millones de años que muestra varios paralelismos con miembros de un grupo totalmente diferente de reptiles que aún sobreviven hoy, los crocodilios. También existen similitudes entre *Baryonyx* y un dinosaurio hallado en fechas más recientes, *Suchomimus* (*véase* página 207).

La enorme garra que da nombre a *Baryonyx* mide más de 30 centímetros a lo largo de su curva externa y pertenecía a su «pulgar». Los otros dos dígitos de cada uno de sus miembros anteriores tienen garras menos curvadas y de un tamaño proporcionalmente normal. Otros rasgos notables de *Baryonyx* eran el cuello, el cráneo, los dientes y la cola. En vez de la típica forma en S, el cuello era casi recto. El cráneo tenía un perfil muy alargado y bajo, con un hocico aplanado, bastante distinto del alto cráneo de los grandes carnívoros como *Tyrannosaurus* y *Allosaurus*. Los dientes eran muy numerosos, con dos tercios del total de más de 90 en la mandíbula inferior y los restantes, de mayor tamaño, en la superior. La cola tenía una base estrecha, se ahusaba gradualmente y era muy larga y bastante rígida. Junto con los restos de *Baryonyx* se encontraron escamas conservadas de *Lepidotes* y varios huesos de peces y de dinosaurios.

INFERIOR La mayoría de las reconstrucciones sitúan a *Baryonyx* en un hábitat pantanoso o a orillas del agua, donde capturaba peces con sus largas mandíbulas como de cocodrilo.

YANGCHUANOSAURUS

En 1978, el paleontólogo chino Dong Zhiming y sus colegas dieron nombre a *Yangchuanosaurus* en alusión a la región donde se descubrió este dinosaurio, que se halla en la provincia de Szechuan, en el sureste de China. Era un terópodo muy grande, de casi 10 metros de longitud, y el esqueleto original es una pieza de exposición impresionante en el Museo de Historia Natural de Pekín. *Yangchuanosaurus* ha sido vinculado con *Eustreptospondylus* (*véase* página 192). Con todo, parece que fue más similar a un alosaurio, además de que vivió más o menos en la misma época que *Allosaurus*, hace unos 150-140 millones de años. Era algo más pequeño que su probable pariente norteamericano.

Yangchuanosaurus tenía las características físicas típicas de un gran terópodo: cabeza enorme; boca de amplia abertura; dientes largos y afilados con los bordes aserrados; cuello potente pero bastante corto; cuerpo alto; miembros anteriores pequeños, quizás para sostener o agarrar; patas muy fuertes para caminar y para herir a las presas con una patada, y una cola larga, gruesa en la base y simétricamente

ahusada que suponía cerca de la mitad de la longitud total del animal. Tenía tres dígitos, cada uno equipado con una garra, en cada una de sus extremidades. El cráneo no llegaba a 1 metro de longitud y tenía unas crestas en el ojo y el hocico, así como una pequeña protuberancia ósea en la nariz.

Al igual que *Allosaurus*, es probable que *Yangchuanosaurus* acechara en solitario a las crías de los grandes dinosaurios o que cazara en grupos para poder vencer a los adultos plenamente desarrollados. Otra posibilidad es que este carnívoro se alimentara de carroña. Por desgracia, el limitado número de fósiles de *Yangchuanosaurus*, en comparación con los especímenes conocidos de *Allosaurus*, permite escasas especulaciones sobre sus pautas de comportamiento.

SUPERIOR *Yangchuanosaurus* se considera a menudo una versión de Asia oriental del norteamericano *Allosaurus*. Después de la muerte, al secarse el cadáver, los tendones a lo largo de la parte superior del cuello y de la cola se secaron y encogieron, curvándolos hasta llevar la cabeza y la punta de la cola encima del dorso.

FICHA
YANGCHUANOSAURUS

Significado: reptil de Yang-ch'un (alusión al lugar donde fue descubierto)

Período: Cretácico superior

Grupo principal: Theropoda

Longitud: 9 metros

Peso: 2 toneladas

Dieta: animales

Fósiles: en el sureste de China

| 0 | 1 | 2 | 3 | 4 | 5 | 6 | 7 | 8 |

EUSTREPTOSPONDYLUS

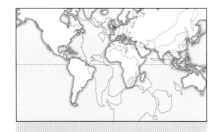

Los fósiles de *Eustreptospondylus*, un depredador mediano-grande con aspecto de animal veloz, fueron estudiados en 1841, el mismo año en que el propio grupo Dinosauria recibía su nombre oficial, y por el mismo anatomista comparativo, Richard Owen. Su nombre original, sin embargo, no era *Eustreptospondylus*, sino *Megalosaurus*, un término que ya era de uso general para una serie de grandes carnívoros reptilianos. Más de un siglo después, Alick Walker, un especialista en fósiles británico, revisó las dos series de fósiles de *Megalosaurus* y mostró que un espécimen parcialmente desarrollado, bien conservado pero incompleto, encontrado cerca de Wolvercote, en Oxfordshire, Inglaterra, merecía tener identidad propia. En un principio se sugirió que se le llamara *Streptospondylus*, pero este nombre ya se había sugerido para otro reptil fósil. Así pues, fue designado como *Eustreptospondylus* en alusión a las superficies curvas de las vértebras de su columna dorsal. La clasificación de *Eustreptospondylus* no está clara. Tiene algunas similitudes con *Allosaurus*, el gran terópodo norteamericano más o menos contemporáneo, pero también con *Spinosaurus*.

Eustreptospondylus vivió hace unos 170 millones de años y era alargado, fibroso y probablemente cruel. La cabeza grande, con huecos para ahorrar peso en los huesos del cráneo, tenía una enorme boca. Los dientes eran largos, afilados y con los bordes aserrados, pero no especialmente grandes. Cada uno de los pequeños miembros anteriores tenía tres dígitos y las potentes patas posteriores tenían huesos robustos y grandes pies como de ave, con tres dígitos apoyados en el suelo y un cuarto dígito por encima de él y en la parte posterior. La cola era bastante estrecha en la base, se ahusaba suavemente y medía casi la mitad de la longitud total del animal. Entre sus presas se debían incluir fitófagos como *Sarcolestes* y saurópodos como *Cetiosaurus*.

SUPERIOR *Eustreptospondylus*, al igual que muchos dinosaurios carnívoros, fue confundido en un principio con *Megalosaurus*. Hoy se considera que es un miembro primitivo del grupo de los espinosáuridos, que adquirió notoriedad más o menos a partir de 1990, con el descubrimiento de varios nuevos miembros, entre ellos *Suchomimus* (*véase* página 207).

CARNOTAURUS

Carnotaurus era un terópodo o dinosaurio carnívoro de gran tamaño con muchos rasgos inusuales. José Bonaparte, un eminente especialista en dinosaurios, le dio este nombre en 1985 a partir de unos restos esqueléticos casi completos desenterrados en la región rica en fósiles de Chubut, en Argentina. Los estudios científicos mostraron que *Carnotaurus* era un primo de *Abelisaurus*, bautizado asimismo por José Bonaparte y sus colegas en 1985. Los abelisáuridos eran un grupo de terópodos primitivos que tuvieron, sin embargo, una larga historia a lo largo del Cretácico. Las presas de *Carnotaurus* pudieron ser herbívoros jóvenes o enfermos, como el saurópodo *Chubutisaurus*, conocido a partir de fósiles de aproximadamente los mismos lugar y época. Sin embargo, las peculiares proporciones de la mandíbula hacen pensar en la posibilidad de una dieta muy variada.

    Carnotaurus tenía una pequeña proyección cónica, similar a un corto cuerno de vaca, encima de cada ojo. Los ojos, por su parte, eran relativamente pequeños, pero —y esto es inusual entre los dinosaurios— miraban parcialmente hacia delante en lugar de sobre todo

hacia los lados, lo que daba a *Carnotaurus* una visión estereoscópica o binocular, capaz de apreciar distancias con precisión. El hocico era corto y alto, lo que le daba un aspecto de morro de buey, y tenía potentes músculos mandibulares. La mandíbula inferior, sin embargo, era extrañamente baja y no muy robusta y los dientes eran más pequeños y débiles que lo que hubiera sido de esperar en una cabeza tan grande. Los miembros anteriores eran casi risiblemente diminutos, más aún que los de *Tyrannosaurus*. La cola era más bien larga y se ahusaba gradualmente. Junto con los restos de *Carnotaurus*, que están datados en 100-95 millones de años, había impresiones de piel que mostraban un cuero áspero con hileras de escamas ornadas con protuberancias bajas en los costados y el dorso, así como escamas redondeadas a modo de discos.

SUPERIOR Los extraños cuernos en forma de ala encima de las cejas y la mandíbula inferior, delgada o baja en comparación con la parte superior del cráneo muy alta, son los rasgos más destacados de *Carnotaurus*, un terópodo de tamaño inusualmente grande del grupo de los abelisáuridos.

FICHA
CARNOTAURUS
Significado: toro carnívoro
Período: Cretácico medio
Grupo principal: Theropoda
Longitud: 7,5 metros
Peso: 1 tonelada
Dieta: animales
Fósiles: en Argentina

VELOCIDADES EN LA CARRERA

LAS PISTAS SOBRE LA VELOCIDAD MÁXIMA DE VARIOS
DINOSAURIOS PROVIENEN DE NUMEROSAS FUENTES
DE INFORMACIÓN, EN ESPECIAL DEL TAMAÑO
Y LAS PROPORCIONES DE LOS HUESOS DE LAS PATAS,
DE LAS MARCAS QUE EN LOS FÓSILES MUESTRAN
LA ZONA DE UNIÓN DE LOS MÚSCULOS Y DE
LOS RASTROS QUE SE CONSERVAN, EN LOS CUALES
PUEDEN MEDIRSE LA ZANCADA O DISTANCIA ENTRE
DOS HUELLAS DEL MISMO PIE Y EL PASO O DISTANCIA
ENTRE DOS HUELLAS CONSECUTIVAS DE PIES ALTERNOS.
ES POSIBLE QUE ALGUNOS DINOSAURIOS AVESTRUZ
SUPERARAN A LOS AVESTRUCES MODERNOS,
CON VELOCIDADES MÁXIMAS DE MÁS
DE 80 KILÓMETROS POR HORA.

DERECHA Megaraptores corriendo tras una presa. El hallazgo
del dinosaurio tipo raptor más grande hasta la fecha tuvo lugar
en la Patagonia argentina. La garra afilada del pie,
de 33 centímetros de longitud, puede verse con claridad.

DILOPHOSAURUS

FICHA
DILOPHOSAURUS

Significado: reptil con dos crestas, reptil de doble cresta

Período: Jurásico inferior

Grupo principal: Theropoda

Longitud: 6 metros

Peso: 400 kilogramos

Dieta: animales

Fósiles: en EE. UU. (Arizona) y posiblemente en China

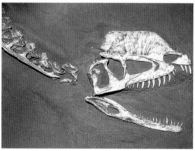

Este carnívoro de tamaño medio a grande es uno de los pocos de su tipo general que se conoce bien a partir de los abundantes restos. Sus fósiles se remontan al Jurásico inferior, hace casi 200 millones de años, lo que le convierte en uno de los primeros dinosaurios predadores. *Dilophosaurus* se incluye dentro del grupo de los ceratosaurios (*véase* página siguiente) y sus fósiles se han encontrado en Arizona y posiblemente en la región china de Yunnan. Entre los especímenes estadounidenses hay tres individuos conservados juntos que podrían haber formado una manada de caza. El paleontólogo estadounidense Sam Welles bautizó a este dinosaurio, pero el primer nombre que le dio no fue el definitivo. Los tres especímenes de Arizona fueron exhumados en Arizona en 1942, después de que un miembro de la nación Navajo, Jesse Williams, guiara a los expertos hasta sus restos. Posteriormente, Welles los estudió y en 1954 los describió como una nueva especie de *Megalosaurus*. Más tarde, en 1964, tras unos hallazgos posteriores de fósiles de este dinosaurio crestado, entre ellos algunos encontrados por el propio Welles, éste último optó por distinguir dicho dinosaurio de *Megalosaurus*. Finalmente, en 1970, creó el nombre *Dilophosaurus*.

Dilophosaurus medía 6 metros de longitud, era relativamente esbelto y es probable que pesara menos de media tonelada. El nombre alude a las dos crestas óseas prominentes que tiene en la cabeza, las cuales son de forma curva, como la tercera parte de un plato y con apenas el mismo grosor, y sobresalen en ángulo por encima del ojo. Esas crestas eran tan finas y frágiles que su función era probablemente visual y simbólica en lugar de física, quizás como un signo que indicaba el sexo o la madurez. Los rastros (series fosilizadas de pisadas o huellas) asignados a *Dilophosaurus* muestran que tan sólo sus garras quedaban marcadas en el suelo y que sus zancadas (*véase* página 194) eran de unos 2 metros. En la película *Parque Jurásico* se ve una versión de *Dilophosaurus* aunque, a diferencia del monstruo del cine, es probable que el dinosaurio real no escupiera veneno ni tuviera una proyección parietal o gorguera en el cuello.

SUPERIOR Cráneo fosilizado de *Dilophosaurus* que muestra una vista lateral de la cresta para indicar su altura.

DERECHA *Dilophosaurus* se enfrenta a un rival; es posible que los machos compitieran entre sí por las hembras durante la época de apareamiento.

CERATOSAURUS

Allosaurus fue el mayor depredador de Norteamérica en el Jurásico superior, pero *Ceratosaurus* fue su rival de menor tamaño. Bautizado así por el delgado cuerno que sobresalía de su nariz, este terópodo, que también contaba con sendas crestas encima de los ojos, medía uno o dos metros menos de longitud total que *Allosaurus*. Aun así, era un cazador formidable, con un peso cercano a una tonelada, es decir, más pesado que cualquier oso, gran félido o carnívoro actual.

El gran cazador de fósiles estadounidense Othniel Charles Marsh le dio el nombre de *Ceratosaurus* en 1884. Marsh, a quien sorprendieron las altas extensiones en forma de espinas de las vértebras caudales (huesos de la cola), comparó esta forma de la cola con la de un cocodrilo y sugirió que *Ceratosaurus* podría haber nadado con destreza en los marjales de hace 150 millones de años.

El nombre de *Ceratosaurus*, establecido tan pronto en la historia científica de los dinosaurios, sirvió para designar a uno de los subgrupos principales de terópodos (depredadores bípedos), Ceratosauria, que comprende más de 20 especies. Este subgrupo es el equivalente de otro gran subgrupo de terópodos,

Tetanurae o tetanuros, que incluye a *Coelophysis* y a *Dilophosaurus* (*véase* página anterior). Pese a algunas características primitivas en la cadera y en otras partes del esqueleto, incluidos los cuatro dígitos en cada miembro anterior en vez de tres y más tarde dos en los terópodos más modernos, *Ceratosaurus* debió ser un depredador muy capacitado, ya que poseía unos enormes dientes a modo de colmillos y unas potentes patas posteriores apropiadas para correr a gran velocidad. Se han encontrado fósiles individuales de *Ceratosaurus* junto con restos más abundantes de varios *Allosaurus*, lo que sugiere que el primero era un cazador solitario mientras que el segundo vagaba en manadas. Los fósiles de *Ceratosaurus* también se han encontrado en Portugal y quizás también en el este de África.

SUPERIOR La curiosa nariz de *Ceratosaurus* ha suscitado muchas discusiones, pero sin que se produjera un acuerdo unánime sobre su uso. Es probable que fuera demasiado pequeña y débil para ser un arma, por lo que debía ser más bien un signo de madurez y de disposición para aparearse, o quizás la poseía sólo uno de los dos sexos. (Compare esta reconstrucción con la que se muestra en la página 182.)

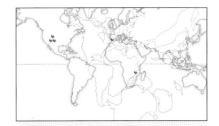

FICHA
CERATOSAURUS
Significado: reptil cornudo
Período: Jurásico superior
Grupo principal: Theropoda
Longitud: 6 metros
Peso: 700-850 kilogramos
Dieta: animales
Fósiles: en EE. UU. (Colorado, Utah, Wyoming), Portugal y posiblemente África

DERECHA *Megalosaurus* ha recibido el apelativo no muy halagüeño de dinosaurio cubo de la basura porque, durante más de 50 años, los fósiles de cualquier gran dinosaurio carnívoro de gran tamaño que no fuera bastante característico para recibir su propio nombre, se le asignaban a él. Aquí, *Megalosaurus* se prepara para regalarse con un joven saurópodo en la zona correspondiente a Inglaterra de hace más de 160 millones de años.

MEGALOSAURUS

FICHA
MEGALOSAURUS
Significado: reptil grande
Período: Jurásico medio
Grupo principal: Theropoda
Longitud: 9 metros
Peso: 1 tonelada
Dieta: animales de gran tamaño
Fósiles: en Inglaterra

Megalosaurus, el «gran reptil», ocupa una posición de honor aunque confusa dentro de los animales que finalmente recibieron el nombre de dinosaurios. Fue el primero en recibir un nombre oficial, otorgado por William Buckland en 1824. Y en 1841, cuando Dinosauria fue reconocido como un grupo bien diferenciado de reptiles, *Megalosaurus* fue uno de sus miembros fundadores. Durante otro medio siglo o más, casi todos los reptiles grandes de este tipo general, con aspecto de carnívoro y dientes a modo de colmillos, que no eran suficientemente característicos para recibir algún otro nombre, se clasificaron como *Megalosaurus*. Poco a poco, sin embargo, los detallados estudios y las comparaciones entre fósiles fueron despejando gran parte de la confusión que envolvía a este animal. Varios especímenes que habían sido etiquetados como *Megalosaurus* fueron reclasificados y rebautizados como terópodos distintos, entre ellos varios de los que se mencionan en estas páginas.

Actualmente, *Megalosaurus* se clasifica como un gran depredador del Jurásico medio, un primitivo tetanuro o «cola rígida» del grupo de los terópodos (*véase* página 183). Pese a su notoriedad por el lugar que ocupa en la historia de la paleontología y en el grupo de los dinosaurios, este animal no se conoce con detalle porque los fósiles que todavía se le atribuyen tras varias décadas de discusiones son escasos y fragmentarios. Los trozos de mandíbula originales examinados por Buckland muestran largos dientes más viejos, junto con nuevos dientes de reemplazo que empujan hacia arriba desde el hueso, así como placas interdentales que separan los dientes entre sí. Los primeros especímenes contenían también secciones de la columna vertebral, así como partes de la cadera y de los huesos de las patas. Se encontraron en unas canteras próximas a Stonesfield, en el Oxfordshire, Inglaterra. Otros restos de *Megalosaurus* se conocen desde la década de 1670. El fósil principal era el extremo redondeado o en forma de nudillo de un fémur, posiblemente de *Megalosaurus*, cuyo informe fue publicado en 1673 y que fue ilustrado por Robert Plot en 1676. La ilustración todavía existe, pero el fósil original se ha perdido.

SPINOSAURUS

Spinosaurus, uno de los grandes dinosaurios depredadores más característicos, se distinguía por su enorme estructura dorsal en forma de vela. Ésta era probablemente un enorme repliegue de piel sostenido por unas largas extensiones a modo de tiras, las denominadas espinas neurales que se proyectaban hacia arriba a partir de las vértebras. *Spinosaurus* era también uno de los mayores dinosaurios depredadores y por su longitud rivalizaba incluso con *Tyrannosaurus*, aunque era de complexión más ligera. Sus primeros fósiles se descubrieron cerca de un oasis de Egipto, en 1912, y fueron descritos y bautizados tres años después por Ernst Stromer von Reichenbach, un paleontólogo alemán. Los limitados restos fueron transportados a Munich, en Alemania, para mantenerlos a salvo en un museo, pero fueron destruidos durante un bombardeo en la Segunda Guerra Mundial. Desde entonces, las especulaciones sobre el tamaño, la estructura y el comportamiento de *Spinosaurus* se han basado en la documentación de estos primeros especímenes, junto con unos fósiles más recientes hallados en Marruecos.

La función de la extraordinaria vela, que se alzaba a casi 2 metros por encima del punto más alto de la columna vertebral, podría ser quizás la de control de la temperatura o la de exhibición visual. Durante el Cretácico medio y superior, hace 100-90 millones de años, parece que en esta región hubo una tendencia evolutiva hacia las velas. *Ouranosaurus* (*véase* página 266), un fitófago similar a *Iguanodon*, y quizás el saurópodo *Rebbachisaurus* poseían también una vela. En base a las limitadas evidencias sobre *Spinosaurus* se conjetura que este dinosaurio podía tener un hocico largo y bajo, similar al de *Barionyx* y *Suchomimus*, y que quizás también estaba adaptado para capturar peces. Sus dientes son finos, afilados y poco aserrados, pero en menor número que los que tenía *Barionyx*, y de ahí la sugerencia de que esta enorme bestia, con sus proporciones corporales más esbeltas y menos musculosas, se alimentaba de la carne blanda de carroñas en putrefacción.

FICHA
SPINOSAURUS

Significado: reptil espinoso, reptil con púas

Período: Cretácico medio y superior

Grupo principal: Theropoda

Longitud: 12-14 metros

Peso: 3 toneladas

Dieta: animales

Fósiles: en Egipto y Marruecos

DERECHA *Spinosaurus* se ha utilizado como el espécimen principal para establecer una familia cada vez más amplia de grandes terópodos recién descubiertos, todos ellos con un hocico característico, largo y bajo, y unos dientes como de cocodrilo. Con todo, *Spinosaurus* es el único tipo con esta vela relativamente grande en el dorso.

LOS VERTEBRADOS CON VELA DORSAL

LAS GRANDES ESTRUCTURAS DORSALES EN FORMA DE VELA, ALETA O ALERÓN HAN APARECIDO VARIAS VECES, CON INDEPENDENCIA DEL GRUPO DE DINOSAURIOS CONCERNIDO, ASÍ COMO EN OTROS GRUPOS DE VERTEBRADOS TERRESTRES, COMO POR EJEMPLO EN *DIMETRODON* Y OTROS PELICOSAURIOS. LA VELA PARECE DISEÑADA PARA MAXIMIZAR LA SUPERFICIE Y CONTENER AL MISMO TIEMPO UN VOLUMEN MÍNIMO DE CARNE U OTROS TEJIDOS. LA EXPLICACIÓN PREFERIDA ES LA TERMORREGULACIÓN, ES DECIR QUE LA VELA FUNCIONABA COMO UN INTERCAMBIADOR DE CALOR REVERSIBLE. DICHA VELA CAPTABA EL CALOR DEL MEDIO CUANDO EL CUERPO DEL ANIMAL ESTABA MÁS FRÍO QUE SU ENTORNO Y LUEGO IRRADIABA EL EXCESO DE CALOR DEL CUERPO PARA EVITAR EL CALENTAMIENTO EXCESIVO EN CONDICIONES EXTREMADAMENTE CALUROSAS.

DERECHA *Spinosaurus* chapotea por las aguas someras en busca de presas. Se trata de uno de los dinosaurios más misteriosos, dado su enorme tamaño y la inusual forma de sus mandíbulas, y también por el hecho de que la mayoría de sus fósiles se perdieron para la ciencia (*véase* página anterior) y por supuesto, por su vela dorsal a modo de aleta.

TYRANNOSAURUS

Sobre el «reptil tirano», uno de los animales no humanos más famosos que han existido nunca, se han escrito libros enteros, algunos mucho mayores que éste. Aunque ya no se le considera el mayor de los depredadores terrestres, *Tyrannosaurus* continúa siendo famoso gracias a sus numerosos y bien estudiados fósiles. Fue uno de los últimos dinosaurios en desaparecer y en 1990 se localizó un espécimen casi completo y parcialmente momificado en Dakota del Sur, una enorme hembra apodada *Sue* en honor a su descubridora Susan Hendrickson. *Sue* y otros individuos de *Tyrannosaurus* conservados en localidades cercanas han proporcionado muchas nuevas evidencias sobre este carnívoro gigante y *Sue* se exhibe actualmente en el Museo Field de Chicago. Varios aspectos de los sentidos, estilo de vida, métodos de caza, dieta y pautas de comportamiento de *Tyrannosaurus* se discuten a lo largo de este capítulo, incluida la hipótesis de que cazaba en grupos o manadas.

Tyrannosaurus tenía una cabeza enorme, con un cráneo de 1,4 metros de longitud, pero los huecos o «ventanas» de sus huesos contribuían a reducir su peso. Tenía más de 50 dientes, los cuales eran enormes, afilados y con los bordes aserrados, algunos de ellos de más de 20 centímetros de longitud, y también anchos de base, lo que sugiere que podían soportar grandes esfuerzos. La amplia boca podía abrirse hasta tal punto que hubiera podido tragar entero un humano moderno adulto. El cuello también era robusto y grueso, lo que sugería una vez más un enorme despliegue de fuerza cuando *Tyrannosaurus* mordía y arrancaba trozos de sus presas. Los miembros anteriores, que a menudo se han descrito como diminutos e inútiles, eran, sin embargo, bastante musculosos, y los dos dígitos que poseía cada uno estaban provistos de garras afiladas. *Tyrannosaurus* soportaba su peso, comparable al de un elefante, sobre los tres dígitos de cada uno de sus pies como de ave y sólo los extremos con fuertes uñas de dichos dígitos tocaban el suelo.

FICHA
TYRANNOSAURUS
Significado: reptil tirano
Período: Cretácico superior
Grupo principal: Theropoda
Longitud: 12 metros
Peso: 6 toneladas
Dieta: animales de gran tamaño
Fósiles: en el oeste de Norteamérica

IZQUIERDA Las antiguas reconstrucciones de *Tyrannosaurus* lo muestran en una postura semierguida, similar a la de un canguro. No obstante, es probable que el animal llevara su pesada cola tetanura («tiesa o rígida») extendida horizontalmente hacia atrás para contrapesar la cabeza y el cuerpo sobre los masivos y musculosos muslos, lo que le permitía correr con gran rapidez.

SUPERIOR La masiva cabeza de *Tyrannosaurus* tenía la articulación de la mandíbula situada muy hacia atrás, lo que permitía una gran abertura bucal. Este hermoso espécimen se exhibe en el Instituto de Investigación Geológica Black Hills de Dakota del Sur.

INFERIOR *Tarbosaurus*, que aquí se muestra cazando a un joven dinosaurio ornitópodo, se incluye como especie dentro del género *Tyrannosaurus* en muchos sistemas de clasificación. Otro género asiático muy similar es *Alectrosaurus*.

TARBOSAURUS (TYRANNOSAURUS BATAAR)

Durante muchos años, *Tarbosaurus* fue considerado un homólogo del este de Asia, contemporáneo y de tamaño ligeramente menor, de *Tyrannosaurus* (*véase* página anterior). Su existencia fue establecida a partir de fósiles exhumados en la cuenca del Nemegt, en el desierto de Gobi, en Mongolia, donde se encontraron los restos de unos siete individuos durante una expedición soviética. En 1955, Evgenii Aleksandrovich Male'ev los describió y clasificó como *Tarbosaurus bataar*, es decir, como una especie de un género nuevo, *Tarbosaurus*.

Pero ya desde el principio surgió la opinión de que este dinosaurio era tan similar a *Tyrannosaurus* que debería clasificarse dentro de este género. Incluso se sugirió que si los fósiles de *Tarbosaurus* se hubieran descubierto en una región de Norteamérica en vez de en Asia, habrían sido designados sin duda como *Tyrannosaurus*, aunque sin adscribirlos a la especie más conocida del género, *Tyrannosaurus rex*. Durante los últimos años, estas opiniones han ido imponiéndose con más fuerza, hasta el punto que actualmente muchos especialistas consideran inválido

el nombre *Tarbosaurus*. Los animales representados por estos fósiles han sido reclasificados por ellos como un miembro del género *Tyrannosaurus* y como una de esas dos especies diferentes: *Tyrannosaurus bataar* o el algo más pequeño *Tyrannosaurus efremovi*.

Tyrannosaurus/Tarbosaurus tenía toda la potencia y todas las armas de un gran terópodo: una boca enorme, unos dientes largos y afilados, mandíbulas poderosas, ojos y nariz grandes para descubrir las presas, miembros anteriores diminutos, patas posteriores voluminosas y una cola larga y gruesa que hacía de contrapeso. Puede distinguirse de *Tyrannosaurus* por su tamaño general y por algunos detalles de los huesos craneales. Un nuevo descubrimiento en Tailandia ha permitido sugerir que el grupo de los tiranosáuridos pudo haber estado presente en Asia mucho antes de su aparición en Norteamérica. Este tiranosáurido se llama *Siamotyrannus* en alusión a Siam, el antiguo nombre de Tailandia. Sus fósiles se remontan al Cretácico inferior, hace unos 120 millones de años. Puede ser que el patrón de extensión, del que algunos afirman que se produjo desde Norteamérica hacia Asia, hubiera tenido lugar en sentido inverso.

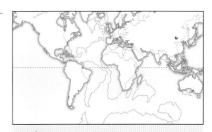

FICHA
TARBOSAURUS (TYRANNOSAURUS BATAAR)

Significado: reptil alarmante

Período: Cretácico superior

Grupo principal: Theropoda

Longitud: 10 metros

Peso: 4 toneladas

Dieta: animales grandes

Fósiles: en Mongolia

ALIORAMUS

FICHA

ALIORAMUS

Significado: rama diferente

Período: Cretácico superior

Grupo principal: Theropoda

Longitud: 6 metros

Peso: 1 tonelada

Dieta: animales

Fósiles: en Mongolia

Este depredador de tamaño medio, del que apenas se conocen un cráneo parcial y unos huesos parciales del pie, se considera un pariente inusual del último gran grupo de dinosaurios carnívoros, los tiranosáuridos. Vivió a finales de la era de los dinosaurios, hace 70-65 millones de años. Fue bautizado en 1976, a partir de fósiles encontrados en Mongolia por Sergei Mijáilovich Kurzánov, un especialista soviético en fósiles que también ha adquirido notoriedad por sus estudios y opiniones sobre *Avimimus*, mucho más pequeño y posiblemente recubierto de plumas (*véase* página 164).

Aunque la falta de fósiles de huesos de las patas o del cuerpo dificulta la determinación de su tamaño real, se cree que *Alioramus* era mucho menor que sus grandes parientes tiranosaurios, pero aun así era un cazador enorme y poderoso, mucho mayor que la mayoría de los carnívoros terrestres actuales. Algunos especialistas conjeturan que alcanzaba probablemente 6 metros de longitud total y aproximadamente 1 tonelada de peso. Los fósiles de huesos de los pies muestran que era más ligero y probablemente más rápido que los terópodos de mayor tamaño. Algunos paleontólogos estiman que su velocidad a la carrera superaba los 40 kilómetros por hora. La estructura y las proporciones corporales eran bastante típicos de los tiranosáuridos, con brazos diminutos, patas posteriores largas y fuertes y una cola larga y rígida. La cabeza, sin embargo, era más inusual. Su forma se conoce a partir del cráneo parcial, que era largo, bajo y con un hocico alargado, en lugar de alto y con el hocico bastante corto como en la mayoría de los tiranosáuridos. Por lo demás, tenía unas proyecciones óseas, incluidas cuatro protuberancias a modo de pequeños cuernos en hilera a lo largo del centro de la nariz, además de otras dos más arriba, cada una cerca de cada ojo. *Alioramus* puede que no fuera el depredador dominante de su época, ya que probablemente compartía tiempo y lugar, el Cretácico superior del este de Asia, con la especie mucho mayor de tiranosaurio que antes se conocía como *Tarbosaurus*.

IZQUIERDA *Alioramus* se diferencia de la mayoría de los demás tiranosáuridos por el hocico largo y bajo, por las pequeñas proyecciones óseas en la nariz y encima de los ojos y por su tamaño relativamente pequeño en comparación con sus inmensos parientes.

IZQUIERDA *Albertosaurus* se muestra aquí en la postura erguida tipo «canguro» que quizás adoptaba realmente para otear el escenario desde la atalaya más alta posible.

INFERIOR El resultado de un ataque: una reconstrucción esquelética en un museo que muestra a *Albertosaurus* a punto de alimentarse de su víctima, el dinosaurio cornudo *Centrosaurus*.

ALBERTOSAURUS

Albertosaurus, similar a *Tyrannosaurus* pero en más pequeño, merodeaba por lo que es hoy el noroeste de América durante el Cretácico superior, hacia finales de la era de los dinosaurios, pero antes que su «primo mayor». *Albertosaurus* tenía todos los rasgos típicos de un dinosaurio carnívoro grande: dientes largos y afilados en unas mandíbulas fuertes; la cabeza grande con el hocico alto; el cuello grueso y el pecho alto y ancho; unas extremidades anteriores pequeñas y aparentemente inútiles con dos dígitos armados de garras en cada una; unas patas posteriores muy potentes, con tres dígitos largos y bien provistos de garras en cada pie; y una cola larga, ahusada y de base gruesa. Los dientes sumaban unos 16 en la mandíbula inferior y algo más, 18 o 19, en la superior. Al igual que en muchos otros grandes dinosaurios cazadores, los dientes tenían bordes ondulados o aserrados, útiles para aserrar o cortar a través de la carne de sus víctimas, igual que un buen cuchillo de carne.

En un yacimiento de fósiles se encontraron nueve individuos de *Albertosaurus* de diferentes edades conservados juntos, lo que sugiere que podrían haber vivido en grupo.

Albertosaurus fue bautizado en 1905, el año en que se formó la provincia canadiense que le da nombre, por Henry Fairfield Osborn, que entonces era el director del Museo Americano de Historia Natural. Pero los fósiles, incluidos dos cráneos parciales, habían sido descubiertos antes, hacia 1884 y 1890-91, en la región del río Red Deer, que pronto sería la provincia de Alberta. Habían sido designados como *Laelaps* y luego *Dryptosaurus* antes de que Osborn los reclasificara como *Albertosaurus*. En 1913 se encontró un esqueleto bien conservado de un animal similar, al que se le dio el nombre de *Gorgosaurus*. En 1970, Dale Russell revisó la situación y su conclusión fue que los especímenes conocidos como *Gorgosaurus* eran en realidad juveniles de *Albertosaurus* o de una especie más pequeña. En fechas más recientes, en otra oscilación del péndulo, *Gorgosaurus* ha vuelto a salir a la superficie como aplicable a la primera especie de *Albertosaurus*, *Albertosaurus libratus*. Esto deja la especie principal igual que antes, *Albertosaurus sarcophagus*.

FICHA
ALBERTOSAURUS
Significado: reptil de Alberta
Período: Cretácico superior
Grupo principal: Theropoda
Longitud: 9 metros
Peso: 2,5 toneladas
Dieta: animales
Fósiles: en el oeste de Norteamérica

0 1 2 3 4 5 6 7 8

CARCHARODONTOSAURUS

FICHA
CARCHARODONTOSAURUS
Significado: reptil de diente de tiburón
Período: Cretácico medio
Grupo principal: Theropoda
Longitud: 14-15 metros
Peso: 7-8 toneladas
Dieta: grandes animales
Fósiles: en el Sahara (África)

Parte de este dinosaurio será familiar para quienes conocen los tiburones, ya que el nombre científico del tiburón blanco es *Carcharodon carcharias*. Este «reptil de diente de tiburón» compite con *Giganotosaurus* por ser el mayor depredador que merodeó nunca por las tierras emergidas. *Carcharodontosaurus* ha experimentado un espectacular renacimiento a resultas de los estudios de los fósiles encontrados en el norte de África por Paul Sereno y sus colegas de la Universidad de Chicago (*véase* también *Suchomimus*, página siguiente). Los fósiles representan un terópodo de quizás 14 metros de longitud y 7 toneladas de peso, es decir, mayor que *Tyrannosaurus*. Y, sin embargo, *Carcharodontosaurus* tiene una larga historia pese a su reciente fama. El primero que le dio nombre fue Ernst Strommer von Reichenbach, en 1931, a partir de un cráneo parcial y de otros restos encontrados en el Sahara en 1927. Al igual que otros fósiles de grandes terópodos, al principio éstos se atribuyeron a *Megalosaurus*. Por desgracia, estos primeros hallazgos se perdieron durante la Segunda Guerra Mundial (*véase Spinosaurus*, página 199). El hallazgo de Sereno

en 1966 alimentó la reputación del dinosaurio y obligó a revisar los libros de récords. Los nuevos fósiles hallados en Sudamérica desde 2000, aunque escasos y fragmentarios, han sugerido que podría haber terópodos aún mayores, con lo que la situación podría cambiar una vez más.

Carcharodontosaurus en África era similar en algunos aspectos a *Giganotosaurus* de Sudamérica. Ambos se clasifican como reliquias del Cretácico medio del grupo de terópodos que incluía a *Allosaurus* y que habría tenido su máximo éxito evolutivo en épocas anteriores, durante el Jurásico superior. Los vínculos entre estos dinosaurios se observan en aspectos tales como los tres dígitos en cada miembro anterior, a diferencia de los dos dígitos de los terópodos gigantes más tardíos como *Tyrannosaurus*. *Carcharodontosaurus* tenía una complexión pesada, con huesos muy robustos y un cráneo tan largo como la altura de muchos seres humanos actuales: 1,6 metros. Los dientes eran verdaderamente terroríficos, triángulos ahusados de unos 20 centímetros de largo con los bordes aserrados, mucho mayores y más fuertes que los de cualquier tiburón.

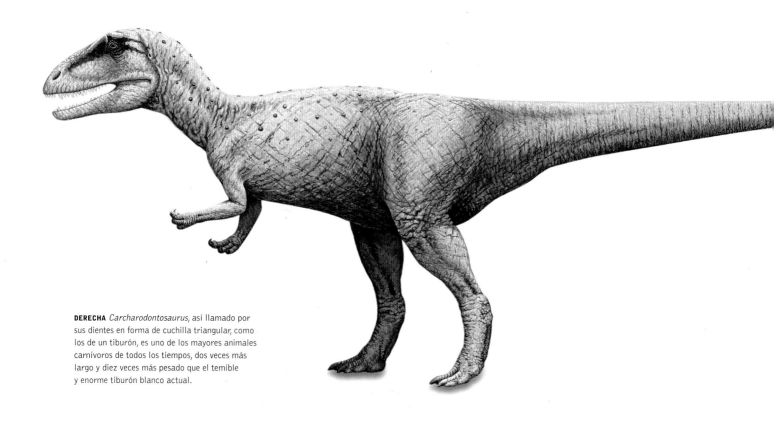

DERECHA *Carcharodontosaurus*, así llamado por sus dientes en forma de cuchilla triangular, como los de un tiburón, es uno de los mayores animales carnívoros de todos los tiempos, dos veces más largo y diez veces más pesado que el temible y enorme tiburón blanco actual.

SUCHOMIMUS

Después de descubrir un nuevo espécimen de *Carcharodontosaurus* (*véase* página anterior), el paleontólogo de Chicago Paul Sereno y su equipo cosecharon otro éxito en 1997 con el descubrimiento en el Sahara, en torno al Teneré, en Níger, de los fósiles correspondientes a unos dos tercios del esqueleto de un enorme dinosaurio carnívoro. Sereno y sus colegas le dieron el nombre de *Suchomimus*, «imitador de cocodrilos» en alusión a la forma de su cabeza, ya que, a diferencia de la mayoría de los grandes terópodos (dinosaurios carnívoros), tenía un hocico muy largo y bajo, así como unas mandíbulas muy estrechas tachonadas con unos 100 dientes no muy afilados y ligeramente curvados hacia atrás. El extremo del hocico estaba engrosado y llevaba una «roseta» de dientes más largos. *Suchomimus* recuerda a los crocodilios que comen sobre todo peces, como el gavial actual, una especie de cocodrilo de gran tamaño con un hocico muy largo y fino que vive en el subcontinente indio. *Suchomimus* también presentaba unas extensiones elevadas en las vértebras, las cuales sostenían quizás algún tipo de cresta, alerón bajo o cresta de piel, como se ve de un modo más exagerado

en *Spinosaurus* (*véase* página 199). La impresión general es de un animal masivo y poderoso que comía peces y carne hace 100 millones de años, cuando el Sahara era una región pantanosa y de vegetación exuberante. *Suchomimus* se ha clasificado en el grupo de terópodos denominado espinosáuridos. Aparte de la cresta dorsal, *Suchomimus* era muy similar a *Baryonyx* (*véase* página 190), que también tenía patas anteriores fuertes y una enorme garra curvada en forma de hoz en el «pulgar». Y al igual que en *Baryonyx*, la garra de *Suchomimus* fue la primera parte del fósil que observaron los paleontólogos. *Suchomimus* era considerablemente mayor que *Baryonyx*, aunque es posible que el segundo fuera un juvenil del primero. Por lo demás, los estudios más detallados muestran que el propio espécimen de *Suchomimus* no estaba del todo desarrollado cuando murió.

FICHA
SUCHOMIMUS

Significado: imitador de cocodrilos

Período: Cretácico inferior y medio

Grupo principal: Theropoda

Longitud: 11 metros

Peso: 2 toneladas

Dieta: animales, posiblemente peces

Fósiles: en el Sahara (Níger)

DERECHA El hocico largo y bajo de *Suchomimus* es similar al de *Baryonyx* y al de varios tipos de cocodrilos modernos. Está diseñado para agitarlo de un lado a otro con rapidez por el agua y agarrar así presas resbaladizas y que intentan escapar culebreando, como los peces.

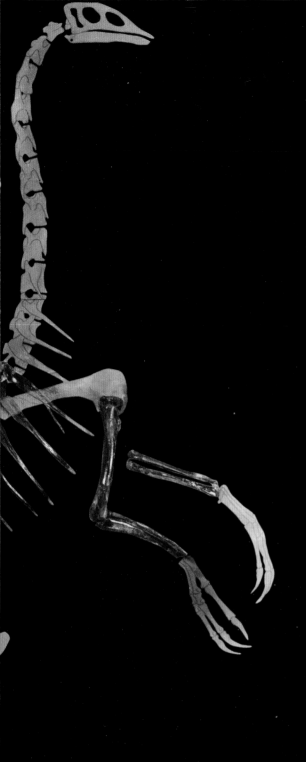

Capítulo seis

Los dinosaurios avestruz

Uno de los grupos de dinosaurios más extraños era el de los ornitomimosaurios. La mayoría carecía por completo de dientes y picoteaba alimentos con su pico.

Como un pico de ave

Algunos dinosaurios tenían la parte anterior de la boca en forma de pico, entre ellos los fitófagos de gran tamaño como *Triceratops* y *Stegosaurus*, pero entre los dinosaurios carnívoros sólo los ornitomimosaurios desarrollaron pico. Su nombre, que significa «reptiles que imitan aves», se refiere en parte a la presencia de este pico. En los restos fosilizados, dicho pico consiste en los huesos que forman las mandíbulas superior e inferior, las cuales eran largas y bajas, casi como un par de alicates finos. Los dientes estaban casi ausentes en la mayoría de los tipos. En vida, los huesos mandibulares debían de estar recubiertos de estuches córneos, como en las aves modernas. El tejido córneo crecía lentamente y se regeneraba, protegiendo así el hueso del interior. Puede que formara afilados bordes o crestas a lo largo de las mandíbulas, de modo que éstas podían servir para cortar.

Más como un avestruz

El pico de las aves varía enormemente, tanto en forma como en tamaño. De entre las aves vivientes, el pico que más se parece al de los ornitomimosaurios es el del avestruz, el ñandú y afines. Por supuesto, no sólo el pico, sino también la cabeza, el cuello y las patas posteriores se parecían a los de un avestruz actual. Uno de los ornitomimosaurios más conocidos es *Struthiomimus*, que significa «imitador de avestruz», y el grupo entero recibe a menudo el nombre de dinosaurios avestruz. Las similitudes entre los dinosaurios avestruz y los avestruces son accidentes de la evolución, no indican un parentesco estrecho y por lo demás se observan importantes diferencias entre los primeros y las aves que les dan nombre; después de todo, los ornitomimosáuridos eran reptiles prehistóricos y no aves modernas. Las extremidades anteriores del avestruz y otras aves ratites son, de hecho, alas atrofiadas, mientras que los ornitomimosaurios tenían unos brazos de apreciable longitud que pendían por debajo del cuerpo y terminaban en unos dedos con garras afiladas que podían rasguñar, escarbar y agarrar. Por último, ningún ave moderna tiene la larga serie de huesos caudales que presentaban los dinosaurios. Por otra parte, mientras el cuerpo del avestruz actual está cubierto de plumas, no hay evidencias hasta el presente que indiquen con cierta seguridad si los dinosaurios avestruz tenían escamas al igual que la mayoría de los demás reptiles, o si poseían plumas como algunos dinosaurios y todas las aves.

Pautas de comportamiento

Pese a las diferencias, las similitudes sugieren que los dinosaurios avestruz vivieron de un modo similar en muchos aspectos al avestruz y otras ratites. Es probable que caminasen de un lado a otro, oteando el paisaje en busca de alimentos y de posibles enemigos gracias a sus grandes ojos, bien separados del suelo por sus largas patas y cuellos. Si surgía algún peligro, los dinosaurios avestruz usaban un método de supervivencia principalmente: la carrera. Los huesos de sus extremidades y las reconstrucciones de sus músculos indican que los ornitomimosáuridos eran probablemente los más rápidos de entre todos los dinosaurios. Algunos de ellos podían igualar o incluso superar la velocidad de un avestruz moderno, que alcanza unos 80 kilómetros por hora. Si un ornitomimosáurido detectaba algún alimento, podía picotearlo usando su largo cuello y su cabeza. De forma alternativa, sus miembros anteriores podían agarrar pequeñas presas tales como lagartijas y bebés de dinosaurios. Los avestruces actuales son omnívoros expertos; comen casi cualquier cosa comestible, desde hojas hasta insectos.

Evolución

Los dinosaurios avestruz son uno de los últimos grupos de dinosaurios que aparecieron. La mayoría de ellos vivió hacia finales del Cretácico y la mayor parte de sus fósiles se ha encontrado en masas continentales boreales: Norteamérica, Europa y este de Asia. Uno de los tipos más antiguos fue *Pelecanimimus*, de Europa. Todavía tenía dientes –más de 60 en la parte frontal de la mandíbula superior y 140 en la inferior, aunque todos ellos eran diminutos–, lo que muestra que los dinosaurios avestruz fueron perdiendo gradualmente los dientes normales de dinosaurio a medida que el pico los iba sustituyendo. Este grupo parece que todavía estaba evolucionando y se estaba extendiendo cuando la gran extinción del Cretácico lo llevó a un brusco final (*véanse* páginas 407-409).

PÁGINA ANTERIOR Los rasgos típicos de los ornitomimosaurios –cabeza de aspecto inadecuado o «defectuoso», extremidades anteriores larguiluchas, miembros posteriores largos y poderosos y cola muy larga– se ven bien en este esqueleto reconstruido.

IZQUIERDA El dinosaurio avestruz australiano *Timimus* se dispone a hibernar bajo un leño mientras unos pequeños dinosaurios ornitópodos, entre ellos *Laellynsaura*, se abren camino a través del bosque tapizado de helechos del Cretácico medio, en una escena iluminada por ese resplandor en forma de amplia cortina denominado aurora austral (*Aurora australis*) que en las zonas meridionales del planeta se extiende por la atmósfera.

ORNITHOMIMUS

La historia científica de los dinosaurios avestruz empezó con un «big bang» en 1890, cuando Othniel Charles Marsh, un eminente paleontólogo y prolífico denominador de dinosaurios, bautizó a tres especies de este género a partir de unos fósiles desenterrados uno o dos años antes por George Cannon en Denver, Colorado, y por John Bell Hatcher en Montana. Marsh sospechaba que estos animales eran reptiles tipo ave y probablemente ornitópodos, es decir, que pertenecían al mismo grupo principal de dinosaurios que el mucho mayor *Iguanodon*. En 1892 se encontraron otras dos especies, pero por aquellas fechas Marsh ya se había dado cuenta de que estos dinosaurios eran probablemente terópodos, es decir, predadores bípedos. Después de otros hallazgos y de algunas confusiones con el emparentado *Struthiomimus*, *Ornithomimus* adquirió su puesto como miembro fundador de un grupo recién clasificado, los ornitomimosaurios («reptiles que imitan aves») o dinosaurios avestruz.

Ornithomimus poseía todas las características típicas del grupo: complexión ligera; huesos huecos; cráneo largo y bajo; pico sin dientes; ojos y cerebro grandes;

miembros anteriores fuertes con tres dedos provistos de uñas curvas y diseñados para agarrar; patas posteriores esbeltas, extremadamente largas y accionadas por fuertes músculos pélvicos; huesos del metatarso muy largos; tres grandes dígitos en cada pie que se apoyaban por entero en el suelo; y una cola larga y fina con hasta 40 vértebras caudales. *Ornithomimus* era uno de los mayores miembros del grupo, con sus 5 metros o más de longitud corporal y era algo mayor que *Struthiomimus*, aunque las estimaciones varían entre 4 y más de 6 metros. Sus fósiles se han identificado provisionalmente en Mongolia, así como en el continente norteamericano. Al igual que muchos dinosaurios avestruz, era probablemente omnívoro y picoteaba o mordía casi cualquier tipo de alimentos, desde jugosos gusanos hasta duras semillas.

SUPERIOR *Ornithomimus* debía ser más alto que un humano adulto, con sus bastante más de dos metros cuando estaba en postura erecta. Para correr, es probable que bajara el cuello y la cabeza y que levantara la cola, de forma que ambas quedaran horizontales y niveladas con el cuerpo, adoptando una forma alargada, como de flecha.

DROMICEIOMIMUS

Actualmente, la segunda ave más alta del
mundo después del avestruz es el emú (*Dromaius
novaehollandiae*) de Australia, que puede ser tan
alto y grande como un humano adulto. Dado que
Struthiomimus recibió su nombre del avestruz, parecía
lógico dar el nombre de *Dromiceiomimus* a uno de los
siguientes dinosaurios tipo ave que se estudiaron. Esta
denominación fue acuñada en 1972 por Dale Russell
para los fósiles encontrados en las rocas del Cretácico
superior de Alberta, Canadá. Previamente, en la década
de 1920, estos fósiles habían sido atribuidos a dos
especies, *Struthiomimus brevitertius* y *Struthiomimus
samueli*. De hecho, *Struthiomimus brevitertius*
(establecido por William Parks en 1928 a partir de
un espécimen del río Red Deer cerca de Steveville),
incluía el primer cráneo bien conservado
conocido de un dinosaurio avestruz.

El cráneo de *Dromiceiomimus* muestra unas
inmensas órbitas oculares, lo que ha suscitado la
hipótesis de que este omnívoro del Cretácico superior
se alimentaba bajo la luz crepuscular del ocaso y
del alba. Gran parte de su esqueleto es similar al de
otros dinosaurios avestruz, pero el torso es aún más
condensado y compacto, las extremidades anteriores
son alargadas y sus huesos pélvicos (de la cadera) son
asimismo característicos. En las proporciones de sus
patas, los huesos del corvejón (tibia y fíbula) eran una
quinta parte más largos que el hueso del muslo (fémur),
éste último con una longitud media de 47 centímetros.
Esto supera la ya elevada proporción corvejón/muslo
que presenta la mayoría de los dinosaurios avestruz,
lo que sugiere que *Dromiceiomimus* era un velocista
todavía más rápido que sus parientes y que superaba
quizás los 60 kilómetros por hora.

FICHA
DROMICEIOMIMUS
Significado: imitador del emú
Período: Cretácico superior
Grupo principal: Theropoda
Longitud: 3,5 metros
Peso: 120 kilogramos
Dieta: omnívoro
Fósiles: en Canadá (Alberta)

IZQUIERDA *Dromiceiomimus*, que fue quizás el más
rápido de todos los dinosaurios, también tenía unos
miembros anteriores muy largos por tratarse de un
dinosaurio avestruz. Podía inclinarse para escarbar
la tierra y la arena con las garras anteriores,
en busca de alimentos tales como larvas y gusanos,
y extender bruscamente el cuello, muy flexible,
para capturarlos con el «pico».

GALLIMIMUS

FICHA
GALLIMIMUS
Significado: imitador del gallo
Período: Cretácico superior
Grupo principal: Theropoda
Longitud: 6 metros
Peso: 400 kilogramos
Dieta: omnívoro
Fósiles: en Mongolia

A finales de la década de 1960 y a principios de 1970, en las expediciones de búsqueda de fósiles polaco-mongolas al desierto de Gobi se hicieron muchos descubrimientos muy sorprendentes. Uno de ellos fue *Gallimimus*, el «imitador del gallo», con dos esqueletos casi completos, otro en que sólo faltaba el cráneo y otro cráneo con varios trozos más pequeños, en la localidad de Altan Ula, en Mongolia. Lejos de tener el tamaño y la forma de un gallo, este dinosaurio avestruz era el mayor de los géneros bien conocidos de este grupo, con una longitud total de unos 6 metros. Basándose en estos restos del Gobi de 75-70 millones de años de antigüedad, el paleontólogo mongol Rinchen Barsbold, junto con sus colegas polacos Halszka Osmólska y Ewa Roniewicz le dieron el nombre de *Gallimimus* en 1972.

Gallimimus era grande y largo bajo casi todos sus aspectos, a excepción de la cabeza. Su torso era relativamente alargado en comparación con el de otros dinosaurios avestruz, al igual que las larguiruchas patas anteriores, cada una con tres dígitos terminados en pequeñas garras. La cabeza, sostenida por un cuello largo, flexible y en forma de S, era notablemente pequeña y tenía un pico largo y sin dientes que parecía adecuado para recolectar cualquier tipo de alimentos, tanto animales como vegetales. La parte frontal de la mandíbula inferior tenía forma de pala o de cuchara y dentro de la boca había repliegues en forma de peine, lo que servía quizás para recoger tierra y tamizar los alimentos que ésta contenía. Sus grandes ojos miraban hacia los lados, vigilando a su alrededor la posible presencia de enemigos u otros peligros. Si se erguía sobre las patas, *Gallimimus* podía estirar el cuello para levantar la cabeza hasta más de 4 metros por encima del suelo. Cuando se desplazaba, el cuerpo y el cuello se inclinaban hacia delante para ponerse más horizontales, equilibrados sobre las poderosas caderas gracias a la cola larga y rígida, y colocando la cabeza a unos 2 metros por encima del suelo.

DERECHA Los pies anteriores de *Gallimimus* no parecen tanto unas manos aptas para agarrar, sino unas palas apropiadas para excavar y recoger tierra. Sin embargo, es poco probable que el tamaño inmenso de este dinosaurio avestruz le permitiera sobrevivir con una dieta a base de presas diminutas como larvas o lombrices.

STRUTHIOMIMUS

Struthiomimus, con una altura aproximadamente similar a la de un humano, fue el primer dinosaurio avestruz descrito a partir de unos restos bastante completos. La mayor parte de un cráneo y un esqueleto encontrados en Alberta fueron estudiados y bautizados en 1916-17 por Henry Fairfield Osborn, que entonces era director del Museo Americano de Historia Natural. Osborn observó la gran similitud en tamaño, forma y proporciones entre el reptil y las aves ratites actuales como el avestruz y por eso denominó «imitador del avestruz» al nuevo fósil. También fue Osborn quien propuso fundar el grupo entero de los dinosaurios avestruz y *Struthiomimus* es todavía uno de sus miembros norteamericanos más conocidos. Unos pocos restos posibles de *Struthiomimus* se han encontrado en un lugar tan al este de Alberta como Nueva Jersey.

Struthiomimus está datado en unos 75-73 millones de años. Su cráneo largo y bajo y su pico sin dientes, de 25 centímetros de longitud y construido con riostras y placas óseas casi tan finas como una hoja, son extremadamente similares en forma y tamaño a los de un avestruz moderno. Como en otros miembros

del grupo ornitomimosáuridos, los huesos de las mandíbulas superior e inferior debían estar cubiertos de estuches córneos para formar la parte externa a modo de pico. Las proporciones de las patas posteriores son también sorprendentemente similares a las de los avestruces, con unos abultados músculos en torno a los muslos, que posibilitaban la ligereza extremada de los largos corvejones y de los pies todavía más largos (metatarsos) con tres dígitos provistos de garras. Es probable que *Struthiomimus* usara las afiladas garras para escarbar el suelo en busca de larvas, recoger bayas y otros alimentos vegetales, o quizás para agarrar y despedazar pequeñas presas tales como lagartijas, al tiempo que usaba el pico para picotear todo lo que fuera comestible.

SUPERIOR Al igual que la mayoría de los dinosaurios avestruz, *Struthiomimus* tenía unos huesos del cráneo muy finos que probablemente estaban unidos en vida por articulaciones flexibles. Esto significa que sus mandíbulas podían torcerse o alabearse ligeramente, lo que le permitía ladear o doblar el pico para picotear o morder alimentos que habían quedado algo desviados de su trayectoria de picoteo.

FICHA
STRUTHIOMIMUS

Significado: imitador del avestruz

Período: Cretácico superior

Grupo principal: Theropoda

Longitud: 3,5-4 metros

Peso: 140 kilogramos

Dieta: omnívoro

Fósiles: en Canadá (Alberta) y posiblemente en EE. UU. (Nueva Jersey)

0	1	2	3	4	5	6	7

DEINOCHEIRUS

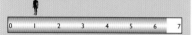

FICHA

DEINOCHEIRUS

Significado: mano terrible, dedos horribles

Período: Cretácico superior

Grupo principal: Theropoda

Longitud: estimada en 8-12 metros

Peso: estimado en 4-7 toneladas

Dieta: presumiblemente animales y carroña

Fósiles: en Mongolia

Uno de los fósiles más misteriosos, excitantes y potencialmente imponentes es un par de extremidades anteriores halladas en las rocas del Cretácico superior en la zona oriental de la cuenca del Nemegt, que forma parte del desierto de Gobi en el sur de Mongolia. Incluso el día de su descubrimiento en 1956, durante las expediciones conjuntas polaco-mongolas de los años 1960 y 1970, fue notable ya que en un lugar donde las sequías duran varios años, estaba lloviendo. Entre los especímenes se incluían huesos de las extremidades anteriores, algunas garras y unos pocos trozos asociados de costillas y vértebras. No se han encontrado otras partes de este animal. En 1970, Halszka Osmólska y Ewa Roniewicz, miembros polacos de la expedición, dieron a este fósil el nombre de _Deinocheirus_, que significa «mano terrible».

Las extremidades anteriores siguen más o menos el patrón de los dinosaurios avestruz, con los tres dígitos aproximadamente de la misma longitud, aunque las proporciones generales de dichos miembros son relativamente más esbeltas. La enorme sorpresa fue su tamaño. Cada miembro anterior medía unos 2,4 metros de longitud, cada dígito por sí solo era mayor que un brazo humano y las garras en forma de garfio figuran entre las mayores de todos los dinosaurios, con más de 25 centímetros de longitud. Es tentador especular que estas enormes extremidades anteriores pertenecían a un gran dinosaurio avestruz. Si se reconstruye a escala con las proporciones de otros miembros del grupo, este animal podría haber medido 12 metros de longitud y más de 7 toneladas de peso, el tamaño de _Tyrannosaurus_, pero con el añadido de unos inmensos miembros anteriores. Sin embargo, hace falta esperar a que se desentierren más restos de _Deinocheirus_ para poder obtener una información más detallada y precisa de este misterioso monstruo.

DERECHA Esta reconstrucción de _Deinocheirus_, un dinosaurio que se conoce casi exclusivamente a partir de unas garras y unos huesos aislados de la extremidad anterior, es extremadamente especulativa. El enorme tamaño de los fósiles significa que el dinosaurio pudo ser fácilmente tan largo como _Tyrannosaurus_ y capaz de llegar tan alto en los árboles como una jirafa moderna.

ELAPHROSAURUS

Elaphrosaurus parece que combina características del grupo general de terópodos (dinosaurios carnívoros) denominado celurosaurios, que prosperaron durante el Jurásico inferior, con rasgos de los dinosaurios avestruz, los cuales forman un subgrupo más especializado dentro de Coelurosauria (*véase* página 146). Por eso, se ha propuesto que *Elaphrosaurus* fue un antecesor del grupo de los dinosaurios avestruz o un animal similar a dicho ancestro. Por otra parte, también podría ser un animal más primitivo, emparentado con *Coelophysis* o incluso con *Ceratosaurus*. Un problema importante es que el esqueleto principal de *Elaphrosaurus* sólo se conoce a partir de un espécimen encontrado en el este de África que carecía de cráneo y, por tanto, de esos rasgos característicos usuales que son los huesos craneales, las mandíbulas y los dientes, rasgos todos ellos que proporcionan mucha información. Los estratos rocosos de la región que contenían el esqueleto también albergaban muchos pequeños dientes, que podrían haber encajado en las mandíbulas de *Elaphrosaurus* si es que éstas tenían dientes.

La forma y las proporciones de *Elaphrosaurus* eran sin duda a la vez tipo celurosaurio y tipo avestruz, con patas posteriores largas y esbeltas; extremidades anteriores esbeltas con tres dígitos cada una; un cuerpo ligero; una cola larga y rígida; y un cuello largo y flexible. El único espécimen fósil proviene de las canteras de Tendaguru, en lo que entonces era África Oriental Alemana (más tarde Tanganica y actualmente la mayor parte de Tanzania). En este yacimiento también se encontraron otros fósiles notables, entre ellos *Brachiosaurus*, *Kentrosaurus* y *Dicraeosaurus*, durante una expedición de cuatro años que se inició en 1908 y fue dirigida por Werner Janesch, el paleontólogo alemán que dio nombre a *Elaphrosaurus* en 1920. Los estudios más recientes de *Elaphrosaurus* sugieren su transferencia al grupo de los ceratosaurios.

SUPERIOR Los especialistas han hecho muchos esfuerzos para intentar clasificar a *Elaphrosaurus*. En las recientes revisiones del género, se tiende a clasificarlo dentro del grupo de los ceratosaurios, como un depredador alargado, esbelto y probablemente con dientes en las mandíbulas en vez del pico que caracteriza a los ornitomimosaurios o dinosaurios avestruz.

FICHA
ELAPHROSAURUS
Significado: reptil ligero

Período: Jurásico superior

Grupo principal: Theropoda

Longitud: 3-5 metros

Peso: 100-150 kilogramos

Dieta: no está clara

Fósiles: en el este de África y posiblemente en EE. UU. (Wyoming)

| 0 | 1 | 2 | 3 | 4 | 5 | 6 | 7 |

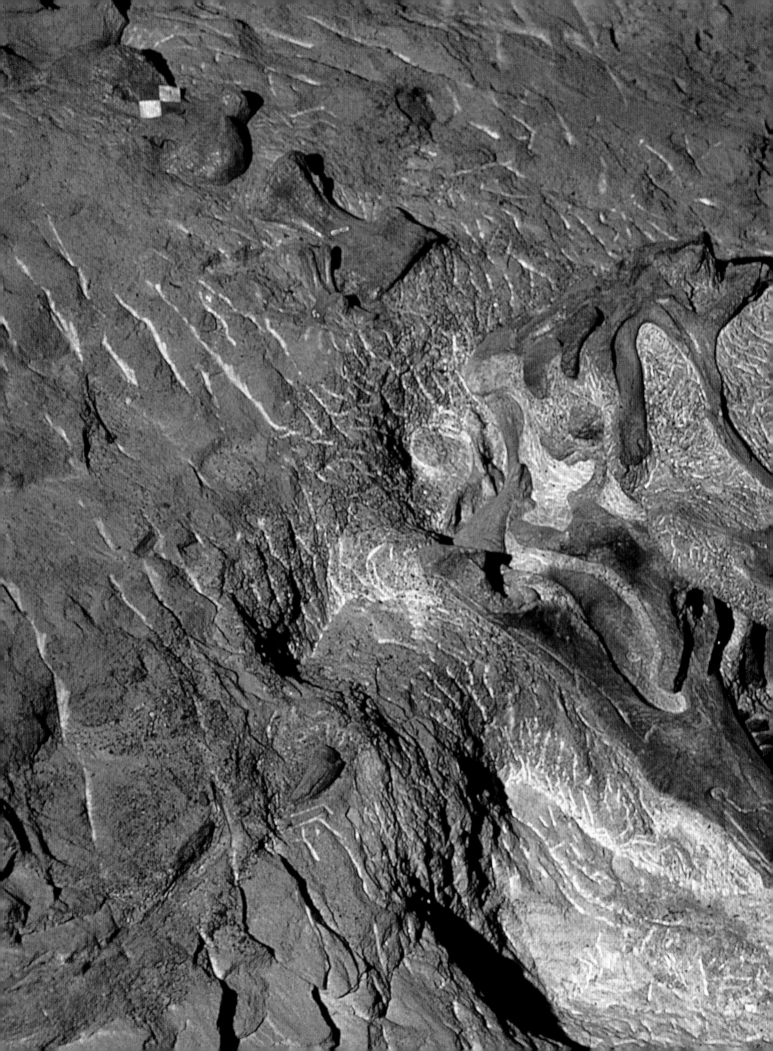

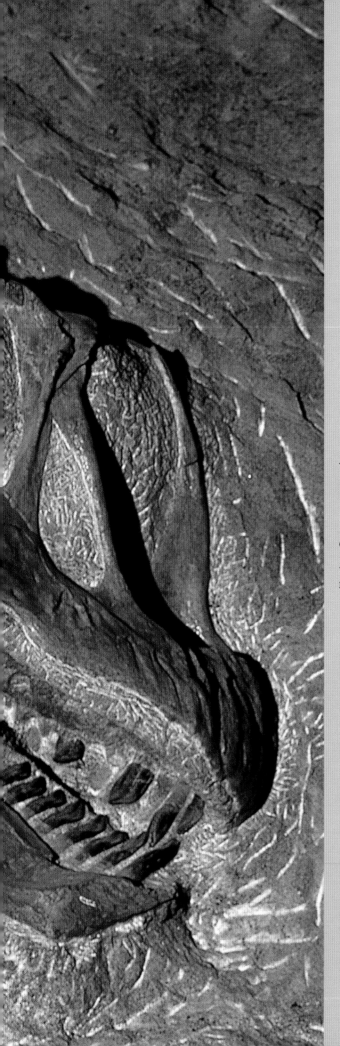

Capítulo siete

Los gigantes

Grande, más grande, el mayor de todos; por lo que parece, cada pocos años se descubre un nuevo merecedor de récord entre los animales más inmensos que han sacudido la tierra con sus pisadas.

Batir récords

La rivalidad entre mamíferos y dinosaurios por el título del animal de mayor tamaño que vivió jamás es más apretada hoy que lo que parecía hace unos pocos años. Los nuevos hallazgos de fósiles de dinosaurios gigantes del grupo de los saurópodos, como por ejemplo *Argentinosaurus*, permiten que estos reptiles rivalicen con las grandes ballenas actuales, como el rorcual o ballena azul, por el puesto más alto de la lista. Hubo varios grupos principales de saurópodos durante la era de los dinosaurios y cada uno de ellos tuvo sus miembros gigantes. Los diplodócidos eran excepcionalmente largos y prosperaron durante el Jurásico superior, especialmente en Norteamérica. Camarasaurus y sus parientes tenían una gran variedad de tamaños, desde grande hasta enorme, y también vivieron en esa época, tanto en Norteamérica como en Europa y Asia. Los braquiosáuridos tenían las patas anteriores especialmente largas y también alcanzaron un gran éxito evolutivo durante el Jurásico superior en Norteamérica, Europa y África. Durante el Cretácico, los titanosáuridos aparecieron en casi todos los continentes y adquirieron una especial primacía en Sudamérica.

Las ventajas de ser grandes

¿Cómo es que los dinosaurios saurópodos llegaron a ser tan enormes y alcanzaron más de 10 veces el peso de los animales terrestres actuales de mayor tamaño, que son los elefantes? Tener mayor tamaño supone varias ventajas. Una de ellas es una mejor autodefensa. Los dinosaurios de mayor tamaño tenían más peso y más fuerza a la hora de defenderse contra los depredadores. Podían chasquear su larga cola como enormes látigos, balancear sus largos cuellos como inmensas cachiporras o girar e inclinarse sobre un enemigo para aplastarlo hasta la muerte. La mayoría de los depredadores, incluso los mayores dinosaurios carnívoros, tenían menos de la quinta parte del peso de los mayores saurópodos.

Conservar el calor corporal más tiempo

Otra ventaja habría consistido en la regulación de la temperatura corporal. Uno de los factores principales que afectan a la pérdida de calor desde un objeto caliente a un entorno más frío es la relación entre la superficie del objeto y su volumen. Cuanto mayor es la superficie en comparación con el volumen, mayor es la tasa de pérdida de calor. Los objetos de mayor tamaño tienen una proporción superficie/volumen mucho menor que los objetos más pequeños, de modo que la pérdida de calor se reduce al aumentar el tamaño. Esto podía haber sido importante para los saurópodos si eran animales de sangre fría –o dicho con una palabra más técnica, ectotérmicos– y hubieran adquirido el calor corporal a partir de su entorno. Después de absorber el calor del sol durante el día, un dinosaurio enorme habría mantenido gran parte del calor de su cuerpo para poderlo usar durante el frescor de la noche. Al mantenerse más caliente, este dinosaurio podía continuar activo y alerta mientras buscaba alimentos o luchaba con sus enemigos.

Problemas de tamaño

Pero ser muy grande también tiene sus inconvenientes. La cantidad de tejido óseo necesaria para soportar más peso aumenta con más intensidad que el propio incremento de peso. Para mover un volumen mayor hacen falta músculos más potentes y la tasa de este aumento vuelve a ser mayor que el mero incremento del volumen. Los requisitos alimentarios se vuelven gigantescos, lo que plantea dificultades a la hora de recolectar una masa tan ingente de materias vegetales con una cabeza relativamente pequeña y poder colmar así las necesidades de un enorme estómago. Por lo demás, el medio ambiente pudo verse sometido a una gran tensión al ser consumidas sus plantas en tales cantidades que acababan desapareciendo, especialmente si estos grandes dinosaurios vivían en manadas –y gran parte de la evidencia fósil sugiere que fue así–. Los saurópodos alcanzaron su mayor éxito evolutivo en el Jurásico superior, cuando el clima cálido y húmedo propiciaba un rápido crecimiento vegetal. Aun así, de tanto en tanto zonas enteras debían quedar totalmente denudadas de su vegetación, lo que significaba que la manada se veía obligar a emigrar a otros lugares.

PÁGINA ANTERIOR Este cráneo de *Camarasaurus* es del yacimiento denominado Monumento Nacional de los Dinosaurios, en Utah, EE. UU. Este saurópodo tenía un cráneo alto con tres largas aberturas a cado lado: la enorme narina en la parte frontal, a continuación la órbita ocular y por último la fenestra infraorbital, una abertura que permitía que los músculos de la mandíbula se hincharan hacia la parte posteroinferior.

IZQUIERDA Los saurópodos en movimiento debían deparar una visión pavorosa cuando exploraban una zona en busca de nuevos pastos. Muchos ejemplos de sus huellas o pisadas fosilizadas muestran que estos enormes dinosaurio se desplazaban en grupos muy unidos.

BAROSAURUS

Barosaurus es uno de los muchos saurópodos descubiertos en Norteamérica durante las cacerías de dinosaurios del salvaje Oeste de finales del siglo XIX. Othniel Charles Marsh lo bautizó así en 1890. El nombre se aplica asimismo a especímenes anteriormente clasificados como *Tornieria*. En unas excavaciones iniciadas en 1922 se exhumaron tres esqueletos bastante completos de *Barosaurus* en la cantera Carnegie de Utah (EE. UU.) por un equipo dirigido por Earl Douglass del Museo Carnegie. En fechas anteriores, Douglass había desenterrado *Apatosaurus* en el mismo yacimiento y contribuido a fundar allí el Monumento Nacional de los Dinosaurios en 1915. En Dakota del Sur se exhumaron otros restos de *Barosaurus* y, en fechas más recientes, trozos de cráneo, extremidades y otros fragmentos de un espécimen de Tanzania, en el este de África, también fueron asignados a *Barosaurus*.

Barosaurus era un saurópodo grande, pero bastante típico, estrechamente emparentado con *Diplodocus*, del Jurásico superior, hace unos 150 millones de años. De hecho, bajo muchos aspectos *Barosaurus* era muy similar al propio *Diplodocus* (*véase* página siguiente), pero con algunas leves diferencias:

unas vértebras mucho más largas, una cola más corta y un cuello mucho más largo. Aunque sus vértebras cervicales sumaban 15 en total, exactamente igual que *Diplodocus*, algunas de ellas medían más de 1 metro de longitud. Las paletas y los huecos de su estructura indican que el cuello era en conjunto relativamente ligero. Es probable que más de cuatro quintos de la longitud total de este fitófago de quizás 27 metros de largo correspondiesen al cuello y la cola. *Barosaurus* tenía presumiblemente una cabeza pequeña, aunque no se ha recuperado espécimen alguno de su cráneo. El Museo Americano de Historia Natural de Nueva York muestra el esqueleto de una «madre» *Barosaurus* levantada sobre las patas posteriores hasta una inmensa altura para proteger a su progenie de un pequeño alosaurio. Su cabeza habría alcanzado así la altura del quinto piso de un edificio.

SUPERIOR No se han encontrado restos fósiles del cráneo de *Barosaurus*, lo que obliga a reconstruir su cabeza a la manera de parientes suyos como *Diplodocus*. Este saurópodo tenía un cuerpo tan compacto que en proporción con su longitud total, tenía más cuello y cola que casi cualquier otro dinosaurio.

DIPLODOCUS

Unos dinosaurios que sólo se conocen a partir de restos parciales recién descubiertos podrían haber sido más largos que *Diplodocus* (*véanse* páginas 222, 224), pero este leviatán del Jurásico superior continúa siendo el dinosaurio más largo conocido a partir de especímenes razonablemente completos y tiene todavía una de las colas más largas que se conocen: 13 metros de longitud. Sam Williston encontró sus restos parciales cerca de Canyon City, Colorado (EE. UU.), en 1987, y al año siguiente Othniel Charles Marsh les dio su nombre actual. Veintidós años después se recuperó un espécimen mucho más completo en Albany County, Wyoming. *Diplodocus* significa «doble viga» y según parece alude a las vértebras caudales (huesos de la cola), de las que había más de 70. En la parte media de la cola, cada vértebra tenía una proyección hacia abajo que llevaba una extensión anterior y posterior a modo de patín en la base, dirigida hacia delante y hacia atrás como una T invertida con un palo vertical muy corto. Hacia su parte posterior, las vértebras adquieren una forma simple, de tal forma que en el extremo de la cola en forma de látigo son simples varillas.

Diplodocus ha dado su nombre a un grupo entero de saurópodos con cráneos similares. La frente es baja y forma un declive hacia el hocico algo despuntado, en tanto que los dientes en forma de clavijas, que se disponen en arco en la parte frontal de las mandíbulas inferior y superior, actúan como un peine o rastrillo para recolectar follaje. Un estudio reciente indica, sin embargo, que los dinosaurios de este tipo no podían levantar la cabeza hasta muy arriba. Las narinas están situadas muy altas en la frente, casi entre los ojos. Como en la mayoría de los saurópodos, cada uno de sus cuatro pies tenía cinco dígitos, pero tan sólo el primero llevaba una garra propiamente dicha. Pese a la gran longitud de *Diplodocus*, sus patas y su cuerpo esbeltos sugieren que era relativamente ligero, posiblemente en torno a unas 10-15 toneladas. Los recientes hallazgos de impresiones de piel que pertenecen posiblemente a *Diplodocus* muestran una hilera de espinas a lo largo del dorso.

FICHA
DIPLODOCUS
Significado: doble viga
Período: Jurásico superior
Grupo principal: Sauropoda
Longitud: 27 metros
Peso: 10-15 toneladas
Dieta: plantas
Fósiles: en EE. UU. (Colorado, Wyoming)

0 · 5 10 15 20 25 30

DERECHA El cráneo bajo y de largo hocico de *Diplodocus,* con dientes en forma de lápiz que orlan la parte frontal de su boca.

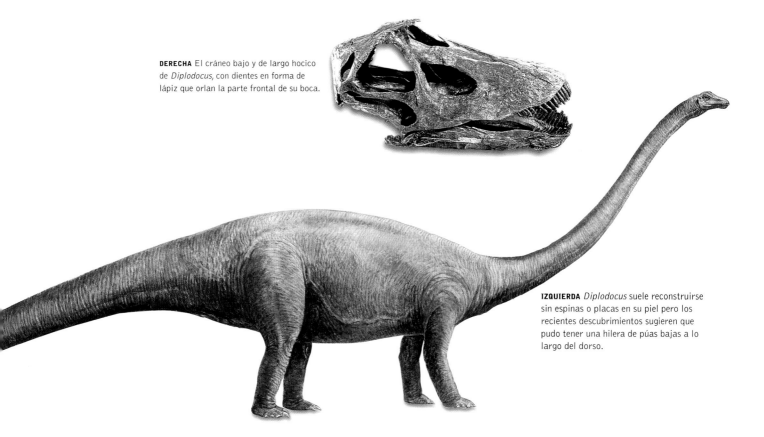

IZQUIERDA *Diplodocus* suele reconstruirse sin espinas o placas en su piel pero los recientes descubrimientos sugieren que pudo tener una hilera de púas bajas a lo largo del dorso.

SUPERSAURUS

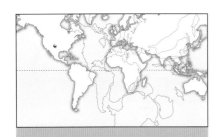

FICHA
SUPERSAURUS

Significado: super reptil

Período: Jurásico superior

Grupo principal: Sauropoda

Longitud: estimada en 30-40 metros

Peso: estimado en 30-50 toneladas

Dieta: plantas

Fósiles: en EE. UU. (Colorado)

Supersaurus era un saurópodo tipo *Diplodocus* de Norteamérica que vivió durante el Jurásico superior. James Jensen fue el primero en desenterrar sus fósiles, en el oeste de Colorado en 1972, pero el dinosaurio no fue bautizado hasta 1985. Fue posible recuperar bastantes partes del esqueleto como para mostrar que se trataba de una bestia realmente enorme, cuya longitud superaba probablemente los 30 metros y llegaba quizás hasta casi 40 metros y cuyo peso alcanzaba quizás las 50 toneladas. Los omóplatos por sí solos son netamente mayores que un humano adulto con sus 2,4 metros de longitud. Las costillas miden 3 metros y algunas de las vértebras caudales miden 1,4 metros de longitud. Por desgracia, estos restos se hallan dispersos y no son ni mucho menos tan completos como los de otros gigantes tales como *Brachiosaurus*, lo que significa que las dimensiones verdaderas de *Supersaurus* continúan siendo objeto de especulación.

Es probable que *Supersaurus* viviera como otros saurópodos, balanceando su largo cuello durante horas seguidas para recolectar enormes cantidades de alimentos vegetales, los cuales tragaba sin mascar para proporcionar energía a su enorme cuerpo. Si *Supersaurus* podía extender la cabeza hacia arriba, debía ser capaz de comer hojas a 15 metros del suelo. Este dinosaurio se clasifica dentro de la familia Diplodocidae, que se caracteriza por una cola larga y a modo de látigo y unos dientes en forma de clavijas o lápices. Entre sus parientes figuraban *Amargasaurus*, *Apatosaurus*, *Barosaurus* y el también enorme *Seismosaurus*. James Jensen propuso otro género gigante, Ultrasauros (¡con una o!) pero ésta es considerada actualmente por muchos especialistas en saurópodos una denominación errónea de la mezcla de fósiles de *Supersaurus* y *Brachiosaurus* hallada fortuitamente en Colorado (*véase* página 232).

INFERIOR *Supersaurus*, uno de los muchos saurópodos gigantes conocidos a partir de un número relativamente bajo de fósiles enormes, es uno de los que rivalizan por el título de dinosaurio más largo (aunque no de más pesado). Era probablemente un miembro de la familia diplodócidos.

INFERIOR Los muy limitados fósiles de *Dicraeosaurus* muestran una curiosa mezcla de características de varios grupos de saurópodos, incluidos los diplodócidos y los cetiosáuridos. *Dicraeosaurus* tenía, en particular, pocos huesos en el cuello y la cola en comparación con otros saurópodos: quizás tan sólo 12 en el cuello, razón por la cual su cuerpo parecía proporcionalmente largo.

DICRAEOSAURUS

Los fósiles de este saurópodo del Jurásico superior, que podrían considerarse de tamaño medio dentro de su grupo, aun cuando el dinosaurio era mucho más largo que cualquier animal terrestre actual, fueron desenterrados por las expediciones organizadas por Alemania en 1908-1912 a Tendaguru, localidad situada entonces en la colonia de África Oriental Alemana (más tarde Tanganica y hoy parte de Tanzania). Los fósiles representan muchas partes del esqueleto, incluido un hermoso espécimen de cráneo.

En Tendaguru se encontraron muchos otros restos actualmente bien conocidos, tales como *Brachiosaurus* y *Kentrosaurus* (el «reptil erizado de púas»), un pariente africano de *Stegosaurus*. Los fósiles fueron estudiados por Werner Janensch, director del Museo de Historia Natural de Berlín, y bautizados por él en 1914 (*véase* también página 245). *Dicraeosaurus* se ha clasificado en la familia Diplodocidae o bien en su propio grupo, Dicraeosauridae, y muestra similitudes con el saurópodo sudamericano *Amargasaurus* (*véase* página 230).

Las dos bifurcaciones a las que alude el nombre de *Dicraeosaurus* son las espinas neurales o extensiones hacia arriba de las distintas vértebras, las cuales se bifurcan o ramifican en dos. Es probable que esas espinas neurales sostuvieran una cresta de piel carnosa o bien una estructura más fina a modo de vela baja, que podría haber tenido distintas funciones, como por ejemplo el control de la temperatura o la exhibición visual (en la página 107 se discuten las posibles funciones de estas velas).

El cráneo muestra los típicos rasgos diplodócidos: los ojos dispuestos en el ápice del cráneo, las narinas también dispuestas muy arriba, casi entre los ojos; el hocico largo, bajo y como de caballo; y los dientes finos y casi en forma de lápiz, dispuestos en dos grupos curvados en la parte frontal de ambas mandíbulas.

La cola de *Dicraeosaurus*, con sus cheurones bifurcados a modo de patines debajo de algunas vértebras, no era tan larga ni tan en forma de látigo como la cola de su pariente saurópodo *Diplodocus*.

FICHA
DICRAEOSAURUS

Significado: reptil con dos bifurcaciones

Período: Jurásico superior

Grupo principal: Sauropoda

Longitud: 13-20 metros

Peso: 10 toneladas

Dieta: plantas

Fósiles: en Tanzania

| 0 · | 5 | 10 | 15 | 20 | 25 | 30 |

SEISMOSAURUS

| 0 · | 5 | 10 | 15 | 20 | 25 | 30 |

Durante la década de 1990 se publicaron artículos científicos de muchos dinosaurios gigantes recién descubiertos. Uno de ellos fue *Seismosaurus*, así llamado porque es presumible que hiciera temblar la tierra como un terremoto cuando se desplazaba, quizás al trote o incluso al galope. Sus restos se encontraron en rocas del Jurásico superior de Nuevo México y fueron clasificados en 1991 por David Gillette. Incluían partes de las vértebras que formaban la columna espinal o dorsal, algunas costillas, trozos de pelvis y otros fragmentos. Las vértebras, que figuran entre las más largas que se han encontrado nunca, miden 1,8 metros cada una, tanto como un humano adulto. Junto con los fósiles se encontraron muchos guijarros redondeados y lisos o gastrolitos, piedras que el dinosaurio había tragado para ayudarse a triturar los alimentos (los cuales tragaba enteros sin masticar) en su musculoso estómago.

Debido a sus similitudes con *Diplodocus*, algunos autores han sugerido que *Seismosaurus* podría ser, de hecho, una forma o especie de gran tamaño del primer género (*véase* página 223), en vez de un género distinto. Por las características de las vértebras, incluidos los cheurones en forma de patines de la parte inferior, y de otros huesos conservados, *Seismosaurus* se identifica como un saurópodo del tipo *Diplodocus* y coetáneo de éste, hace unos 155-144 millones de años. Por lo demás, *Seismosaurus* y otros fósiles hallados en la década de 1990 han contribuido a desplazar a *Diplodocus* de su puesto como el dinosaurio y animal terrestre más largo que existió nunca. Según las estimaciones realizadas con los escasos restos disponibles, la longitud total de *Seismosaurus* podría haber alcanzado los 52 metros –casi el doble que los 27 metros de *Diplodocus*– pero otros cálculos sugieren una longitud de 40 o quizás 35 metros. Las estimaciones del peso son igualmente variadas, desde 30 a 80 toneladas, aunque es probable que *Seismosaurus*, al ser un diplodócido esbelto y ligero, no tuviera el enorme volumen de los saurópodos tipo *Brachiosaurus*.

INFERIOR *Seismosaurus* es uno de los más largos de todos los dinosaurios y, por supuesto, de todos los animales que hayan vivido. Sin embargo, las estimaciones de su longitud varían ampliamente, debido a lo limitado de sus fósiles, desde 30 hasta más de 50 metros. La ballena azul actual alcanza un máximo de unos 30 metros.

IZQUIERDA Como la mayoría de los inmensos saurópodos, *Apatosaurus* debía pasar la mayor parte de su tiempo comiendo plantas. Sus dientes en forma de lápiz o de clavija estiraban y rastrillaban continuamente materia vegetal que era engullida directamente hasta dentro del enorme estómago.

APATOSAURUS (BRONTOSAURUS)

Brontosaurus es uno de los dinosaurios más conocidos de todos y, sin embargo, en términos científicos su nombre no existe. Este nombre existió, eso sí, hace más de un siglo, cuando Othniel Charles Marsh describió dos enormes esqueletos de saurópodo encontrados en Como Bluff, Wyoming, y acuñó la famosa denominación que significa «lagarto trueno». Dos años antes, Marsh había descrito otro inmenso saurópodo a partir de unos restos encontrados por Arthur Lakes en unas rocas cercanas a Morrison, Colorado, y le dio el nombre de *Apatosaurus*. En esta primera hornada de saurópodos se hallaba *Atlantosaurus*, otro nombre acuñado por Marsh, en este caso para especímenes que ya había descrito previamente como *Titanosaurus*. Pero Marsh descubrió luego que el nombre *Atlantosaurus* ya se estaba utilizando, lo que le obligó a cambiarlo a toda prisa. Entretanto, otro saurópodo, *Camarasaurus*, contribuía asimismo a esta confusión general. Gradualmente, sin embargo, fue quedando claro que *Apatosaurus*, *Brontosaurus* y *Atlantosaurus* correspondían a un mismo género, y el primero de estos nombres, al ser el más antiguo en la literatura

científica, primó sobre los demás. De este modo, el nombre de *Brontosaurus* se eliminó de las listas de nombres válidos de dinosaurios. Pese a ello, el nombre de *Brontosaurus* se mantiene vivo en la imaginación de gran parte del público desde entonces.

Apatosaurus era un pariente cercano de *Diplodocus*, del mismo período –el Jurásico superior– y de la misma zona del suroeste de Norteamérica. Pero el primero era más corto y robusto que el segundo y probablemente dos veces más pesado. Cerca de una docena de esqueletos de *Apatosaurus* se desenterraron y estudiaron durante muchos años, y, sin embargo, la forma de su cráneo no quedó clara hasta 1975, cuando Jack Macintosh y David Berman solucionaron una parte más de la confusión. Un nuevo hallazgo del fósil de un cráneo mostró que *Apatosaurus* no posee una cabeza larga y redondeada como *Camarasaurus*, tal como se mostraba en las reconstrucciones realizadas hasta entonces. En vez de ello, tenía una cabeza baja y de hocico corto con narinas situadas muy arriba, casi entre los ojos, y dientes débiles en forma de clavija. En todos estos rasgos se parecía a *Diplodocus*.

FICHA
APATOSAURUS

Significado: reptil engañoso

Período: Jurásico superior

Grupo principal: Sauropoda

Longitud: 21-23 metros

Peso: 25-35 toneladas

Dieta: plantas

Fósiles: en el suroeste de EE. UU. y en México (Baja California)

| 0 · | 5 | 10 | 15 | 20 | 25 | 30 |

COMO UNA MANADA DE ELEFANTES, PERO CON DIMENSIONES MUCHO MAYORES

EXISTE UNA AMPLIA EVIDENCIA DE QUE VARIOS SAURÓPODOS VIVÍAN EN GRUPOS O MANADAS. EN MUCHOS YACIMIENTOS FÓSILES SE HAN ENCONTRADO VARIOS ESPECÍMENES EN UNA PEQUEÑA SUPERFICIE, ESPECÍMENES QUE SON A MENUDO DE VARIAS EDADES, DESDE JUVENILES HASTA ADULTOS. LOS EJEMPLOS DE FÓSILES DE PISADAS MUESTRAN GRUPOS EN MOVIMIENTO, CON PEQUEÑOS RASTROS EN MEDIO Y OTROS MAYORES A LOS LADOS. ¿ACASO LOS ADULTOS RODEABAN A SUS CRÍAS PARA PROTEGERLAS?

DERECHA Estos saurópodos tipo *Brachiosaurus* del Jurásico superior se congregan en su terreno de cría tradicional en este escenario propuesto. En segundo plano, una hembra y un macho oscilan y enrollan los cuellos durante su ritual de cortejo. La hembra, a la izquierda, se prepara para poner los huevos en una depresión del suelo. La puesta, en primer término, quedará pronto cubierta con la arena empujada por el enorme pie de la hembra y a continuación empezará a incubarse en el calor seco de la zona.

AMARGASAURUS

El «reptil de La Amarga» recibe este nombre por el valle de Argentina donde se encontraron los fósiles de este saurópodo. Al igual que muchos restos de dinosaurios, estos fósiles están datados en el período Cretácico, en este caso hace unos 130-124 millones de años. Incluyen un esqueleto bastante completo, que carece del extremo frontal del cráneo y de la cola. Fueron bautizados en 1991 por Leonardo Salgado y José Bonaparte. Las proporciones generales de *Amargasaurus* son típicas de un saurópodo, con una cabeza pequeña, un largo cuello y probablemente una larga cola, un cuerpo redondeado y voluminoso y cuatro patas como pilares. Pero con sus 10 metros de longitud total, éste es uno de los miembros más pequeños del grupo de los saurópodos, similar en longitud a la pitón reticulada, el reptil más largo que vive hoy en día. El cuello era proporcionalmente largo, las patas anteriores más cortas que las posteriores y los pies llevaban los típicos cinco dedos, con el primer dígito («pulgar») provisto de una uña, al igual que la mayoría de los saurópodos.

Amargasaurus era probablemente un miembro de la misma familia de saurópodos que *Diplodocus* (Diplodocidae) y era notable por la hilera de espinas dobles a lo largo de gran parte de su columna vertebral: cuello, dorso y parte de la cola. El papel de estas espinas ha suscitado muchas discusiones. Se encuentran en ciertos otros grupos de dinosaurios, incluidos algunos enormes saurópodos (carnívoros) como *Spinosaurus*; en *Ouranosaurus*, un fitófago similar a *Iguanodon*; en el saurópodo emparentado *Dicraeosaurus*; y en algunos reptiles prehistóricos no dinosaurianos como *Dimetrodon* (*véase* página 106). La explicación usual es que sostienen una vela o alerón cutáneo, o en el caso de *Amargasaurus*, dos de estos repliegues. Los alerones pudieron servir para regular la temperatura corporal, para la exhibición visual o, quizás en el caso de *Amargasaurus*, para intimidar y protegerse de los enormes y poderosos dinosaurios depredadores que vagaban por Sudamérica durante el Cretácico.

DERECHA La extensión de las espinas dorsales de *Amargasaurus* es objeto de debate, ya que algunos opinan que sólo las tenía en el cuello y el cuerpo mientras que para otros se extendían sobre todo a lo largo del cuello. Las espinas podrían haber sido estructuras separadas o haber estado recubiertas por un largo repliegue de piel fina, como una vela o aleta.

QUAESITOSAURUS / NEMEGTOSAURUS

Los cráneos fosilizados son relativamente raros entre los saurópodos. Después de todo, los cráneos figuran entre las partes más pequeñas del cuerpo de un saurópodo y consisten más en tiras y riostras de hueso que en grandes placas o vigas. Así las cosas, no deja de ser irónico que estos dos saurópodos, *Quaesitosaurus* y *Nemegtosaurus*, fueran clasificados tan sólo a partir de los restos del cráneo. Ambos se encontraron en el desierto de Gobi, en Mongolia, ambos están datados en el Cretácico y ambos han sido comparados con la familia de saurópodos basada en *Diplodocus* (*véase* página 225). Si se extrapola a partir de los restos existentes, valiéndose de proporciones diplodócidas típicas, se obtiene una longitud total para cada uno de estos dinosaurios en torno a los 12-13 metros, si bien este dato es altamente especulativo. Si se llegan a encontrar otras partes corporales, incluidos más cráneos, podría resultar que se trata del mismo género de dinosaurio.

Quaesitosaurus (un nombre que también se ha escrito erróneamente como *Qaesitosaurus*, *Questosaurus* e incluso *Questiosaurus*) fue descubierto por una expedición soviético-mongola en 1971 y bautizado en 1983. El cráneo muestra que este dinosaurio tenía probablemente una buena audición, ya que presenta una gran abertura y una cámara en la región del oído, donde es muy posible que resonasen los sonidos. La forma general del cráneo es ancha y baja, y con dientes insustanciales y en forma de clavija, que sólo parecen capaces de rastrillar alimentos blandos, quizás plantas acuáticas.

El cráneo de *Nemegtosaurus* se encontró durante las expediciones polaco-mongolas del final de la década de 1960 y del principio de la de 1970 y recibió su nombre en 1971, el año en que se encontró *Quaesitosaurus*. Su nombre evoca la cuenca o valle del Nemegt, un famoso yacimiento de fósiles del desierto de Gobi donde se han encontrado los restos de muchos dinosaurios bien conocidos, aunque también se han hallado fósiles similares en China. El cráneo es más completo que el de *Quaesitosaurus* y también es largo y bajo, pero no es tan ancho a la altura del hocico. Tiene unos dientes similares en forma de clavija tan sólo en la parte anterior de las mandíbulas, y no en la región de las mejillas, al igual que *Quaesitosaurus*

FICHA
QUAESITOSAURUS / *NEMEGTOSAURUS*
Significado: reptil inusual o anormal, reptil del Nemegt

Período: Cretácico superior

Grupo principal: Sauropoda

Longitud: estimada en 12-13 metros

Peso: estimado en 5-10 toneladas

Dieta: plantas

Fósiles: en Mongolia y quizás China

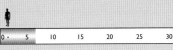

IZQUIERDA La reconstrucción de *Quaesitosaurus* se ha basado casi enteramente en meras conjeturas, ya que sólo se han encontrado partes del cráneo. Éste tiene un hocico largo, como de caballo, con dientes débiles, que debía estirar en la vegetación bastante blanda.

BRACHIOSAURUS

Brachiosaurus, que era monstruoso bajo cualquier criterio, continúa siendo el dinosaurio de mayor tamaño que se conoce a partir de restos completos. También ha dado su nombre a una familia de saurópodos, Brachiosauridae, que incluye muchos otros gigantes, tales como *Sauroposeidon* y *Bothriospondylus*. Una de las características clave del grupo queda reflejada en su nombre que significa «reptil brazo», ya que las extremidades anteriores eran mucho más largas que las posteriores, mientras que otras familias de saurópodos, basadas en *Diplodocus* o en *Titanosaurus*, tenían las patas posteriores más largas que las anteriores. Los miembros anteriores grandes daban a los braquiosáuridos un perfil en pendiente desde el cuello, pasando por los hombros y el dorso, hasta la cadera y la cola, que era relativamente corta. También el cráneo braquiosáurido presenta rasgos clave. Tenía una frente alta, con las narinas situadas muy arriba, por encima de los ojos, un pliegue que formaba un ángulo desde la frente hasta el corto hocico y 26 dientes grandes en forma de cuchara o de cincel en la parte anterior de cada mandíbula.

El paleontólogo estadounidense y cazador de fósiles Elmer Riggs recolectó los primeros especímenes de *Brachiosaurus* en 1900, en el valle del río Grand, en el oeste de Colorado, y acuñó el nombre en 1903. En las expediciones a Tendaguru, entonces en África Oriental Alemana (más tarde Tanganica y actualmente Tanzania), se encontró en 1908 un espectacular esqueleto que ayudó a completar los muchos detalles que faltaban para describir esta enorme bestia. Además de ser uno de los mayores dinosaurios que existieron, *Brachiosaurus* también tenía una distribución muy amplia. Se han hecho, en efecto, ulteriores hallazgos de este género no sólo en varias partes de EE. UU., sino también en Portugal y posiblemente en Argelia. Muchos aspectos de sus métodos de alimentación y otras pautas de comportamiento se discuten en otras páginas de este capítulo.

DERECHA *Brachiosaurus* suele mostrarse poniéndose de manos para llegar hasta la vegetación más alta, a unos 13-14 metros por encima del suelo, es decir, hasta más de dos veces la altura de una jirafa, el animal más alto que existe hoy. Sin embargo, se debate mucho acerca de si el corazón de *Brachiosaurus* era suficientemente potente para bombear sangre hasta una altura tan elevada.

SAUROPOSEIDON

Brachiosaurus mantuvo durante mucho tiempo el récord del dinosaurio más alto, basado en su capacidad de extender su gran cuello hacia arriba en vez de hacia delante (*véase* página anterior), pero hoy tiene un rival con el título de jirafa entre los dinosaurios en *Sauroposeidon*. Cuando extendía por completo el cuello sobre las alargadas extremidades anteriores, *Brachiosaurus* alcanzaba probablemente 13-14 metros de altura, es decir, el doble que una jirafa actual, pero para *Sauroposeidon* en la misma postura se ha estimado una altura de 16 o 18 metros. En un escenario moderno, *Brachiosaurus* podría mirar por la ventana del quinto piso de un edificio, pero *Sauroposeidon* podría atisbar quizás dentro del sexto piso.

No obstante, gran parte de lo que se ha dicho sobre *Sauroposeidon*, respecto a longitud y peso, sólo son meras conjeturas con cierta base científica. Pocos son los fragmentos de esta enorme bestia que han podido identificarse, casi únicamente las vértebras del cuello, que miden casi 1,5 metros de longitud, así como las costillas asociadas. Estos huesos fueron descubiertos en 1994 por Bobby Crosso, un descubridor de fósiles aficionado, mientras llevaba de paseo los sabuesos que estaba adiestrando para los trabajos policíacos

y carcelarios en Otaka County, en Oklahoma. Unas enormes pisadas fósiles descubiertas cerca de Glen Rose, en Texas, se han atribuido asimismo a *Sauroposeidon*, que fue bautizado en 1999 por los paleontólogos estadounidenses Matt Bedel y Richard Cifelli.

En la mitología griega, Poseidón era el dios del mar y de los terremotos; *Sauroposeidon* tenía un cuello similar a un periscopio y es probable que hiciera temblar el suelo cuando caminaba. Este enorme fitófago vivió hace unos 120 millones de años, mucho después que otros géneros de cuello largo, aunque el propio *Brachiosaurus* pudo haber sobrevivido hasta más o menos esa misma época. Según el registro fósil actual, estos dos géneros figuran entre los últimos grandes «cuellilargos» que sobrevivieron en Norteamérica. Sin embargo, los saurópodos de otras familias continuaron prosperando en otros lugares durante millones de años más.

SUPERIOR En los informes recientes sobre las evidencias fósiles se sugiere que *Sauroposeidon* y sus parientes como *Brachiosaurus* podrían no haber sido capaces de levantar la cabeza hasta su altura máxima. En vez de ello, la balanceaban horizontalmente mientras su largo cuello trazaba un gran arco para cubrir el máximo de superficie de alimentación, al tiempo que ahorraban la energía necesaria para desplazar el enorme volumen del dinosaurio.

FICHA
SAUROPOSEIDON

Significado: reptil Poseidón [el dios del mar y de los terremotos]

Período: Cretácico inferior

Grupo principal: Sauropoda

Longitud: 25-30 metros

Peso: estimado en 50 o quizás incluso 80 toneladas

Dieta: plantas

Fósiles: en EE. UU. (Oklahoma, Texas)

| 0 | 5 | 10 | 15 | 20 | 25 | 30 |

ULTRASAUROS (ULTRASAURUS)

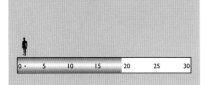

FICHA
ULTRASAUROS

Significado: ultra reptil, reptil más allá

Período: Jurásico superior

Grupo principal: Sauropoda

Longitud: estimada en 25-35 metros

Peso: estimado en 30-100 toneladas

Dieta: plantas

Fósiles: en EE. UU. (Colorado)

| 0 | · | 5 | 10 | 15 | 20 | 25 | 30 |

Este dinosaurio, que pudo o no haber existido, tiene una ajetreada historia de descubrimientos, identificación y asignación de nombres. Muchos paleontólogos actuales consideran los fósiles en los que se basa su identificación una mezcla de especímenes de otros dos saurópodos gigantes, *Brachiosaurus* y *Supersaurus*. Los acontecimientos se iniciaron en 1979, con el descubrimiento de los restos de un enorme dinosaurio en las bien conocidas rocas ricas en fósiles denominadas formación Morrison, en el oeste de Colorado. James Jensen, un paleontólogo que había desenterrado allí fósiles de *Supersaurus* a principios de la década de 1970, estudió los especímenes, principalmente una escápula (omóplato), algunas vértebras y parte de la pelvis, y en 1985 le dio a este gigante el nombre de *Ultrasaurus*.

No obstante, el nombre *Ultrasaurus* ya se había asignado previamente a otro saurópodo más pequeño del Cretácico similar a *Brachiosaurus*.

Sus fósiles se habían encontrado en la década de 1970 muy lejos de Colorado, en Corea del Sur. El dinosaurio coreano fue bautizado *Ultrasauros* en 1983 por Haang Mook Kim, pero, como se había establecido a partir de unos restos muy parciales, su identidad también era dudosa. Aun así, no era cuestión de que la confusión aumentara todavía más, con lo que en 1991 el *Ultrasaurus* americano fue rebautizado, cambiándole una letra, como *Ultrasauros* (especie *Ultrasauros macintoshi*). Las estimaciones de su tamaño variaban mucho debido a lo incompleto de sus restos; las más comunes situaban su longitud máxima en torno a los 30 metros y su peso máximo en unas 89 toneladas, aunque un científico argumentó a favor de unas vertiginosas 130 toneladas de peso. Por desgracia, todos estos debates habrán resultado ser vanos si finalmente se comprueba que la escápula pertenece a *Brachiosaurus* y que las vértebras proceden de otro dinosaurio, *Supersaurus*.

DERECHA *Ultrasauros* es uno de los varios saurópodos realmente gigantescos clasificados basándose en muy tenues evidencias. Sus fósiles podrían resultar ser de otros dos dinosaurios similares, *Brachiosaurus* y quizás *Supersaurus*.

HAPLOCANTHOSAURUS

El «reptil de una sola espina» fue uno de los primeros saurópodos tipo cetiosaurio descubiertos en Norteamérica y su historia científica se entremezcla con la del «reptil ballena» de Inglaterra (*véase* página 253). En 1901, John Bell Hachter, un aplicado paleontólogo estadounidense, descubrió los restos de *Haplocanthosaurus*, o mejor dicho partes de los esqueletos de dos individuos, en Colorado. En el yacimiento cercano a Canyon City ya se habían encontrado numerosos saurópodos y otros restos, tales como los de *Diplodocus* y *Camarasaurus*, muchos de ellos descritos y bautizados por Othniel Charles Marsh o por su gran rival Edward Drinker Cope. Hatcher describió *Haplocanthosaurus* en 1903, y lo bautizó aludiendo a las espinas neurales o extensiones hacia arriba de sus vértebras. En base a los detalles de sus vértebras, *Haplocanthosaurus* podría ser un pariente más pequeño de *Brachiosaurus*, y también se decidió que el género *Haplocanthosaurus* incluyera a los dinosaurios previamente denominados *Haplocanthus*.

Entretanto, los paleontólogos ingleses habían estado siguiendo el estudio de *Haplocanthosaurus* con un gran interés. En una serie de informes se mencionaba la lista creciente de similitudes entre este género y *Cetiosaurus* (*véase* página 253), que ya había sido bautizado hacía más de 60 años y clasificado como un dinosaurio desde hacía más de 30. Pero al hacer comparaciones detalladas entre ambos dinosaurios, los paleontólogos observaron que eran lo suficientemente distintos para tener cada uno su propio género, lo que además ayudó a confirmar la posición de *Cetiosaurus* y a establecerlo junto con *Haplocanthosaurus* como miembro del mismo grupo: los saurópodos de tamaño medio a grande y bastante primitivos de la familia Cetiosauridae. Los cerca de 15 miembros de esta familia tenían la cabeza más roma y el cuello más corto que los saurópodos más tardíos, y basándose en una revisión de todos los miembros de este grupo, vivieron a lo largo y ancho del mundo. Los cetiosáuridos vivieron desde el Jurásico superior hasta mediados del Cretácico.

FICHA
HAPLOCANTHOSAURUS
Significado: lagarto de una sola espina [púa]

Período: Jurásico superior

Grupo principal: Sauropoda

Longitud: 21-22 metros

Peso: estimado en 20 toneladas

Dieta: plantas

Fósiles: en EE. UU. (Colorado, Wyoming)

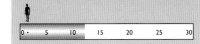

| 0 | 5 | 10 | 15 | 20 | 25 | 30 |

MAMENCHISAURUS

FICHA
MAMENCHISAURUS

Significado: reptil de Mamenchi

Período: Jurásico superior

Grupo principal: Sauropoda

Longitud: 22-25 metros

Peso: 12-15 toneladas

Dieta: plantas

Fósiles: en China

0 ·	5	10	15	20	25	30

Mamenchisaurus, del que a menudo se ha dicho que fue el dinosaurio con el cuello más largo, tenía sin duda un cuello extraordinariamente alargado, de 14 o incluso 15 metros de longitud, y que comprendía quizás 19 vértebras cervicales, más de lo que se conoce en cualquier otro dinosaurio. El descubrimiento de *Sauroposeidon* (*véase* página 233), sin embargo, puso en entredicho a *Mamenchisaurus* como poseedor del récord.

Mamenchisaurus fue nombrado así en 1954 por Young Cheng Chien, un eminente paleontólogo chino conocido en Occidente como C. C. Young. Su nombre hace referencia al lugar de su descubrimiento, el arroyo o la balsa Mamen en la provincia china de Szechwan. Sus restos también se han desenterrado en las provincias de Gansu y Xinjiang. La cabeza y el cráneo sólo se conocen a partir de fragmentos parciales, la mayoría encontrados en la década de 1980, así que de acuerdo a las convenciones científicas, *Mamenchisaurus* se reconstruye con una cabeza deducida a partir de saurópodos similares, como *Euhelopus*. *Mamenchisaurus* vivió hace unos 160-155 millones de años, y en muchos aspectos de su anatomía se parece a los saurópodos en general y a *Euhelopus* en particular. ¿Por qué debió tener un cuello tan ultralargo? Los detalles de las vértebras muestran que el cuello era relativamente ligero para su tamaño, en tanto que la articulación entre los huesos del cuello y del hombro sugiere que el cuello trazaba un ángulo hacia arriba en este punto. Es posible que *Mamenchisaurus* levantara la cabeza para llegar al follaje situado a 10 metros o más por encima del suelo. Otra sugerencia es que su alimento principal lo constituían plantas de bajo porte y que *Mamenchisaurus* oscilaba la cabeza trazando un amplio arco para alimentarse de ellas mientras permanecía en un lugar concreto y luego repetía esta operación tras caminar con lentitud hasta otro lugar. La antigua idea de que los saurópodos vivían en humedales y dejaban flotar cuello y cabeza sobre la superficie para mascar plantas acuáticas está hoy prácticamente descartada.

DERECHA El cuello del *Mamenchisaurus* medía casi la mitad de la longitud total del animal. Este saurópodo continúa siendo uno de los dinosaurios asiáticos más grandes que se han descubierto. Sus fósiles fueron hallados cerca de la ciudad de Chongqing, en la provincia de Sichuán (China).

EUHELOPUS

Dos saurópodos del este de Asia, *Euhelopus* y *Omeisaurus*, tienen una historia compleja. En varias ocasiones fueron considerados miembros de la misma familia, pero los argumentos más recientes sugieren que eran lo bastante diferentes como para pertenecer a dos familias distintas de saurópodos.

Los fósiles de *Euhelopus* provienen de la provincia china de Shandong, recibieron su nombre en 1929 y corresponden al primer saurópodo chino que se describió científicamente. Estos fósiles, que habían recibido en un principio el nombre de *Helopus*, sugieren un herbívoro de tamaño medio, con el cuello y la cola largos, de 12-15 metros de longitud, y que muestra similitudes con la familia de *Camarasaurus* (*véase* página 247). Las cuatro extremidades tenían aproximadamente la misma longitud y el dinosaurio tenía un cráneo cuadrangular, fuertes dientes en forma de cuchara y grandes narinas en lo alto de la cabeza. Pero el cuello de *Euhelopus* era proporcionalmente más largo que el de *Camarasaurus* –unos 5 metros– y constituía casi la mitad de la longitud total del animal. También contenía

un mayor número de vértebras cervicales, hasta 19 en vez de las 12 de *Camarasaurus*.

Omeisaurus vivió también durante el Jurásico superior y alcanzaba 20 metros de longitud. Fue designado así en alusión al lugar de su descubrimiento, el monte Omei, por Young Cheng Chien (conocido como C. C. Young en Occidente) en 1939. *Omeisaurus* se clasificó en un principio dentro de la familia basada en *Cetiosaurus* y tenía una cola relativamente corta. En la provincia china de Sichuan se encontraron fósiles de muchos individuos de este género, lo que sugiere que los miembros de una manada entera habían perecido y se habían conservado juntos.

Otra hipótesis es que tanto *Euhelopus* como *Omeisaurus* estaban emparentados con *Mamenchisaurus*, dinosaurio bien conocido y de cuello extremadamente largo, y pertenecían a una familia basada en el primero, Euhelopodidae. Por desgracia, un saurópodo adicional del Jurásico superior de China complica todavía más la situación actual. Hoy en día, se considera que la familia Euhelopodidae tiene precedencia sobre Mamenchisauridae.

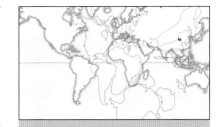

FICHA
EUHELOPUS

Significado: buen pie para los marjales
Período: Jurásico superior
Grupo principal: Sauropoda
Longitud: 10-15 metros
Peso: 10-25 toneladas
Dieta: plantas
Fósiles: en China

IZQUIERDA Se ha encontrado la mayor parte de la sección anterior del esqueleto de *Euhelopus*, incluido el cráneo. Este dinosaurio tenía un hocico romo y bastante corto y unos dientes en forma de cuchara al igual que los dinosaurios de la familia camarasáuridos.

VULCANODON

FICHA

VULCANODON

Significado: diente del volcán

Período: Jurásico inferior

Grupo principal: Sauropoda

Longitud: 6,5 metros

Peso: 500-800 kilogramos

Dieta: plantas

Fósiles: en África (Zimbabue)

0 ·	5	10	15	20	25	30

Vulcanodon es uno de los miembros más pequeños y más antiguos del grupo de los saurópodos. Tenía una serie de características interesantes, según muestran las reconstrucciones a partir de sus restos parciales, sin cabeza, y de la correlación con géneros similares como *Barapasaurus*. *Vulcanodon* vivió durante el Jurásico inferior, hace unos 210-200 millones de años, y su longitud se ha estimado en 6 o 7 metros. El yacimiento fosilífero de Mashonaland Norte, en Zimbabue, proporciona pistas sobre la evolución y extensión iniciales del grupo de los saurópodos. También existe la posibilidad de que unos rastros conservados en Lesotho hubiesen sido dejados por este dinosaurio. Durante un tiempo, estas pisadas se atribuyeron al saurópodo *Deuterosauropodopus*, pero este nombre, que se estableció únicamente a partir de dichos rastros, está hoy en desuso. Los rastros muestran cuatro dígitos terminados en uñas, con una garra más grande en el primero (el «pulgar»). *Vulcanodon* fue designado así en honor a Vulcano, el dios romano del fuego, porque los dientes de

dinosaurio de la región se encontraron en las rocas formadas por una erupción volcánica. Con todo, no es probable que los dientes pertenecieran al propio *Vulcanodon*. Los restos de Zimbabue (que entonces era Rodesia) fueron estudiados y bautizados por Mike Raath en 1972 y otro paleontólogo, Mike Cooper, publicó un informe revisado de dichos restos en 1984. Según las evidencias aportadas en ambos informes y en la discusión que generaron, *Vulcanodon* era un herbívoro de cabeza pequeña, cuello largo, cola larga, cuerpo en forma de barril y patas de elefante del tipo general saurópodo. Algunas partes de los huesos de la cadera muestran rasgos que recuerdan a los prosaurópodos, el grupo principal de grandes fitófagos, como *Plateosaurus*, que precedió a los saurópodos en muchas partes del mundo (*véase* página 128). A diferencia de los prosaurópodos, sin embargo, las patas anteriores de *Vulcanodon* parecen demasiado largas en relación con el cuerpo, lo que le da una postura más cuadrúpeda.

DERECHA *Vulcanodon* vivió en la misma época que los dinosaurios prosaurópodos, hace unos 200 millones de años, y muestra algunas características en común con este grupo. Sin embargo, la mayoría de sus fósiles sugieren que fue un tipo primitivo y más bien pequeño de saurópodo.

INFERIOR En esta reconstrucción se muestran las enormes dimensiones del saurópodo *Jobaria* comparadas con las de un dinosaurio terópodo (carnívoro), algo más alto que un ser humano, y que aquí está intentando asaltar un nido con huevos de *Jobaria*.

JOBARIA

Los equipos de investigación dirigidos por Paul Sereno, un paleontólogo con base en la Universidad de Chicago, cosecharon muchos éxitos cuando buscaban dinosaurios en el norte de África durante la década de 1990. Un ejemplo sobresaliente fue *Jobaria*, un enorme saurópodo de principios del Cretácico, hace unos 135 millones de años. Sus fósiles se descubrieron cerca de Agadez, una población del desierto del centro de Níger. La mayoría de las excavaciones tuvo lugar en 1975 y los trabajadores tuvieron que soportar temperaturas de casi 50°C. Pero las recompensas fueron inmensas, con un espécimen adulto completo casi en un 95 por ciento, además de un esqueleto juvenil y un «cementerio» con una colección de huesos de otros adultos y juveniles, que indicaba que una manada con individuos de distintas edades habían perecido juntos (*véase* página 228). Una de las costillas de un juvenil parecía tener marcas de dientes, las cuales pudieron ser causadas por un gran depredador, el terópodo *Afrovenator,* cuyos fósiles se encontraron en el mismo país, Níger.

Jobaria recibió este nombre en 1999 en honor de Jobar, una criatura importante en la mitología del pueblo tuareg del norte de África, y especialmente en Níger. El elevado porcentaje de partes conservadas del espécimen principal ha permitido a los especialistas deducir que se trataba de un saurópodo superviviente. No pertenecía a las familias principales de saurópodos, como los diplodócidos o los braquiosáuridos, sino que era una reliquia de otros tiempos, como indican varios de sus rasgos. El cuello era proporcionalmente corto, con 12 vértebras (algunos saurópodos posteriores tenían 18 o 19). Todas las vértebras de la columna vertebral carecen de las proyecciones complejas, palas y cavidades llenas de aire que presentan muchos saurópodos más tardíos y no muestran tantos signos de especialización, como las varillas que forman el extremo a modo de látigo de la cola de *Diplodocus*. Es probable que *Jobaria* arrancara la vegetación con sus dientes en forma de cuchara, ya que hace 135 millones de años el Sahara era un exuberante mosaico de bosques, selvas, ríos y lagos, con cocodrilos que acechaban en las charcas.

FICHA
JOBARIA
Significado: de (para) Jobar
Período: Cretácico inferior
Grupo principal: Sauropoda
Longitud: 21 metros
Peso: 18-20 toneladas
Dieta: plantas
Fósiles: en África (Níger)

0 · 5 10 15 20 25 30

LOS MAYORES BEBÉS SALIDOS DE LOS MAYORES HUEVOS

MUCHOS TIPOS DE HUEVOS DE DINOSAURIO
SE HAN CONSERVADO COMO FÓSILES, INCLUIDOS
LOS DE LOS SAURÓPODOS GIGANTES. ÉSTOS
LOS PONÍAN A MENUDO EN GRUPOS O EN NIDOS,
AUNQUE NO SE DISPONE DE EVIDENCIAS SOBRE LOS
CUIDADOS PARENTALES DE LOS HUEVOS O DE LAS CRÍAS.
LOS HUEVOS TENÍAN EL TAMAÑO APROXIMADO DE UNA
PELOTA DE FÚTBOL ALARGADA Y LAS CRÍAS QUE SALÍAN
DE ELLOS DEBÍAN MEDIR HASTA UN METRO DE LA CABEZA
A LA PUNTA DE LA COLA.

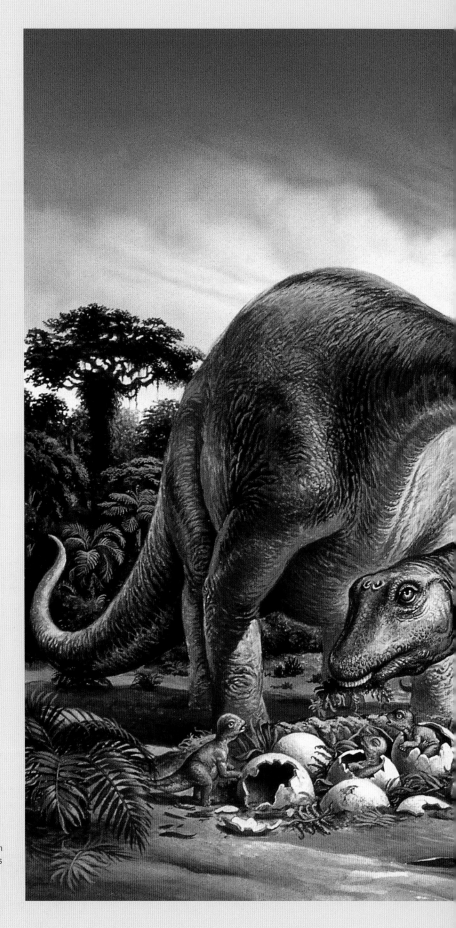

DERECHA Entre los dinosaurios saurópodos gigantes se han
encontrado en Sudamérica y en África huevos fósiles que podrían
ser puestas de titanosáuridos. Los cálculos basados en los índices
de crecimiento de los reptiles modernos sugieren que los recién
nacidos debían tardar más de 50 años, y posiblemente 80 años,
en alcanzar el tamaño adulto.

CHUBUTISAURUS

FICHA
CHUBUTISAURUS

Significado: reptil de Chubut (de la provincia donde fue descubierto)

Período: Cretácico medio

Grupo principal: Sauropoda

Longitud: 24 metros

Peso: 20-25 toneladas

Dieta: plantas

Fósiles: en Argentina

La provincia de Chubut, en el sur de Argentina, ha proporcionado muchos hallazgos emocionantes de fósiles a lo largo de los años y continúa siendo un foco de atención para los paleontólogos. *Chubutisaurus*, así llamado en alusión a la provincia, ha sido emparentado con los enormes dinosaurios fitófagos del tipo *Brachiosaurus*. Según otra opinión, sin embargo, se clasificaría dentro de la familia de los denominados titanosáuridos. Muchos de estos gigantescos fitófagos vivieron en las masas de tierra australes durante el Cretácico y fueron, de hecho, algunos de los últimos saurópodos antes de la gran extinción de los dinosaurios, hace 65 millones de años. Esta familia fue establecida en 1885 por el paleontólogo británico Richard Lydekker, que se valió de *Titanosaurus* como «miembro fundador». La familia experimentó un renacimiento en fechas recientes con el descubrimiento de nuevos miembros,

como *Saltasaurus*, *Janenschia* y *Argentinosaurus*. También se han hallado los fósiles de posibles depredadores en estas regiones del Cretácico, incluidos *Carnotaurus* en el mismo yacimiento y el enorme y terrorífico *Giganotosaurus* (*véase* página 187).

Chubutisaurus fue bautizado en 1974, basándose en dos especímenes parciales datados en unos 10-95 millones de años. Si se usa la información de especies emparentadas para rellenar los detalles, es probable que este dinosaurio tuviera un dorso giboso y una coraza corporal consistente en placas o protuberancias óseas en la piel, al igual que el más tardío *Saltasaurus*. Como otros saurópodos, debía rastrillar la vegetación foliácea con sus pequeños dientes, engulléndola entera para que su musculoso estómago la triturara con los gastrolitos (piedras estomacales) que tragaba con este propósito.

INFERIOR *Chubutisaurus* se conoce a partir de distintas vértebras, incluidas las de la cola, partes de los huesos de las patas anteriores y posteriores, huesos de los pies anteriores y también partes de la cadera.

ARGENTINOSAURUS

Los sorprendentes hallazgos de fósiles de dinosaurios que continúan produciéndose sin tregua por todo el mundo obligan a actualizar de forma casi constante los libros de récords. Sudamérica saltó a la palestra en años recientes con el descubrimiento de algunos de los dinosaurios más antiguos, como *Eoraptor*; de los más grandes depredadores, incluido *Giganotosaurus*; y posiblemente del mayor dinosaurio de todos los tiempos –y quizás el mayor animal que caminó sobre la Tierra– *Argentinosaurus*. Este monstruo fue designado así en 1993, en alusión al país donde lo descubrieron los dos paleontólogos argentinos José Bonaparte y Rodolfo Coría. Dos años más tarde, Coría, del Museo Carmen Funes en Neuquén, dio nombre a un posible depredador de *Argentinosaurus*, *Giganotosaurus* (*véase* página 187).

Argentinosaurus era sin duda enorme, pero sus restos fósiles no son tan completos o numerosos, ni mucho menos, como los de sus rivales, como *Brachiosaurus*. Consisten sobre todo en secciones de la columna dorsal, incluido el sacro, que forma parte de los huesos de la cadera, así como algunas costillas y la tibia de la pata posterior. Los rasgos y proporciones generales de *Argentinosaurus* sugieren que era un titanosáurido, un miembro de una familia de saurópodos que sobrevivió hasta el Cretácico superior en los continentes meridionales. Las estimaciones sobre su tamaño son muy elevadas (40 metros de longitud y 100 toneladas de peso), aunque si se modifican algunas suposiciones al respecto, habría que restar una quinta parte a ambas dimensiones. Las pautas de comportamiento de *Argentinosaurus* eran probablemente muy parecidas a las de otros saurópodos, los cuales pasaban la mayor parte del día recogiendo vegetación foliácea con su boca diminuta, avanzaban lentamente de una zona de alimentación a otra y usaban su enorme volumen como autodefensa.

FICHA
ARGENTINOSAURUS
Significado: reptil argentino
Período: Cretácico medio
Grupo principal: Sauropoda
Longitud: 35-40 metros
Peso: 75-100 toneladas
Dieta: plantas
Fósiles: en Argentina

| 0 · | 5 | 10 | 15 | 20 | 25 | 30 |

IZQUIERDA Los primeros fósiles de *Argentinosaurus* se encontraron en 1987, cerca de una carretera en las proximidades de Plaza Huincul, en la provincia de Neuquén, en el norte-centro de Argentina. Algunos de los huesos parciales de las extremidades fueron confundidos con troncos de árboles fosilizados. El cráneo fue descubierto por un buscador local, Daniel Eleisa.

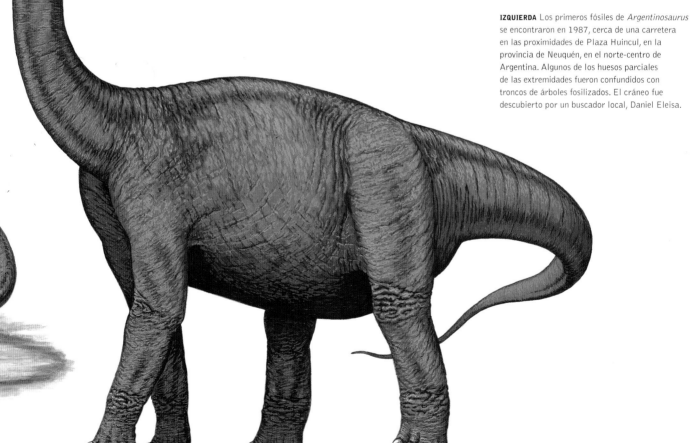

SALTASAURUS

0 ·	5	10	15	20	25	30

El «reptil de Salta» causó varias sorpresas cuando se descubrió y se describió por primera vez en 1980. En un informe se anunció que este fitófago sudamericano de cuello mediano a largo tenía en la piel las protuberancias y los tachones típicos de una coraza. *Saltasaurus* era apenas el segundo saurópodo en el que se demostraba la existencia de esta protección, la cual sólo se conocía anteriormente en otros pocos grupos de dinosaurios, principalmente en los anquilosaurios. Y, sin embargo, durante muchos años las evidencias habían estado mirando literalmente a la cara de los cazadores de fósiles locales. Junto con los restos de saurópodos se habían encontrado protuberancias, tachones y placas fosilizadas, pero siempre se había dado por sentado que la coraza no provenía de ellos, sino de los sospechosos habituales de llevar coraza, los anquilosaurios. Finalmente, basándose en impresiones fósiles de la piel, José Bonaparte y Jaime Powell, quienes habían descrito y dado su nombre a *Saltasaurus*, demostraron que la protección pertenecía en realidad a un saurópodo.

Saltasaurus era un titanosáurido, un miembro de una familia de saurópodos que sobrevivió hasta el Cretácico superior en los continentes australes. Sus restos están datados en 80-75 millones de años, lo que hace de él uno de los saurópodos más tardíos de cualquier lugar del mundo. Se conocen hasta 20 individuos a partir de especímenes fósiles, los cuales pertenecen quizás a dos o tres especies del género, si bien son incompletos. *Saltasaurus* era pequeño en comparación con muchos saurópodos, ya que sólo medía 12 metros de longitud. Tenía una complexión baja y robusta, con un cuello grueso y una cola musculosa. Su coraza de placas consistía en unos pequeños huesos redondeados, con tamaños comprendidos entre el de un guisante y el de una canica. Es probable que el cuerpo del dinosaurio estuviera protegido por miles de estos huesos. Espaciados entre ellos a lo largo del dorso y de los costados había protuberancias o escudos de mayor tamaño, del tamaño aproximado de la palma de una mano humana y posiblemente coronados con espinas.

INFERIOR Después de que en 1896 se afirmara que un saurópodo de Madagascar tenía una coraza corporal, afirmación que fue pronto descartada, la nueva evidencia de este rasgo no salió a la superficie hasta el informe sobre *Saltasaurus* publicado en 1980.

JANENSCHIA

Rupert Wild dio nombre a *Janenschia* en 1991 en honor al paleontólogo alemán Werner Janensch, que fue director del Museo de Historia Natural de Berlín durante la primera parte del siglo XX. Junto con Edwing Hennig, Janensch había organizado en 1908-12 una serie de expediciones a las colinas Tendaguru, en lo que entonces era la colonia de África Oriental Alemana (más tarde Tanganica y hoy la mayor parte de Tanzania). En estas expediciones se desenterró un gran número de fósiles jurásicos, entre ellos *Brachiosaurus*, *Dicraeosaurus*, *Kentrosaurus* y muchos otros.

Sólo se ha encontrado una limitada serie de fósiles del saurópodo *Janenschia*: partes de las dos patas anteriores y un pie anterior, tres patas posteriores y unas cuantas vértebras del dorso y de la cola. Los pies posteriores parece que tenían garras en sus dígitos. La mayoría de los saurópodos tenían una garra en el primer dígito («pulgar») de cada pie anterior y posterior, y quizás estructuras parecidas a uñas o pezuñas en los otros dígitos. Muchas reconstrucciones más antiguas muestran, sin embargo, los tres primeros dígitos con garras y, al menos en algunos casos, éste parece que fue el caso en los pies posteriores de, por ejemplo, *Saltasaurus*. También se han encontrado posibles especímenes de *Janenschia* más al sur, en Zimbabwe. Estos restos son suficientes para mostrar que fue uno de los dinosaurios de mayor tamaño, con sus más de 20 metros de longitud, y que vivió hace unos 155-150 millones de años. *Janenschia* suele clasificarse dentro de Titanosauridae, una familia de saurópodos de los continentes australes y principalmente cretácicos que incluye géneros más tardíos de Sudamérica. Al estar datado en el Jurásico superior, *Janenschia* es de hecho uno de los titanosáuridos más antiguos.

INFERIOR *Janenschia* recibió al principio el nombre de *Gigantosaurus* debido a su tamaño, posteriormente el de *Tornieria* y finalmente su nombre oficial de *Janenschia* en 1991. Fue uno de los titanosáuridos más antiguos, lo que sugiere que este grupo pudo originarse en África, aunque la mayoría de los especímenes posteriores del Cretácico son sudamericanos.

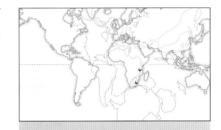

FICHA
JANENSCHIA
Significado: de Janensch
Período: Jurásico superior
Grupo principal: Sauropoda
Longitud: 24 metros
Peso: 25-30 toneladas
Dieta: plantas
Fósiles: en el este y el sureste de África

TITANOSAURUS

FICHA

TITANOSAURUS

Significado: reptil titánico

Período: Cretácico superior

Grupo principal: Sauropoda

Longitud: 12-18 metros

Peso: 5-10 toneladas

Dieta: plantas

Fósiles: en la India

El «reptil titánico» es un representante de un selecto grupo de dinosaurios que, pese a ser muy famosos, no por ello se conocen a fondo. Sus restos fueron estudiados en la década de 1870 y sirvieron para establecer una familia entera de dinosaurios, Titanosauridae. Los hallazgos subsiguientes de fósiles de saurópodos se compararon con esta y otras familias de dinosaurios fitófagos de cuello y cola larga, y de este modo hallaron su lugar en las listas de las clasificaciones. Sin embargo, los fósiles originales, a partir de los cuales el paleontólogo británico Richard Lydekker dio nombre a *Titanosaurus* en 1877 y a la familia en 1885, eran una colección de restos escasos y mezclados hallados en la India. Otros restos posteriores se encontraron en Europa y también en Sudamérica. Como sucede con los dinosaurios carnívoros dromeosáuridos y con los hadrosáuridos de pico de pato, la familia contiene hoy en día miembros conocidos mucho más a fondo a partir de fósiles mucho más completos que los del miembro en el que se basó originariamente la famila.

La familia titanosáuridos incluye más de 20 géneros de saurópodos, la mayoría de entre el Jurásico superior y el Cretácico superior, y casi todos habitantes de las masas de tierra australes. Sus miembros tienen varios rasgos en común. Ejemplos de este grupo son *Saltasaurus*, *Chubutisaurus* y el verdaderamente colosal *Argentinosaurus* de Sudamérica; y posiblemente *Janenschia* de África. Del propio *Titanosaurus* se cree que tenía un cuerpo típico de saurópodo y que alcanzaba los 18 metros de longitud total. En 1996, Rubén Martínez exhumó el primer buen espécimen de un cráneo de titanosáurido. Tenía un hocico bajo y más bien largo, dientes estrechos y bien espaciados y narinas situadas altas en la frente, delante de los ojos. Entre los fósiles originales de *Titanosaurus* se incluían apenas unas pocas vértebras caudales (huesos de la cola) y un esbelto fémur (hueso del muslo). Los restos de dinosaurios similares conocidos como *Antarctosaurus* y *Jainosaurus* se consideran algunas veces como *Titanosaurus*.

CAMARASAURUS

Este dinosaurio, que de todos los saurópodos norteamericanos es probablemente el que mejor se conoce gracias a sus muy numerosos restos, ha proporcionado una nueva percepción muy valiosa sobre las pautas del comportamiento reproductor y de las manadas de estos inmensos animales (*véase* página 228). *Camarasaurus* también dio nombre en su momento a una familia entera de gigantes de cuello largo, Camarasauridae. Sus cuatro extremidades eran más o menos de la misma longitud, a diferencia de las patas anteriores más largas de *Brachiosaurus* o de las posteriores más largas de *Diplodocus*, de forma que su dorso quedaba casi paralelo con el suelo. Su complexión era gruesa y compacta para tratarse de un saurópodo, con un cuerpo grande y un cuello y una cola que también eran relativamente cortos.

El nombre de *Camarasaurus*, que significa «reptil con cámaras», se deriva de los huecos que se observan en sus grandes vértebras y que contribuían a disminuir el peso. El cráneo era corto y el hocico relativamente corto tenía unas mandíbulas poderosas con unos dientes robustos, en forma de cuchara, y con raíces profundas que se extendían casi hasta la zona de las mejillas, a diferencia de los dientes tan sólo anteriores

de algunas familias de saurópodos. Es probable que *Camarasaurus* pudiera ramonear en una vegetación más dura que sus coetáneos de los bosques del Jurásico superior, en lo que son actualmente los estados de Colorado, Wyoming y Utah.

La historia de los fósiles y del «bautizo» de *Camarasaurus* está entremezclada con las historias de otros grandes saurópodos del Jurásico superior y de la misma región, entre ellos *Diplodocus* y *Apatosaurus* (*véase* página 227). Fue bautizado en 1877 por Edward Drinker Cope a partir de la evidencia de algunas vértebras encontradas en fechas anteriores de aquel mismo año cerca de Canyon City, Colorado. Otros restos, que habían recibido nombres como *Uintasaurus*, *Morosaurus*, *Caulodon* o una especie de *Apatosaurus*, fueron reclasificados como *Camarasaurus* en 1958 por Theodor White. Uno de los hallazgos clave, a principios de la década de 1920, fue un espécimen muy completo y bien conservado de un joven *Camarasaurus* en el Monumento Nacional de los Dinosaurios de Utah. Un fósil hallado en fechas mucho más recientes en Colorado y denominado *Cathetosaurus* hasta la fecha corresponde probablemente a *Camarasaurus*.

FICHA
CAMARASAURUS

Significado: reptil con cámaras

Período: Jurásico superior

Grupo principal: Sauropoda

Longitud: 18 metros

Peso: 15-20 toneladas

Dieta: plantas

Fósiles: en EE. UU. (Colorado, Utah, Wyoming, Nuevo México) y posiblemente Portugal

DERECHA *Camarasaurus* tenía el cuello y la cola relativamente cortos para tratarse de un saurópodo.

OPISTHOCOELICAUDIA

Opisthocoelicaudia, notable por ser uno de los dinosaurios que ha recibido un nombre más largo y complejo, era un saurópodo de tamaño medio que presentaba varias similitudes con *Camarasaurus*. Sin embargo, vivió 60-70 millones de años más tarde, hacia el final del Cretácico superior y en otro continente, concretamente en Asia. Sus fósiles fueron recuperados en 1965 durante una de la serie de expediciones polaco-mongolas al desierto de Gobi, en Mongolia. Eran los huesos de mayor tamaño que se habían desenterrado en la cuenca del Nemegt, pero carecían de cráneo y de la mayor parte del cuello. El espécimen y algunos fragmentos asociados fueron descritos y bautizados en 1977 por Magdalena Borsuk-Bialynicka, una paleontóloga polaca.

Opisthocoelicaudia medía probablemente 10-12 metros de longitud y tenía una complexión robusta, de forma que su peso corporal podría ser equivalente al de *Diplodocus*, que era dos veces más largo, pero mucho más esbelto. Por su estructura general y su comportamiento, *Opisthocoelicaudia* era muy similara los titanosáuridos. Su complejo nombre hace referencia a sus vértebras caudales (de la cola). Las superficies orientadas hacia delante de algunas de estas vértebras eran convexas y cada una de ellas encajaba dentro de la superficie cóncava o ahuecada de la superficie orientada hacia atrás que tenía delante. Este diseño contrasta con el de las articulaciones entre los huesos caudales de la mayoría de los demás saurópodos, donde estas dos superficies son mucho más planas. La columna vertebral muestra asimismo otros rasgos interesantes, tales como unos pleurocelos (cavidades o aberturas a los lados) bien desarrollados y unas superficies ásperas para el anclaje de los fuertes músculos y ligamentos.

FICHA

OPISTHOCOELICAUDIA

Significado: vértebra caudal con la parte posterior ahuecada, cavidad caudal posterior, hueso de la cola con la parte de atrás hueca (y muchas otras versiones)

Período: Cretácico superior

Grupo principal: Sauropoda

Longitud: 10-12 metros

Peso: 15-20 toneladas

Dieta: plantas

Fósiles: en Mongolia

0 ·	5	10	15	20	25	30

DERECHA Los fósiles de plantas y animales encontrados junto con los de *Opisthocoelicaudia* sugieren que este dinosaurio vivió en los bosques abiertos de las tierras bajas y que probablemente consumía al día 70-80 kilogramos de vegetación, es decir, el peso de un humano adulto de complexión robusta.

SHUNOSAURUS

Este fitófago de cuello largo y tamaño medio del Jurásico medio se ha clasificado a menudo junto con *Camarasaurus* en una familia primitiva del grupo de los saurópodos. Otra opinión quizás complementaria de la anterior es que formaba parte de una familia de saurópodos que divergió y dio origen a varios de los grupos posteriores. *Shunosaurus* es bien conocido a partir de más de 20 esqueletos variados, pero esencialmente similares y relativamente completos, unos cinco de ellos con el cráneo, algo inusual entre los restos de saurópodos. Fue bautizado en 1983 en referencia a los yacimientos de sus fósiles en la zona de Shuozou (Shuo-xian) del centro de China, por tres eficaces paleontólogos, Dong Zhiming, Zhou Shiwu y Zhang Yihong.

Shunosaurus era similar a *Camarasaurus* en cuanto al tamaño y la forma generales y a su comportamiento. Comparado con otros saurópodos, *Shunosaurus* tenía una complexión más pesada y un cuello y una cola relativamente más cortos, con menos vértebras en la columna vertebral: 12 en el cuello, 13 en la parte principal del dorso,

4 fusionadas entre sí que formaban el sacro (parte de la cintura pélvica) y 44 en la cola. El rasgo más notable era la maza caudal. Dado que esta característica no se observó en los primeros especímenes reconstruidos, tampoco se aprecia en las restauraciones e ilustraciones más antiguas. La maza lobulada estaba formada por las dilatadas vértebras del extremo de la cola y es probable que tuviera dos (o dos pares) de púas o espinas. Por su forma general recuerda a una versión a escala reducida del extremo en forma de mallo de un dinosaurio anquilosáurido acorazado, como por ejemplo *Euoplocephalus* (*véase* página 333). Hasta la fecha, *Shunosaurus* es el único saurópodo conocido que presenta este rasgo, que presumiblemente usaba como autodefensa.

SUPERIOR *Shunosaurus* tenía unos dientes en forma de cuchara o de cucharón para pastar los tallos y hojas de plantas de bajo porte. Al igual que muchos de los mayores prosarópodos, se estima que vivía más de 100 años. Su nombre de «reptil de Shu» deriva de Shu, un antiguo nombre chino de la región china de Sichuan.

FICHA
SHUNOSAURUS
Significado: reptil de Shu (en alusión al lugar donde fue descubierto)

Período: Jurásico medio

Grupo principal: Sauropoda

Longitud: 10-11 metros

Peso: 5-10 toneladas

Dieta: plantas

Fósiles: en China

| 0 · | 5 | 10 | 15 | 20 | 25 | 30 |

RAMONEADORES DE ALTO NIVEL

LOS SAURÓPODOS NO TENÍAN LOS DIENTES NI
EL TIEMPO SUFICIENTE PARA MASTICAR A FONDO
LOS ALIMENTOS Y PODER ASÍ TRITURARLOS Y LIBERAR
SUS NUTRIENTES DURANTE LA DIGESTIÓN. LAS DIMINUTAS
CABEZAS DE ESTOS GIGANTES ERAN POCO MÁS QUE
UNAS HERRAMIENTAS PARA TOMAR ALIMENTOS, PARA
ARRANCAR Y RASTRILLAR TODO TIPO DE MATERIAS
VEGETALES QUE A CONTINUACIÓN ENGULLÍAN ENTERAS.
MUCHOS SAURÓPODOS TAMBIÉN TRAGABAN GUIJARROS,
LOS GASTROLITOS –PIEDRAS ESTOMACALES O PIEDRAS
DE MOLLEJA– QUE FUNCIONABAN COMO UN MOLINILLO
TRITURADOR DENTRO DEL ESTÓMAGO, DONDE
PULVERIZABAN LAS PLANTAS ENGULLIDAS.
ESTOS GUIJARROS TENÍAN EN SU MAYORÍA EL
TAMAÑO DE UN PUÑO Y SE IBAN REDONDEANDO
Y PULIENDO CON EL USO. A MENUDO SE ENCUENTRAN
ASOCIADOS CON LOS RESTOS DE LOS SAURÓPODOS.

DERECHA Un gran saurópodo del tipo braquiosaurio podía llegar
hasta las ramas de los árboles situadas a más de 10 metros
de altura para ramonear en las capas superiores de vegetación.
Durante el período Jurásico, cuando vivió la mayoría de estos
gigantes, las principales plantas altas eran helechos arborescentes,
gingkoáceas (ginkgo y especies afines) y coníferas emparentadas
con los actuales pinos, araucarias y secuoyas.

HYPSELOSAURUS Y AMPELOSAURUS

FICHA

AMPELOSAURUS

Significado: reptil del viñedo

Período: Cretácico superior

Grupo principal: Sauropoda

Longitud: 12 metros

Peso: 5-10 toneladas

Dieta: plantas

Fósiles: en Europa (Francia y España)

Hypselosaurus se consideró durante muchos años un dinosaurio más bien pequeño para ser un saurópodo. Su longitud total se había estimado en 8-12 metros y su peso en 5-10 toneledas. El «reptil de cresta alta» se había encontrado en Francia y en España y fue bautizado pronto en la historia de los dinosaurios, en 1869, por Phillipe Matheron, que el mismo año también había dado nombre a *Rhabdodon*, un ornitópodo más bien pequeño tipo *Iguanodon*. Matheron encontró algunos huevos fósiles en 1859 que en 1877 fueron atribuidos a un dinosaurio por Paul Gervais, aunque nadie hizo mucho caso de ello. El de Gervais continúa siendo el primer informe sobre huevos de dinosaurio del que se tiene noticia.

Sin embargo, la mezcla de huesos conservados de *Hypselosaurus* ya no se considera una base segura para establecer un género de dinosaurio, de modo que actualmente el nombre *Hypselosaurus* no se considera válido.

Un excelente nombre sustitutivo es *Ampelosaurus*, que es tan «nuevo» como «viejo» es *Hypselosaurus*. Sus fósiles tienen unos 72 millones de años de antigüedad y se encontraron en 2002, en Campagne-sur-Aude, cerca de Espéraza, en el sur de Francia, no lejos de los Pirineos. El espécimen fue apodado *Eva* en honor a su descubridora, la estudiante de geología Eva Morvan, y es el esqueleto de dinosaurio más completo que se ha encontrado en Francia. En vida, este individuo medía probablemente unos 12 metros de longitud y pesaba unas 10 toneladas, pero se cree que era relativamente joven en el momento de su muerte, ya que se han encontrado huesos similares en la zona que casi doblan en tamaño a los de *Eva* y que eran probablemente de adultos. El fascinante hallazgo incluye asimismo las protuberancias de una coraza corporal.

DERECHA Los fósiles de *Hypselosaurus* ya no se consideran los representantes de un tipo concreto de dinosaurio, sino una mezcla mal definida de varios géneros. Con todo, el recientemente descubierto *Ampelosaurus* sería similar en cuanto a sus formas generales del tipo saurópodo, aunque de mayor tamaño.

INFERIOR *Cetiosaurus* fue el primer saurópodo descrito por la ciencia, aunque no como un dinosaurio. En aquella época, hace casi dos siglos, sus restos se atribuyeron a una ballena y el animal no fue reconocido como un dinosaurio hasta 1869, cuando adquirió una fama temporal como el mayor animal terrestre descubierto hasta la fecha.

CETIOSAURUS

Aunque hoy nos pueda parecer difícil confundir un dinosaurio con una ballena, durante los primeros años de la caza científica de fósiles, las cosas eran muy distintas. Los restos de *Cetiosaurus* se encontraron por primera vez en la década de 1830 –o posiblemente en 1809– y fueron estudiados posteriormente por Richard Owen y también por William Buckland, el geólogo inglés y naturalista que adquirió renombre gracias a *Megalosaurus* en Oxford durante la década de 1830. Georges Cuvier, el colega francés y rival de Auckland, que era entonces unas de las primeras autoridades mundiales en fósiles y en animales actuales, vio cierto parecido con las ballenas, especialmente en el tamaño y en los restos asociados de animales marinos (*véase* página 397). El paleontólogo británico Richard Owen, por su parte, observó similitudes con los esqueletos de reptiles. En 1841, el año en que acuñó el término Dinosauria para el grupo entero de los dinosaurios, Owen también dio su nombre a *Cetiosaurus* («reptil ballena»). En esta fase, *Cetiosaurus* todavía se contemplaba como un animal no dinosauriano; de hecho, hubo que esperar a 1869 para que, tras

el descubrimiento de un esqueleto razonablemente completo en Oxfordshire, Inglaterra, Thomas Henry Huxley, colega muy próximo a Charles Darwin y paladín de la entonces nueva teoría de la evolución, concluyera que *Cetiosaurus* era un dinosaurio.

Cetiosaurus fue un saurópodo primitivo del Jurásico medio que medía unos 18 metros de longitud y pesaba más de 20 toneladas. Cada una de sus vértebras tenía una parte central muy grande, el denominado cuerpo vertebral, con pequeñas extensiones a modo de reborde donde se unían los músculos espinales. Esto contrastaba en gran medida con las vértebras esbeltas, con espacios huecos y grandes extensiones, típicas de los saurópodos más modernos.

Las patas posteriores, muy fuertes y gruesas, eran considerablemente más altas que las anteriores para poder llevar la mayor parte del peso corporal. Las extremidades anteriores de otros saurópodos primitivos como *Patagosaurus*, *Shunosaurus* o *Barapasaurus* son en comparación más cortas y más débiles. Los fósiles de *Cetiosaurus* se han encontrado en muchas zonas de Inglaterra.

FICHA
CETIOSAURUS

Significado: reptil ballena
Período: Jurásico medio
Grupo principal: Sauropoda
Longitud: 16-18 metros
Peso: 15-20 toneladas
Dieta: plantas
Fósiles: en Inglaterra

0 · 5 | 10 | 15 | 20 | 25 | 30

RHOETOSAURUS

Rhoetosaurus es uno de los pocos dinosaurios saurópodos –quizás sólo dos o tres- conocidos a partir de restos encontrados en Australia. Su presencia allí durante el Jurásico medio, hace unos 180-175 millones de años, sugiere que los saurópodos llegaron al continente desde otras masas de tierra, luego evolucionaron y quizás se extinguieron allí. Aparte de *Rhoetosaurus*, el otro único candidato serio a saurópodo australiano es *Austrosaurus*, del Cretácico inferior.

Los restos de *Rhoetosaurus* se desenterraron en Dirham Downs, cerca de Roma en el centro de Queensland, noreste de Australia, en 1924, y fueron bautizados el año siguiente por Heber Longman en alusión a Rhoetus, un gigante de la mitología griega. Otros hallazgos posteriores realizados en 1975 proporcionaron una mezcla de fragmentos que hoy incluyen vértebras caudales, partes de una pata posterior y un pie casi completo,

trozos de la cadera, costillas y vértebras torácicas (de la región del pecho) y vértebras cervicales (del cuello).

Por su aspecto general y sus proporciones, *Rhoetosaurus* era similar a otros saurópodos de su época, como *Shunosaurus* (*véase* página 249) o el más voluminoso *Cetiosaurus* de Europa. Tenía el cuello y la cola largos, aunque no tanto como los saurópodos del Jurásico superior. El cuerpo era muy voluminoso y se apoyaba en unas patas fuertes, como de elefante, que podían soportar un peso considerable. La cabeza era bastante amplia y casi cuadrangular. Las robustas vértebras caudales muestran que la cola se ahusaba con rapidez y era apreciablemente musculosa, lo que podría sugerir que *Rhoetosaurus* poseía una maza caudal similar a la de *Shunosaurus* para blandirla contra sus enemigos, aunque no se han localizado fósiles de esta parte del animal.

FICHA

RHOETOSAURUS

Significado: reptil Rhoetus, lagarto troyano

Período: Jurásico medio

Grupo principal: Sauropoda

Longitud: 15-18 metros

Peso: 10-20 toneladas

Dieta: plantas

Fósiles: en Australia (Queensland)

| 0 · | 5 | 10 | 15 | 20 | 25 | 30 |

DERECHA Los fósiles de *Rhoetosaurus* están lejos de ser completos, pero muchos especialistas consideran que este dinosaurio es un pariente próximo del saurópodo chino *Shunosaurus*. La hipótesis de que tenía una maza caudal al igual que *Shunosaurus* es mucho más discutible y no se apoya en evidencias fósiles directas.

BARAPASAURUS

Los fósiles del subcontinente indio son relativamente raros y *Barapasaurus* es uno de los pocos saurópodos conocidos de esta parte del mundo. En 1961 se descubrieron más de 300 fósiles de *Barapasaurus* en el valle Godavari, en el sur-centro de la India, entre Nagpur y Hyderabad, que constituían los esqueletos parciales de seis individuos. Sin embargo, ninguno de estos fósiles correspondía a un cráneo o un pie, partes del animal que ayudan a la clasificación. El «reptil de pata grande» fue bautizado en 1975.

Barapasaurus, que fue uno de los primeros saurópodos conocidos, vivió durante el Jurásico inferior, probablemente hace entre 200-185 millones de años. Presenta varios de los rasgos primitivos del grupo, tales como vértebras con muy pocas oquedades o huecos diseñados para ahorrar peso. A este respecto es muy similar a otros saurópodos primitivos

como *Cetiosaurus* en cuya familia de dinosaurios, Cetiosauridae, había sido clasificado anteriormente. Por otras características, sin embargo, es similar a *Vulcanodon*, otro saurópodo muy primitivo del mismo período, pero procedente de África y no de Asia (*véase* página 238). Con sus 20 metros de longitud total, *Barapasaurus* presentaba ya el cuello y la cola alargados del grupo de los saurópodos y era probablemente tan lento y laborioso como ellos; y, al igual que ellos, debía pasar muchas horas al día alimentándose, arrancando la vegetación para engullirla y triturarla en su musculoso estómago con los gastrolitos (piedras estomacales) que tragaba y acto seguido conservaba para este propósito dentro de un órgano estomacal a modo de molleja. *Barapasaurus* se clasifica actualmente dentro de la familia Vulcanodontidae.

FICHA
BARAPASAURUS

Significado: reptil de pata grande, reptil de extremidad grande

Período: Jurásico inferior

Grupo principal: Sauropoda

Longitud: 18-20 metros

Peso: 15-25 toneladas

Dieta: plantas

Fósiles: en la India

| 0 • | 5 | 10 | 15 | 20 | 25 | 30 |

INFERIOR Las estimaciones del peso de *Barapasaurus* varían entre 15 y 50 toneladas, dependiendo sobre todo del volumen muscular que se atribuya a las extremidades y el tronco o parte principal del cuerpo. Por sí solo, el fémur o hueso del muslo era tan alto como un humano adulto.

CAPÍTULO OCHO

LOS DINOSAURIOS CON PIES DE AVE

AUNQUE ES POSIBLE QUE LOS ORNITÓPODOS NO FUERAN LOS DINOSAURIOS MÁS ESPECTACULARES, SÍ FUERON SIN DUDA UNO DE LOS MÁS DIVERSIFICADOS Y DE MAYOR ÉXITO EVOLUTIVO DE ENTRE TODOS LOS GRUPOS DE DINOSAURIOS.

PIES DE AVE

LA MAYORÍA DE LOS DINOSAURIOS ORNITÓPODOS («CON PIES DE AVE») TENÍAN TRES DÍGITOS DIRIGIDOS HACIA DELANTE EN CADA PIE POSTERIOR. ESTOS DEDOS QUEDABAN UN POCO EXTENDIDOS Y TERMINABAN EN UNAS GARRAS CURVAS QUE NUNCA ERAN MUY AFILADAS. MUCHOS GÉNEROS TAMBIÉN TENÍAN UN CUARTO DÍGITO, QUE ERA MUCHO MÁS PEQUEÑO, NO SE APOYABA EN EL SUELO Y ESTABA ORIENTADO HACIA ATRÁS. ESTA ESTRUCTURA TIENE MUCHAS SIMILITUDES CON LOS PIES DE NUMEROSAS AVES ACTUALES. EL GRUPO DE LOS ORNITÓPODOS RECIBIÓ SU NOMBRE ANTES DE QUE LOS CIENTÍFICOS HUBIERAN OBSERVADO ESTA SIMILITUD TAN EXTENDIDA.

¿UN GRUPO O MÁS DE UNO?

El grupo de los ornitópodos incluye una gran variedad de dinosaurios, desde algunos que eran casi tan pequeños como un gato doméstico hasta otros que eran más grandes que un elefante moderno. Todos ellos eran fitófagos y pertenecían al grupo de los ornitisquios («con cadera de ave»), una de los dos subdivisiones principales del grupo de los dinosaurios. Sin embargo, otras similitudes entre los ornitisquios no están tan bien definidas. Varios de sus géneros, como *Heterodontosaurus* e *Hypsilophodon*, tenían unos dientes especializados que no se observan en otros ornitópodos. Según parece, no tenían muchas más estrategias defensivas que la de correr y es probable que fueran muy ágiles y de movimientos muy rápidos. Los ornitópodos eran comunes en algunos hábitats, especialmente en los de monte bajo seco, y en algunas regiones, particularmente en Europa y en el sur de África. En los nuevos sistemas de clasificación algunos de los géneros más pequeños y primitivos, como por ejemplo *Lesothosaurus*, se incluyen a menudo en otros grupos y sólo se consideran «verdaderos» ornitópodos géneros tales como *Hypsilophodon*, *Camptosaurus*, *Iguanodon* y sus parientes, así como los hadrosaurios o picos de pato (*véase* el capítulo siguiente).

MÁS GRANDES Y MEJORES

Los mayores ornitópodos no hadrosaurios, así como los que mejor se conocen a partir de sus fósiles, son *Iguanodon* y sus parientes. Estos animales figuran, en efecto, entre los mejor estudiados de todos los dinosaurios. En términos más generales cabe mencionar que se han encontrado centenares de especímenes conservados de ornitópodos no sólo de huesos y dientes, sino también de contenidos estomacales, de sus excrementos –los denominados coprolitos–, de trozos de piel y de escamas, de pisadas o huellas y de huevos. Los iguanodóntidos aparecieron durante el Jurásico, quizá junto con *Dryosaurus* (*véase* página 280). Durante el período siguiente, el Cretácico, aumentaron de tamaño y gozaron de un enorme éxito evolutivo en casi todos los continentes del mundo junto con *Camptosaurus*, el propio *Iguanodon*, *Altirrhinus* y *Muttaburrasaurus*.

¿POR QUÉ TUVIERON TANTO ÉXITO IGUANODON Y SUS PARIENTES?

Las razones precisas que explican el éxito evolutivo de los iguanodóntidos no están muy claras. Entre otras, podrían ser las siguientes: las hileras de dientes de sus poderosas mandíbulas, que conformaban un mecanismo masticador muy eficaz; la parte frontal en forma de pico de su boca, adaptada para arrancar de sus tallos las frondas y las hojas de las plantas; las adaptables extremidades anteriores que podían servir para caminar o para luchar (con la garra que tenían en cada «pulgar»); y un gran tamaño, que les servía para defenderse contra los depredadores. *Iguanodon* podía alimentarse a cualquier altura situada entre el suelo y los 7 u 8 metros por encima. El Cretácico fue un período de vegetación en rápida evolución, ya que fue entonces cuando aparecieron las plantas de flor –herbáceas, arbustos y árboles que se reproducen por flores– que se extendieron con gran rapidez y es posible que los iguanodóntidos estuvieran adaptados a este nuevo tipo de fuente alimenticia. Por lo que respecta al comportamiento, estos dinosaurios también muestran pautas migratorias y de vida en manada (*véase* página 261). Pese a ello, los iguanodóntidos no pudieron mantener su éxito inicial y a medida que avanzaba el Cretácico fueron volviéndose menos comunes, quizás para dar origen a sus grandes competidores, los emparentados –y también ornitópodos– hadrosaurios de pico de pato.

PÁGINA ANTERIOR Cuando nieva, los reptiles modernos tienen demasiado frío para poder moverse. Sin embargo, los ornitópodos australianos pequeños como *Leaellynasaura* pudieron ser de sangre caliente y aquí se dirigen caminando hacia sus habituales cuarteles de invierno para disponerse a hibernar. El descubrimiento de los fósiles de estos dinosaurios tipo *Hypsilophodon*, y del medio ambiente en el que vivieron, obligó a revisar muchas de las ideas sobre los dinosaurios «lentos, estúpidos y de sangre fría».

IZQUIERDA Esta escena muestra dos posibles modos de desplazamiento de *Iguanodon*. La cría camina de forma bípeda, llevando la cabeza alta para mirar en torno suyo. El adulto es cuadrúpedo y corre a paso largo o trotando a cuatro patas. En realidad, este ornitópodo empleaba probablemente ambos métodos y tal vez otros, es más, quizás incluso galopaba como un caballo gigante.

ALTIRHINUS

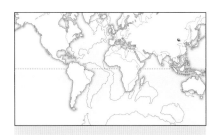

FICHA

ALTIRHINUS

Significado: hocico alto, nariz alta

Período: Cretácico inferior y medio

Grupo principal: Ornithopoda

Longitud: 7-8 metros

Peso: 4 toneladas

Dieta: plantas

Fósiles: en Mongolia

Altirhinus se identificó en un principio como el representante de una pequeña especie asiática del género *Iguanodon*. Sus restos fueron bautizados (también a partir de algunos otros restos muy fragmentarios) como *Iguanodon orientalis* por Anatoly Konstantinovich Rozhdestvensky en 1952, pero también recibieron los nombres de *Iguanodon monoliensis* o *Iguanodon bernissartensis*. En 1998, sin embargo, el paleontólogo inglés David Norman, un especialista en iguanodóntidos de gran renombre, publicó unos estudios detallados sobre los restos de este fitófago. Su conclusión fue que era lo suficientemente distinto de las diferentes especies del género *Iguanodon* como para merecer un género separado y propuso llamar *Altirhinus* a este nuevo género y *Altirhinus kurzanovi* a la especie. El rasgo distintivo principal, como bien indica su nuevo nombre que significa «hocico alto», es la forma del morro: los huesos nasales están mucho más curvados o arqueados que en el género *Iguanodon* y forman una protuberancia bulbosa entre la parte frontal de la boca a modo de pico y los ojos. Otro factor que intervino en el cambio de nombre fue que Mongolia, donde se habían encontrado los restos de *Altirhinus*, está muy lejos de Europa, continente donde se encontró la mayoría de los fósiles de *Iguanodon*.

Entre los restos de *Altirhinus* se incluyen un cráneo razonablemente completo, partes de la mandíbula y un segundo cráneo, además de varios huesos asociados, pertenecientes probablemente a los esqueletos de un total de cinco individuos, dos de ellos juveniles. Estos restos se recuperaron en Khuren Dukh, en la región de Dornogov, en el sur de Mongolia. Aparte de la nariz protuberante, *Altirhinus* es un iguanodóntido (*véase* página 259) bastante típico. Se cree que tenía una gran púa en el primer dígito o «pulgar» de cada uno de sus pies anteriores, y sus patas posteriores eran más largas que las anteriores, aunque todavía era capaz de andar con las cuatro.

DERECHA *Altirhinus* vivió hace unos 120-100 millones de años. Cuando adoptaba la postura a cuatro patas, como se muestra aquí, para husmear y buscar plantas comestibles, la altura hasta la cadera debía ser de unos dos metros.

IGUANODON

Iguanodon –«dientes de iguana»– ocupa un puesto muy especial en la historia de los dinosaurios. Gideon Mantell, un doctor de cabecera y entusiasta de los fósiles en su tiempo libre, o quizás su mujer Mary Ann, le dio este nombre basándose en unos grandes dientes obtenidos en la zona de Cuckfield, Sussex, en el sur de Inglaterra. Después de consultarlo con los expertos de su época, entre ellos William Buckland y Georges Cuvier, Mantell observó la similitud de los dientes con los de un saurio moderno, concretamente la iguana, aunque los fósiles eran mucho mayores. En 1825, Mantell propuso que provenían de un tipo de lagarto extinguido desde hacía mucho tiempo al que designó como *Iguanodon*. Así pues, *Iguanodon* se convirtió en el segundo dinosaurio, después de *Megalosaurus* en 1824, que recibía un nombre científico. Esto sucedió bastante antes de que los propios dinosaurios recibieran su nombre de grupo, Dinosauria, por parte de Richard Owen en 1841. Posteriormente, en 1878, los trabajadores de una mina de carbón de Bernissart, en el suroeste de Bélgica, descubrieron los fósiles enterrados y revueltos de más de 30 esqueletos casi completos de *Iguanodon*. Éste y muchos otros hallazgos posteriores efectuados por toda Europa han convertido a *Iguanodon* en uno de los más estudiados de todos los dinosaurios.

Iguanodon era un fitófago de 10 metros de longitud, 5 metros de altura y 5 toneladas de peso que quizá podía andar sobre sus patas posteriores o apoyar las anteriores para desplazarse a cuatro patas. La parte anterior de la boca carecía de dientes y tenía forma de pico, mientras que la zona de las mejillas contenía unos dientes altos con crestas longitudinales que servían para masticar y moler. La mano estaba inusualmente especializada, con un quinto dígito (o «meñique») capaz de agarrar y tres fuertes dígitos intermedios con garras en forma de pezuña, posiblemente unidas por una almohadilla. Del primer dígito (o «pulgar») surgía en ángulo recto una púa robusta y puntiaguda que el animal usaba presumiblemente como arma defensiva. Los fósiles de *Iguanodon* se encuentran a menudo en grupos, lo que indica que este dinosaurio vivía en manadas, y existen asimismo muchos rastros (series de huellas o pisadas conservadas). Por estas y otras razones, *Iguanodon* proporciona información útil sobre la vida de los dinosaurios en Europa durante el Cretácico inferior y medio.

FICHA
IGUANODON
Significado: diente de iguana

Período: Cretácico inferior y medio

Grupo principal: Ornithopoda

Longitud: 10 metros

Peso: 4-5 toneladas

Dieta: plantas

Fósiles: en Europa (Inglaterra, Bélgica, Alemania, España y otros países) y posiblemente Norteamérica

MUTTABURRASAURUS

FICHA

MUTTABURRASAURUS

Significado: reptil de Muttaburra

Período: Cretácico medio

Grupo principal: Ornithopoda

Longitud: 7 metros

Peso: 3 toneladas

Dieta: plantas

Fósiles: en Australia

Al igual que *Altirhinus* (*véase* página 260), *Muttaburrasaurus* tenía una protuberancia en el hocico, desde las narinas hasta los ojos. Aparte de esta característica, era un iguanodóntido típico que se parecía en particular a *Camptosaurus*. Con su «pico» sin dientes y cubierto de tejido córneo, pastaba y ramoneaba materias vegetales en el suelo, los arbustos y los árboles bajos, y cortaba estas materias con sus dientes como cizallas antes de engullirlas. Al igual que *Iguanodon* y otros miembros de la familia, es probable que *Muttaburrasaurus* se desplazara de forma bípeda, únicamente sobre sus patas posteriores y con el cuerpo inclinado hacia delante, manteniéndolo en posición casi horizontal y equilibrándolo sobre la cadera con la cola poderosa y de base gruesa. El cuello estaba arqueado en ángulo recto, primero hacia delante y luego hacia arriba, de forma que la cabeza podía mirar al frente mientras el animal se desplazaba. Pero también es posible que este ornitópodo usara las patas anteriores

bastante grandes para correr a cuatro patas, al paso largo o al galope, alcanzando quizás una velocidad al galope de más de 30 kilómetros por hora. Cuando se alimentaba, es probable que *Muttaburrasaurus* se apoyara sobre las cuatro patas para llegar hasta las plantas del suelo, que se levantara sobre las patas posteriores para estirar el largo cuello hacia arriba, o incluso que estirara las ramas y el follaje hacia la boca con las manos, cada una de ellas con cinco dígitos.

Muttaburrasaurus recibe este nombre por una población cercana al yacimiento donde se descubrió, cerca del río Thompson, en el centro de Queensland, Australia. El ganadero Douglas Landon encontró el fósil en 1963 y cuando Alan Bartolomai y Ralph Molinar clasificaron el género en 1981 le dieron a dicho fósil el nombre específico de *Muttaburrasaurus langdoni*. En 1987 se encontró otro cráneo fósil aplastado y distorsionado más al norte de Queensland, cerca de Richmond. Los dientes de Lightning Ridge, Australia, podrían pertenecer también a este fitófago.

IZQUIERDA Los fósiles de *Muttaburrasaurus* se han encontrado en varias localidades del centro y del norte de Queensland. Durante aquella época, hace 100 millones de años, crecía en esta región una variada flora con plantas tales como cicadáceas, coníferas y helechos, que debían ofrecer una gran cantidad de alimentos a este dinosaurio herbívoro.

DERECHA Los variados y relativamente comunes fósiles de *Camptosaurus* se clasificaron en un principio como unas ocho especies dentro de este género, así como en otros géneros tales como *Brachyrophus*, *Cumnoria* y *Symphyrhophus*. Este dinosaurio pudo ser uno de los primeros con abazones carnosos en las mejillas para guardar el alimento mientras masticaba, una característica de la que carece la mayoría de los reptiles modernos.

CAMPTOSAURUS

Entre los dinosaurios del tipo *Iguanodon*, según parece, existía una tendencia a aumentar de tamaño a lo largo del tiempo. *Dryosaurus*, del Jurásico superior, era pequeño y ligero, aunque su complexión debió ser más parecida a la de *Hypsilophodon* (*véase* página 273). *Camptosaurus* era más grande y más pesado, y el propio *Iguanodon* era todavía más pesado y de mayor tamaño.

Al igual que sus parientes, es probable que *Camptosaurus* pudiera andar sobre las dos patas traseras, manteniendo el cuerpo horizontalmente hacia delante y equilibrándolo sobre la cadera mediante la cola, que se extendía en horizontal hacia atrás, y que pudiera asimismo desplazarse a cuatro patas. Los rastros fósiles muestran este modo de locomoción cuadrúpedo. Con todo, sus extremidades anteriores y manos no eran tan fuertes ni estaban tan desarrolladas como las de *Iguanodon*. Por lo demás, es probable que sus dígitos no estuvieran unidos en una almohadilla o «mitón» como parece que sí lo estuvieron en *Iguanodon*. El pie posterior tenía cuatro dígitos, pero el primero (el «pulgar») era en realidad

muy pequeño, se situaba por encima del suelo, más cerca del tobillo, y no llevaba peso.

Camptosaurus es un género bien estudiado a partir de sus fósiles, los cuales muestran su crecimiento desde una cría de 1,4 metros de longitud, pasando por un juvenil y hasta la fase adulta. También tenía una distribución amplia, con restos hallados en varios yacimientos de Norteamérica, Inglaterra, Portugal y otras partes de Europa. Othniel Charles Marsh, un famoso cazador de dinosaurios, le dio su nombre en 1885 a partir de unos especímenes desenterrados en 1879 por Earl Douglass y otros encontrados en Wyoming y Utah.

También en 1879, aunque en una fecha más temprana, se encontraron lejos de Norteamérica, concretamente en Oxfordshire, Inglaterra, los fósiles de *Cumnoria*, un ornitópodo muy similar. Posteriormente, estos restos se reclasificaron como *Camptosaurus*, al igual que los de *Symphyrhophus* («techo fusionado») y de *Camptonotus* («dorso flexible»), otro animal bautizado en primer lugar por Marsh en 1879, y de otros ornitópodos de tamaños similares.

FICHA
CAMPTOSAURUS
Significado: reptil doblado, reptil flexible
Período: Jurásico superior a Cretácico inferior
Grupo principal: Ornithopoda
Longitud: 5-7 metros
Peso: 1-2 toneladas
Dieta: plantas
Fósiles: en Norteamérica y Europa

ORNITÓPODOS EN MOVIMIENTO

Varios tipos de evidencias fósiles, incluidos rastros y huellas, el tamaño y la fuerza de las extremidades en comparación con el cuerpo y las colecciones de muchos individuos conservados juntos como una manada, sugieren que los dinosaurios ornitópodos, como por ejemplo *Iguanodon*, migraban. Una opinión alternativa es que merodeaban sin rumbo en busca de nuevas zonas con alimentos vegetales frescos, en vez de seguir unas rutas bien trazadas con un régimen estacional.

DERECHA Unos ornitópodos tipo *Camptosaurus* hacen una pausa para descansar y alimentarse antes de emprender, una vez más, su merodeo. En la ilustración se les muestra en varias posturas, desde los que pastan plantas de bajo porte hasta los que ramonean hojas y frondes en los árboles. Al cabo de unas pocas horas, una vez haya consumido toda la vegetación fácil de alcanzar, la manada se desplazará a otra parte.

DERECHA *Ouranosaurus* vivió hace unos 110 millones de años. Muestra varios rasgos en común con los hadrosaurios (dinosaurios de pico de pato) y debía parecerse a los ancestros de esta rama lateral más tardía del grupo principal de los dinosaurios iguanodóntidos (*véase* también *Probactrosaurus*, página siguiente).

FICHA
OURANOSAURUS
Significado: reptil valeroso, saurio valiente
Período: Cretácico inferior y medio
Grupo principal: Ornithopoda
Longitud: 7 metros
Peso: 3-4 toneladas
Dieta: plantas
Fósiles: en África (Níger)

OURANOSAURUS

En 1966 se encontraron los restos de dos especímenes de *Ouranosaurus* yacentes en las arenas del Sahara, en el noreste de Níger. Diez años después, Phillippe Taquet, un paleontólogo francés, dio nombre a estos restos. Aunque es similar bajo muchos aspectos a su pariente próximo *Iguanodon* (*véase* página 261) y pertenece a la misma familia, Iguanodontidae, *Ouranosaurus* presenta varias diferencias notables con el patrón de la familia. La más patente es el alto alerón o vela que tiene en el dorso, rasgo que se ha reconstruido a partir de las largas extensiones en forma de cinta de las vértebras, las denominadas espinas neurales, que se alinean desde sus hombros hasta casi el extremo de su cola. Se han sugerido muchos usos posibles de esta estructura. Uno de ellos estaría relacionado con la termorregulación o control de la temperatura del cuerpo, lo que también podría aplicarse a otros animales con velas dorsales como el gran dinosaurio depredador *Spinosaurus* o el carnívoro no dinosauriano *Dimetrodon* (*véase* página 106). Otra hipótesis es que la vela tenía colores brillantes y servía para advertir a *Ouranosaurus* sobre las posibles parejas potenciales en épocas de cría, de un modo muy similar a como los machos de las aves exhiben su plumaje de colores brillantes ante las hembras durante el cortejo.

Ouranosaurus era algo más pequeño que *Iguanodon*, con unos 7 metros de longitud. Sus extremidades eran similares a las de otros iguanodóntidos, con dos patas posteriores más grandes y potentes para llevar la mayor parte del peso, pero también tenía unos miembros anteriores grandes y fuertes para caminar a cuatro patas en una postura encorvada. *Ouranosaurus* tenía una protuberancia o cresta baja en la frente, justo delante de los ojos y su hocico era largo y bajo, con un «pico» ensanchado y sin dientes en la parte anterior, como un pico de pato o como el «pico» de los hadrosaurios (dinosaurios de pico de pato, *véase* página 282). En el Cretácico inferior y medio, el hábitat en que entonces vivía *Ouranosaurus*, que ahora es un desierto de arena, debía ser un mosaico de ríos, marjales y tierras más secas, como muestran los fósiles de cocodrilos semiacuáticos como *Sarcosuchus* (*véase* página 387).

PROBACTROSAURUS

La posición de este dinosaurio en el esquema de la evolución y, por consiguiente, su clasificación científica actual, han sido objeto de vehementes debates. *Bactrosaurus* («reptil con espinas en forma de maza») era un dinosaurio del grupo de los hadrosaurios o pico de pato, el cual se considera a menudo un grupo hermano del de los fitófagos similares a *Iguanodon*, es decir, de la familia Iguanodontidae (los hadrosaurios se discuten en el capítulo siguiente). El propio *Bactrosaurus* medía unos 6 metros de longitud y alcanzaba 2 toneladas de peso. Era un miembro del subgrupo lambeosaurinos del grupo de los hadrosaurios (*véase* página 298) y vivió durante el Cretácico medio y superior. Sus fósiles se encontraron en Mongolia y China y se clasificaron en 1933.

Probactrosaurus vivió sin duda antes que *Bactrosaurus*, durante el Cretácico inferior y medio, pero este dinosaurio suele considerarse un miembro de la familia de *Iguanodon* y no un hadrosaurio. De hecho, muestra muchas similitudes con el propio *Iguanodon*. Anatoly Rozhdestvensky le dio el nombre

de *Probactrosaurus* en 1966 y los fósiles que se le atribuyen se encontraron en varias zonas, entre ellas las rocas de la formación Dashuigou en la parte china del desierto de Gobi, así como en la parte mongola de la misma región. Entre la totalidad de sus restos se incluye gran parte de un esqueleto, también un cráneo fragmentario, trozos de la parte posterior de un cráneo y fragmentos de otros esqueletos. Pese a que *Probactrosaurus* es un iguanodóntido, podría tener algunos rasgos en común con los hadrosáuridos. Se ha sugerido que si no era un ancestro directo de los hadrosaurios, al menos era el tipo de dinosaurio que pudo dar origen a este último grupo. Sin embargo, su nombre continúa induciendo a confusión, ya que no existe evidencia alguna de que fuera antecesor directo de *Bactrosaurus*. Por lo demás, la región de Bactriana (conocida sobre todo por el camello bactriano) se situaba a orillas del río conocido antiguamente en Europa como Oxus, hoy llamada Amu Darya, el cual discurre por el norte de Afganistán, Turkmenistán, Uzbekistán y Tayikistán, es decir, muy lejos de Mongolia y China.

FICHA
PROBACTROSAURUS
Significado: reptil de antes de Bactriana
Período: durante el Cretácico inferior y medio
Grupo principal: Ornithopoda
Longitud: 5-6 metros
Peso: 1-1,5 toneladas
Dieta: plantas
Fósiles: en China y Mongolia

IZQUIERDA *Probactrosaurus* vivió hace unos 115 millones de años. Sus dientes, en particular, eran intermedios en cuanto a estructura y disposición entre los de los iguanodóntidos y los hadrosaurios. El dorso, cadera y cola estaban tensados por unos tendones largos, entrecruzados y endurecidos por huesos que reducían su flexibilidad, de tal forma que la cola era especialmente recta y rígida.

DRINKER

FICHA

DRINKER

Significado: Drinker (en honor a Edward Drinker Cope)

Período: Jurásico superior

Grupo principal: Ornithopoda

Longitud: 2 metros

Peso: 10-25 kilogramos

Dieta: plantas

Fósiles: en EE. UU. (Wyoming)

El extraño nombre de este dinosaurio –*drinker* significa «bebedor» en inglés– no implica que fuera un reptil especialmente sediento. En realidad, su nombre hace honor a Edward Drinker Cope, un cazador de fósiles y paleontólogo estadounidense cuyas guerras por los dinosaurios del salvaje Oeste con su gran rival Othniel Charles Marsh impulsaron el descubrimiento de muchos fósiles de dinosaurios que actualmente son famosos en todo el mundo. (Marsh se rememora asimismo en un dinosaurio, en *Othnellia*, que se describe más adelante en este mismo capítulo, página 279). El nombre de *Drinker* le fue otorgado en 1990 por Robert Bakker, uno de los paleontólogos que puso en entredicho la idea de que los dinosaurios fueron unos haraganes de movimientos lentos y de sangre fría (*véase* página 153).

El dinosaurio *Drinker* era un ornitópodo pequeño, un fitófago que medía apenas unos 2 metros de longitud total. Vivió durante el Jurásico superior,

hace 155-144 millones de años, y los restos de posiblemente tres individuos de este género, un adulto, un subadulto y una cría, se encontraron en Wyoming. Los fósiles del individuo de mayor tamaño incluyen trozos de vértebras caudales que sugieren que la cola era flexible, así como un dígito de la extremidad posterior y un diente. Los fragmentos de los individuos más pequeños comprenden más dientes, partes de las mandíbulas y secciones de los miembros, tanto anteriores como posteriores, entre ellos un húmero (hueso del antebrazo), un fémur (del muslo) y huesos de los pies.

Junto con los restos de los dinosaurios hay dientes de un pez pulmonado y restos de vegetación de marjal, lo que sugiere que estos pequeños herbívoros vivían, o al menos murieron, en o cerca de un marjal. Existen similitudes básicas entre *Drinker* y un pequeño ornitópodo muy bien conocido, *Hypsilophodon* (*véase* página 237), de ahí que *Drinker* se clasifique en la familia Hypsilophodontidae.

DERECHA *Drinker* se ha reconstruido con unos pies muy grandes, extendidos y con dedos largos. Es posible que esto le ayudara a extender su peso por el suelo pantanoso y blando del marjal o a caminar por entre la vegetación acuática de un modo similar a las aves actuales denominadas jacanas.

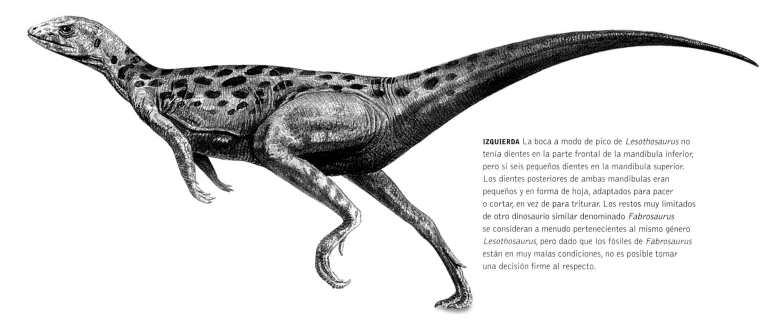

IZQUIERDA La boca a modo de pico de *Lesothosaurus* no tenía dientes en la parte frontal de la mandíbula inferior, pero sí seis pequeños dientes en la mandíbula superior. Los dientes posteriores de ambas mandíbulas eran pequeños y en forma de hoja, adaptados para pacer o cortar, en vez de para triturar. Los restos muy limitados de otro dinosaurio similar denominado *Fabrosaurus* se consideran a menudo pertenecientes al mismo género *Lesothosaurus,* pero dado que los fósiles de *Fabrosaurus* están en muy malas condiciones, no es posible tomar una decisión firme al respecto.

LESOTHOSAURUS (FABROSAURUS)

Lesothosaurus era un miembro del gran grupo de dinosaurios Ornithischia, los «de cadera de ave», al cual pertenecían asimismo muchos otros fitófagos. Dentro de este grupo, se le consideraba anteriormente un tipo muy primitivo de ornitópodo, uno de los primeros miembros del mismo grupo que otros géneros más tardíos y de mayor tamaño como *Iguanodon* (*véase* página 261), los hadrosaurios (dinosaurios de pico de pato) y quizás el diminuto *Hypsilophodon* (*véase* página 273). No obstante, hoy se cree que *Lesothosaurus*, que vivió hace unos 208-200 millones de años, apareció demasiado pronto como para ser un ornitópodo y que es mejor clasificarlo como un preornitópodo, en un grupo propio sin parientes próximos.

Lesothosaurus era diminuto, apenas algo mayor que un gato actual. También tenía una complexión ligera, con patas anteriores muy pequeñas, cada una con cinco dígitos, un torso alargado, unas patas posteriores largas y esbeltas, típicas de un corredor rápido, y una cola larga y rígida que se ahusaba gradualmente. Los muslos eran fuertes y musculosos, los corvejones alargados y los pies también muy largos, con tres

dígitos que llevaban peso y un primer dígito más pequeño como un espolón de gallo. La cabeza era alargada y baja, con los ojos grandes, la parte anterior de la mandíbula inferior córnea, sin dientes y a modo de pico, y unos pequeños dientes en forma de hoja para desmenuzar en vez de moler la vegetación. *Lesothosaurus* se descubrió cerca de Mafeteng en Lesotho, en el sur de África, y fue bautizado en 1978 por Meter Galton. Debido a la posición de estos fósiles y de los restos similares de *Abriciosaurus*, se ha sugerido que estos diminutos dinosaurios murieron durante un sueño del tipo hibernación o estivación, quizás para escapar a la estación calurosa y seca.

Un dinosaurio muy similar, que recibió el nombre de *Fabrosaurus* en 1964 (con apenas un fragmento de mandíbula encontrado por Leonard Ginsburg), es considerado por algunos autores perteneciente al mismo género que *Lesothosaurus*. Unos fósiles de Venezuela estudiados en fechas recientes también han sido identificados de forma provisional como *Lesothosaurus*. África y Sudamérica estaban unidas en el Jurásico inferior, la época en que vivió este dinosaurio.

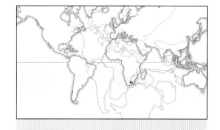

FICHA
LESOTHOSAURUS (= FABROSAURUS)
Significado: reptil de Lesotho
Período: del Triásico superior al Jurásico inferior
Grupo principal: Ornithopoda
Longitud: 1 metro
Peso: 2-3 kilogramos
Dieta: plantas
Fósiles: en África (Lesotho)

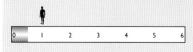

DEFENDERSE
O ESCAPAR

LOS DINOSAURIOS ORNITÓPODOS, Y SOBRE
TODO LOS DE PEQUEÑO TAMAÑO COMO *LESOTHOSAURUS*
E *HYPSILOPHODON*, NO PARECE QUE TUVIERAN MUCHAS
ARMAS PARA DEFENDERSE: CARECÍAN DE CUERNOS
AFILADOS O DE PLACAS DE CORAZA –O TENÍAN
MUY POCAS– Y TAMPOCO TENÍAN UNOS PIES
PODEROSOS PARA DAR FUERTES PATADAS. LA LARGA
PÚA DEL PULGAR PARECE HABER SIDO SU ÚNICA ARMA.
ES POSIBLE QUE SU SUPERVIVENCIA DEPENDIERA SOBRE
TODO DE SUS AGUZADOS SENTIDOS Y DE LA CAPACIDAD
DE DETECTAR EL PELIGRO CON PRESTEZA, ASÍ
COMO DE SU GRAN AGILIDAD PARA PODER ESCAPAR
A TODA PRISA.

DERECHA Los dos extremos en el rango de tamaños de los
hipsilofodóntidos eran el propio *Hypsilophodon,* vulnerable
aunque pequeño y rápido, y *Tenontosaurus,* que pesaba
quizás 50 veces más y podía usar sus grandes dimensiones
para hacer frente a los depredadores.

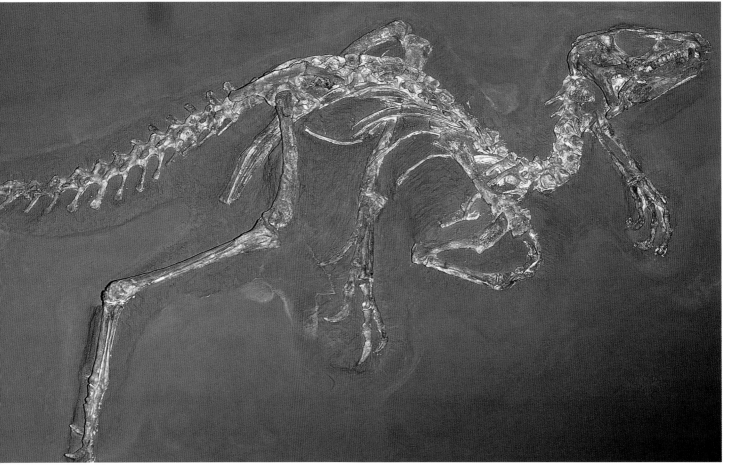

HETERODONTOSAURUS

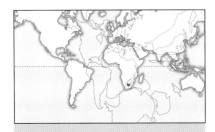

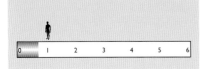

Los largos dientes que denominamos colmillos en algunos animales pueden parecer un rasgo característico de los feroces carnívoros y, sin embargo, son varios los herbívoros actuales que los poseen. *Heterodontosaurus*, uno de los dinosaurios herbívoros, los poseía también y por esta razón Alfred Crompton y Alan Charig dieron a este dinosaurio el nombre de «reptil con dientes diferentes» en 1962. *Heterodontosaurus* fue uno de los dinosaurios más pequeños, con el tamaño aproximado de un perro moderno pequeño, una complexión ligera y unas patas posteriores largas para correr a gran velocidad. Su cabeza era bastante alta, con el hocico corto y los ojos grandes. Las patas anteriores eran pequeñas y fuertes, con los tres primeros dedos capaces de contraerse para agarrar. La cola era larga y es probable que chasqueara de un lado a otro cuando *Heterodontosaurus* corría, algo que debía hacer sin duda a menudo en el hábitat seco y de monte bajo del sur de África, en el peligroso mundo del Jurásico inferior, hace 210-200 millones de años.

Aparte de los dos colmillos superiores que encajaban en la mandíbula opuesta, *Heterodontosaurus* tenía otros dos tipos de dientes. En la parte frontal de la mandíbula superior había unos pequeños incisivos para mordisquear alimentos vegetales contra la parte anterior sin dientes de la mandíbula inferior. Detrás de los colmillos había unos molares altos y con crestas para triturar alimentos. Esta dentición era muy diferente de la de otros dinosaurios o reptiles. Casi todos los reptiles, tanto vivos como extintos, sólo tienen un tipo de dientes. Aunque pueden ser de diferentes tamaños, dado que se desprenden cuando están viejos y desgastados y se sustituyen por otros nuevos que adquieren mayor talla, conservan la misma forma. Por qué otros reptiles no desarrollaron una dentición heterodonta (de dientes distintos), y el por qué sí lo hicieron los mamíferos, es una cuestión que todavía no tiene respuesta.

SUPERIOR Este hermoso espécimen casi completo de *Heterodontosaurus* muestra uno de sus miembros anteriores doblado debajo del cuello y una pata posterior plegada hasta cerca de la cadera.

HYPSILOPHODON

Una persona poco versada en dinosauriología que diera una mirada fortuita a *Hypsilophodon* no detectaría una gran diferencia entre éste y otro dinosaurio fitófago muy pequeño, *Heterodontosaurus* (*véase* página anterior) y, sin embargo, resulta que ambos géneros estuvieron separados por más de 80 millones de años y un continente entero, y además presentaban muchas diferencias en sus rasgos internos. Thomas Henry Huxley, el destacado biólogo y clamoroso defensor de la teoría de la evolución de Charles Darwin, le dio el nombre de *Hypsilophodon* en 1869. Sus primeros fósiles, que se recuperaron en la isla de los dinosaurios de Inglaterra, la isla de Wight, en 1849, fueron examinados por Gideon Mantell y Richard Owen, y en un principio se atribuyeron a una cría de *Iguanodon*. Posteriormente, los nuevos hallazgos realizados por William Fox convencieron a Huxley de que se trataba de adultos de un tipo de dinosaurio desconocido hasta la fecha. Huxley sugirió que podría haber vivido en los árboles, a la manera de los canguros arborícolas actuales (una idea descartada desde entonces). Actualmente, se dispone de numerosos esqueletos fósiles, algunos de ellos en un excelente estado de conservación y mezclados unos con otros, quizás porque pertenecían a una manada que sufrió una muerte en masa, por ejemplo al ahogarse durante una crecida.

Hypsilophodon recibió este nombre por su treintena de largos molares, provistos de surcos y crestas para desmenuzar y masticar con eficiencia materias vegetales, como hojas y tallos. Cuando las mandíbulas se cerraban y los dientes se juntaban, los de la mandíbula superior se deslizaban hacia abajo contra la cara externa de los dientes de la mandíbula inferior con una acción de corte y de fricción en diagonal. Este movimiento mantenía afiladas ambas series de dientes. La forma de la mandíbula sugiere que *Hypsilophodon* pudo tener unas mejillas que mantenían la comida en la boca mientras masticaba, un rasgo muy poco común en los reptiles actuales. El cráneo de *Hypsilophodon* era largo, pero tenía un hocico corto –apenas unos 12-14 centímetros de longitud– cuyo perfil no llegaba a la mitad del tamaño de una mano humana. Cada unos de sus pies anteriores tenía cinco dígitos y cada pie posterior cuatro, con tres de ellos que soportaban el peso. Es posible que una o dos hileras de placas óseas bajas dispuestas planas en la piel recorrieran el dorso del animal.

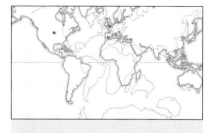

FICHA
HYPSILOPHODON
Significado: diente con crestas altas
Período: Cretácico inferior
Grupo principal: Ornithopoda
Longitud: 1,5-2,3 metros
Peso: 20-40 kilogramos
Dieta: plantas
Fósiles: en Inglaterra, España y posiblemente EE. UU. (Dakota del Sur)

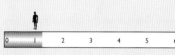

DERECHA *Hypsy* era un fitófago pequeño y ligero. Es posible que llevara una vida similar a la de los pequeños antílopes y gacelas actuales, en manadas que ronzaban las materias vegetales y que no bajaban la guardia, con los sentidos aguzados para detectar cualquier peligro y huir a toda velocidad.

THESCELOSAURUS

FICHA

THESCELOSAURUS

Significado: reptil maravilloso

Período: Cretácico superior

Grupo principal: Ornithopoda

Longitud: 3,5-4 metros

Peso: 300 kilogramos

Dieta: plantas

Fósiles: en el oeste de Norteamérica

Los fósiles de este ornitópodo de tamaño medio, que vivió en Norteamérica durante el Cretácico superior, fueron estudiados por primera vez y bautizados en 1913 por Charles Gilmore. Habían sido descubiertos 22 años antes, pero los científicos los consideraron poco interesantes y los dejaron dentro de un cajón de embalaje, en la Smithsonian Institution de Washington, D.C., lo que explica el nombre de la especie, *Thescelosaurus neglectus* («abandonado» o «desantedido»). Desde entonces se han recuperado más restos en varios yacimientos, tanto en EE. UU. (Wyoming, Montana, Dakota del Sur y Colorado) como en Canadá (Alberta y Saskatchewan). Estos fósiles muestran un herbívoro bien construido, con una cabeza pequeña, unas extremidades anteriores cortas, un tronco corpulento, unas patas posteriores largas y potentes y una cola larga y ahusada. *Thescelosaurus* se consideró durante un tiempo un miembro de la familia de ornitópodos denominada hipsilofodóntidos (Hypsilophodontidae), pero algunos estudios recientes muestran sus vínculos con la familia Iguanodontidae o bien sugieren que el género es suficientemente característico como para formar su propia familia, Thescelosauridae.

Uno de los hallazgos más notables en la historia de los dinosaurios sería, caso de que se confirmen sus detalles, un esqueleto de *Thescelosaurus* desenterrado cerca de Buffalo, Dakota del Sur, en 1993 y datado en 66 millones de años. Este fósil incluye, en efecto, lo que se ha identificado como el corazón del animal, –un hallazgo increíblemente raro, ya que los tejidos blandos del cuerpo, como los músculos y el corazón, casi nunca se conservan. Este individuo fue apodado *Willo* en honor a la mujer del ranchero propietario del terreno.

El corazón se examinó mediante un escáner con tomografía computarizada y se concluyó que tenía cuatro cámaras. Esto sugiere que el dinosaurio era de sangre caliente, ya que las aves y los mamíferos modernos tienen este tipo de corazón, pero los reptiles de sangre fría no lo poseen. Sin embargo, otros especialistas proponen que este objeto no es en absoluto un fósil de corazón, sino tan sólo una formación rocosa natural del tipo denominado concreción ferruginosa, formada por casualidad dentro de la cavidad fosilizada del dinosaurio.

IZQUIERDA *Thescelosaurus* se conoce a partir de una serie de fósiles, entre ellos un esqueleto casi completo apodado *Willo*, unos ocho esqueletos parciales y varios huesos aislados y dientes. Lo que más controversias suscita es el corazón fósil de *Willo*, que podría ser este órgano de tejido blando convertido en piedra o simplemente una formación rocosa natural. *Willo* también muestra partes cartilaginosas conservadas, tales como secciones de costillas, lo cual es muy inusual.

LEAELLYNASAURA

El hallazgo de un cráneo fósil en Dinosaur Cove (cueva de los dinosaurios), situada en la sierra costera Otway cercana a Melbourne, en el sur de Australia, ha abierto un inmenso ámbito de discusión y debates sobre los hábitats y el comportamiento de los dinosaurios. *Leaellynasaura* recibió este nombre en 1989 en honor a la hija de sus descubridores, Patricia Vickers-Rich y Thomas Rich. Era un ornitópodo pequeño y de complexión ligera de la familia de los hipsilofodóntidos, de unos 2 metros de longitud, con la parte frontal de la boca a modo de pico y molares masticadores. Su fósil se ha datado en 110-115 millones de años. Muchos otros emocionantes descubrimientos se han realizado asimismo en la Dinosaur Cove (*véase* página 15).

Los rasgos más notables de este dinosaurio, que lo hacen destacar dentro de su familia, son su gran cerebro y sus enormes ojos. ¿Por qué razón eran tan grandes? Una sugerencia al respecto es que *Leaellynasaura* vivía en lo hondo de bosques muy lóbregos, donde habría necesitado esos grandes ojos para tener una visión penetrante con la permanente luz crepuscular. Uno de los datos en que se basa esta hipótesis es la posición que tenía en aquella época el continente australiano: estaba, en efecto, más al sur que hoy en día y formaba parte de un supercontinente que se escindía gradualmente y que se situaba en el interior del círculo antártico. El clima no era entonces ni mucho menos tan extremo como en la Antártida actual, pero era probablemente muy estacional y debía haber un largo período de oscuridad invernal, compensado por otro estival de permanente luz solar.

Es posible que los ojos de *Leaellynasaura* fueran una adaptación a los largos y oscuros inviernos. Este dinosaurio pudo muy bien ser el «lirón» de su grupo e incluso debía de hibernar o entrar en letargo cuando las temperaturas descendían en torno a los 0° C.

SUPERIOR *Leaellynasaura* era un herbívoro pequeño con la parte frontal de la boca en forma de pico, adaptada para pacer plantas, como helechos, cicadáceas y posiblemente un nuevo tipo de alimentos vegetales: las plantas de flor que estaban extendiéndose por todo el planeta en aquella época.

FICHA
LEAELLYNASAURA
Significado: reptil de Laellyn

Período: Cretácico medio

Grupo principal: Ornithopoda

Longitud: 2-3 metros

Peso: 10 kilogramos

Dieta: plantas

Fósiles: en Australia (Victoria)

0 1 2 3 4 5 6

¿Dinosaurios en el hielo y la nieve?

Durante el Cretácico medio, el clima en Australia era probablemente lo bastante frío para que nevara, con largos y fríos inviernos, en cuyo caso es muy posible que los ornitópodos más pequeños como *Leaellynasaura* se escondieran para refugiarse durante esta estación. Existe un gran debate sobre si estos fitófagos eran de sangre fría y, por tanto, si se enfriaban demasiado para poder moverse como consecuencia de la temperatura ambiental —una condición denominada letargo— o si eran normalmente de sangre caliente, pero reducían su temperatura corporal para ahorrar energía como hacen actualmente algunos mamíferos cuando hibernan.

DERECHA Hace unos 110 millones de años, en lo que hoy es el sur de Australia, un ornitópodo más bien pequeño del género *Leaellynasaura* fue vencido por el frío cuando estaba en plena intemperie y se congeló hasta morir en la orilla helada de un río. El resto de su clan o grupo ya había conseguido llegar al refugio en lo hondo del bosque, donde se preparaba para hibernar en el denso sotobosque.

ORODROMEUS

FICHA
ORODROMEUS
Significado: corredor de montaña

Período: Cretácico superior

Grupo principal: Ornithopoda

Longitud: 2 metros

Peso: 10 kilogramos

Dieta: plantas

Fósiles: en EE. UU. (Montana)

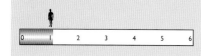

Los fósiles de este «corredor de montaña» se encontraron en una región montañosa de Montana (EE. UU.). *Orodromeus* era un dinosaurio pequeño, de complexión ligera e indudablemente un corredor veloz. Era un tipo de hispilofodóntido que medía menos de 3 metros de longitud y presentaba los rasgos típicos de la familia: parte frontal de la boca en forma de pico, sin dientes frontales en la mandíbula inferior, pero con molares superiores e inferiores que se afilaban entre sí; ojos grandes; cuello corto, cuerpo robusto; miembros anteriores pequeños y miembros posteriores largos y musculosos para correr a gran velocidad; y una cola muy larga, que se ahusaba gradualmente.

John Horner y David Weishampel le dieron el nombre de *Orodromeus* en 1988. Un espécimen de *Orodromeus* que tiene un cráneo casi completo y partes del esqueleto, aunque no la cola, se exhibe en el Museo de las Rocosas de Bozeman, Montana. Otros fósiles muestran cómo iba creciendo *Orodromeus* y cómo iban cambiando sus proporciones con la edad.

Más famosos que el propio *Orodromeus* son, sin embargo, el yacimiento de sus fósiles y los otros dinosaurios que se encuentran allí. La región cercana a Bynum, Montana, ha recibido en efecto el apodo de montaña de los huevos debido al descubrimiento en ella de huevos y nidos de dinosaurios, especialmente del hadrosaurio (dinosaurio de pico de pato) *Maiasaura*. También se han descubierto allí restos de *Troodon*, un terópodo pequeño, pero con los ojos grandes y el cerebro también grande, junto con puestas de huevos. Los huevos se habían atribuido a *Orodromeus*, pero una opinión más reciente es que fueron puestos a pares por *Troodon* (*véase* página 154). Algunos de ellos se han analizado y se ha descubierto que contienen diminutos embriones fosilizados.

SUPERIOR *Orodromeus* mordisquea la vegetación baja en esta escena de hace 75 millones de años. Algunas reconstrucciones muestran a este dinosaurio cuidando de su nido con huevos o quizás sus bebés. Pero hoy se cree que los huevos fósiles habrían pertenecido al pequeño dinosaurio carnívoro *Troodon*.

OTHNIELIA

Othniel Charles Marsh (1831-1899), ayudado por varios equipos de trabajadores de campo y de auxiliares de laboratorio, dio nombre a 500 tipos de animales prehistóricos y grupos de animales. Este prolífico rendimiento se debió en parte a su gran rivalidad con Edward Drinker Cope, a quien se rememora en el nombre del pequeño ornitópodo *Drinker* (*véase* página 268). Marsh tiene un ornitópodo todavía más pequeño, clasificado al igual que *Othnielia* en la familia hipsilofodóntidos, bautizado en su honor. *Othnielia* fue bautizado por Peter Galton, un paleontólogo británico con base en EE. UU., en 1977, a partir de fósiles encontrados en Colorado y en Utah. Irónicamente, una mandíbula bautizada por el propio Marsh como *Nanosaurus* podría pertenecer a *Othnielia*, el dinosaurio que rememora a su rival.

Othnielia fue uno de los dinosaurios más pequeños, ya que medía menos de 1,5 metros de longitud.

Sus fósiles son del Jurásico superior, de hace unos 156-144 millones de años. Tenía una cabeza con ojos grandes, un hocico a modo de pico para mordisquear los alimentos vegetales y unos molares a modo de cinceles que frotaba, unos contra otros, gracias a lo cual se afilaban mientras cortaban y trituraban. Al igual que otros hipsilofodóntidos, *Othnielia* pudo tener unas bolsas carnosas o abazones en las mejillas para retener los alimentos, aunque los abazones no son un rasgo común en los reptiles. Los miembros anteriores más pequeños tienen cinco dígitos cada uno y las muy largas patas posteriores tenían cuatro dedos cada una. Las proporciones de las extremidades, con largos muslos y corvejones y huesos de los pies todavía más largos, indican un corredor muy veloz. Es probable que cuando corriera a gran velocidad, *Othnielia* meneara la rígida cola hacia uno y otro lado para ayudar a su cuerpo a hacer rápidos cambios de dirección.

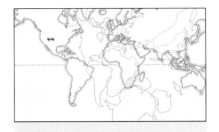

FICHA

OTHNIELIA

Significado: en honor a Othniel (Othniel Charles Marsh)

Período: Jurásico superior

Grupo principal: Ornithopoda

Longitud: 1,1-1,4 metros

Peso: 20-25 kilogramos

Dieta: plantas

Fósiles: en EE. UU. (Colorado, Utah)

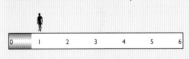

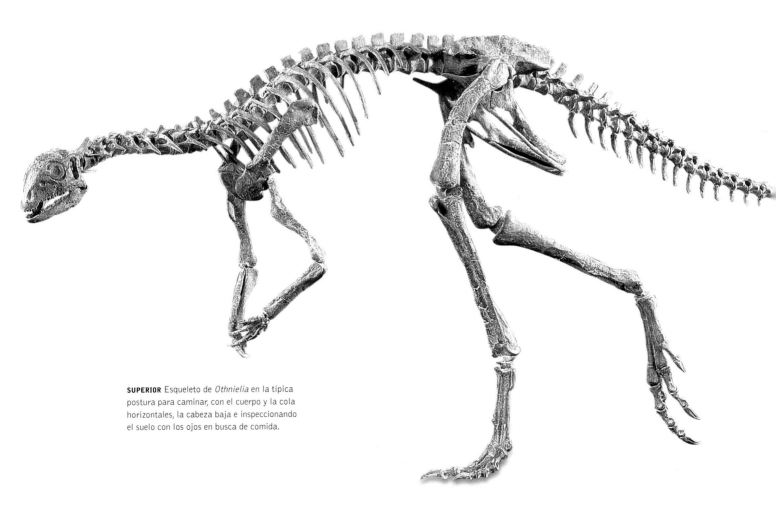

SUPERIOR Esqueleto de *Othnielia* en la típica postura para caminar, con el cuerpo y la cola horizontales, la cabeza baja e inspeccionando el suelo con los ojos en busca de comida.

DRYOSAURUS

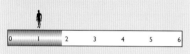

FICHA

DRYOSAURUS

Significado: reptil de los robles, reptil de los árboles

Período: Jurásico superior

Grupo principal: Ornithopoda

Longitud: 3-3,5 metros

Peso: 50-80 kilogramos

Dieta: plantas

Fósiles: en EE. UU. (Colorado, Wyoming, Utah) y en Tanzania

El «reptil de los robles» fue bautizado en 1894 por Othniel Charles Marsh. Sus fósiles se han encontrado en numerosos yacimientos del oeste de Norteamérica, en Colorado, Wyoming y Utah, lo que sugiere que tenía una distribución bastante amplia. Aunque se clasifique dentro de la familia Hypsilophodontidae, es un ejemplo bastante primitivo de este grupo ya que vivió en el Jurásico superior; además, es de mayor tamaño –supera los 3 metros de longitud total– que muchos otros miembros más tardíos del grupo como el propio *Hypsilophodon* (*véase* página 273). Otro punto de vista que tiene cada vez mayor aceptación es que representa una familia por derecho propio, Dryosauridae, que a su vez está estrechamente emparentada con la familia Iguanodontidae, cuyos miembros fueron adquiriendo cadavez mayor tamaño durante el Cretácico.

Dryosaurus podía correr velozmente sobre sus patas posteriores, cada una con tres dígitos (a diferencia de *Hypsilophodon*, que tenía cuatro dígitos en cada uno de sus pies posteriores). La boca tenía en la parte frontal un pico córneo para picotear, mordisquear y arrancar alimentos vegetales, así como largos y afilados molares para masticar a fondo. Otras características de *Dryosaurus* son las patas anteriores más pequeñas, cada una con cinco dígitos, y la cola muy larga y rígida que se ahúsa gradualmente. Al igual que otros herbívoros ornitópodos, debió usar la velocidad y la agilidad como principal medio de defensa contra los depredadores, como el enorme *Allosaurus*.

Unos fósiles de un dinosaurio muy similar a *Dryosaurus* en tamaño y estructura se encontraron en Tanzania, en el este de África. En un principio recibieron el nombre de *Dysalotosaurus* («reptil del bosque perdido»), pero ulteriores estudios llevaron a clasificar este animal también en el género *Dryosaurus*.

SUPERIOR Los fósiles de *Dryosaurus* incluyen un esqueleto adulto bastante completo, partes de un individuo muy joven, varios dientes y huesos aislados. Junto con *Valdosaurus*, suele clasificarse en su propia familia, Dryosauridae, cuyos más próximos parientes fueron los iguanodóntidos.

TENONTOSAURUS

La mayoría de los miembros de la familia de ornitópodos Hypsilophodontidae se situaban en el extremo inferior del rango de tamaños de los dinosaurios. El propio *Hypsilophodon* medía unos 2 metros de longitud y otros géneros tenían casi la mitad de este tamaño. *Tenontosaurus*, sin embargo, era tres veces más largo y muchas veces más pesado, ya que alcanzaba quizás 1 tonelada. Los fósiles de *Tenontosaurus* provienen de varios lugares de EE. UU., entre ellos Montana, Utah, Oklahoma y quizás Texas. Este dinosaurio fue bautizado por Ostrom en 1970.

Tenontosaurus se ha considerado un hipsilfodóntido «aberrante» del Cretácico inferior, que se clasifica en esta familia debido a varias características esqueléticas. En particular, los dientes y el cráneo de *Tenontosaurus* se parecen a los de *Hypsilophodon* (*véase* página 273), aunque el tamaño mucho mayor y la complexión más pesada del primero indican que sus miembros anteriores debían ser más grandes y robustos en proporción con el cuerpo que en el segundo género, casi tan grandes como las extremidades posteriores. Pero *Tenontosaurus* también se ha considerado un primo de *Iguanodon*

debido a otras similitudes en los dientes y en los huesos de las patas anteriores y de la cadera. Y también existe una tercera opinión, según la cual estaría más estrechamente emparentado con *Dryosaurus* (*véase* página anterior).

Las reconstrucciones muestran a menudo a *Tenontosaurus* apoyado en sus cuatro patas, pastando la vegetación de plantas herbáceas y arbustos bajos, en vez de caminando con sus patas posteriores, y manteniendo el cuerpo horizontal como *Iguanodon*, o poniéndose de manos para llegar a las hojas de los árboles situadas a mayores alturas. Reconstrucciones similares podrían mostrar cómo *Tenontosaurus* intenta alimentarse y se ve interrumpido en su tarea por el ataque de una manada de dinosaurios terópodos *Deinonychus*. En un yacimiento se encontraron los fósiles de probablemente tres individuos de *Deinonychus* cerca de los de un *Tenontosaurus* adulto, lo que ha llevado a especular sobre un posible comportamiento de grupo del depredador (*véase* página 156).

FICHA
TENONTOSAURUS
Significado: reptil tendón
Período: Cretácico inferior
Grupo principal: Ornithopoda
Longitud: hasta 7,5 metros
Peso: hasta 1 tonelada
Dieta: plantas
Fósiles: en EE. UU. (Montana, Utah, Oklahoma y quizás Texas)

IZQUIERDA Los especímenes de *Tenontosaurus* varían en tamaño desde menos de 2 metros hasta más de 7. Este dinosaurio tenía una compleja combinación de rasgos que lo vinculan con varios grupos de ornitópodos, como los de *Hypsilophodon*, *Iguanodon* y *Dryosaurus*.

Capítulo nueve

Los dinosaurios de pico de pato

LOS HADROSAURIOS FIGURAN ENTRE LOS ÚLTIMOS GRUPOS DE DINOSAURIOS EN APARECER Y PRESENTABAN MUCHAS NOVEDADES EVOLUTIVAS. ES POSIBLE QUE FUERAN LOS MÁS RUIDOSOS Y COLOREADOS DE ENTRE TODOS LOS REPTILES.

COMPETIDORES TARDÍOS EN LA CARRERA EVOLUTIVA

LOS HADROSAURIOS APARECIERON PROBABLEMENTE HACE 100 MILLONES DE AÑOS, A PARTIR DE ANTECESORES SIMILARES A *IGUANODON*. SU MOMENTO DE APOGEO FUE EL CRETÁCICO SUPERIOR, HACE 80-65 MILLONES DE AÑOS. LA MAYORÍA DE LOS FÓSILES DE HADROSAURIOS SE HAN HALLADO EN NORTEAMÉRICA, PERO TAMBIÉN HA HABIDO ALGUNOS HALLAZGOS EN EL ESTE DE ASIA Y EN OTROS CONTINENTES, CON LAS POSIBLES EXCEPCIONES DE ÁFRICA Y AUSTRALIA. EL GRUPO EVOLUCIONÓ CON RAPIDEZ HACIA MUCHAS FORMAS GRANDES Y VARIADAS, ALGUNAS DE ELLAS CON MÁS DE 12 METROS DE LONGITUD Y 5 TONELADAS DE PESO. VARIOS RASGOS DISTINTIVOS SEPARAN A LOS HADROSAURIOS DE OTROS FITÓFAGOS DE SU ÉPOCA, DE ENTRE ELLOS LOS MÁS IMPORTANTES EL PICO, LOS DIENTES, LA CRESTA CEFÁLICA Y EL COMPORTAMIENTO REPRODUCTOR.

PICO

Los hadrosaurios reciben el nombre común de dinosaurios de pico de pato debido a la forma de la parte frontal de su boca, que solía ser ancha, plana y sin dientes, como el pico de un pato o de un ganso. Durante un tiempo este pico se interpretó como la evidencia de que los hadrosaurios vivían en el agua, en tanto que las altas crestas que recorren las partes superior e inferior de la cola sugerían una forma de cola con aletas o como de cocodrilo. Según esta interpretación, los hadrosaurios habrían agitado su cola alta para nadar mientras picoteaban y chapoteaban entre las plantas acuáticas. Pero dado que casi todas las demás partes del cuerpo no parecen adaptadas para la vida acuática, esta idea se descartó muy pronto. Aun así, con su estructura voluminosa y potente, los hadrosaurios no habrían tenido problema alguno en caminar por el agua somera de los ocasionales marjales o en vadear ríos. Sus extremidades les permitían andar a cuatro patas o sólo con las dos posteriores.

DIENTES

Los únicos dientes de los hadrosaurios se hallaban en la región de las mejillas, hacia la parte posterior de las mandíbulas. Se disponían como columnas, en pequeños grupos de tres a cinco dientes adyacentes. Estos grupos se apiñaban estrechamente en grandes «baterías» de 50 o más y las baterías se disponían a lo largo de ambas mandíbulas, pero con sus superficies de trabajo orientadas en ángulos opuestos. Cuando los dientes se juntaban, empezaban a frotar y a rascar en diagonal unos con otros como las asperezas de una escofina o lija, de tal forma que las crestas de esmalte de los dientes conseguían triturar incluso los alimentos vegetales más fibrosos. Algunos hadrosaurios tenían más de un millar de dientes en todo momento, los cuales se iban sustituyendo con regularidad, como todos los dientes de dinosaurio. Algunos hadrosaurios conservados se han encontrado con agujas y ramillas de pino en la región estomacal, lo que muestra que estos dinosaurios podían comer incluso la vegetación más dura.

CRESTA

Unos pocos hadrosaurios tenían una cabeza poco destacable, baja y típicamente reptiliana, pero muchos de ellos tenían crestas óseas que se proyectaban desde lo alto del cráneo. En algunos, la cresta era larga y en forma de vara, mientras que otros tenían una cresta baja y redondeada. Según una hipótesis antigua, esta cresta era un dispositivo respiratorio, ya que al principio se creía que estaba abierta por su ápice, lo que permitía que el dinosaurio la usara como un tubo de buceo cuando estaba casi sumergido en el agua. Esta suposición concordaba con las hipótesis del comportamiento acuático mencionado anteriormente. Sin embargo, otros hallazgos fósiles y los ulteriores estudios al respecto mostraron que estas crestas no estaban abiertas en su parte superior, sino que las cámaras de su interior formaban parte de los conductos respiratorios del animal, vinculados con la nariz. Una sugerencia más aceptada es que la cresta funcionaba en cierto modo como un vibráfono o un resonador para producir sonidos, de un modo similar a como un elefante barrita a través de la trompa. Por lo demás, la cresta pudo ostentar colores brillantes, quizás para atraer la atención de las parejas potenciales para aparearse.

PÁGINA ANTERIOR Estas apiñadas hileras de molares con afiladas crestas pertenecen a uno de los mayores dinosaurios de pico de pato, *Edmontosaurus*. Su boca contenía centenares de estos dientes, los cuales formaban uno de los mecanismos masticatorios más poderosos que se conocen en el reino animal.

IZQUIERDA Varios tipos de hadrosaurios se congregan en torno a una fuente de abundantes alimentos, un lago de las tierras bajas. En primer plano hay dos *Parasaurolophus* con su cresta cefálica de hueso, alta, tubular y hueca. Esta escena pudo ser también muy ruidosa, ya que cada uno de estos tipos de dinosaurios producía sus propios reclamos característicos, tales como pitidos, bramidos, chirridos y gruñidos.

PROTOHADROS

FICHA

PROTOHADROS

Significado: hadrosaurio de los inicios, reptil voluminoso ancestral

Período: Cretácico medio

Grupo principal: Ornithopoda

Longitud: 4,5-6 metros

Peso: estimado en 1 tonelada

Dieta: plantas

Fósiles: en EE. UU. (Texas)

| 0 | 1 | 2 | 3 | 4 | 5 | 6 | 7 | 8 | 9 |

Gary Byrd, un paleontólogo a tiempo parcial, descubrió los fósiles de este dinosaurio de pico de pato en 1994, en Flower Mound, Denton County, en el norte-centro de Texas. El animal fue descrito y bautizado en 1998 por Jason Head de la Universidad Dedman de Humanidades y Ciencias de Texas. _Protohadros_ vivió hace unos 95 millones de años, mucho antes que la mayoría de los demás hadrosaurios, lo que le convierte en uno de los dinosaurios de pico de pato más antiguos que se conocen de este grupo y un candidato citado a menudo como antecesor del grupo (_véase_ también _Bactrosaurus_, página 292). Antes del descubrimiento de _Protohadros_, el linaje ancestral de los hadrosaurios, que evolucionó probablemente a partir de antecesores del tipo _Iguanodon_, se creía que estuvo en Asia. Este nuevo hallazgo ha desplazado el foco de atención a Norteamérica, aunque todavía no hay pleno acuerdo sobre cuál fue el primer hadrosaurio.

Dado que los restos de _Protohadros_ incluyen tan sólo un cráneo parcial y posiblemente trozos de costillas y de huesos de los pies, gran parte de la reconstrucción de este dinosaurio es altamente especulativa. _Protohadros_ alcanzaba 6 metros de longitud y tenía muchos rasgos de los hadrosaurios. Es probable que tuviera unas mandíbulas grandes y altas, con el típico «pico» sin dientes en la parte frontal de la boca y apretadas hileras o baterías de dientes masticadores en los carrillos, con los que trituraba la vegetación correosa. Al igual que los últimos miembros del grupo, sus patas posteriores eran probablemente más largas que las anteriores y el animal podía desplazarse a cuatro patas, especialmente cuando se alimentaba de plantas del suelo y de arbustos bajos, o caminar y correr sólo sobre sus extremidades posteriores.En los pies grandes y poderosos había uñas o «pezuñas» en lugar de garras. Durante el Cretácico medio, la región en la que vivía _Protohadros_ era un mosaico de tierras bajas de bosques y humedales, y el clima era cálido y húmedo, lo que proporcionaba una abundante vegetación.

DERECHA Los fósiles de _Protohadros_ encontrados en Texas son sin duda los más antiguos de un hadrosaurio encontrados hasta la fecha. Por lo demás, su estructura y sus rasgos muestran que son primitivos, es decir, que son propios de una fase temprana en la evolución del grupo. Este dinosaurio presentaba ya la ancha boca en forma de pico y los muy numerosos molares trituradores propios de los picos de pato más evolucionados.

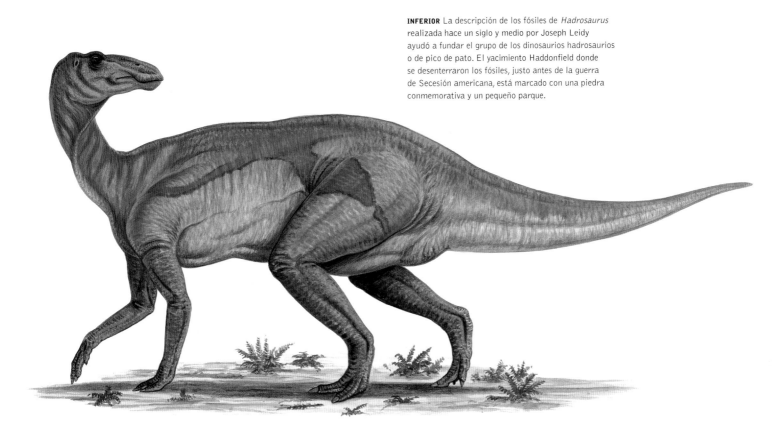

HADROSAURUS

Hadrosaurus –«reptil voluminoso»– es uno de los varios dinosaurios más famosos por su nombre que por sus restos. Al igual que *Dromaeosaurus* entre los carnívoros raptores, su nombre sirvió para establecer un grupo entero de dinosaurios: los hadrosaurios o dinosaurios de pico de pato. Sin embargo, el propio *Hadrosaurus* sólo se conoce a partir de unos restos tan escasos como fragmentarios. Esto es así porque los restos de *Hadrosaurus* se encontraron en una fase temprana del estudio científico de los dinosaurios, hasta el punto de que este género fue uno de los primeros dinosaurios norteamericanos que recibió un nombre y una descripción científica. Sus fósiles fueron observados por primera vez en 1838, en una cantera de marga en la granja de John Hopkins, cerca de Haddonfield, Nueva Jersey, pero los restos se quedaron allí, sin que nadie los examinara. Tuvieron que pasar 20 años hasta que William Parker Foulke, un amigo de Hopkins que estaba de vacaciones por la zona, reconociera su importancia. Los restos de *Hadrosaurus* fueron rápidamente

recuperados, descritos y bautizados en 1858 por Joseph Leidy, quien advirtió similitudes y a la vez diferencias con *Iguanodon*, otro ornitópodo de entre los primeros dinosaurios que se describieron, aunque en este caso en Europa. El de *Hadrosaurus* fue el primer esqueleto de dinosaurio que se reconstruyó y exhibió en Norteamérica, concretamente en la Academia de las Ciencias de Filadelfia, en 1868.

En aquella época, los restos de *Hadrosaurus* comprendían partes de una mandíbula, algunos dientes, vértebras y trozos de las extremidades, todos ellos probablemente de un solo individuo. Pese a ser muy fragmentarios, estos restos eran más completos que los de cualesquiera de los fósiles de *Iguanodon* que se conocían en aquella época. La descripción de Heidy contribuyó aún más a establecer los dinosaurios como un grupo distintivo, tal como propuso Richard Owen en 1841, con muchos rasgos reptilianos, pero también, curiosamente, con caracteres de las aves. *Hadrosaurus* alcanzaba probablemente 10 metros de longitud y un par de toneladas de peso.

FICHA
HADROSAURUS
Significado: reptil voluminoso, reptil grande
Período: Cretácico superior
Grupo principal: Ornithopoda
Longitud: 7-10 metros
Peso: 2-3 toneladas
Dieta: plantas
Fósiles: en EE. UU. (Nueva Jersey)

INFERIOR Estos *Maiasaura* adultos se dirigen a su lugar de reproducción tradicional en la época de nidificación. Los restos fosilizados de los nidos, cada uno de ellos de 2 metros de diámetro, sugieren que la misma zona de cría se utilizaba año tras año. Las crías recién nacidas tenían el hocico más corto y los ojos más grandes en proporción con su tamaño que los adultos, lo que es un rasgo común en los animales más jóvenes.

FICHA

MAIASAURA

Significado: reptil buena madre

Período: Cretácico superior

Grupo principal: Ornithopoda

Longitud: 9 metros

Peso: 3-4 toneladas

Dieta: plantas

Fósiles: en EE. UU. (Montana) y en Canadá

0 1 2 3 4 5 6 7 8 9

MAIASAURA

La imagen pública establecida desde antiguo de los dinosaurios como autómatas o robots lentos y estúpidos fue puesta en entredicho durante la década de 1960 por los trabajos sobre el carnívoro *Deinonychus*, y más aún en la década de 1970 por los estudios del hadrosaurio *Maiasaura*. Este fitófago de 9 metros de altura fue bautizado en 1979 por John (Jack) Horner y Robert Makela, a partir de fósiles encontrados por Marion Brandvold y su familia cerca de Bozeman, Montana. *Maiasaura* tenía una cabeza larga, no muy distinta en perfil a la de un caballo, con una cresta cerca de cada ojo. La parte frontal de la boca era típica de un pico de pato, ancha y sin dientes, pero las mejillas estaban llenas de hileras de dientes trituradores cuyas crestas se afilaban al masticar. *Maiasaura* vivió durante el Cretácico superior, hace unos 78-73 millones de años. Actualmente, muchos de sus mejores fósiles se exhiben en el Museo de las Rocosas, en Bozeman, Montana.

Miles de estos fósiles se encontraron en Montana, en el yacimiento cercano a Bynum apodado montaña de los huevos. Entre estos restos se incluyen no sólo adultos, sino también juveniles, nidos, huevos y crías recién eclosionadas, lo que evoca una imagen de muchos *Maiasaura* anidando en una colonia, de un modo similar a algunas aves actuales. Estas agrupaciones de cría en masa contenían posiblemente miles de individuos. Los dinosaurios no sólo construían nidos para sus huevos, sino que probablemente también los vigilaban o incubaban y es posible que protegiesen y trajeran comida a las crías recién nacidas (*véase* página 300). En el mismo yacimiento se encontraron asimismo fósiles del mucho más pequeño y ligero *Orodromeus*, así como fósiles del depredador *Bambiraptor* y del pequeño, ligero y ágil *Troodon*, terópodo bien conocido por sus grandes ojos y su cerebro grande. Algunos científicos han sugerido que algunos de estos dinosaurios también estaban criando en el momento de la catástrofe, cuando la ceniza volcánica conservó esta enorme cantidad de restos.

EDMONTOSAURUS

Los fósiles de *Edmontosaurus*, uno de los dinosaurios de pico de pato más poderosos y de mayor tamaño, se han encontrado en numerosos estados del oeste de EE. UU., así como en las provincias occidentales de Canadá. Los hallazgos más meridionales son probablemente los de Colorado y los más norteños los de Alaska. Esta distribución tan enormemente amplia sirvió de base para formular la hipótesis de que las manadas de *Edmontosaurus* migraban al filo de las estaciones, de un modo muy similar a los caribúes actuales. En algunos yacimientos, especialmente en los de Alberta, hay fósiles de muchos individuos de *Edmontosaurus* unos cerca de otros, lo que sugiere que vivían en manadas. Lawrence Lambe bautizó a este dinosaurio de pico de pato en 1917.

Edmontosaurus era un hadrosaurio voluminoso con mandíbulas fuertes, típicamente sin dientes y ensanchadas en la parte frontal donde formaban un pico como de pato, pero en cambio llenas de baterías de molares con afiladas crestas . Un espécimen parcialmente momificado revela agujas, ramillas y piñones de pino en lo que debió de ser su región estomacal. Otro espécimen presenta impresiones fósiles de su piel correosa, la cual muestra protuberancias más grandes en medio de muchas escamas más pequeñas y en forma de pequeños guijarros. *Edmontosaurus* tenía sólo cuatro dígitos en los pies anteriores, los cuales estaban quizás rodeados por una almohadilla carnosa a modo de mitón. Su cola era más ancha que larga. La forma de la parte superior del cráneo y la textura de su superficie sugieren que *Edmontosaurus* pudo haber tenido repliegues cutáneos en la nariz y es posible que pudiera inflar este apéndice como un globo, quizás como una exhibición visual coloreada durante el cortejo o cuando impresionaba a los rivales o para emitir sonidos tipo bramido. Un esqueleto bien conservado y casi completo de *Edmontosaurus* se usó como base para estimar la potencia muscular, el movimiento de las patas, la zancada y otros aspectos del movimiento. Se estima que los hadrosaurios como *Edmontosaurus* podían correr brevemente a quizás 50 kilómetros por hora y trotar o correr a paso largo a la mitad de esta velocidad en mayores distancias. Este diseño tan adaptado para el movimiento da argumentos a las distintas hipótesis sobre las migraciones de los hadrosaurios y de los ornitópodos en general.

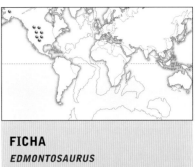

FICHA
EDMONTOSAURUS
Significado: reptil de Edmonton

Período: Cretácico superior

Grupo principal: Ornithopoda

Longitud: 13 metros

Peso: 3-5 toneladas

Dieta: plantas

Fósiles: en EE. UU. (Montana, Dakota del Norte y del Sur, Wyoming, Alaska y Colorado) y Canadá (Alberta y Saskatchewan)

INFERIOR Un raro espécimen de piel de dinosaurio fósil muestra las escamas en forma de guijarros de *Edmontosaurus*.

IZQUIERDA *Edmontosaurus* era mucho más grande que un elefante actual y aunque era voluminoso, sus largas patas le permitían mantener la marcha o el trote durante largo tiempo.

SHANTUNGOSAURUS

FICHA

SHANTUNGOSAURUS

Significado: saurio de Shantung

Período: Cretácico superior

Grupo principal: Ornithopoda

Longitud: 12-15 metros

Peso: 5 toneladas

Dieta: plantas

Fósiles: en China

0	I	2	3	4	5	6	7	8	9

Los hadrosaurios se conocen sobre todo a partir de restos procedentes de Sudamérica y de Asia. *Shantungosaurus* es un ejemplo asiático y posiblemente el mayor tipo conocido de todo el grupo de los picos de pato, ya que alcanzaba 15 metros de longitud y superaba las 5 toneladas de peso. Esto queda reflejado en su nombre específico, *Shantungosaurus giganteus*, que recibió en 1973. El nombre del género hace referencia a su lugar de descubrimiento en la provincia de Shandong o Shantung, en el extremo oriental del centro de China. *Shantungosaurus* vivió hace unos 80-75 millones de años y muchos otros hadrosaurios aparecieron todavía más tarde.

Se conocen los restos de al menos cinco individuos de *Shantungosaurus*, consistentes en trozos de cráneos y otras partes del esqueleto, y en uno de ellos pueden reunirse los fragmentos hasta completarlo casi totalmente. Una reconstrucción combinada en la que se han rellenado los «huecos» con características de otros hadrosaurios, muestra un dinosaurio similar en muchos aspectos a *Edmontosaurus* (*véase* página anterior).

La cola es extremadamente larga, quizás tanto como la mitad de la longitud total del dinosaurio, y muestra la estructura estrecha y alta en base por la que muchos paleontólogos sugirieron que los hadrosaurios pasaban gran parte de su tiempo en el agua y nadaban agitando la cola de un lado a otro como los cocodrilos. Pero en muchos hadrosaurios, los tendones óseos a modo de varillas que traslapan longitudinalmente con los huesos caudales sugieren que la cola era probablemente rígida en lugar de flexible. Es posible que estos animales usaran la cola como un arma capaz de dar fuertes golpes laterales contra los enormes carnívoros, como *Tyrannosaurus* o *Tarbosaurus*, que merodeaban por esta región durante la misma época. La cabeza de *Shantungosaurus* es baja y ancha, presumiblemente como la de *Edmontosaurus*, con hileras o baterías de molares masticatorios en ambas mandíbulas. En cada batería había más de 50 dientes, apilados en grupos más pequeños y muy apretados de unas tres a cinco unidades (*véase* página 285).

INFERIOR *Shantungosaurus* fue uno de los hadrosaurios de mayor tamaño y, por consiguiente, uno de los mayores de todo el grupo de los ornitópodos. Sus fósiles provienen de rocas de la formación Shenyang cerca de Shaanxi, en la región china de Shantung.

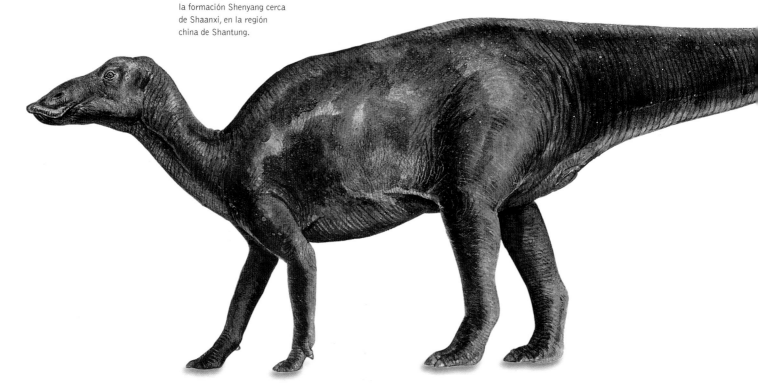

ANATOTITAN

El descubrimiento y la clasificación de este dinosaurio fue causa de confusión y de acaloradas controversias. En 1882 J. L. Wortman y R. S. Hill, los recolectores de fósiles de Edward Drinker Cope, desenterraron en las Black Hills («colinas negras») de Dakota del Sur un esqueleto bastante completo y bastante bien conservado, cuyo cráneo y mandíbula inferior indicaban una cabeza larga y baja y una parte frontal de la boca ancha y a modo de pico. Algunos autores le dieron al espécimen de Cope el apodo de pico de pato y acuñaron de este modo el nombre común del grupo. En 1942, este pico de pato fue bautizado como *Anatosaurus* por Richard Swan Lull y sus colegas a partir de varios fósiles, entre ellos un espécimen parcialmente momificado recuperado por Charles H. y Charles M. Sternberg (padre e hijo) en 1908. Con los años fueron añadiéndose más hallazgos y retirándose otros del catálogo de *Anatosaurus*, pero continuaba habiendo desacuerdo sobre si se trataba de un género verdaderamente independiente o una mezcla de otros animales similares. Finalmente, en torno a 1990, después de un estudio exhaustivo de las evidencias fósiles, se consiguió aclarar esta situación. Ralph Chapman y Michael Brett-Surman reclasificaron algunos de los fósiles como un nuevo género, *Anatotitan*, que significa «pato gigante», mientras que otros se atribuyeron a *Edmontosaurus*, probablemente como individuos parcialmente desarrollados.

Anatotitan era un hadrosaurio de un tamaño bastante «estándar», de unos 10 metros de longitud. Es probable que sobreviviera hasta el final de la era de los dinosaurios, hace unos 65 millones de años. En términos generales era similar a *Edmontosaurus* (*véase* página 289), aunque más ligero, más esbelto y con las patas más largas. Su boca tenía un pico sin dientes en la parte frontal e hileras de dientes trituradores en las zonas de las mejillas. Los dígitos de las extremidades anteriores estaban, según se cree, envueltos en almohadillas carnosas a modo de mitones o de palmeaduras. Estas palmeaduras constituían una de las evidencias que aportaba el hallazgo de 1908 para respaldar la hipótesis de que los hadrosaurios seguían pautas de comportamiento anfibio o semiacuático.

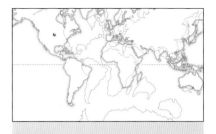

FICHA
ANATOTITAN
Significado: pato gigante o titánico
Período: Cretácico superior
Grupo principal: Ornithopoda
Longitud: 10 metros
Peso: 3-4 toneladas
Dieta: plantas
Fósiles: en EE. UU. (Dakota del Sur)

INFERIOR La controversia sobre si *Anatotitan* era un tipo distinto de dinosaurio de pico de pato o meramente una especie del género *Edmontosaurus* continúa vigente. Sus patas posteriores largas y potentes tenían cada una tres dedos con una uña a modo de pezuña en el pie.

BACTROSAURUS

FICHA

BACTROSAURUS

Significado: reptil con espinas en forma
de maza

Período: Cretácico medio y superior

Grupo principal: Ornithopoda

Longitud: 6 metros

Peso: 1,5 toneladas

Dieta: plantas

Fósiles: en Asia (Uzbekistán, Mongolia y China)

0	1	2	3	4	5	6	7	8	9

El nombre *Bactrosaurus* (que a veces se cita
erróneamente como *Bactrasaurus*) significa «reptil
con espinas en forma de maza» y deriva de las gruesas
extensiones a modo de espinas que se proyectan
hacia arriba desde las vértebras, extensiones que se
observan en muchos hadrosaurios. Es posible que estas
«espinas» sostuvieran erguida una cresta de músculos,
carne y piel a todo lo largo del dorso y la cola del
animal. Parecen demasiado cortas e insustanciales
como para haber soportado la vela, baja y fina, más
membranosa que carnosa, que se observa en algunos
dinosaurios como el ornitópodo *Ouranosaurus*
(*véase* página 266).

Del nombre de este dinosaurio se dice a veces
que deriva de Bactriana, una antigua región de
Asia central que actualmente está dividida entre
Afganistán, Tayikistán y otras zonas vecinas. Pero
se trata de una interpretación errónea y, en cualquier
caso, sus fósiles se encontraron muy lejos, hacia el
noreste y el este de la antigua Bactriana, en lo que

hoy es Uzbekistán, Mongolia y China. *Bactrosaurus*
fue bautizado por Charles Whitney Gilmore, un
paleontólogo estadounidense que estudió y describió
muchos dinosaurios tanto en Norteamérica como
en Asia, incluido el desierto de Gobi, así como lagartos
fósiles y otros reptiles prehistóricos. *Bactrosaurus* fue
un tipo ancestral de hadrosaurio, datado en unos
95 millones de años (*véase* también *Protohadros*,
página 186). También era bastante pequeño para
tratarse de un pico de pato, con unos 6 metros de
longitud total. Se conocen fragmentos y partes
de unos seis individuos de este género. Los dientes
que se habían considerado anteriormente
pertenecientes a una especie de otro género
de dinosaurios, *Cionodon*, podrían pertenecer
a *Bactrosaurus*. El género *Cionodon* fue acuñado
en 1874 por Edward Drinker Cope; la especie
Cionodon kysylkumensis, que hoy se clasifica como
Bactrosaurus kysylkumensis, fue bautizada en 1931
por A. N. Riabinin.

INFERIOR Algunos fósiles de *Bactrosaurus* se encontraron
cerca de la ciudad de Erenhot, en Mongolia. Es posible
que las proyecciones hacia arriba, a modo de espinas
o varas, que presentaba este género a lo largo de la
columna vertebral, soportaran una cresta de tejido carnoso.
La función de esta cresta no está clara, ya que su área
superficial parece demasiado limitada para contribuir
a la termorregulación del cuerpo, como debía ser
el caso en dinosaurios como *Ouranosaurus*.

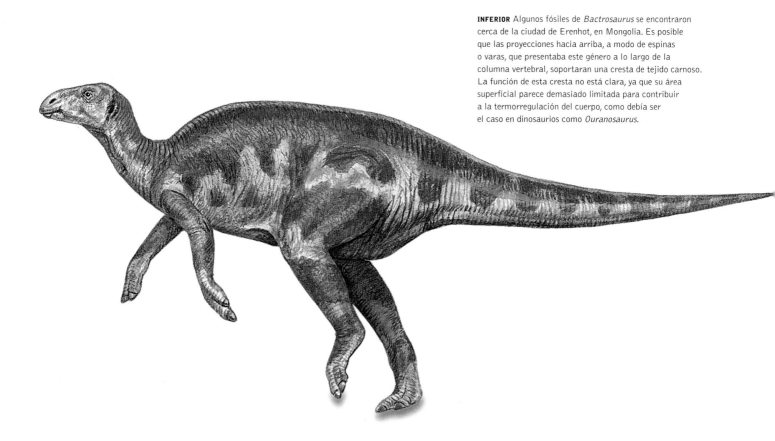

INFERIOR *Prosaurolophus* fue uno de los primeros hadrosaurios con cresta plana. Su baja cresta consistía en unas pequeñas protuberancias encima de los ojos y una corta proyección dirigida hacia atrás.

PROSAUROLOPHUS

Barnum Braun, un cazador de fósiles enérgico y siempre bien vestido, era conservador auxiliar del Museo Americano de Historia Natural a principios del siglo XX. En 1912 describió y dio nombre al pico de pato *Saurolophus* (*véase* página 296). Cuatro años más tarde, hizo lo propio con su posible antecesor, *Prosaurolophus*, a partir de fósiles desenterrados en Alberta. Los restos se encontraron en rocas de unos 75 millones de años de antigüedad. *Prosaurolophus* era un hadrosaurio de tamaño medio y tenía una frente baja y plana sin la elaborada cresta cefálica que se observa en otros miembros del grupo de los picos de pato. Actualmente se conocen fósiles de hasta 25 individuos –incluidos más de siete cráneos–, algunos de ellos procedentes de Montana y otros de Alberta.

Prosaurolophus, que probablemente alcanzaba 8 metros de longitud, muestra algunas similitudes con el más abultado *Edmontosaurus*, entre ellas la estructura de la parte frontal de la boca, el pico de pato ancho, aplanado y sin dientes que da nombre al grupo. Detrás de este pico, en la región de las mejillas,

había hileras de docenas de dientes masticadores inclinados que cizallaban contra los dientes de la mandíbula opuesta para moler la vegetación dura o correosa y también para mantenerse afilados. El resto del cuerpo era bastante típico de los hadrosaurios, con las patas posteriores más grandes y tres fuertes dedos diseñados para la marcha en cada pie, aunque con extremidades también fuertes y «manos» adaptadas para llevar peso. *Prosaurolophus* podía andar de forma bípeda, sobre las dos patas posteriores, o correr a paso largo y galopar a cuatro patas, como lo confirman muchos ejemplos de rastros (series de pisadas fosilizadas) de este género. En 1929, John (Jack) Horner bautizó una de las especies como *Prosaurolophus blackfeetensis* en alusión a los indios norteamericanos de la tribu de los pies negros, cuyo territorio nativo tradicional es el estado de Montana. Otra especie es *Prosaurolophus maximus*, a la cual pertenece el espécimen original descrito por Brown. También se han propuesto otras especies, pero su validez no ha sido confirmada.

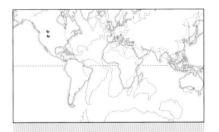

FICHA
PROSAUROLOPHUS

Significado: anterior a *Saurolophus*

Período: Cretácico superior

Grupo principal: Ornithopoda

Longitud: 8 metros

Peso: 2 toneladas

Dieta: plantas

Fósiles: en Canadá (Alberta) y en EE. UU. (Montana)

Los dinosaurios más ruidosos

Muchos hadrosaurios del Cretácico superior de Norteamérica eran similares en cuanto a dimensiones y proporciones corporales. Es posible que sus colores y dibujos corporales, y la forma de la cresta cefálica en algunos tipos, se usaran como resonadores coloreados para producir sonoros trompetazos, bocinazos, bramidos y otros reclamos. Los diferentes sonidos habrían permitido que los dinosaurios de pico de pato dieran la voz de alarma ante un peligro que se acercaba, como un depredador o un incendio forestal, y encontraran otros individuos de su especie cuando formaban manadas o se apareaban.

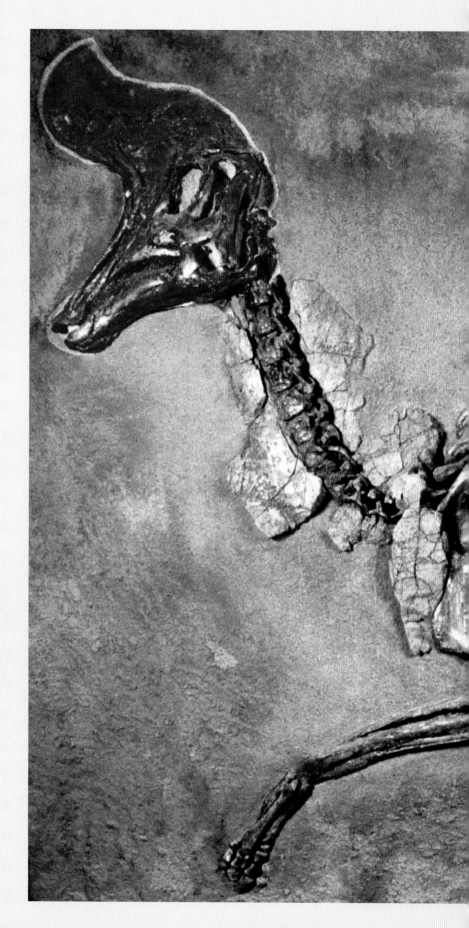

DERECHA Un fósil maravillosamente conservado de un *Lambeosaurus* del Museo Royal Tyrrell de Drumheller, Alberta (Canadá). El fósil muestra con gran claridad la cresta de la cabeza, que el animal usaba, según parece, como un resonador para emitir sonoros reclamos.

SAUROLOPHUS

FICHA

SAUROLOPHUS

Significado: reptil crestado

Período: Cretácico superior

Grupo principal: Ornithopoda

Longitud: 9-10 metros

Peso: 2 toneladas

Dieta: plantas

Fósiles: en EE. UU., Canadá y Mongolia

Barnum Brown del Museo Americano de Historia Natural dio su nombre a *Saurolophus* en 1912 (*véase Prosaurolophus*, página 293). Este nombre que significa «reptil crestado», se refiere a la proyección ósea que tiene en lo alto de la cabeza. Muchos hadrosaurios tenían estos adornos o crestas y sus funciones han sido objeto de numerosas discusiones: ¿servían para la exhibición visual, eran signos de madurez sexual o reproductora, o señales sociales dirigidas a otros de su clase? La cresta de *Saurolophus* cubría la frente, pasaba entre los ojos y se proyectaba hacia arriba y hacia atrás por la nuca. Los fósiles de este hadrosaurio se han encontrado en Canadá, en EE. UU. y en Mongolia. La proyección hacia arriba o púa parece más prominente en los especímenes asiáticos, con unos 13 centímetros de longitud. Es posible que la cresta soportara un repliegue de piel sobre el hocico, el cual podía hincharse para producir sonidos y hacer una exhibición visual. El aplanamiento del cráneo a cada lado del hocico se ha citado a menudo como

evidencia a favor de esta hipótesis. Otra idea es que la púa superior era una riostra para sostener un repliegue cutáneo que podía estar coloreado o mostrar dibujos contrastados. (*Véase* también *Parasaurolophus*, página siguiente.)

El resto de *Saurolophus* es relativamente típico de los hadrosaurios de tamaño medio, con una longitud total de unos 10 metros. La parte frontal de la boca, que es ancha, plana y a modo de pico, está ligeramente dirigida hacia arriba en el extremo superior, mientras que la región de las mejillas de ambas mandíbulas presenta hileras de centenares de dientes, adaptados para pulverizar intensamente los alimentos. Las extremidades anteriores eran largas y robustas, y las posteriores aún más, lo que permitía al animal andar sobre las patas traseras o a cuatro patas. Al igual que en la mayoría de los hadrosaurios, la parte de la cadera y de la cola de la columna vertebral estaba atiesada por varillas óseas, lo que dificultaba flexionarla o chasquearla de un lado a otro. *Saurolophus* vivió hace unos 70 millones de años.

DERECHA Esta reconstrucción de *Saurolophus* muestra la «bolsa» laxa de piel estirada en la nariz, la cual quizá podía hincharse como un balón y hacerse resonar para producir un bocinazo de reclamo, como hacen algunas focas actuales.

PARASAUROLOPHUS

Parasaurolophus era un dinosaurio de pico de pato bastante grande y poderoso del Cretácico superior. Bajo muchos aspectos, su cuerpo, sus patas y su cola eran bastante típicos. El rasgo que le distingue de inmediato es la enorme cresta ósea de la cabeza, más grande que la de cualquier otro hadrosaurio, curvada hacia arriba y hacia atrás desde la frente, a la manera de un largo tubo. La cresta podía alcanzar 1 metro de longitud y además era hueca. El subgrupo de los hadrosaurios que presentaban una cresta cefálica hueca se denomina lambeosáuridos o lambeosaurinos, mientras que los hadrosaurios que carecen de cresta son los hadrosáuridos o hadrosaurinos. William Parks le dio su nombre a *Parasaurolophus* en 1922, a partir de un espécimen casi completo encontrado en Alberta.

Los espacios huecos dentro de la cresta cefálica no eran cámaras de aire aisladas, sino tubos conectados con los conductos respiratorios del dinosaurio. Desde cada una de las narinas o aberturas nasales, que se abrían hacia el extremo del hocico, había un tubo o conducto de aire que se dirigía hacia arriba y hacia

atrás, justo debajo de la superficie inferior de la frente y luego continuaba hacia arriba y hacia atrás a través de la parte frontal o superior de la cresta. A continuación, los conductos de aire izquierdo y derecho hacían un giro en U en el ápice de la cresta, la cual no tenía aberturas hacia el exterior. Los tubos continuaban hacia abajo a largo de la parte inferior de la cresta y hacia atrás por dentro de la región postero-superior de la parte principal de la cabeza, donde el aire podía continuar su recorrido hacia abajo hasta dentro de la garganta y los pulmones. *Parasaurolophus* podía respirar por este complejo recorrido de conductos de aire y quizás hacer que la estructura entera de la cresta vibrara o resonara como una trompeta o un trombón para crear sonidos profundos o bajos de tono. (Este tema se discute con más detalle en la página 294.)

SUPERIOR En esta reconstrucción se muestra un estrecho repliegue de piel entre la superficie inferior de la cresta y el cuello. Al inclinar la cabeza hacia abajo se extendía el repliegue, quizá para revelar colores contrastados.

FICHA
PARASAUROLOPHUS

Significado: similar al reptil crestado

Período: Cretácico

Grupo principal: Ornithopoda

Longitud: 12 metros

Peso: 3 toneladas

Dieta: plantas

Fósiles: en EE. UU. y Canadá

| 0 | 1 | 2 | 3 | 4 | 5 | 6 | 7 | 8 | 9 |

LAMBEOSAURUS

Lambeosaurus rivaliza con *Shunosaurus* como miembro de mayor tamaño conocido del grupo de los hadrosaurios, con sus 15 metros de longitud y 5 toneladas de peso. Dio su nombre al subgrupo de los lambeosáuridos o lambeosaurinos, los hadrosaurios con una cresta cefálica hueca. En este caso, la cresta se proyecta en ángulo recto desde la frente, casi entre los ojos. Es algo angulosa o rectangular y a veces se describe como en forma de hacha. Como en los otros lambeosáuridos, la cresta es hueca. El tubo de aire que nace en cada narina pasa por la nariz, recorre la parte anterior del hocico y de allí se dirige hacia arriba, al interior de la cresta, donde unos rebordes óseos en forma de repisa se proyectan dentro del conducto de aire. Los conductos de aire procedentes de las narinas izquierda y derecha se unen dentro de la parte ínferoposterior de la cresta y a continuación el conducto aéreo principal desciende por la garganta hasta los pulmones. La cabeza también está adornada

con un espolón o púa de hueso, que forma un ángulo recto con la cresta y se dirige hacia arriba y hacia atrás desde el ápice de la cabeza, justo entre los ojos, como en *Saurolopohus*. Esta cresta secundaria es maciza en vez de hueca.

William Parks, que también había bautizado a *Parasaurolophus* el año anterior, dio nombre a *Lambeosaurus* en 1923. Este nombre hace honor a Lawrence Lambe, un eminente paleontólogo canadiense que había descrito y puesto nombre a varios dinosaurios durante la década de 1910, entre ellos el gran hadrosaurio *Edmontosaurus*. Los yacimientos de fósiles de *Lambeosaurus* se extienden desde Alberta, en Canadá, pasando por Montana, hasta Baja California (México) en el suroeste de Norteamérica. También hay especímenes de su piel fosilizada que muestran pequeñas escamas a modo de guijarros incrustadas en la correosa piel.

SUPERIOR *Lambeosaurus* tenía el mismo peso que un elefante grande, pero era probablemente capaz de avanzar con pasos largos a una velocidad de carrera humana moderada durante varias horas seguidas.

CORYTHOSAURUS

Corythosaurus era un miembro del subgrupo de los lambeosáuridos o lambeosaurinos, es decir, de los hadrosaurios con una cresta ósea hueca en la cabeza. Fue descrito por primera vez y bautizado en 1914 por Barnum Brown, tras su descubrimiento entre unos fósiles del Cretácico superior, en Alberta, Canadá. Su nombre alude a la cresta cefálica alta y curvada que de perfil es similar a la forma del casco que llevaban los soldados de la Antigüedad clásica, incluidos los de Corinto en Grecia. Desde 1914 se han descubierto más restos de este dinosaurio, incluidos los de Montana, restos que también se estudiaron y clasificaron como *Corythosaurus*, aunque diferenciándolos en especies tales como *Corythosaurus excavatus* y *Corythosaurus intermedius*. La diferenciación específica se hizo a partir de los detalles de la forma de la cresta cefálica, así como de su tamaño, superficie y curvatura en relación con el resto del cráneo y con el animal entero.

En 1975, Peter Dodson, un anatomista de la Universidad de Pennsylvania, publicó un informe de amplio alcance sobre los dinosaurios lambeosaurinos donde detallaba las medidas comparativas, en especial de sus crestas cefálicas, y establecía comparaciones con el rango de tamaños y las diferencias sexuales en algunos animales actuales. A resultas de este estudio, se sugirió que hasta siete supuestas especies de *Corythosaurus*, conocidas a partir de 20 cráneos, eran probablemente miembros de una única especie. La variación en la cresta cefálica podría explicarse por el crecimiento diferencial de las distintas partes del esqueleto con la edad, de forma que algunas regiones del cuerpo se desarrollaban con más rapidez que otras, y también por el dimorfismo sexual (diferencias entre hembras y machos). Es posible que los machos adultos tuvieran un mayor tamaño de cresta, seguido por el de las hembras adultas, mientras que los juveniles tenían una cresta mucho menor en relación con su tamaño. El dinosaurio antes conocido como *Tetragonosaurus* se incluye actualmente dentro de *Corythosaurus*.

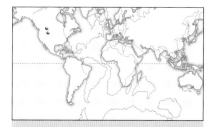

FICHA
CORYTHOSAURUS
Significado: reptil casco
Período: Cretácico superior
Grupo principal: Ornithopoda
Longitud: 10 metros
Peso: 3-4 toneladas
Dieta: plantas
Fósiles: en EE. UU. (Montana) y Canadá (Alberta)

0 1 2 3 4 5 6 7 8 9

SUPERIOR La estrecha y semicircular cresta cefálica de *Corythosaurus* estaba unida a los conductos respiratorios y es probable que sirviera para emitir sonidos, así como para el reconocimiento visual. Las impresiones fósiles de la piel muestran una textura guijarrosa. Al igual que muchos hadrosaurios, es probable que *Corythosaurus* masticara la vegetación dura, incluidas ramitas leñosas y agujas de coníferas.

PADRES
AFECTUOSOS

UNOS SORPRENDENTES FÓSILES DEL DINOSAURIO
DE PICO DE PATO MAIASAURA MUESTRAN CÓMO
SUS NIDOS EN FORMA DE TAZÓN, CADA UNO DE
ELLOS DE UNOS DOS METROS DE DIÁMETRO, HABÍAN
SIDO EXCAVADOS EN EL SUELO. LA MADRE PONÍA
EN EL NIDO HASTA 20 HUEVOS ALARGADOS
Y QUIZÁS LOS CUBRÍA CON VEGETACIÓN, LA CUAL SE
DESCOMPONÍA Y GENERABA CALOR PARA LA INCUBACIÓN.
LOS RESTOS DE BAYAS Y RAMILLAS, Y LAS MARCAS
DE DESGASTE EN LOS DIENTES DE LAS DIMINUTAS
CRÍAS RECIÉN NACIDAS, CUYAS PATAS NO
ESTABAN SUFICIENTEMENTE DESARROLLADAS PARA
CAMINAR, SUGIEREN QUE UN PROGENITOR INCLUSO
LES TRAÍA COMIDA.

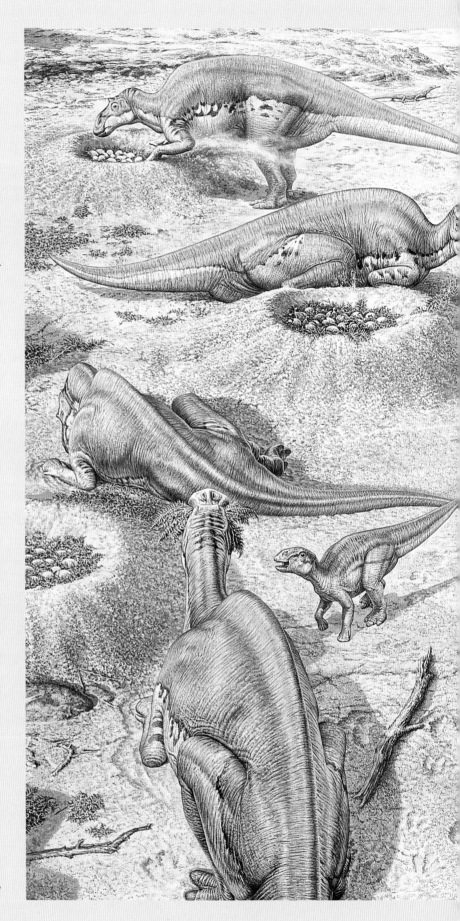

DERECHA Una colonia de *Maisaura* muestra varias fases del
proceso de cría, incluida la preparación del nido, la puesta,
el volteo de los huevos, la vigilancia para protegerlos de los
indeseables intrusos, tales como pequeños dinosaurios terópodos,
y los cuidados parentales de los recién nacidos.

HYPACROSAURUS

Bajo muchos aspectos, *Hypacrosaurus* era similar a *Corythosaurus* (*véase* página 299). Era un hadrosaurio típico, con el cuello curvado y el cuerpo voluminoso; grandes patas posteriores con tres «pezuñas» robustas en cada pie para la marcha y la carrera; extremidades anteriores pequeñas, pero potentes y fuertes, con cuatro dedos en cada mano (que podían llevar peso durante el trote o el galope a cuatro patas); y una cola larga, aunque se ahusaba rápidamente. La parte frontal de la boca carecía de dientes y era aplanada y se expandía lateralmente como un pico de pato. Los dientes con crestas formaban 40 hileras o baterías en la región posterior de las mandíbulas, lo que permitía masticar con fuerza incluso la vegetación más correosa y dura. La mayoría de los hadrosaurios tenía los ojos relativamente grandes, y probablemente unos aguzados sentidos de la vista y del olfato para detectar a los enormes depredadores de su época y su región, tales como *Albertosaurus* y *Tyrannosaurus*. Al igual que otros hadrosaurios, *Hypacrosaurus* muestra elevadas extensiones en forma de tiras o espinas desde la parte alta de las vértebras hacia arriba, las cuales pudieron formar una larga cresta, o una vela o aleta baja, a lo largo del dorso y de la parte superior de la cola.

La cresta ósea de *Hypacrosaurus* no era tan alta ni tan comprimida lateralmente como la de *Corythosaurus*, aunque también estaba hueca; contenía complicados conductos de aire que iban desde las narinas en la parte frontal del hocico, pasaban a través de la cresta y a continuación descendían por dentro de la cabeza y de la garganta. (Las numerosas sugerencias sobre las funciones de las crestas cefálicas se describen a lo largo de este capítulo.) *Hypacrosaurus* fue bautizado en 1913 por Barnum Brown, un cazador de fósiles y especialista en dinosaurios. Sus restos, incluidos los cráneos, esqueletos parciales de adultos y crías, y huevos con embriones, provienen en su mayoría de la provincia canadiense de Alberta y del estado de Montana (EE. UU.).

INFERIOR Cráneo y esqueleto de *Hypacrosaurus* en el Museo Royal Tyrrell de Drumheller, Alberta, en Canadá.

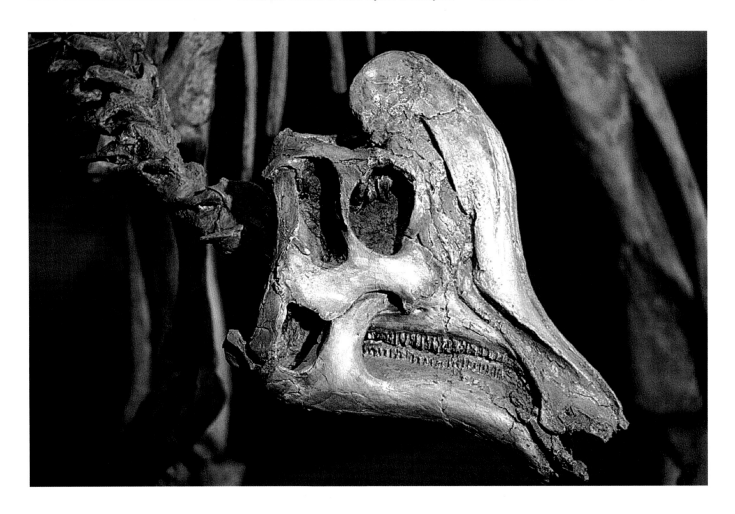

GRYPOSAURUS (KRITOSAURUS Y OTROS)

Gryposaurus, «el reptil de nariz curvada», recibió este nombre por la característica forma de la parte frontal de su hocico, que parece tener unas narinas muy curvadas y una proyección hacia arriba, lo que le da en perfil una «nariz» prominente y angulosa. La cabeza era larga y estaba comprimida lateralmente. En la mayoría de los otros aspectos, *Gryposaurus* era un hadrosaurio típico de tamaño medio, de unos 9 metros de longitud y un par de toneladas de peso, que vivió hace 75-70 millones de años. La mayoría de sus fósiles de cráneo, que podrían representar más de diez individuos, además de otros huesos y también de impresiones de la piel, se encontraron en Alberta, Canadá. *Gryposaurus* fue bautizado en 1914 por Lawrence Lambe, un paleontólogo canadiense renombrado por sus descubrimientos de hadrosaurios (*véase* página 298).

Las impresiones fosilizadas de la piel muestran pequeñas escamas poligonales de apenas 5-8 milímetros de diámetro, con distintos números de lados rectos. Es probable que estas escamas cubrieran todo el cuerpo del animal, pero la cola también pudo tener placas más altas, de mayor tamaño y en forma de escamas de piña, con un diámetro de más de 10 milímetros y separadas unas de otras por unos 50-70 milímetros.

Ha habido un debate considerable sobre *Gryposaurus* y varios otros dinosaurios similares, incluido *Kritosaurus* («reptil noble», así bautizado en 1910), *Trachodon* (1856), *Naashoibitosaurus* (1933) y otros, así como sobre las especies supuestamente atribuidas a cada uno de sus géneros. En varias ocasiones, se ha dicho de los fósiles de cada uno de estos dinosaurios que representaban a uno o más de los otros. Así, por ejemplo, los restos de *Kritosaurus* de Norteamérica pertenecientes a la especie *Kritosaurus navajovius* («de los navajo») –de la que existe tan sólo un cráneo parcial y en mal estado de conservación– podrían asignarse a *Gryposaurus*. Por otra parte, otros fósiles encontrados en Argentina y denominados *Kritosaurus australis* («austral» o «del sur») podrían ser una especie distinta, e incluso podrían no ser *Kritosaurus*. Muchos de estos temas están a la espera de ulteriores estudios que puedan aclarar esta confusa taxonomía.

FICHA
GRYPOSAURUS
Significado: reptil de nariz curvada
Período: Cretácico superior
Grupo principal: Ornithopoda
Longitud: 9 metros
Peso: 2-3 toneladas
Dieta: plantas
Fósiles: en Canadá (Alberta) y en Argentina

IZQUIERDA La piel fosilizada, que muestra la disposición y el dibujo de las escamas, permite efectuar una reconstrucción bastante detallada del aspecto externo (aunque no de la coloración) de *Gryposaurus* .

INFERIOR Este espécimen de las rocas del Cretácico de la Patagonia argentina recibió el nombre de *Kritosaurus australis*, pero futuros estudios podrían obligar a cambiar esta designación.

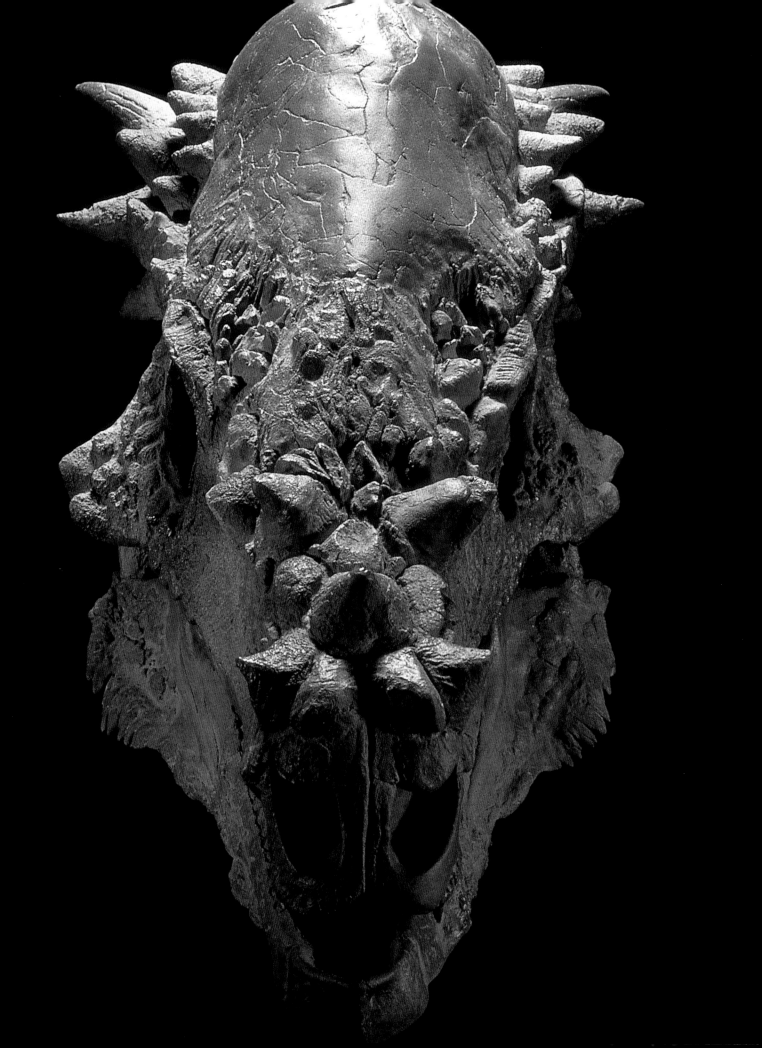

Capítulo diez

Los cabezas
de hueso

Los paquicefalosaurios eran «cabezas de hueso», con capas
extremadamente gruesas de tejido óseo en la parte superior del cráneo.

GOLPES

EN DETERMINADOS PERÍODOS DEL AÑO, EN LAS COLINAS DEL MUNDO RESUENA EL ECO DE LOS GOLPES
Y LOS CHOQUES DE LOS CARNEROS Y LOS MACHOS CABRÍOS. LOS MACHOS AGACHAN LAS CABEZAS
Y SE LANZAN HACIA EL RIVAL, GOLPEANDO SUS FRENTES Y CUERNOS CON TANTA FUERZA QUE A VECES QUEDAN
FUERA DE COMBATE. LOS PAQUICEFALOSAURIOS –«REPTILES DE CABEZA GRUESA»– PUDIERON VERSE ENVUELTOS
EN COMBATES SIMILARES. ÉSTOS PODRÍAN HABER TENIDO LUGAR ENTRE LOS RIVALES DURANTE EL PERÍODO
DE APAREAMIENTO, PARA DEMOSTRAR SU FUERZA Y CONDICIÓN, Y PARA MOSTRAR SU CAPACIDAD DE TENER
PAREJAS Y DESCENDIENTES. A LOS PAQUICEFALOSAURIOS TAMBIÉN SE LOS LLAMA CABEZAS DE HUESO, CABEZAS
CON CASCO O CABEZAS ABOVEDADAS, AUNQUE SÓLO ALGUNOS TIPOS TIENEN FRENTES CON FORMAS REDONDEADAS.

¿PARA QUÉ EL CRÁNEO GRUESO?

Los topetazos con la cabeza son la principal explicación
para el gran engrosamiento que presenta la parte superior
del cráneo de los paquicefalosaurios. En algunos casos, el
grosor del hueso es de más de 25 centímetros. No es ésta
la única adaptación que presentaban para llevar a cabo
y absorber los enormes golpes y presiones en la cabeza,
a la vez que protegían el pequeño cerebro situado en
el cráneo. Los huesos de la nuca también eran robustos
y la misma nuca era corta, para resistir el esfuerzo. La
columna vertebral y las extremidades posteriores también
eran fuertes, para ayudar a aguantar el impacto y transmitir
la fuerza del golpe hacia el suelo.

FALTA DE PRUEBAS

El resto del esqueleto de los paquicefalosaurios es
especialmente notable. Sus dientes eran pequeños
y débiles, adaptados a comer vegetación blanda.
Su cola se mantenía rígida por los huesos y tendones
que se extendían a lo largo de las vértebras caudales.
Hacia el extremo caudal presentaban un área expandida
de hueso que contenía una cámara cuya función
se desconoce. Se ha sugerido –pero no de una forma
convincente– que la cámara podía corresponder
a un cordón nervioso ensanchado o a un músculo que
soportaba espinas caudales o bien podía ser un reservorio
de sustancias altamente energéticas, como un cuerpo graso
o glucógeno (almidón animal), como se ha observado en
algunas aves actuales. Otro problema deriva de la cantidad
de hallazgos fósiles. La mayoría de los paquicefalosaurios
se conocen principalmente, o sólo, a partir de los cráneos
conservados, o incluso exclusivamente de la parte gruesa
de la frente. Determinadas partes del resto del esqueleto
son raras o ausentes, con la notable excepción de *Stegoceras*,
el cual se ha utilizado como base o modelo para la
reconstrucción de la mayor parte de los otros géneros.

PROBLEMAS CON LOS TOPETAZOS

En *Stegoceras* y *Pachycephalosaurus*, la frente era curvada
y en forma de domo o bóveda. Así, cuando las dos cabezas
colisionaban, a menos que ambos individuos estuvieran
exactamente alineados, los domos podían resbalar
fácilmente y sacudir hacia un lado el cuello de cada
animal. La mayoría de los carneros tienen las frentes
planas, lo que les ayuda a evitar que resbalen. Quizás los
paquicefalosaurios con domo cefálico no chocaran cabeza
contra cabeza, sino que golpearan otras partes del cuerpo
del oponente. Otra propuesta es que estos dinosaurios
emplearan las cabezas para defenderse de los depredadores,
del mismo modo que un toro o un rinoceronte agacha
la cabeza y carga contra su enemigo.

PEQUEÑOS Y TARDÍOS

Con menos de diez especies bien conocidas, el grupo
de los paquicefalosaurios es uno de los grupos principales
más pequeños dentro de los dinosaurios. Aparecieron
durante el Cretácico inferior, probablemente en Europa,
y quizás también en el este de Asia, pero la mayoría
de los que se conocen pertenecen al Cretácico superior
y se expandieron por los continentes septentrionales.
Se los empareja con los dinosaurios con cuernos
o ceratópsidos, como *Triceratops*, en un grupo
mayor de dinosaurios conocido como marginocéfalos
o «cabezas con reborde» (*véase* página 353).

PÁGINA ANTERIOR En esta vista frontal de la cabeza de
Pachycephalosaurus, el hueso abovedado engrosado y liso
brilla en medio de las pequeñas espinas, las protuberancias
y los nódulos que decoran la cresta alrededor de la parte
superior de la cabeza. El cráneo al completo tiene el tamaño
aproximado de una maleta de dimensiones medias.

IZQUIERDA Un par de *Stegoceras* se van a golpear, después de
un largo intervalo de posturas y exhibiciones. Quizá trataban
de ganar la contienda con amenazas visuales, tales como
ponerse erguidos para exagerar su altura y agachar la cabeza
para mostrar sus huesos «abovedados» antes de arriesgarse
a una fase más arriesgada de lucha cuerpo a cuerpo.

STEGOCERAS

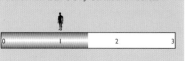

FICHA

STEGOCERAS

Significado: domo con cuernos, bóveda
craneal cornuda

Período: Cretácico superior

Grupo principal: Pachycephalosauria

Longitud: 2-2,5 metros

Peso: 50-70 kilogramos

Dieta: plantas

Fósiles: en EE. UU. y Canadá (Alberta)

Stegoceras es el más conocido de los paquicefalosaurios o cabezas de hueso. Tenía una longitud total de unos 2 metros, y a menudo se lo compara en tamaño con una cabra (por la costumbre de cornearse de estos animales). *Stegoceras* también es uno de los paquicefalosaurios del que se conocen otros huesos aparte del cráneo, entre ellos un esqueleto parcial y otros fragmentos adicionales. Por este motivo, a menudo se utiliza como modelo para reconstruir otros paquicefalosaurios (*véase* página 307). Lawrence Lambe describió y dio nombre a *Stegoceras* en 1902 a partir de los restos del Cretácico inferior recuperados en la región de Belly River en Alberta, Canadá. Los dientes asociados con estos restos craneales recuerdan a los de *Troodon*, un dinosaurio carnívoro que ya había sido bautizado casi 50 años antes, por lo que los fósiles que ahora conocemos como *Stegoceras* fueron clasificados erróneamente como *Troodon*. Sin embargo, gracias a nuevos hallazgos fósiles y a estudios posteriores se puso en duda la relación entre dichos dientes y los fragmentos craneales, y en 1924 el descubrimiento de un cráneo y de una parte de esqueleto confirmó que *Stegoceras* era distinto de *Troodon*.

Stegoceras tenía un cráneo con el típico domo óseo de más de 8 centímetros de grosor, que formaba una especie de casco (su función se discute en la página 307). Presentaba un reborde óseo o repisa que rodeaba el domo hasta la parte posterior de la cabeza, trazaba una curva por encima de cada ojo y llegaba por delante hasta el hocico. Los dientes eran pequeños y curvados, con los bordes aserrados; el cerebro y los ojos eran relativamente grandes; el cuello era robusto; y las extremidades anteriores eran pequeñas e incapaces de soportar el peso del cuerpo. Las extremidades posteriores eran más largas y más bien gruesas; sus proporciones sugieren que era un animal lento y pausado, en lugar de un rápido velocista. La cola era larga y ahusada, y probablemente no era flexible. La base de la cola presentaba una cámara ensanchada (*véase* página 307).

IZQUIERDA El cráneo de *Prenocephale* está adornado con varios nódulos y protuberancias óseos alineados en filas o columnas. Resulta difícil conocer la función física de estas proyecciones, así que es posible que fueran signos visuales, probablemente sexuales (masculinos o femeninos) o referentes a la edad (madurez o inmadurez sexual).

PRENOCEPHALE

En la década de 1970, científicos de Polonia y Rusia, acompañados por expertos de Mongolia, realizaron varias expediciones al desierto de Gobi, las cuales proporcionaron muchos fósiles fascinantes, incluyendo a *Prenocephale*. Este paquicefalosaurio, que es quizá más un cabeza de huevo que un cabeza de hueso, se conoce gracias a la parte superior del cráneo descrita en 1974 por Teresa Maryanska y Halszka Osmólska. Apareció en las arenas de grano fino de Nemegt Basin, donde las excelentes condiciones de fosilización preservaron las partes internas del cráneo, que incluso mostraban pequeñas aberturas por las cuales los nervios y los vasos sanguíneos entraban y salían del cerebro. También se han identificado fósiles similares en Norteamérica (en Montana y en Alberta). Sin embargo, los restos son escasos, e incluso en el yacimiento original de Mongolia se han encontrado muy pocas partes del esqueleto.

Aunque la cabeza de *Prenocephale* es muy similar a la de *Stegoceras*, hay algunas pequeñas variaciones, como una ligera prominencia angular justo encima de las fosas nasales en *Prenocephale*, cuando se lo observa lateralmente. También hay evidencias de varias hileras a modo de cadena de pequeñas protuberancias óseas. Un par de estas hileras va desde la parte posterior de cada narina y recorre parcialmente cada lado del hocico. Hay dos hileras más a cada lado, encima y debajo de cada ojo, y otra en la parte inferoposterior de cada ojo, las cuales se unen en una serie mayor. Ésta se extiende alrededor de la parte posterior de la cabeza, trazando un ángulo hacia arriba y luego a través de la nuca. Parece que estas pequeñas protuberancias tuvieron una función decorativa más que funcional. Los dientes eran por lo general pequeños, con unos ligeramente más largos en la parte delantera de la mandíbula superior (los cuales posiblemente mordían sobre una almohadilla ósea en el extremo de la mandíbula inferior) y otros más pequeños hacia la región de la quijada. El espécimen tipo de *Prenocephale* (a partir del cual se nombró inicialmente el género) es *Prenocephale prenes*, que significa «cabeza inclinada inclinada». El representante canadiense ha recibido el nombre de *Prenocephale edmontonensis*.

FICHA
PRENOCEPHALE
Significado: cabeza inclinada
Período: Cretácico superior
Grupo principal: Pachycephalosauria
Longitud: 2-2,5 metros
Peso: 100 kilogramos
Dieta: plantas
Fósiles: en Mongolia, EE. UU. (Montana) y Canadá (Alberta)

| 0 | 1 | 2 | 3 |

HOMALOCEPHALE Y GOYOCEPHALE

FICHA

HOMALOCEPHALE

Significado: cabeza plana, cabeza adornada

Período: Cretácico superior

Grupo principal: Pachycephalosauria

Longitud: 1,5-3 metros

Peso: 40-90 kilogramos

Dieta: plantas

Fósiles: en Mongolia

Otro dinosaurio paquicefalosaurio parecido a *Stegoceras* era *Homalocephale*. Estos dinosaurios tenían unas proporciones corporales similares: cabeza grande sobre un cuello robusto; extremidades anteriores más cortas, quizás con cuatro dedos; extremidades posteriores bastante más largas, para andar y correr, con tres dedos que soportaban el peso y un cuarto dígito, que no se apoyaba en el suelo, en cada pie, así como una cola larga y uniformemente ahusada, no flexible. La reconstrucción se hizo a partir de un cráneo en buen estado y de un esqueleto prácticamente completo hallado en la región de Nemegt, en Omnogov, Mongolia. Fue bautizado como *Homalocephale* en 1974 por Teresa Maryanska y Halszka Osmólska.

Homalocephale tenía el hueso de la frente engrosado, pero no lo suficiente para que pueda hablarse de domo. Cuando el cráneo se mira de perfil, es considerablemente más plano que en especies similares, como *Stegoceras* o *Prenocephale*. Pero al igual que *Prenocephale*, presenta varias hileras de protuberancias óseas dispuestas como eslabones de cadena. Parece que estas hileras tenían una función decorativa en lugar de una utilidad física real. Los dientes de *Homalocephale* eran pequeños, como en otros paquicefalosaurios, y en forma de hoja. Es probable que este grupo de dinosaurios se alimentara de plantas blandas, masticando y desmenuzando el follaje antes de tragarlo. Otras partes del esqueleto muestran que la cola se mantenía rígida mediante varillas óseas y que el acetábulo (la cavidad del hueso de la cadera donde encaja la cabeza del fémur) presentaba un reborde inusual, diferente al de cualquier otra especie de dinosaurio. Un dinosaurio similar de la misma región, *Goyocephale* (que significa «cabeza elegante o decorada»), fue nombrado en 1982 y también tenía una frente plana. Éste y otros descubrimientos pertenecientes al grupo de los paquicefalosaurios sugieren que estos dinosaurios tenían dos o cuatro dientes curvados, suficientemente largos como para ser llamados colmillos, en la parte delantera de la boca.

FICHA

GOYOCEPHALE

Significado: cabeza elegante, cabeza adornada

Período: Cretácico superior

Grupo principal: Pachycephalosauria

Longitud: 2 metros

Peso: 60 kilogramos

Dieta: plantas

Fósiles: en Mongolia

SUPERIOR *Homalocephale* se muestra en su postura de ataque, con la cabeza agachada y la cola rígida dirigida hacia atrás mientras corre hacia un enemigo o un rival.

SUPERIOR Cráneo reconstruido de *Pachycephalosaurus* descubierto en Montana y descrito en 1940 en el que se aprecia sus diminutos dientes.

DERECHA Es probable que *Pachycephalosaurus* pudiera desplazarse a cuatro patas o sólo con las dos posteriores. Podría haber masticado las plantas acuáticas con sus dientes muy pequeños y relativamente débiles.

PACHYCEPHALOSAURUS

Bien conocido como el dinosaurio paquicefalosaurio más grande descubierto hasta la fecha, este «reptil de cabeza gruesa» pudo haber alcanzado una longitud de 5 metros. También fue uno de los últimos miembros del grupo y quizás sobrevivió hasta la gran extinción que señaló el fin de los dinosaurios, hace unos 65 millones de años. Pero, al igual que muchos otros miembros del grupo de los paquicefalosaurios, se desconoce prácticamente su estructura corporal, y por ello, se ha reconstruido tomando como modelo especies más pequeñas, como *Stegoceras*, y aumentándolas a escala según las proporciones esperadas.

Sólo se ha descubierto un cráneo fósil de *Pachycephalosaurus* en buen estado. Fue descubierto cerca de Ekalaka, Montana, entre 1938 y 1940, por William Winkley mientras cuidaba un rebaño en un rancho familiar. Difería en varios aspectos del ya conocido *Stegoceras*, y era mucho mayor, por lo que en 1943 fue clasificado como una nueva especie de dinosaurio por Barnum Brown y Erich Schlaikjer. (De hecho, el nombre *Pachycephalosaurus* se había acuñado antes, en 1931, en asociación con el pequeño carnívoro *Troodon*, pero este uso fue descartado.) Sus restos han sido localizados en Wyoming y en Dakota del Sur, así como en Montana.

A pesar de que no se ha encontrado ningún cráneo completo, hay muchas partes que muestran el domo enormemente ensanchado de la cabeza de *Pachycephalosaurus*, una masa ósea de más de 25 centímetros de grosor. Además presenta pequeñas espinas óseas en el hocico y unos nódulos que recorren los lados de la cara, por encima y por debajo de los ojos y hacia atrás, formando un reborde o repisa que rodea la parte posterior de la cabeza. Los ojos eran relativamente grandes, pero los dientes eran diminutos y casi puntiagudos, probablemente adaptados para alimentarse de plantas blandas, tales como hojas y frutos. El fósil de cráneo más importante es de unos 60 centímetros de longitud, y según algunos cálculos se estima que la longitud de *Pachycephalosaurus* desde el hocico hasta la cola habría superado los 8 metros, pero versiones más modernas reducen este tamaño. George Sternberg creó Pachycephalosauridae en 1945 cuando consideró que estos dinosaurios tenían que agruparse en su propia familia separada.

FICHA
PACHYCEPHALOSAURUS
Significado: reptil de cabeza gruesa
Período: Cretácico superior
Grupo principal: Pachycephalosauria
Longitud: 4-5 metros
Peso: 400-500 kilogramos
Dieta: plantas
Fósiles: en el oeste de EE. UU. (Wyoming, Dakota del Sur, Montana) y posiblemente en Canadá

STYGIMOLOCH

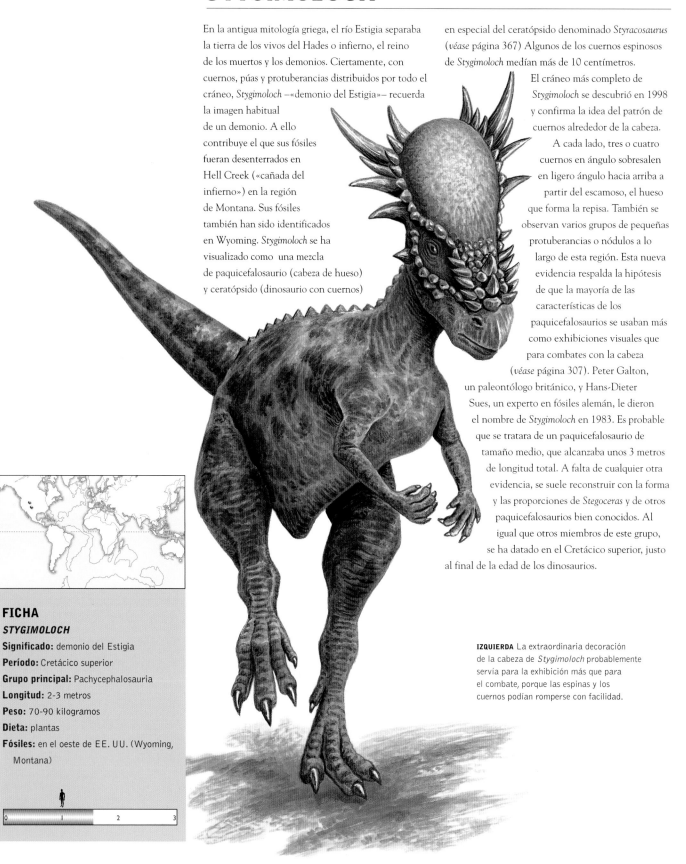

En la antigua mitología griega, el río Estigia separaba la tierra de los vivos del Hades o infierno, el reino de los muertos y los demonios. Ciertamente, con cuernos, púas y protuberancias distribuidos por todo el cráneo, *Stygimoloch* –«demonio del Estigia»– recuerda la imagen habitual de un demonio. A ello contribuye el que sus fósiles fueran desenterrados en Hell Creek («cañada del infierno») en la región de Montana. Sus fósiles también han sido identificados en Wyoming. *Stygimoloch* se ha visualizado como una mezcla de paquicefalosaurio (cabeza de hueso) y ceratópsido (dinosaurio con cuernos)

en especial del ceratópsido denominado *Styracosaurus* (*véase* página 367) Algunos de los cuernos espinosos de *Stygimoloch* medían más de 10 centímetros.

El cráneo más completo de *Stygimoloch* se descubrió en 1998 y confirma la idea del patrón de cuernos alrededor de la cabeza. A cada lado, tres o cuatro cuernos en ángulo sobresalen en ligero ángulo hacia arriba a partir del escamoso, el hueso que forma la repisa. También se observan varios grupos de pequeñas protuberancias o nódulos a lo largo de esta región. Esta nueva evidencia respalda la hipótesis de que la mayoría de las características de los paquicefalosaurios se usaban más como exhibiciones visuales que para combates con la cabeza (*véase* página 307). Peter Galton, un paleontólogo británico, y Hans-Dieter Sues, un experto en fósiles alemán, le dieron el nombre de *Stygimoloch* en 1983. Es probable que se tratara de un paquicefalosaurio de tamaño medio, que alcanzaba unos 3 metros de longitud total. A falta de cualquier otra evidencia, se suele reconstruir con la forma y las proporciones de *Stegoceras* y de otros paquicefalosaurios bien conocidos. Al igual que otros miembros de este grupo, se ha datado en el Cretácico superior, justo al final de la edad de los dinosaurios.

IZQUIERDA La extraordinaria decoración de la cabeza de *Stygimoloch* probablemente servía para la exhibición más que para el combate, porque las espinas y los cuernos podían romperse con facilidad.

FICHA

STYGIMOLOCH

Significado: demonio del Estigia

Período: Cretácico superior

Grupo principal: Pachycephalosauria

Longitud: 2-3 metros

Peso: 70-90 kilogramos

Dieta: plantas

Fósiles: en el oeste de EE. UU. (Wyoming, Montana)

0   1   2   3

YAVERLANDIA

Algunos dinosaurios reciben el nombre de especímenes completamente fosilizados, pero éste no es el caso de *Yaverlandia*, cuyo nombre alude a Yaverland Point, un promontorio cerca de Sandown en la isla de Wight, en el sur de Inglaterra. Conocida entre los cazadores de fósiles como la isla de los dinosaurios, esta pequeña parte de Inglaterra ha proporcionado una gran cantidad de fósiles, incluyendo a dinosaurios como *Hypsilophodon* y muchos reptiles marinos del Jurásico, como los ictiosaurios. Sin embargo, allí sólo se ha encontrado una parte del cráneo de *Yaverlandia*. Este fósil, que recuerda el cráneo engrosado de otros paquicefalosaurios, pero con dos protuberancias marcadas en el domo, fue descubierto por Frank Abell y ha sido mencionado en la literatura científica desde la década de 1930. Peter Galton lo consideró en 1971 un nuevo tipo de paquicefalosaurio (*véase* también *Stygimoloch*, página anterior). Para otros autores, sin embargo, podría representar parte de un dinosaurio armado o anquilosaurio (*véase Hylaeosaurus*, página 324).

El fósil data del Cretácico inferior, hace unos 125-120 millones de años, y es muy anterior a los otros dinosaurios paquicefalosaurios. También procede de una región muy alejada, ya que la mayoría de los restos de paquicefalosaurios se han hallado en Norteamérica y en el este de Asia. Además, *Yaverlandia* es pequeño para ser un paquicefalosaurio. A partir de los restos craneales, y utilizando a *Stegoceras* y otras especies como modelo, se ha estimado que sólo medía 1 metro de longitud. Pero las evidencias de que existieron otros paquicefalosaurios de pequeño tamaño son cada vez más numerosas. *Wannanosaurus*, bautizado así en 1970 en referencia a la provincia china de Wannan, medía quizás 70 centímetros de longitud. *Micropachycephalosaurus*, también de China, fue bautizado en 1978 y, si existió tal como se conjetura, también medía menos de 1 metro y sólo pesaba 10 kilogramos. A menudo se cita a *Micropachycephalosaurus* como uno de los dinosaurios más pequeños y el de nombre más largo.

FICHA
YAVERLANDIA

Significado: de Yaverland (el lugar donde fue descubierto)

Período: Cretácico superior

Grupo principal: quizá Pachycephalosauria (*véase* página 311)

Longitud: 1 metro

Peso: 20 kilogramos

Dieta: posiblemente plantas

Fósiles: en el sur de Inglaterra

IZQUIERDA En esta representación se muestra la cabeza con doble domo de *Yaverlandia*. Es el único paquicefalosaurio con dos protuberancias en la parte superior del cráneo, pero la evidencia fósil es muy limitada y algunos expertos no la aceptan.

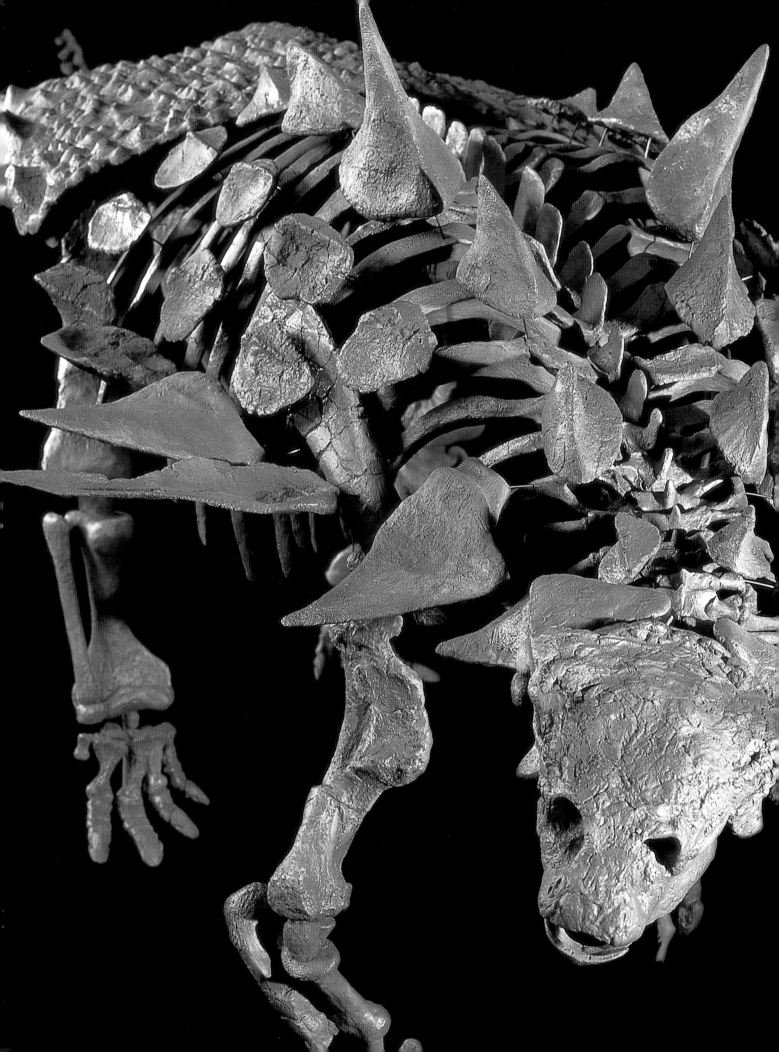

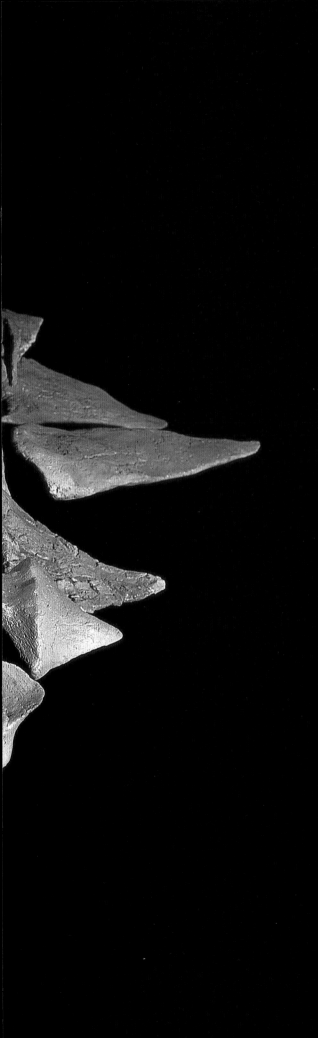

CAPÍTULO ONCE

LOS DINOSAURIOS ACORAZADOS

LOS APODOS DE TANQUES AMBULANTES Y DINOSAURIOS ACORAZADOS DAN
UNA IDEA DEL TAMAÑO, EL PESO Y LA PROTECCIÓN ÓSEA DE LOS PROBABLEMENTE
PACÍFICOS Y FITÓFAGOS ANQUILOSAURIOS.

PIELES DURAS

LOS ANQUILOSAURIOS –«REPTILES FUSIONADOS»– FUERON LOS DINOSAURIOS MEJOR PROTEGIDOS. SU NOMBRE HACE REFERENCIA A LAS PLACAS Y OTRAS PIEZAS ÓSEAS QUE ESTABAN UNIDAS SOBRE SU CABEZA E INCRUSTADAS EN LA PIEL DEL CUELLO, EL DORSO, LOS FLANCOS Y LA COLA. ESTOS ANIMALES EMPLEABAN CUALQUIER TIPO DE BARRERA ÓSEA IMAGINABLE –PROTUBERANCIAS, TACHONES, PÚAS, ESCUDOS, PLACAS, ESPINAS, ESCAMAS– FRENTE A LAS GARRAS Y LOS DIENTES DE LOS DINOSAURIOS CARNÍVOROS Y OTROS GRANDES DEPREDADORES DE LA ÉPOCA, COMO LOS COCODRILOS. LOS ANQUILOSAURIOS SE CLASIFICAN DENTRO DE UN GRUPO DE DINOSAURIOS DE MAYOR RANGO, EL DE LOS TIREÓFOROS O PORTADORES DE ESCUDOS, JUNTO CON LOS ESTEGOSAURIOS O DINOSAURIOS CON PLACAS.

GRUPOS DE DINOSAURIOS ACORAZADOS

Había dos subgrupos principales de anquilosaurios. La diferencia más evidente entre ambos era que los miembros del subgrupo más primitivo, los nodosáuridos, no presentaban una enorme protuberancia ósea en el extremo de la cola que sí presentaban los miembros del otro subgrupo, los anquilosáuridos, y que se conoce habitualmente como maza caudal. Los nodosáuridos aparecieron durante el Jurásico medio y se han localizado fósiles en todos los continentes septentrionales, así como posiblemente en Australia y la Antártida. Algunos nodosáuridos persistieron durante el Cretácico y adquirieron enormes dimensiones: entre éstos se incluye a *Edmontonia* (*véase* página 324). Los anquilosáuridos empezaron a extenderse durante el Cretácico inferior y coincidieron en el tiempo y el espacio con sus parientes los nodosáuridos. Tenían unos complejos conductos respiratorios en el hocico y la cabeza, y carecían de las afiladas espinas en los hombros que presentaba la mayoría de los nodosáuridos. Los anquilosáuridos de cola de maza se desarrollaron sobre todo durante el Cretácico superior, principalmente en Norteamérica y en Asia. También alcanzaron tamaños considerables, incluso algunos llegaron a superar a los nodosáuridos. Algunos esquemas de clasificación reconocen otros subgrupos, como los polacántidos, basados en *Polacanthus* (*véase* página 327).

CORAZA EN ABUNDANCIA

Algunos anquilosaurios tenían dos o tres capas de hueso sobre determinadas partes de la cabeza, con las capas sobrepuestas sobre el cráneo y una placa adicional situada por encima. En general, las placas óseas que cubrían el cuerpo no estaban unidas al esqueleto de debajo. Se trataba de osificaciones dérmicas, unidades de hueso que crecían y se mantenían firmemente por su grosor, rigidez o resistencia, o bien mediante pieles correosas. Algunas de estas masas óseas estaban totalmente metidas dentro del cuerpo, por lo que estaban recubiertas de piel. Otras, en especial las espinas y púas más afiladas, tenían núcleos óseos que en vida estaban cubiertos por material córneo. Esto hacía que fueran más grandes y probablemente más afilados de lo que aparecen en los fósiles, dado que el cuerno se desintegró antes de su conservación. Se ha intentado hacer una comparación entre los anquilosaurios y otros grupos de reptiles lentos y bien protegidos, las tortugas, pero la naturaleza de la armadura en ambos grupos era muy diferente (*véase* página 93).

LENTOS Y PESADOS

La gran cantidad de protecciones hacía que los anquilosaurios fueran fuertes, pesados y lentos. La principal defensa frente a los grandes carnívoros, como *Tyrannosaurus*, consistía probablemente en agacharse, bajando sus rechonchos cuerpos a poca distancia del suelo para proteger su parte más vulnerable, el vientre. Con su peso de varias toneladas, a un oponente le debía resultar extremadamente difícil derribarlos. Por el contrario, podrían haber sido ellos los atacantes. Así pues, es posible que los nodosáuridos cargaran e intentaran acuchillar con las largas y afiladas espinas de sus hombros, y que los anquilosáuridos, por su parte, balancearan sus mazas caudales como armas para romper las extremidades del contrincante. Sin embargo, durante la mayor parte del tiempo, estos dinosaurios recorrían los bosques y las selvas, probablemente en solitario y no en manadas, buscando alimentos entre las plantas blandas (*véanse* páginas 322-323).

PÁGINA ANTERIOR *Gastonia* era un anquilosaurio del Cretácico inferior cuyos fósiles proceden de Grand County, en Utah (EE. UU.). Muestra su cuerpo pesadamente acorazado y ornado de espinas y púas que le proporcionaban una formidable autodefensa. Este espécimen es un juvenil y su dorso podría llegar a la altura del pecho de un humano adulto. *Gastonia* estaba estrechamente emparentado con *Polacanthus* y recibió este nombre en 1998, en honor al paleontólogo Robert Gaston.

IZQUIERDA Este *Polacanthus* vuelve la cabeza para enfrentarse a un enemigo, ya que su ancho cuello y las espinas de sus hombros le proporcionaban una excelente defensa. Sin embargo, las posiciones exactas de las espinas y los ángulos en las que se colocaban sobre el cuerpo son objeto de acaloradas discusiones.

DERECHA Es probable que *Scelidosaurus* fuera tanto bípedo como cuadrúpedo, es decir, que se desplazara con facilidad tanto con dos como con cuatro patas. Su dentición era muy similar a la de los estegosaurios. Sin embargo, gracias a los descubrimientos de 1980 y en especial de 1985 se ha podido conocer mejor a este dinosaurio y considerarlo el primer anquilosaurio verdadero.

SCELIDOSAURUS

FICHA
SCELIDOSAURUS
Significado: reptil extremidad

Período: Jurásico inferior

Grupo principal: Scelidosauria

Longitud: 3-4 metros

Peso: 200-250 kilogramos

Dieta: plantas

Fósiles: en Inglaterra, Portugal y EE. UU. (Arizona)

Es muy posible que *Scelidosaurus* ocupara un lugar fundamental en la evolución de los dinosaurios y su clasificación es sin duda problemática. Aunque clasificarlo como un ornitisquio y, dentro de esta enorme categoría, como un tireóforo o acorazado y probablemente anquilosaurio no plantea dudas, a partir de aquí empiezan los desacuerdos. Algunos especialistas lo consideran una forma primitiva de anquilosaurio (por ello se incluye en este capítulo); otros lo consideran un estegosaurio o un antepasado de ambos grupos; e incluso hay quien argumenta que es un tipo de tireóforo tan distinto que forma su propia familia, Scelidosauridae, quizás junto a *Scutellosaurus* (*véase* página siguiente) y *Emausaurus*, fósiles hallados en Alemania en 1990.

Scelidosaurus tenía una cabeza pequeña con una boca córnea parecida a un pico. El cuello, el cuerpo y la cola estaban tachonados de pequeñas escamas, que recordaban guijarros, y placas óseas de mayor tamaño, algunas con forma de pequeños conos o triángulos. El animal se desplazaba a cuatro patas, aunque las posteriores eran más largas y fuertes, de modo que el dorso se elevaba hacia la cadera. Todas estas características se desarrollaron y exageraron

posteriormente en el grupo de los estegosaurios durante el Jurásico, aunque *Scelidosaurus* también tenía caracteres distintivos en la dentición y el cráneo que le acercan más al grupo de los anquilosaurios.

Richard Owen, el anatomista y paleontólogo británico que definió el grupo Dinosauria en 1841, bautizó a *Scelidosaurus* en 1868. Owen estuvo examinando ejemplares de *Scelidosaurus* desde 1859, procedentes en su mayoría de rocas del Jurásico inferior de Charmouth, en la costa sur de Inglaterra. En 1863 se desenterró un esqueleto prácticamente completo. Más de un siglo después, en 1985, y también cerca de Charmouth, tres cazadores de fósiles aficionados –Simon Barnsley, David Costain y Peter Langham–, descubrieron un espécimen juvenil. Entre ambos descubrimientos se hallaron restos en Portugal (un fragmento craneal también conocido como *Lusitanosaurus*) y en Arizona. Es probable que la cola de *Scelidosaurus* fuera bastante fuerte gracias a los tendones que recorrían la columna vertebral y que se osificaban con minerales óseos. La opinión más frecuente hoy en día es que *Scelidosaurus* fue uno de los primeros anquilosaurios verdaderos.

SCUTELLOSAURUS

Scutellosaurus fue bautizado en 1981 por Edwin (Ned) Colbert en referencia a las placas óseas –los pequeños escudos– que tenía incrustados en la piel a modo de rodelas protuberantes. Los principales restos son dos esqueletos parciales con fragmentos craneales, procedentes de Arizona, y muchas placas aisladas. Se trata de un dinosaurio pequeño y muy antiguo, datado en unos 208-200 millones de años, con una mezcla de características primitivas y otras más evolucionadas. Durante un tiempo se lo clasificó en el grupo de los ornitópodos junto con *Lesothosaurus* (*véase* pagina 269), pero luego se consideró que era un tireóforo o portador de escudo. Al igual que *Scelidosaurus* (*véase* página anterior), se ha dicho de él que

fue el tipo de dinosaurio que pudo haber evolucionado hacia uno de los grupos posteriores y mejor conocidos de tireóforos, como los anquilosaurios acorazados o los estegosaurios con placas, o que se parecía al antecesor común de ambos grupos.

Scutellosaurus era pequeño, esbelto y alargado, y es probable que no pesara mucho más de 10 kilogramos a pesar de su ligera armadura de pequeños escudos: prismas triangulares, pequeños conos ladeados y «espinas» curvas. Se han hallado cientos de escudos fosilizados, pero se desconoce el patrón exacto con que se disponían en el cuello, en el alargado cuerpo e incluso en la todavía más larga cola. La boca tenía una especie de pico estrecho en la parte anterior y es probable que la cabeza también estuviera protegida por placas óseas bajas. Es probable que *Scutellosaurus* pudiera correr con bastante rapidez a cuatro patas, ya que sus miembros anteriores tenían unos pies anchos y robustos. Quizás pudiera levantarse para correr sobre sus dos extremidades posteriores más largas y grandes, aunque es probable que su cuerpo alargado y su coraza hicieran que el peso recayera en la parte delantera. Se estima que el número de escudos o rodelas individuales en un *Scutellosaurus* variaba entre menos de 200 y más de 400.

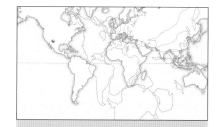

FICHA

SCUTELLOSAURUS

Significado: reptil de pequeños escudos

Período: Jurásico inferior

Grupo principal: probablemente Scelidosauria

Longitud: 1,2 metros

Peso: 10 kilogramos

Dieta: Plantas

Fósiles: en EE. UU. (Arizona)

0	1	2	3	4	5	6

IZQUIERDA *Scutellosaurus* tenía unos dientes sencillos y pequeños, y es probable que sólo pudiera comer vegetación blanda. En vida los escudos corporales podrían haber estado cubiertos por excrecencias córneas o incluso por piel coriácea.

SAUROPELTA

Se trata de uno de los primeros nodosáuridos (dinosaurios acorazados sin maza caudal) conocidos en Norteamérica, donde se hallaron los fósiles en Montana, Utah y Wyoming. Fue clasificado en 1970 por John Ostrom, el paleontólogo que también estuvo asociado a *Deinonychus*. Los restos son bastante abundantes en comparación con los de otros nodosáuridos, y consisten en piezas de varios esqueletos, huesos aislados, un cráneo (que estaba bastante aplastado) y la habitual colección de placas óseas y de otros fragmentos de la coraza. La mayoría de estas placas se desprendieron y quedaron todas revueltas durante el proceso de conservación. Sin embargo, un espécimen en concreto, exhibido en el Museo Americano de Historia Natural, corresponde a uno de los nodosáuridos más completos que se conoce. Muestra el trazado y el patrón de la coraza sobre el cuerpo, así como gran parte del esqueleto, en especial los huesos que soportaban el peso, las extremidades y los pies, cada uno con cuatro dedos.

Sauropelta fue un nodosáurido del Cretácico inferior y sus placas corporales no estaban tan evolucionadas como se observa en géneros posteriores, como por ejemplo *Edmontonia* (*véase* página 324). *Sauropelta* tenía grandes espinas a cada lado del cuello, las cuales proseguían por los flancos del animal, aunque disminuyendo de tamaño hacia la cola hasta desaparecer. El dorso estaba cubierto por protuberancias óseas dispersas, cubiertas en vida por estructuras córneas que formaban conos bajos, separados por centenares de «guijarros» óseos más pequeños que formaban una coraza protectora semiflexible. Esta estructura se extendía por toda la cara superior de la cola. La parte inferior del cuello, del cuerpo y de la cola, así como las patas probablemente tenían escamas reptilianas y la piel gruesa. Otro indicio de que *Sauropelta* era un nodosáurido primitivo es la presencia de dientes en la parte anterior de la mandíbula superior, en el premaxilar. Los nodosáuridos posteriores no tenían dientes frontales, sino sólo picos córneos.

FICHA

SAUROPELTA

Significado: reptil con escudo

Período: Cretácico inferior

Grupo principal: Ankylosauria

Longitud: 7-8 metros

Peso: 3 toneladas

Dieta: plantas

Fósiles: en EE. UU. (Montana, Utah, Wyoming)

| 0 | 1 | 2 | 3 | 4 | 5 | 6 |

DERECHA Se conoce bien la distribución de las escamas protectoras y los nódulos de *Sauropelta* gracias a un espécimen excepcionalmente bien conservado. Otro hallazgo muestra la cola en detalle, con su forma en punta y sin una maza ósea en el extremo.

NODOSAURUS

Este dinosaurio ha dado su nombre a la familia Nodosauridae, uno de los principales grupos de dinosaurios acorazados conocidos como anquilosaurios (*véase* página 317), aquellos que no tienen una maza en el extremo de la cola. Los fósiles de *Nodosaurus* son escasos y fragmentarios. Los restos de *Nodosaurus* se conocen a partir de rocas del Cretácico inferior y medio, de unos 110-100 millones de años de antigüedad, en Wyoming y Kansas. Sólo se han hallado restos de tres esqueletos parciales, sin sus cráneos, más varias placas óseas que formaban la armadura o coraza. Estos restos fueron descubiertos demasiado pronto en la historia científica de los dinosaurios para convertirse en la base para establecer una familia. Esto sucedió en 1889, cuando Othniel Charles Marsh, un prolífico cazador de dinosaurios, bautizó a la bestia de armadura pesada. Sin embargo, no fue hasta 1921 cuando Richard Swann Lull realizó una descripción detallada

de *Nodosaurus*, justo un año antes de que se hiciera cargo del Museo Peabody de Yale.

La longitud de *Nodosaurus* se estima entre 4 y 6 metros. Podría haber tenido púas y placas en su armadura, pero no hay certeza al respecto. La cola era larga y estrecha, y sus cortas patas –con cinco dedos en cada pie– estaban diseñadas para soportar un cuerpo pesadamente protegido. El cuello era corto y poderoso, y si se extrapolan a *Nodosaurus* las evidencias proporcionadas por otros miembros de su familia, como *Edmontonia* y *Panoplosaurus*, su cabeza debía estar protegida por pesadas placas óseas sobre un hocico estrecho. Es probable que la boca tuviera forma de pico y tenía en todo caso molares en forma de hoja con crestas verticales para masticar plantas. Sin embargo, la mayoría de estas características son hipotéticas, ya que *Nodosaurus* todavía se conoce muy poco.

FICHA
NODOSAURUS

Significado: reptil nodular, reptil con protuberancia

Período: Cretácico inferior y medio

Grupo principal: Ankylosauria

Longitud: 4-6 metros

Peso: 2-3 toneladas

Dieta: plantas

Fósiles: en EE. UU. (Wyoming, Kansas)

| 0 | 1 | 2 | 3 | 4 | 5 | 6 |

INFERIOR Es probable que la coraza de *Nodosaurus* se dispusiera en hileras o bandas desde el dorso hasta cada lado del cuerpo. Se supone que la parte inferior no estaba bien protegida, aunque la piel y las escamas reptilianas más pequeñas también podrían haber sido muy gruesas.

UNA VIDA
SOLITARIA

POR LO GENERAL, LOS RESTOS DE DINOSAURIOS
ACORAZADOS APARECEN COMO INDIVIDUOS
AISLADOS, EN LUGAR DE EN GRUPOS O MANADAS.
QUIZÁS VIVÍAN DE UN MODO MÁS O MENOS SOLITARIO,
ARRANCANDO LA VEGETACIÓN CON SU PICO SIN
DIENTES Y MASTICÁNDOLA LENTAMENTE CON SUS
MOLARES PEQUEÑOS Y CON CRESTAS, ANTES DE
ENGULLIRLA. HOY EN DÍA, UN HERBÍVORO PESADO
Y BIEN PROTEGIDO SIGUE UN PATRÓN SIMILAR DE
COMPORTAMIENTO EN SOLITARIO: EL RINOCERONTE.
ADEMÁS, LOS FÓSILES DE DINOSAURIOS ACORAZADOS
NO SON ESPECIALMENTE COMUNES, SOBRE TODO SI
SE COMPARAN CON LAS ENORMES ACUMULACIONES
FÓSILES DE DINOSAURIOS COMO LOS HADROSAURIOS.
QUIZÁS POR ESTE MOTIVO, CUANDO ESTABAN POR
LA ZONA, ESCASEABAN POR NATURALEZA.

DERECHA En esta escena del Cretácico superior el anquilosaurio
solitario contrasta con los hadrosaurios o dinosaurios pico de
pato, mucho más numerosos, probablemente sociales y que se
desplazaban en manada. Hoy en día, pueden observarse contrastes
similares en los mamíferos herbívoros de la sabana africana,
entre las manadas de cebras y de ñúes, y los solitarios y mucho
más escasos rinocerontes.

HYLAEOSAURUS

Este fitófago acorazado ocupa un lugar destacado en la historia científica de los dinosaurios. Fue uno de los tres «miembros fundadores» del grupo cuando Richard Owen empleó el nombre Dinosauria en 1841. *Hylaeosaurus* ya había sido bautizado con anterioridad, en 1833, por Gideon Mantell, quien había descrito anteriormente otro miembro original, *Iguanodon* (*véase página 261*). *Hylaeosaurus* se conoce sobre todo a partir de un espécimen, una parte frontal del esqueleto, que hoy en día todavía está sin preparar (es decir, todavía se halla en su matriz de roca, como la mayoría de los fósiles que se encuentran en el campo). Fue descubierto en Tilgate Forest, en Sussex, en el sur de Inglaterra y fue quizás esta localidad –*forest* significa «bosque»– la que le dio su nombre, que significa «reptil del bosque». Sin embargo, unos pocos años antes, Peter Martin, otro geólogo británico, había acuñado el término de *wealden* para las rocas y arcillas de Weald (curiosamente, un antiguo término inglés que también significaba «bosque»), una región geológica que cubría partes de los condados de Sussex y Kent e incluía el yacimiento. Mantell y otros tradujeron más tarde el nombre del dinosaurio como «reptil Wealden o de Weald». Ambas versiones se aceptan y eso explica la extraña disparidad que se aprecia en el significado de su nombre científico.

Debido a su estado parcial de conservación y a que aún se encuentran incluidos en la roca, los principales fósiles de *Hylaeosaurus* son difíciles de reconstruir en un animal completo. Por lo general, sus características corporales se toman prestadas de otros nodosáuridos similares, especialmente de *Polacanthus* (*véase página 327*); incluso se ha llegado a sugerir que ambos géneros son en realidad uno sólo. En todo caso, *Hylaeosaurus* es sin duda un nodosáurido primitivo del Cretácico inferior. Tenía un tamaño medio, de unos 5 metros de longitud, y según parece presentaba unas grandes bandas curvas y ovaladas, quizás similares a las de un armadillo, que se arqueaban transversalmente sobre el dorso. El resto del animal, incluida la distribución de las espinas o púas, es en gran parte una conjetura.

FICHA

HYLAEOSAURUS

Significado: reptil del bosque, reptil de Weald

Período: Cretácico inferior

Grupo principal: Ankylosauria

Longitud: 4-6 metros

Peso: 2-3 toneladas

Dieta: plantas

Fósiles: en el sur de Inglaterra

EDMONTONIA

El gran grosor y la fuerza de soporte de las cuatro extremidades de *Edmontonia* –incluso más robustas que las de un elefante actual, con unos pies voluminosos extendidos y cuatro dedos anchos y con uñas a modo de pezuñas– muestran que este anquilosaurio era realmente un animal pesado. Fue uno de los mayores y el último de los nodosáuridos (dinosaurios acorazados sin masa ósea en la cola), que vivió hace unos 75-70 millones de años en el oeste de Norteamérica. Sus primeros restos fueron excavados en 1924 por George Paterson en el río Red Deer, cerca de Morrin, en la provincia canadiense de Alberta. Los estratos rocosos de esta zona se conocen como la formación Edmonton, por lo que el dinosaurio fue bautizado como *Edmontonia* en 1928 por Charles M. Sternberg. Posteriormente, se descubrieron nuevos especímenes en varios estados de EE. UU., como Montana, Dakota del Sur y Texas. Así se añadieron unos cuatro especímenes nuevos que comprendían gran parte de un cráneo y un esqueleto, así como abundantes piezas de coraza. Un dinosaurio similar, llamado *Denversaurus* en 1988, podría ser en realidad otro espécimen de *Edmontonia*, pero no hay suficiente evidencia fósil para asegurarlo.

Edmontonia tenía una cabeza ajustadamente larga, baja y ancha con la parte superior plana. La parte frontal de la boca tenía forma de pico. Los dientes, pequeños y débiles, se situaban en la parte posterior de la boca, y los huesos mandibulares trazaban una curva hacia dentro desde el borde exterior del cráneo, lo que sugiere que los espacios situados en la cara externa de las mandíbulas y de los dientes los ocupaban abazones o bolsas de carrillos que retenían la comida mientras masticaba. En los hombros había púas largas, afiladas y de aspecto amenazador, que quizás apuntaban hacia delante, y podrían haber causado terribles heridas cuando *Edmontonia* embestía, acto seguido desviaba el cuerpo e inclinaba el hombro antes del impacto. Otras reconstrucciones muestran las púas frontales de los hombros dirigidas hacia delante justo detrás del ojo, y las de detrás proyectándose hacia los lados. Otras espinas óseas crestadas y en forma de púa cubrían el dorso y continuaban por la cara superior de la larga y estrecha cola.

FICHA

EDMONTONIA

Significado: de Edmonton (el lugar donde fue descubierto)

Período: Cretácico superior

Grupo principal: Ankylosauria

Longitud: 6-7 metros

Peso: 4 toneladas

Dieta: plantas

Fósiles: en Canadá (Alberta) y EE. UU. (Montana, Dakota del Sur, Texas)

SUPERIOR Esta vista frontal muestra el gran volumen, las gruesas placas de coraza y las temibles espinas de los hombros de *Edmontonia*.

MINMI

El nombre que le dio Ralph Molnar en 1980 a este dinosaurio parece reflejar su tamaño: unos 3 metros de longitud total. Es uno de los anquilosaurios (dinosaurios acorazados) más pequeños. De hecho, el nombre no tiene nada que ver con *mínimo*, sino que viene del yacimiento de Minmi Crossing, cerca de Roma, en el estado australiano de Queensland. Los restos, básicamente dos esqueletos parciales, están datados en 120-110 millones de años. Uno de los especímenes fue descubierto en 1964 por Ian Ievers.

Minmi tenía una cabeza larga y baja con hocico en forma de pico y molares masticadores en forma de hoja. El corto cuello se ensanchaba para dar paso a un cuerpo con joroba, y las extremidades delanteras eran ligeramente más cortas que las posteriores. Unas placas puntiagudas o rodelas protegían los hombros, unas protuberancias óseas más pequeñas se disponían esparcidas por el tronco, y unas púas, unas espinas más grandes y afiladas, protegían la

cadera y se extendían en dos filas por toda la parte superior de la cola. Minmi tenía pequeñas placas óseas, apenas mayores que un botón de camisa, en la parte inferior del cuerpo. Cada vértebra de la columna vertebral tenía asimismo una pequeña placa del tamaño de un pulgar humano, la denominada paravértebra, de la que se proyectaba una varilla ósea, quizá para ayudar a fortalecer toda la columna. La cola, de base ancha, era gruesa y pesada. Al principio se pensaba que poseía una maza en el extremo, lo que habría situado a *Minmi* dentro del subgrupo Ankylosauridae (*véase* página 305). Sin embargo, esto puede deberse a una característica errónea formada independientemente durante la fosilización, y por este motivo *Minmi* ha sido incluido entre los Nodosauridae (dinosaurios acorazados sin maza caudal). Una tercera y más reciente opinión defiende que este dinosaurio del lejano hemisferio sur era después de todo un anquilosáurido, si bien de una forma primitiva en la que aún no había evolucionado la maza.

FICHA

MINMI

Significado: Minmi (el lugar donde fue descubierto)

Período: Cretácico inferior

Grupo principal: Ankylosauria

Longitud: 3 metros

Peso: 300-500 kilogramos

Dieta: plantas

Fósiles: en Australia (Queensland)

0	1	2	3	4	5	6

IZQUIERDA La evidencia fósil sugiere que *Minmi* vivió en terrenos arbolados abiertos, pero que después de su muerte fue arrastrado al mar, por lo que las rocas que sepultaron sus restos eran originariamente sedimentos marinos.

POLACANTHUS

«Muchas púas» complementa a *Hylaeosaurus* (*véase* página 324) de diversas formas. Vivió aproximadamente en el mismo período, el Cretácico inferior, hace 130-120 millones de años, y en la misma región, que en la actualidad corresponde al sur de Inglaterra. Los principales especímenes fósiles de *Polacanthus* pertenecen a la parte dorsal del animal, mientras que *Hylaeosaurus* se conoce sobre todo por su extremo frontal. Hay autores que sugieren que se trata del mismo género o especie, pero de cualquier modo la evidencia no es concluyente. Normalmente se considera a *Polacanthus*, al igual que a *Hylaeosaurus*, un ejemplo primitivo de nodosaurio (un dinosaurio acorazado sin maza en la cola), pero un estudio reciente sugiere que podría pertenecer a otro subgrupo de anquilosaurios, los denominados anquilosáuridos, los cuales sí tenían maza en la cola. Las largas espinas de *Polacanthus* podrían haberse distribuido a lo largo del cuello y los flancos, con una forma en aleta de tiburón

más curvada en la parte superior de la cola. Era un dinosaurio lento y pesado, probablemente con una boca en forma de pico para arrancar plantas.

William Fox descubrió los primeros fósiles de *Polacanthus* en 1865. Fueron erosionados de un acantilado en la isla de Wight, territorio situado frente a la costa sur de Inglaterra que ha proporcionado muchos restos de dinosaurios a lo largo de los años. Había partes de la cadera y de las extremidades posteriores, vértebras dorsales y caudales, y un conjunto de espinas y placas de la coraza. Es posible que la parte frontal del esqueleto e incluso el cráneo se haya preservado durante más de 120 millones de años, pero se perdió antes de su descubrimiento como consecuencia del derrumbe del acantilado o de los efectos erosivos del viento, las olas y la lluvia. Richard Owen dio nombre a este dinosaurio en 1867. Desde entonces, se han encontrado diversos fósiles parciales.

FICHA
POLACANTHUS

Significado: muchas púas o espinas

Período: Cretácico inferior

Grupo principal: Ankylosauria

Longitud: 4-5 metros

Peso: 1-2 toneladas

Dieta: plantas

Fósiles: en el sur de Inglaterra y en otras partes de Europa

DERECHA La cabeza de *Polacanthus* es prácticamente una conjetura y recientes estudios de los fósiles sugieren que este dinosaurio acorazado podría haber tenido una maza caudal.

PANOPLOSAURUS

FICHA

PANOPLOSAURUS

Significado: reptil totalmente acorazado

Período: Cretácico superior

Grupo principal: Ankylosauria

Longitud: 7 metros

Peso: 3-4 toneladas

Dieta: plantas

Fósiles: en Canadá (Alberta) y EE. UU.
(Montana)

| 0 | 1 | 2 | 3 | 4 | 5 | 6 |

Un cráneo fosilizado de *Panoplosaurus* es un espécimen particularmente interesante y a menudo se utiliza como modelo para completar los detalles de otros nodosáuridos, cuyo cráneo sólo se fosilizó parcialmente o no se ha conservado en absoluto. Esta extrapolación es parte de la ciencia y el arte de la paleontología. En este caso, dicha extrapolación queda justificada por la evidencia de que la mayoría de los cráneos parciales de otros nodosáuridos recuerdan al de *Panoplosaurus* en muchos detalles. *Panoplosaurus* muestra un conjunto de pequeños y simples dientes masticadores en unas mandíbulas que se curvan hacia la línea media, dejando mucho espacio para unas grandes bolsas o abazones en los carrillos. La parte posterior del cráneo es ancha pero el hocico es bastante largo y estrecho, el «pico» carece de dientes en la mandíbula superior y en la inferior y no hay proyecciones espinosas o cuernos en los lados posteriores del cráneo. Así pues,

Panoplosaurus presenta todas las características típicas de los nodosáuridos, pero además tiene unas placas gruesas de coraza ósea adicionales que cubren la mayor parte del cráneo propiamente dicho.

Los fósiles de este dinosaurio acorazado fueron descubiertos en 1917, en el yacimiento de Judith River en Alberta, Canadá. El dinosaurio fue clasificado en 1919 por Lawrence Lambe, un especialista en dinosaurios canadiense que bautizó a otros nueve importantes dinosaurios durante la década de 1910. Según parece, *Panoplosaurus* era bajo, pesado y de desplazamientos lentos, de unos 7 metros de longitud y 3 toneladas de peso, y vivió a finales del Cretácico, hace unos 75-70 millones de años. Sus fósiles también se han descubierto en el vecino estado de Montana (EE. UU.). Un dinosaurio clasificado como *Palaeoscincus* en 1856 a partir de un simple diente encontrado en Montana podría ser en realidad *Panoplosaurus* o *Edmontonia*.

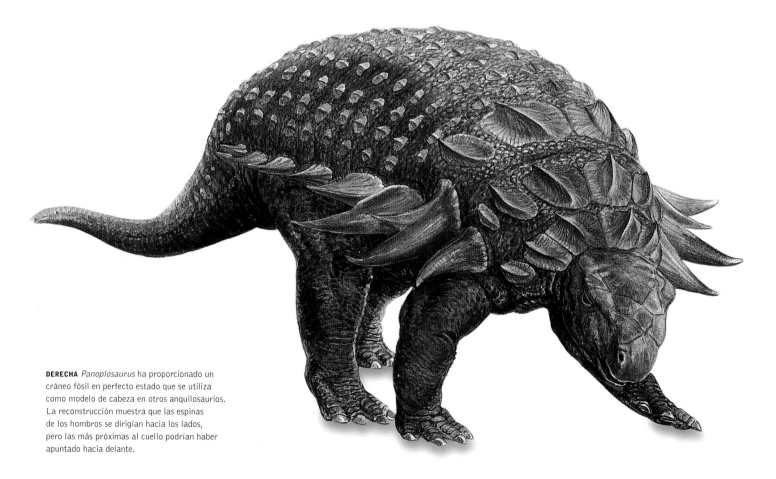

DERECHA *Panoplosaurus* ha proporcionado un cráneo fósil en perfecto estado que se utiliza como modelo de cabeza en otros anquilosaurios. La reconstrucción muestra que las espinas de los hombros se dirigían hacia los lados, pero las más próximas al cuello podrían haber apuntado hacia delante.

DERECHA *Shamosaurus* se agacha para defenderse y sacude la cola de un lado a otro, una pauta de comportamiento que muestra que puede poner en juego su formidable arma si se siente atacado.

SHAMOSAURUS

Shamosaurus es uno de los primeros anquilosáuridos (dinosaurios acorazados con maza caudal) asiáticos conocidos. Se le considera el miembro más antiguo de este grupo, ya que posee algunas características de sus antecesores, pero carece de otras que aparecen en especies posteriores, como *Euoplocephalus*. El nombre *Shamosaurus*, que le dio Tatyana Tumanova en 1983, se refiere al lugar del descubrimiento y significa «reptil del desierto» o una versión adaptada de «reptil de Gobi». Se conocen tres conjuntos de fósiles procedentes de Dornogov y de las regiones cercanas de Mongolia. Uno de estos conjuntos comprende una cabeza prácticamente completa, con el cráneo y la mandíbula; los otros dos son partes de un esqueleto y piezas aisladas de la armadura de placas. Gracias a estas placas óseas protectoras, la especie recibe el nombre de *Shamosaurus scutatus*.

El cráneo muestra que *Shamosaurus* tenía la parte frontal de la boca en forma de pico, pero éste era lateralmente estrecho. Además, el pico no estaba protegido por las placas óseas en la piel denominadas osificaciones dérmicas que aparecen en los anquilosáuridos posteriores. Se estima que la longitud total del dinosaurio era de 7 metros, lo cual lo agrupa con el mucho más tardío *Euoplocephalus* de Norteamérica como uno de los mayores anquilosáuridos, aunque quizás no era tan grande como *Ankylosaurus* (*véase* página 332). Por lo que respecta a la dieta y al comportamiento, es probable que se pareciera a otros anquilosaurios: era un herbívoro de movimientos más bien lentos, se alimentaba de vegetación baja, vivía en solitario o en pequeños grupos y confiaba en sus espinas y su coraza para protegerse de los grandes carnívoros. Los fósiles de *Shamosaurus* datan del Aptiano-Albiano (dos de las subdivisiones del período Cretácico), hace unos 120-90 millones de años. Otros fósiles aislados consisten en fragmentos aislados de la coraza corporal de un anquilosaurio, pero no hay evidencias adicionales que permitan vincularlos con *Shamosaurus*.

FICHA
SHAMOSAURUS

Significado: reptil del Gobi, reptil del desierto

Período: Cretácico inferior

Grupo principal: Ankylosauria

Longitud: 7 metros

Peso: 2-3 toneladas

Dieta: plantas

Fósiles: en Mongolia

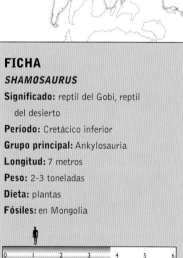

La maza caudal

La maza de la cola de los anquilosáuridos era un arma formidable. Oscilaba en el extremo de una cola que se atiesaba hacia el extremo, y tenía la musculatura principal y era flexible más cerca de la base (en la cadera). Cada protuberancia ósea de cada uno de los lados de la cola era tan grande como una cesta de baloncesto, y el conjunto podía partir fácilmente el pie o la pata de un atacante como *Tyrannosaurus*.

DERECHA Un terópodo del tipo tiranosaurio recibe el contraataque del anquilosáurido *Pinacosaurus*. El carnívoro medía probablemente más de 10 metros de longitud y pesaba tanto como el herbívoro armado, pero un rápido movimiento de la cola de éste último podía romperle la pata o el pie; a continuación, en el duro mundo natural, el terópodo podía fallecer por una infección o de hambre.

ANKYLOSAURUS

El extenso grupo de los dinosaurios acorazados se conoce con el nombre de anquilosaurios en alusión a uno de los géneros de mayor tamaño de entre los dinosaurios. Dentro de este grupo principal se encuentra el subgrupo o familia de los anquilosáuridos, los cuales presentan diversas características distintivas, incluidas la forma y la estructura del cráneo, los dos conductos respiratorios de dentro del cráneo y la gran maza del extremo de la cola.

Aunque *Ankylosaurus* se ha empleado para definir al grupo, sus restos son menos completos que los de otras especies similares de dicho grupo, como por ejemplo *Euoplocephalus*.

Ankylosaurus debe su nombre a Barnum Brown, un paleontólogo estadounidense, quien en 1908 observó la naturaleza rígida o fusionada de la columna vertebral. Los restos fueron hallados en Montana (EE. UU.) y Alberta (Canadá), e incluyen dos cráneos; partes de la extremidad delantera; varias vértebras del cuello, del cuerpo y de la cola; las fuertes costillas curvadas; osteodermos (placas óseas de la piel); dientes aislados; y, por supuesto, la famosa maza de la cola.

Ankylosaurus fue uno de los últimos anquilosaurios, y uno de los últimos dinosaurios, ya que vivió hace menos de 70 millones de años. No sólo era largo, sino también ancho (casi 2 metros), y en cambio era bajo, probablemente no más de 1,2 metros. Su elevado peso se aguantaba sobre cuatro cortas patas, aunque las posteriores eran un poco más largas. El cuello era corto y poderoso para poder soportar la ancha y pesada cabeza, y la cola era larga pero estrecha. La coraza ósea de placas en la piel –dos series de púas a lo largo del cuerpo, con aspecto de cuerno en la zona del cuello y de maza en la zona caudal– tenía probablemente una función de autodefensa. (Los posibles usos de la maza caudal y los patrones de comportamiento de los anquilosaurios se tratan en las páginas siguientes.) En Norteamérica, hace menos de 70 millones de años, los grandes y lentos herbívoros necesitaban algún tipo de protección, ya que siempre existía el peligro de que los grandes depredadores, como *Albertosaurus* o el gran *Tyrannosaurus* estuvieran acechándoles. Se cree que incluso los párpados de *Ankylosaurus* estaban protegidos.

FICHA
ANKYLOSAURUS
Significado: reptil fusionado, reptil articulado, reptil rígido

Período: Cretácico superior

Grupo principal: Ankylosauria

Longitud: 7-10 metros

Peso: 3-4 toneladas

Dieta: plantas

Fósiles: en EE. UU. (Montana) y Canadá (Alberta)

0   1   2   3   4   5   6

DERECHA Es probable que *Euoplocephalus* levantara su pesada maza caudal para reducir el desgaste y no verse frenado por su fricción contra el suelo.

EUOPLOCEPHALUS

Los fósiles de *Euoplocephalus*, que son inusualmente abundantes para tratarse de un dinosaurio acorazado, sugieren que fue uno de los miembros más comunes de este grupo durante el Cretácico superior en Norteamérica, hace unos 70 millones de años. Estaba tan bien protegido que incluso en los párpados presentaba refuerzos óseos, y los movía arriba y abajo como persianas. *Euoplocephalus* tenía unas escamas óseas engrosadas adheridas al cráneo, así como unos pequeños «cuernos» que se alzaban desde la parte posterior de dicho cráneo, uno de los rasgos que distinguen a los anquilosáuridos de los nodosáuridos. También tenía unas pequeñas protuberancias óseas sobre el cuello, otras de mayor tamaño en la espalda, y más protuberancias a lo largo de todo el cuerpo, agrupadas en bandas arqueadas transversales que recorrían el dorso de un flanco al otro. Las patas eran robustas y musculosas, y cada pie tenía tres dedos cortos y anchos, terminados en unas uñas en forma de pezuña. *Euoplocephalus* pastaba plantas con su ancho pico, pero, al igual que otros dinosaurios acorazados, tenía

dientes en forma de clavija que parecen de un tamaño demasiado pequeño y sin mucha utilidad, por lo que es probable que la mayor parte de la digestión tuviese lugar en el intestino. El extremo de la cola del dinosaurio presentaba dos enormes protuberancias óseas, una a cada lado, con un par de bultos más pequeños detrás. La mayor parte de la cola era muy rígida, por lo que el animal debía oscilarla desde la base, quizá para golpear con ella las patas de *Tyrannosaurus* y otros enemigos.

Hasta el momento se han encontrado en Montana (EE. UU.) y en Alberta (Canadá) fósiles pertenecientes a más de cuarenta especímenes de *Euoplocehalus*, que incluyen quince cráneos (más que los de cualquier otro anquilosaurio). Lawrence Lambe bautizó a este dinosaurio en 1910. Desde entonces, *Scolosaurus* y *Dyoplosaurus*, así como otros anquilosáuridos poco conocidos, han sido reclasificados como *Euoplocephalus* y, según estudios recientes, no se puede garantizar que pertenezcan a un género diferente. Hoy día sólo se acepta la presencia de una especie dentro de este género, *Euoplocephalus tutus*, nombre originario.

FICHA
EUOPLOCEPHALUS
Significado: cabeza bien armada
Período: Cretácico superior
Grupo principal: Ankylosauria
Longitud: 6-7 metros
Peso: 2 toneladas
Dieta: plantas
Fósiles: en Canadá (Alberta) y EE. UU. (Montana)

PINACOSAURUS

Los fósiles de este anquilosáurido (dinosaurio acorazado con una maza en el extremo de la cola) se han encontrado en varios yacimientos de China y Mongolia. Pertenecen a diversos individuos, de diferentes edades y tamaños. Desde 1988, se han descubierto en *bone beds* (capas con gran concentración de huesos) dos conjuntos de fósiles que representan varios *Pinacosaurus*. Uno de los grupos incluye unos doce individuos, mientras que en el otro hay unos veinte, la mayoría juveniles, todos ellos fosilizados juntos. Sin embargo, la historia científica de *Pinacosaurus* se remonta a la década de 1920, cuando los primeros restos aparecieron durante las excavaciones en el desierto de Gobi encabezadas por el legendario cazador de fósiles Roy Chapman Andrews, quien se convirtió en el director del Museo Americano de Historia Natural. En estas expediciones se recuperaron muchos otros dinosaurios, como *Protoceratops* y *Oviraptor*

con huevos, y el carnívoro *Velociraptor*. Charles Whitney Gilmore bautizó a *Pinacosaurus* en 1933. En la actualidad se considera que el dinosaurio conocido anteriormente como *Syrmosaurus* es en realidad *Pinacosaurus*.

Pinacosaurus estaba acorazado, pero quizás no tanto como otros anquilosaurios. Tenía púas óseas a lo largo del dorso y una cola terminada en maza, pero no tenía una armadura en la parte frontal de la cabeza. El esqueleto principal es robusto, pero no especialmente masivo, con patas más ligeras en comparación con otros dinosaurios armados. Tenía cinco dedos en los pies anteriores y cuatro en los posteriores, cada uno de ellos terminado en una garra roma que recuerda una pezuña o una uña. El descubrimiento de un yacimiento con muchos *Pinacosaurus* jóvenes juntos ha inducido a muchos expertos a sugerir que los anquilosaurios se asociaban cuando eran jóvenes, pero que se separaban y pasaban su vida en solitario cuando eran adultos (*véase* página 322).

INFERIOR Para tratarse de un anquilosaurio, *Pinacosaurus* era relativamente esbelto y de patas largas, y también una de las especies más pequeñas (a excepción de *Minmi*). Tenía el tamaño de un rinoceronte medio, pero con su arma principal en la cola en vez de en el extremo frontal.

SAICHANIA

Saichania tenía una cabeza ancha y roma, placas óseas sobre el hocico y la frente, cuernos que partían de cada vértice posterosuperior de la cabeza y muchas pequeñas púas en forma de cono distribuidas por el cuello y a lo largo de los flancos y el dorso. Quizás no sea fácil entender por qué fue bautizado con un nombre que significa «el hermoso» en mongol, pero varios de los fósiles están bellamente conservados y algunos de los detalles ofrecen fascinantes nuevas percepciones sobre la estructura general de los anquilosáuridos. Los anquilosáuridos difieren de sus parientes nodosáuridos (que no tenían maza en la cola) en diversos aspectos, como por ejemplo la complicada estructura de los conductos respiratorios que presentan dentro del cráneo. En *Saichania*, esta estructura sigue un recorrido todavía más complejo, por lo que se ha sugerido que era capaz de humidificar y enfriar el aire seco y caliente del exterior antes de que llegara a los pulmones, o que estos conductos respiratorios estaban asociados a un inusual sentido del olfato o a glándulas que podían excretar el exceso

de sal corporal, como sucede en algunos reptiles y aves actuales. Es posible que *Saichania* constituyera un caso aparte entre los anquilosaurios, ya que la parte ventral también estaba protegida con placas óseas (*véase* también *Minmi*, página 326). Su longitud total era de 7 metros, que es la media del grupo.

Uno de los principales especímenes de *Saichania*, procedente de Khulsan (Chulsan), consiste en la cabeza y la parte delantera del cuerpo en la que se observa la articulación natural, es decir, con las piezas aún situadas unas junto a otras, como cuando el animal estaba vivo, en vez de separadas y revueltas, como sucede en la inmensa mayoría de los restos de dinosaurios. Fue desenterrado por los miembros de una expedición polaco-mongola en el desierto de Gobi en 1971 y clasificado en 1977 por Teresa Maryanska. Los especímenes incluyen dos cráneos relativamente completos y varias piezas sueltas de la coraza.

(El comportamiento de los anquilosáuridos y la naturaleza y el uso de la maza caudal se tratan en diversas páginas de este capítulo.)

FICHA

SAICHANIA

Significado: el hermoso (en mongol)

Período: Cretácico superior

Grupo principal: Ankylosauria

Longitud: 7 metros

Peso: 2-3 toneladas

Dieta: plantas

Fósiles: en Mongolia

IZQUIERDA Puede que no sea «hermoso», pero los fósiles bien conservados y detallados de *Saichania* ayudan a clarificar la naturaleza de los anquilosáuridos. Su cráneo mide unos 45 centímetros de longitud, aunque su anchura es mayor, de unos 48.

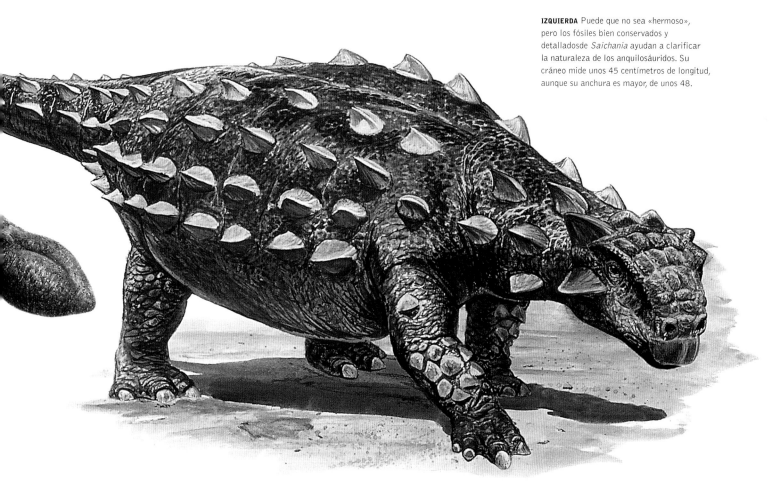

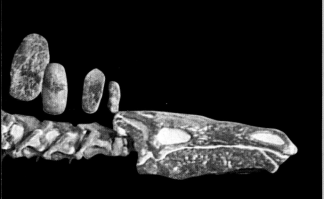

CAPÍTULO DOCE

LOS DINOSAURIOS CON PLACAS

LOS ESTEGOSAURIOS SON FAMOSOS POR SUS CEREBROS DIMINUTOS Y SU SUPUESTA POCA INTELIGENCIA, AUNQUE TUVIERON UN GRAN ÉXITO EVOLUTIVO DURANTE DECENAS DE MILLONES DE AÑOS.

PLÉTORA DE PLACAS

LAS GRANDES PLACAS ÓSEAS DEL DORSO DE LOS ESTEGOSAURIOS HAN SIDO DURANTE MUCHO TIEMPO UN MISTERIO PARA LOS PALEONTÓLOGOS. EL PROPIO *STEGOSAURUS* TENÍA LAS PLACAS MÁS GRANDES Y ANCHAS DE TODO EL GRUPO, AUNQUE CADA UNA DE ELLAS ERA MÁS DELGADA QUE UN BRAZO HUMANO. ES PROBABLE QUE SE DISPUSIERAN VERTICALMENTE EN DOS HILERAS, ESCALONÁNDOSE U OPONIÉNDOSE DE TAL MODO QUE LA PLACA DE UNA FILA COINCIDÍA CON DOS DE LA HILERA ADYACENTE. LAS PLACAS AUMENTABAN EN TAMAÑO DEL CUELLO HASTA LA CADERA, Y LUEGO DISMINUÍAN HASTA EL EXTREMO DE LA COLA. AL MENOS, ÉSTE ES EL PATRÓN EN LA MAYORÍA DE LAS RECONSTRUCCIONES. SIN EMBARGO, A PESAR DE LOS RECIENTES Y ESTIMULANTES DESCUBRIMIENTOS (VÉASE «PÚAS», PÁGINA 340) NO TODOS LOS EXPERTOS ESTÁN DE ACUERDO. LOS ARGUMENTOS SOBRE LA POSICIÓN DE LAS PLACAS Y SU FUNCIÓN CONTINÚAN HOY EN DÍA COMO ESTABAN YA EN LA DÉCADA DE 1870.

PLACAS PROTECTORAS

¿Es posible que las placas de los estegosaurios les proporcionaran protección física? No es probable, puesto que no eran sólidas, sino que tenían una estructura parecida a la de los panales de miel, con cavidades y relativamente frágiles. Además, es probable que se dispusieran verticalmente en lugar de yacer planas para cubrir el cuerpo. ¿Servían acaso sobre todo para camuflarlos entre los árboles y los alrededores? Una vez más esto es poco probable, ya que parece extraño que se hubiesen desarrollado unas estructuras tan grandes si su principal función era ayudar al animal a ocultarse. Sin embargo, el camuflaje pudo ser un motivo secundario. ¿Tenían las placas alguna función de exhibición visual? Podrían haber tenido colores brillantes y dibujos llamativos, quizás con un patrón diferente en los machos y en las hembras, así como en los juveniles y en los adultos maduros, e incluso entre especies que de otro modo se parecerían entre sí, tanto en tamaño como en forma. Los colores de determinados lagartos y de otros reptiles actuales cambian mientras crecen y maduran, y también según el sexo y su estado reproductor.

TEMPERATURA

La teoría más ampliamente aceptada para explicar las placas de *Stegosaurus* es que las utilizaba para controlar la temperatura corporal. Los estegosaurios y la mayoría de los otros dinosaurios eran de sangre fría o, para usar un término más correcto, ectotérmicos. Absorbían el calor de los alrededores en vez de generarlo dentro de sus cuerpos como los animales de sangre caliente o endotérmicos, que hoy son principalmente los mamíferos y las aves. El calor era importante porque cuando la temperatura corporal del reptil aumenta, llega un punto en el que el animal se puede mover más rápido, alimentarse mejor y escapar del peligro a mayor velocidad. Las placas de *Stegosaurus* podrían haber funcionado como intercambiadores de calor en los dos sentidos, de un modo similar a las velas dorsales

de dinosaurios tales como *Spinosaurus* y *Ouranosaurus*, y de otros reptiles como *Dimetrodon* (todos ellos descritos en este libro).

CALOR Y FRÍO

Es probable que al alba, después de una noche fría, *Stegosaurus* se orientara de pie sobre sus patas en ángulo recto con respecto al sol, de modo que las placas dorsales pudiesen recibir la máxima exposición a los cálidos rayos, calentando así la sangre que fluía a través de las cavidades en forma de panal y retornaba al cuerpo del animal. De este modo, el animal podía calentarse mucho más rápidamente que si no hubiera tenido las placas. La alineación escalonada de las placas parece confirmar esta idea, ya que el espacio dejado entre dos placas en una hilera podría permitir el calentamiento de la placa situada entre ellas en la otra hilera. Por otra parte, si su temperatura corporal aumentaba demasiado, *Stegosaurus* podía ir a la sombra y orientarse en ángulo recto hacia la brisa, obteniendo así un máximo efecto de enfriamiento. La idea de la regulación térmica en su doble función de calentamiento y enfriamiento parece adecuada para *Stegosaurus*, con sus placas anchas y en forma de hoja. Sin embargo, es mucho menos convincente en el caso de otros estegosaurios, cuyas placas mucho más puntiagudas, con aspecto de espinas, tienen unas superficies mucho más pequeñas (*véanse* páginas 341 y 346).

PÁGINA ANTERIOR Este esqueleto de estegosáurido reconstruido muestra el diminuto tamaño del cráneo y cómo se alineaban las placas a lo largo del dorso, pero sin estar articuladas con ninguno de los otros huesos del esqueleto.

IZQUIERDA Un estegosaurio agita su cola con espinas contra un depredador del tipo *Allosaurus* que se aproxima. Es probable que las placas dorsales del herbívoro no tuvieran ninguna función protectora; de hecho, debido a su estructura muy ligera, eran vulnerables al ataque.

STEGOSAURUS

FICHA

STEGOSAURUS

Significado: reptil con tejado, reptil
  con tejas

Período: Jurásico superior

Grupo principal: Stegosauridae

Longitud: 8-9 metros

Peso: 2-3 toneladas

Dieta: plantas

Fósiles: en EE. UU. (Colorado)

Stegosaurus ha dado su nombre a un grupo de dinosaurios que se distingue y se reconoce por las grandes placas o espinas de sus dorsos. Estos animales también han adquirido la dudosa fama de ser los dinosaurios más tontos, por el relativo pequeño tamaño de sus cerebros. Estos temas se tratarán en este capítulo. *Stegosaurus* fue bautizado por Othniel Charles Marsh en 1877, y desde entonces se han descubierto sus restos fósiles en varios estados del oeste de EE. UU., así como parientes muy próximos procedentes de otros yacimientos del planeta. En 1992 se descubrió un esqueleto de *Stegosaurus* bien conservado y prácticamente completo –posteriormente llamado *Spike*– cerca de Canyon City, Colorado, el mismo estado en el que se encontró el primero, que mostraba con detalle el patrón de las 17 placas dorsales.

Con sus 9 metros de longitud, *Stegosaurus* es el miembro conocido de mayor tamaño de la familia; equivaldría a un elefante actual con la cola y la trompa estiradas longitudinalmente. Sin embargo, *Stegosaurus* era quizás algo más ligero que un elefante moderno, y tenía cuatro largas espinas en la cola.

Stegosaurus vivió durante el período de esplendor del grupo, el Jurásico superior, hace unos 150-144 millones de años. Sus placas dorsales tenían una superficie enorme con unos finos triángulos

de más de 75 centímetros en el vértice, que se proyectaban hacia arriba desde el dorso. En las primeras reconstrucciones de este dinosaurio, las placas se representaban horizontales en el dorso, como las tejas de un tejado (de ahí el nombre del grupo). Versiones posteriores mostraron que las placas se proyectaban desde el dorso en dos hileras, con cada par de placas una al lado de la otra. En las representaciones más recientes se mantienen las dos hileras de placas, pero colocadas de un modo intercalado. Se han sugerido al menos diez funciones para el uso de estas placas, pero la más aceptada actualmente es la del control de temperatura corporal (*véase* página 339).

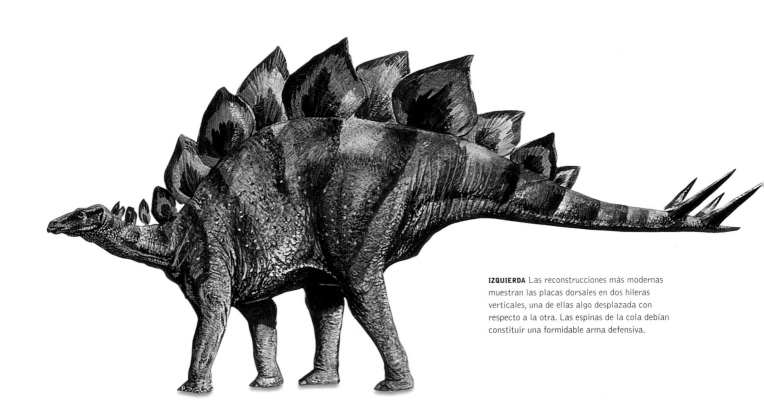

IZQUIERDA Las reconstrucciones más modernas muestran las placas dorsales en dos hileras verticales, una de ellas algo desplazada con respecto a la otra. Las espinas de la cola debían constituir una formidable arma defensiva.

IZQUIERDA Las más altas placas en forma de espina del dorso de *Kentrosaurus* medían 60 cm de altura. Las patas posteriores muy largas y poderosas de los estegosaurios sugieren que podrían haberse erguido para alcanzar las plantas de gran porte.

KENTROSAURUS

A menudo se considera a *Kentrosaurus* el equivalente africano del norteamericano *Stegosaurus* del mismo período, el Jurásico superior, hace unos 150-144 millones de años. Pero en algunos aspectos es más parecido a *Tuojiangosaurus* del este de Asia (*véase* página 343). La mayoría de los fósiles de *Kentrosaurus* fueron descubiertos por expediciones alemanas a las canteras y colinas de Tendaguru, en la región Mtwara, que por aquel entonces (1908-1912) era el África Oriental Alemana (más tarde Tanganica y ahora la mayor porción de Tanzania). Estos viajes permitieron realizar importantes descubrimientos (*véase*, por ejemplo, *Brachiosaurus*, página 232). *Kentrosaurus* fue bautizado por Edwin Henning, un paleontólogo alemán, en 1915. Algunos de los fósiles de *Kentrosaurus* almacenados en el Museo Humboldt de Berlín podrían haber proporcionado datos adicionales muy valiosos, pero fueron destruidos durante los bombardeos de la segunda guerra mundial. Sin embargo, y afortunadamente, otros fósiles de *Kentrosaurus* sobrevivieron y aún se encuentran en el museo.

Kentrosaurus tenía la forma corporal típica de un estegosáurido, con una diminuta cabeza que contenía un cerebro minúsculo; extremidades delanteras más cortas que las posteriores; dorso arqueado, que ascendía de forma bastante abrupta y luego descendía suavemente hasta la altura de las largas extremidades posteriores; y una cola ahusada más larga que el resto del animal. En la parte frontal de la cabeza tenía un pico desprovisto de dientes, adaptado para arrancar plantas, y los dientes tenían la forma de su comida más probable –hojas–, pero eran muy pequeños y presentaban crestas verticales. Las placas dorsales de *Kentrosaurus* eran mucho más estrechas que las de *Stegosaurus*, y se estrechaban cada vez más desde el cuello a lo largo del dorso, hasta que hacia la mitad del cuerpo cambiaban de forma para convertirse en espinas mucho más estrechas, que continuaban hasta el extremo de la cola. Es difícil suponer que estas estructuras tan finas y puntiagudas pudieran contribuir al proceso de termorregulación.

FICHA
KENTROSAURUS

Significado: reptil con espinas, reptil erizado de púas

Período: Jurásico superior

Grupo principal: Stegosauridae

Longitud: 5 metros

Peso: 2 toneladas

Dieta: plantas

Fósiles: en África (Tanzania)

WUERHOSAURUS

Aunque el apogeo de los estegosáuridos tuvo lugar durante el Jurásico superior, hace unos 160-144 millones de años, algunos miembros del grupo se han datado como bastante más recientes. *Wuerhosaurus* fue uno de éstos, ya que sus restos se hallaron en rocas del Cretácico inferior, de unos 140-130 millones de años de antigüedad. Era prácticamente tan grande como *Stegosaurus*, pero sus fósiles proceden de otra región, del este de Asia en vez de Norteamérica. Las dos regiones estuvieron unidas por puentes de tierra durante diversos períodos (*véase* página 26). Los principales restos de *Wuerhosaurus*, probablemente pertenecientes a varios individuos y bastante fragmentarios, se hallaron en la región china de Wuerho, y el nombre se lo dio Dong Zhiming, un destacado paleontólogo chino.

Es probable que las placas dorsales de *Wuerhosaurus* fueran más bajas y menos puntiagudas o pentagonales que las de *Stegosaurus*. Además, es posible que su tronco también fuera más corto. Y también había una gran diferencia entre las patas anteriores y las posteriores, de modo que la cadera estaba dos veces más elevada que los hombros. De este modo, la cabeza llegaba con facilidad y de forma natural al suelo, con muy poco esfuerzo en comparación con otros dinosaurios herbívoros, los cuales tenían que agacharse enérgicamente y recurrir a su fuerza muscular y su equilibrio para arrancar la vegetación de bajo porte. Una hipótesis alternativa propone que la cadera y las patas posteriores enormes y gruesas permitían que *Wuerhosaurus* y otros estegosáuridos se pusieran de manos, levantando así la pequeña y relativamente ligera cabeza y la parte frontal del cuerpo, quizás para ramonear la vegetación más alta. Sin embargo, la flexibilidad limitada de las distintas articulaciones de la cadera, el dorso y el cuello, así como la pequeña y débil dentición no parecen respaldar esta hipótesis.

DERECHA Las placas dorsales de *Wuerhosaurus*, de menor longitud, de base más plana y casi rectangulares, son distintivas de los estegosáuridos. Sin embargo, del mismo modo que en otros miembros del grupo, las placas se extienden desde el cuello, aumentan de tamaño a lo largo del cuerpo y se reducen en la cola. La consistencia de este diseño aún no está clara.

TUOJIANGOSAURUS

Es probable que el grupo de los dinosaurios estegosáuridos apareciera en el este de Asia, durante el Jurásico medio (*véase Huayangosaurus*, página 347). *Tuojiangosaurus*, del Jurásico superior, podría representar una continuación de esta línea evolutiva en esta región. Era un estegosáurido de tamaño medio, con una longitud total de 7 metros y un peso probable superior a 1 tonelada. Como en muchos estegosáuridos, las grandes placas óseas, que por lo que parece se proyectaban hacia arriba desde el cuello, el dorso y la cola, estaban incrustadas en la piel, pero no estaban firmemente unidas a otros huesos del esqueleto. Los restos podrían proporcionar muchas de estas placas, pero éstas se separaron durante la fosilización, cuando la piel y la carne se descompuso, y los fósiles se mezclaron y quedaron revueltos. Como resultado, sus posiciones originales, sus ángulos y su manera de disponerse en el cuerpo no se conocen con certeza.

Tuojiangosaurus tenía una cabeza diminuta, el cuello encorvado, las extremidades anteriores más cortas, la espalda arqueada y las patas posteriores más largas que otros estegosáuridos. Presentaba unos 15 pares de placas dorsales. La cola no era tan larga como en *Kentrosaurus*, pero seguía siendo impresionante, con proyecciones hacia arriba denominadas espinas neurales, otras protuberancias más bajas llamadas cheurones y dos pares de espinas caudales cerca de la punta. Otros estegosáuridos también poseían estas cuatro espinas caudales, por lo que se trataba presumiblemente de una característica muy efectiva, probablemente como arma de defensa. La cola era muy musculosa todo a lo largo y el animal podía moverla con gran fuerza. Un espécimen de *Tuojiangosaurus* fue el primer esqueleto prácticamente completo de cualquier dinosaurio descubierto en China. Fue bautizado en 1977 por diversos paleontólogos chinos, entre los que se encontraban Zhou Shiwu, Dong Zhiming y Zhang-Yang Li.

FICHA

TUOJIANGOSAURUS

Significado: reptil del río Tuo

Período: Jurásico superior

Grupo principal: Stegosauridae

Longitud: 7 metros

Peso: 1-2 toneladas

Dieta: plantas

Fósiles: en China

| 0 | 1 | 2 | 3 | 4 | 5 |

SUPERIOR Es poco probable que *Tuojiangosaurus* pudiera levantar la cabeza mucho más arriba de lo que se muestra en esta reconstrucción.

La diversificación y extensión de los estegosaurios

Los dinosaurios con placas afloraron por primera vez como fósiles del Jurásico inferior en el este de Asia. Durante este período se diversificaron, se extendieron por África, Europa y Norteamérica, y lograron su mayor éxito evolutivo a finales del Jurásico. Durante el Cretácico inferior se redujeron drásticamente, quizá porque entraron en competencia con los grandes herbívoros más modernos, como los ornitópodos. Antes se creía que unas pocas especies sobrevivieron hasta el Cretácico superior, principalmente *Dravidosaurus*, cuyos fósiles se hallaron en la India. Sin embargo, recientemente se ha discutido la identidad de estos restos, en parte porque están muy aislados, tanto en el espacio como en el tiempo, con respecto a otros fósiles de estegosaurios, como se explicará más adelante en este capítulo.

DERECHA Un estegosaurio adulto y otro juvenil muestran dos de las posturas de alimentación propuestas para este tipo de dinosaurio. El joven se yergue contra el tronco del árbol para alcanzar su comida, mientras que el adulto husmea cerca del suelo en busca de vegetación baja.

LEXOVISAURUS

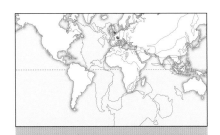

Se supone que varios estegosaurios presentaban espinas en la espalda, que se proyectaban desde los hombros, por debajo de las características hileras paralelas de placas óseas presentes en la parte superior del cuello y del dorso. También se cree que la mayoría lucían dos pares de largas púas cerca del extremo de la cola, aunque no está claro si éstas se disponían opuestas horizontalmente (proyectándose hacia ambos lados) o en ángulo hacia arriba para formar dos V (*véase* página 339). Un miembro europeo del grupo, *Lexovisaurus*, proporciona buenas evidencias la existencia de las espinas dorsales. Este dinosaurio era uno de los estegosáuridos más pequeños, con sus aproximadamente 5 metros de longitud, pero sus espinas dorsales podían llegar a medir más de 1 metro, y eran, por tanto, unas armas de formidable aspecto. Ahora bien, si realmente había una espina en cada hombro, esto significa que estas armas eran quizás formidables como exhibición visual, pero no tan efectivas cuando se trataba de entablar un combate físico. Otros especialistas colocan estas espinas en las caderas. Por otro lado, *Lexovisaurus* era claramente un estegosáurido típico, aunque sus placas dorsales eran altas y estrechas, en lugar de anchas y angulares.

También se han localizado fósiles de *Lexovisaurus* en varios lugares de Europa, principalmente en Northamptonshire, en Inglaterra, y también en el noroeste de Francia. El dinosaurio fue bautizado por Robert Hoffstetter en 1957 y hace referencia a los Lexovii, uno de los antiguos pueblos galos de la región próxima a la actual Lisieux, en Francia. Hay partes pertenecientes quizás a tres individuos, así como un conjunto aislado de fragmentos de huesos, placas y púas, que probablemente pertenecen tanto a individuos adultos como a juveniles. Unas placas fosilizadas, que anteriormente se clasificaron como *Lexovisaurus*, en la actualidad se supone que forman parte de las agallas de un enorme pez prehistórico (*véase* también *Dravidosaurus*, página 348).

DERECHA Es probable que *Lexovisaurus* poseyera dos largas espinas situadas a ambos lados del cuerpo. Algunos especialistas sugieren que éstas se situaban en los hombros y se dirigían hacia los lados. Otros proponen, en cambio, que las espinas apuntaban más bien hacia delante, o incluso que quizás se situaban en las caderas.

DERECHA En este dibujo se muestra a *Huayangosaurus* con una larga espina que apuntaba hacia un lado en cada hombro, aunque esta posición no es segura (*véase Lexovisaurus*, página anterior). Las placas dorsales de este estegosaurio varían según los especímenes; algunas tienen forma de hoja o triangular, mientras que otras son más puntiagudas.

HUAYANGOSAURUS

Así, el nombre común de estegosaurio incluye a dos subgrupos o familias. Una es la de los estegosáuridos, que incluye al propio *Stegosaurus* y a otros que se muestran en las páginas anteriores. La segunda familia, más pequeña, es la de los huayangosáuridos, basada en *Huayangosaurus*. Comparados con los estegosáuridos, los huayangosáuridos debieron haber vivido antes, hacia el Jurásico medio, y sus restos sólo se han hallado en el este de Asia. Es posible que los huayangosáuridos fueran los antecesores de los posteriores y más extendidos estegosáuridos. *Huayangosaurus* fue bautizado en 1982 por Dong Zhiming, un preeminente especialista chino en dinosaurios, y sus colegas en alusión al lugar del descubrimiento de sus fósiles.

Los fósiles de *Huayangosaurus* proceden de unas rocas conocidas como formación Lower Shaximiao, en la provincia de Sichuan, en el suroeste de China. Datan probablemente de hace 170-160 millones de años e incluyen al menos un esqueleto prácticamente completo con el cráneo, otro cráneo y partes del esqueleto de varios individuos. Estos restos muestran

claramente un dinosaurio tipo estegosaurio bastante pequeño, de unos 4 metros de longitud. *Huayangosaurus* tenía unos nueve pares de placas óseas altas y en forma de hoja, que se proyectaban hacia arriba a partir de la línea media del cuello y el dorso. A la altura de la cadera, estas placas cambiaban de forma para convertirse en púas más estrechas, que continuaban a lo largo de la parte superior de la cola. En el extremo de la cola es probable que tuviera dos pares de púas, al igual que los estegosáuridos. Sin embargo, a diferencia de los estegosáuridos, *Huayangosaurus* tenía la cabeza y el hocico más largos, no tan bajos o planos; dientes pequeños en la parte frontal de la mandíbula superior en vez de un pico totalmente sin dientes, y extremidades delanteras relativamente largas, aunque seguían siendo más cortas que las posteriores. Al igual que otros estegosaurios, *Huayangosaurus* tiene fama de tener un «segundo cerebro» en la zona de la cadera, pero en realidad se trata simplemente de un ensanchamiento de un grupo de nervios que conectan con las extremidades posteriores y la cola, no de un cerebro en sí.

FICHA
HUAYANGOSAURUS
Significado: reptil de Huayang
Período: Jurásico medio
Grupo principal: Huayangosauridae
Longitud: 4-4,5 metros
Peso: 400-600 kilogramos
Dieta: plantas
Fósiles: en China

0   1   2   3   4   5

CRATEROSAURUS Y DRAVIDOSAURUS

Craterosaurus era posiblemente un estegosáurido, aunque es difícil afirmarlo a partir de un único fósil, una vértebra que además no está completa. Es probable que pertenezca al Cretácico inferior, hace 140-135 millones de años. En un principio, se creyó que este espécimen localizado en Beldfordshire, en el sur de Inglaterra, era una caja craneal y recibió el nombre de *Craterosaurus* en 1874 por Harry Seely, a quien se debe la división de todos los dinosaurios en dos grupos: los ornitisquios (con cadera de ave) y los saurisquios (con cadera de reptil). Sin embargo, hoy se cree que el fósil pertenece a la parte superior curvada de una vértebra –el denominado arco neural– de un estegosáurido. El fósil, en cualquier caso, tiene una inusual textura grabada con hoyuelos en la superficie superior. Casi todo el resto de la descripción de *Craterosaurus* como un estegosáurido de unos 4 metros es una conjetura basada en este único fósil.

Antiguamente se suponía que *Dravidosaurus* («reptil de Dravidanadu») era un dinosaurio tipo estegosaurio procedente del subcontinente indio. Se pensaba que era un representante tardío de este grupo que vivió durante el Cretácico superior, mucho tiempo después de que la mayor parte de los estegosáuridos hubieran desaparecido. También sirvió como ejemplo de cómo los estegosáuridos se extendieron por la mayor parte de las regiones, dado que en aquella época el subcontinente indio no estaba unido al sur de Asia, sino que estaba mucho más al sur, cerca de la Antártida (*véase* mapa en las páginas 26-27). Sin embargo, estudios más recientes podrían obligar a reformular estas ideas y a reinterpretar los fósiles de *Dravidosaurus*, los cuales incluyen una cabeza estrecha con el hocico puntiagudo acabado en pico y un conjunto de placas óseas. En la actualidad algunos autores proponen que no pertenecen a un estegosáurido, ni siquiera a un dinosaurio, sino a un reptil nadador, una especie de plesiosaurio (*véase* página 393).

FICHA
CRATEROSAURUS
Significado: reptil de cráter o copa
Período: Cretácico inferior
Grupo principal: Stegosauridae
Longitud: estimada en 4 metros
Peso: estimado en 500 kilogramos
Dieta: plantas
Fósiles: en Inglaterra

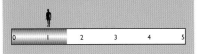

0	1	2	3	4	5

DERECHA *Dravidosaurus* se ha reconstruido tradicionalmente como un estegosaurio típico. Sin embargo, una nueva revisión de sus fósiles ha conducido a algunos especialistas a sugerir que no pertenecen a un dinosaurio, sino a un tipo de reptil marino llamado plesiosaurio (*véase* página 393).

FICHA
DRAVIDOSAURUS
Significado: reptil de Dravidanadu
Período: Cretácico superior
Grupo principal: no está claro:
  Stegosauridae (dinosaurio)
  o Plesiosauridae (plesiosaurio)
Longitud: 3 metros
Peso: 350 kilogramos
Dieta: plantas blandas
Fósiles: en el sur de la India

0	1	2	3	4	5

IZQUIERDA Excepto en la forma del cráneo, las reconstrucciones de *Paranthodon* se basan en las de *Kentrosaurus*. La importancia de este estegosaurio se debe a la región de la que procede, Sudáfrica, y a que se ha reconstruido a partir de los primeros fósiles de dinosaurio de esa región en ser formalmente estudiados.

PARANTHODON

El único fósil conocido de *Paranthodon* es una parte de un cráneo con algunos dientes. Es muy posible que se trate del primer fósil de dinosaurio descubierto y estudiado en Sudáfrica. Los restos fueron descubiertos en 1845 por Andrew Bain y William Atherstone entre Grahamstown y Port Elizabeth, en el cabo Eastern. Bain era supervisor de las unidades militares que construían carreteras en la zona y adquirió un gran conocimiento en minerales, rocas y fósiles como parte de la entonces nueva ciencia, la geología. Bain y Atherstone reconocieron los rasgos reptilianos del animal y propusieron que era una versión sudafricana de *Iguanodon*, género que Richard Owen había utilizado cuatro años antes para establecer y definir el grupo Dinosauria (*véase* página 261). El fósil fue enviado a Londres en 1876, donde Owen lo examinó y lo llamó *Anthodon*, debido a sus dientes «en forma de flor».

Por desgracia, en la descripción de *Anthodon*, Owen incluyó por error algunos restos adicionales (más de 100 millones de años más antiguos) de otro

reptil procedente del Karoo de Sudáfrica. En 1929, Franz Nopsca se percató del error de Owen y observó que el cráneo original y los dientes pertenecían a un dinosaurio del tipo estegosaurio, al cual rebautizó como *Paranthodon*. Para aumentar aún más la confusión, los fósiles originales de *Anthodon* fueron reexaminados y reconocidos como pertenecientes a un tipo de reptil llamado pareiasaurio al que se le dio el nombre de *Palaeoscincus*. Sin embargo, estos restos de pareiasaurio ya habían sido bautizados por Owen como *Anthodon*, por lo que finalmente se decidió que el pareiasaurio se llamara *Anthodon* y el dinosaurio *Paranthodon*.

Las reconstrucciones de *Paranthodon* se han basado en *Kentrosaurus*, un estegosáurido cuyos fósiles proceden del este de África (*véase* página 341). Los dientes de *Paranthodon* y *Kentrosaurus* comparten varias características, y son más similares entre sí que entre cualquiera de los otros estegosáuridos, como el propio *Stegosaurus*. Así pues, *Paranthodon* continúa siendo un fascinante y misterioso hallazgo.

FICHA
PARANTHODON
Significado: similar a *Anthodon*
Período: Cretácico inferior
Grupo principal: Stegosauridae
Longitud: estimada en 5 metros
Peso: estimado en 1 tonelada
Dieta: plantas
Fósiles: en Sudáfrica

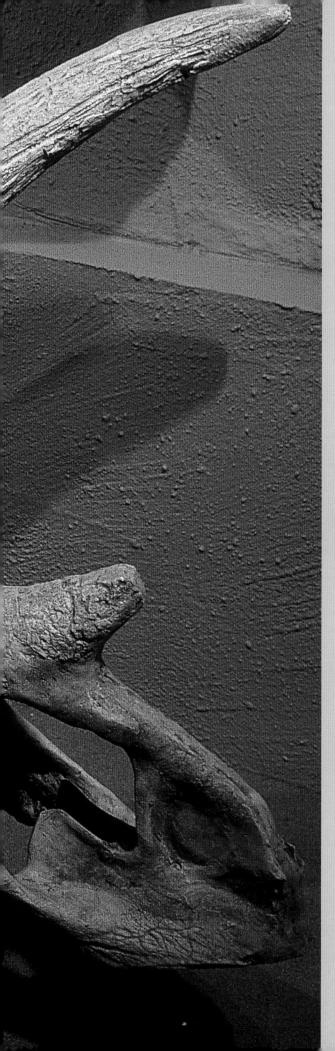

CAPÍTULO TRECE

LOS DINOSAURIOS CON CUERNOS

LOS CERATOPSIOS, CUYO TAMAÑO VARIABA DESDE EL DE UN CERDO PEQUEÑO
HASTA DOS VECES LA LONGITUD Y EL PESO DEL MAYOR DE LOS RINOCERONTES
ACTUALES, FUERON UNOS EXITOSOS Y ESPECTACULARES RECIÉN LLEGADOS
AL FINAL DE LA ERA DE LOS DINOSAURIOS.

EL GRUPO DE LOS CERATOPSIOS

LOS DINOSAURIOS CON CUERNOS SE CONOCEN COMO CERATOPSIOS. PRIMERO FUERON PEQUEÑOS, LUEGO DE TAMAÑO MEDIO Y FINALMENTE GRANDES FITÓFAGOS, DURANTE EL CRETÁCICO INFERIOR, MEDIO Y SUPERIOR. LA MAYORÍA VIVIERON ENTRE HACE 80 Y 65 MILLONES DE AÑOS EN ASIA Y MÁS TARDE EN NORTEAMÉRICA. EL MAYOR Y MEJOR CONOCIDO, *TRICERATOPS*, FUE UNO DE LOS ÚLTIMOS DINOSAURIOS DE LA ERA DEL MESOZOICO O EDAD DE LOS DINOSAURIOS. EL GRUPO DE LOS CERATOPSIOS SE PUEDE DIVIDIR EN VARIOS SUBGRUPOS PRINCIPALES, QUE EN LOS DIFERENTES ESQUEMAS DE CLASIFICACIÓN RECIBEN LOS NOMBRES DE PSITACOSÁURIDOS, PROTOCERATÓPSIDOS Y CERATÓPSIDOS, O CERATOPSIOS MÁS EVOLUCIONADOS, QUE FUERON LOS ÚLTIMOS EN APARECER.

PICOS DE LORO

Durante un tiempo se creyó que los psitacosáuridos pertenecían al grupo de los dinosaurios ornitópodos, pero estudios posteriores, sobre todo de sus cráneos, mostraron que estos veloces corredores fueron los primeros tipos de dinosaurios con cuernos. Hay unos diez géneros distintos, el más conocido de los cuales es *Psittacosaurus* (*véase* página siguiente), así llamado por el «pico de loro» que presenta en la parte frontal de la boca, que no tenía dientes y estaba adaptada para arrancar y rastrillar la vegetación. Entre otros géneros que se clasifican a veces dentro de este grupo se incluye *Chaoyangsaurus*. Todos estos fósiles proceden de Asia y muchos de los restos bien conservados se han encontrado en el desierto de Gobi, en Mongolia. No presentaban los cuernos faciales característicos de los últimos ceratopsios, pero, al igual que ellos, mostraban una cresta en cada pómulo que se extendía hasta bastante más abajo.

CABEZAS ENSANCHADAS

Una característica general de todos los ceratopsios eran las proyecciones a modo de repisas o áreas expandidas en los márgenes del cráneo, desde la región de las mejillas hacia arriba, hasta detrás de la parte superior de la cabeza. Este rasgo está presente en diferentes grados en todos los especímenes –como protuberancias ocasionales o puntas aquí y allá, como proyecciones más grandes o como una repisa más completa o gorguera extendida (la proyección parietal)– sobre todo el cuello y los hombros. Estos bordes craneales o extensiones marginales también estaban presentes en otro grupo de dinosaurios herbívoros, los paquicefalosaurios o «cabezas de hueso». Este hecho ha inducido a los paleontólogos a agrupar a los ceratopsios y los paquicefalosaurios como parientes próximos dentro de un grupo mayor de dinosaurios llamado marginocéfalos («cabezas con margen»).

MUERTE EN EL SEMIDESIERTO

Los protoceratopsios están basados en otro dinosaurio muy bien conocido procedente del desierto de Gobi, *Protoceratops*. Los numerosos hallazgos de adultos, juveniles, recién nacidos y nidos han permitido que los científicos se formaran una imagen del comportamiento y el patrón reproductor de este dinosaurio. La existencia de este tesoro de fósiles de un solo tipo de dinosaurio se debe en parte al hábitat seco y semidesértico por el que vagó este género hace unos 80 millones de años. Por lo que parece, la arena arrastrada por el viento y el desplazamiento de las dunas cubrió algunos especímenes en pocos segundos. Protegidos de los elementos y del asalto de los carroñeros, estos individuos se secaron gradualmente en sus tumbas de arena, lo que permitió que muchos detalles de sus huesos y de la anatomía general quedaran extraordinariamente bien conservados.

DE PEQUEÑOS A GRANDES CUERNOS

Los protoceratópsidos tenían un pico como de loro en la parte frontal de la boca y muchos dientes masticatorios en la parte posterior de las mandíbulas; también presentaban los inicios de una proyección parietal o gorguera nucal y un cuerno facial. Estas extensiones faciales evolucionaron rápidamente en tamaño en el último grupo de animales con cuernos faciales, los ceratopsios. Todos ellos vivieron en Norteamérica y a su vez comprenden dos subgrupos, los centrosaurinos y los chasmosaurinos (*véanse* páginas 363 y 370).

PÁGINA ANTERIOR Un bello fósil de *Anchiceratops* en el que se aprecia la cuenca ocular u órbita en la base de cada largo cuerno de la ceja, el pómulo puntiagudo que se extiende hacia los lados por debajo de ésta y los espacios o fenestras en la gorguera nucal. Este espécimen procede de las rocas del Cretácico superior de Alberta, Canadá.

IZQUIERDA Un ataque de *Styracosaurus* podría intimidar a la mayoría de los depredadores, con su enorme gorguera nucal bordeada por largas púas, sus enormes pies que golpean el suelo y su afilado pico que chasquea con furia.

PSITTACOSAURUS

«Reptil loro» fue bautizado así en 1923 por Henry Fairfield Osborn debido a su poderoso pico ganchudo sin dientes, que recuerda al de un ave moderna como un loro o un guacamayo. Sus restos fueron descubiertos por una de las expediciones de búsqueda de fósiles lideradas por los estadounidenses en el desierto de Gobi, en Mongolia, a principios de la década de 1920, durante la cual se descubrieron partes conservadas de muchos otros dinosaurios, entre ellos *Protoceratops* (página siguiente). Actualmente *Psittacosaurus* se conoce muy bien a partir de más de 120 especímenes fósiles y según parece esta especie sobrevivió más de 30 millones de años, prácticamente un récord entre los dinosaurios.

Psittacosaurus medía unos 2 metros, y podría haber alcanzado la altura de un adulto humano al ponerse de pie sobre las extremidades posteriores, las cuales eran más largas y fuertes que las delanteras. Sin embargo, *Psittacosaurus* también andaba o trotaba a cuatro patas, con la cabeza mucho más cerca del suelo. El cráneo tenía el hocico largo y forma de caja, con enormes huecos para las fosas nasales y grandes orbitas oculares. En general, el esqueleto era esbelto y de estructura ligera, lo que hace suponer que era un corredor veloz. La cola tenía una base ancha y representaba aproximadamente una tercera parte de la longitud total del dinosaurio. En algunos de sus rasgos, *Psittacosaurus* recuerda a los pequeños dinosaurios ornitópodos, como *Hypsilophodon* (*véase* página 273) y en un principio fue clasificado entre éstos. Sin embargo, tenía en la parte frontal de la mandíbula superior un hueso llamado rostral que forma parte del pico, y sólo lo ceratopsios presentaban este rasgo. Debido a su hueso rostral y al propio pico, *Psittacosaurus* se considera un género primitivo de dinosaurio con cuernos. Aunque no tenía los cuernos faciales ni la característica proyección parietal presente en el resto del grupo, sí tenía una pequeña protección en cada mejilla que en las especies posteriores se alargó y se transformó en una especie de púa.

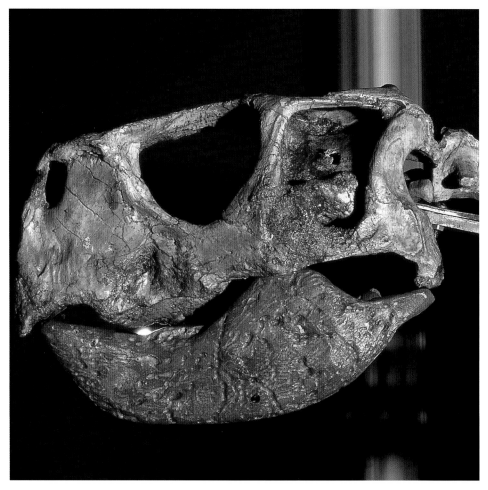

DERECHA En esta vista lateral de un cráneo de *Psittacosaurus* destacan la gran altura de la cabeza y las robustas mandíbulas.

SUPERIOR El esqueleto de *Protoceratops* muestra las aberturas o fenestras en la gorguera nucal o proyección parietal y su andadura a cuatro patas, con las extremidades posteriores más largas y poderosas que las delanteras.

IZQUIERDA Una cría de *Protoceratops*, de unos 20 centímetros de longitud desde el hocico hasta el extremo de la cola, en el momento de nacer.

PROTOCERATOPS

Protoceratops, que tenía el tamaño aproximado de un cerdo actual, vivió hace unos 85-80 millones de años en la zona que actualmente corresponde al desierto de Gobi. Los primeros fósiles de *Protoceratops* fueron hallados a principios de la década de 1920 por una de las expediciones estadounidenses al desierto de Gobi (*véase* página anterior). El dinosaurio fue bautizado en 1923 por Walter Granger y William Gregory. *Protoceratops* –«el primer rostro con cuernos»– tiene un nombre acertado, ya que parece representar un paso intermedio entre los antecesores pequeños y bípedos, quizá del tipo *Psittacosaurus* (*véase* página anterior), y los mucho mayores ceratopsios (dinosaurios con cuernos) de hacia finales del Cretácico.

Protoceratops tenía en el rostro dos protuberancias que no llegaban a ser cuernos y una gorguera nucal o proyección parietal relativamente pequeña y plana, en comparación con las enormes y elaboradas gorgueras de los ceratopsios posteriores.

Protoceratops destaca por otros motivos. Hasta fechas recientes se consideraba el primer dinosaurio cuyos huevos fósiles fueron localizados y reconocidos,

y no sólo los huevos, sino los nidos donde los ponían. También hay especímenes juveniles de *Protoceratops* o en varias fases de crecimiento, lo que permite observar cómo cambiaban ciertas características, tales como la longitud de las extremidades o la anchura de la gorguera en proporción con el tamaño corporal, y quizá las diferencias sexuales, mientras los dinosaurios iban creciendo. En uno de los hallazgos, parece que un *Protoceratops* falleció luchando contra un dinosaurio carnívoro o terópodo, un *Velociraptor* (*véase* página 154). Los fósiles de otros animales y plantas ayudan a reconstruir una imagen del hábitat y de los diversos dinosaurios de la zona. Tras examinar de nuevo algunos especímenes de *Protoceratops*, éstos se han reclasificado en un nuevo género, *Breviceratops* (*véase* página 358).

Sin embargo, recientes estudios han cambiado el punto de vista de los expertos en referencia a los huevos de *Protoceratops*. Ahora se supone que los huevos pertenecían probablemente a *Oviraptor* (*véase* página 160). De todos modos, las evidencias a favor de las muchas crías recién nacidas y juveniles de *Protoceratops* todavía se mantienen con firmeza.

FICHA
PROTOCERATOPS
Significado: primer rostro cornudo
Período: Cretácico superior
Grupo principal: Ceratopsia
Longitud: 1,8 metros
Peso: 150-250 kilogramos
Dieta: plantas
Fósiles: en Mongolia

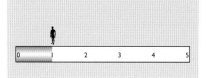

LEPTOCERATOPS

FICHA

LEPTOCERATOPS

Significado: rostro cornudo esbelto

Período: Cretácico superior

Grupo principal: Ceratopsia

Longitud: 1,5-3 metros

Peso: 50-70 kilogramos

Dieta: plantas

Fósiles: en EE. UU. (Wyoming), Canadá
  (Alberta) y posiblemente Australia

Leptoceratops puede parecer un ceratopsio (dinosaurio
cornudo) insólito, ya que presentaba algunas
de las características de sus antepasados del tipo
ornitópodos. Sus extremidades posteriores eran
más largas y poderosas que las delanteras, de modo
que podía desplazarse tanto a cuatro patas como
erguirse para correr con las dos posteriores. No tenía
los grandes cuernos ni la espectacular gorguera de
la mayoría de los ceratopsios posteriores, sino sólo
una protuberancia baja en el hocico y un pequeño
«sombrero» tipo pico. Sin embargo, la estructura
interna del cráneo, la dentición y el esqueleto
principal muestran que *Leptoceratops* pertenecía
sin duda al grupo de los ceratopsios, aunque
difería en dos aspectos más. En primer lugar,
los fósiles de la mayoría de los primeros géneros,
incluido *Protoceratops* (*véase* página 355), aparecieron
en Asia, pero *Leptoceratops* vivió en Norteamérica.
En segundo lugar, si *Leptoceratops* hubiera sido un
antecesor de *Protoceratops*, como sus rasgos parecen

sugerir, tendría que ser anterior a éste en 80 millones
de años, pero se da el caso de que está datado mucho
más recientemente, en 68-66 millones de años.
La respuesta lógica podría ser que *Leptoceratops*
fue un ceratopsio muy tardío aunque primitivo,
es decir, que conservaba la mayoría de los rasgos
iniciales del grupo.

Este dinosaurio fitófago con la boca en forma
de pico ganchudo y unos poderosos molares con
crestas para masticar, probablemente alcanzaba unos
2 o 3 metros de longitud total. Los cinco dedos de
las extremidades anteriores tenían cierta capacidad
de agarrar y es posible que el animal estirara el
follaje hasta la boca cuando comía. Los fósiles de
Leptoceratops se han descubierto en Alberta (Canadá)
y en Wyoming (EE. UU.) e incluyen unos cinco
cráneos y otras partes del esqueleto en diversos
grados de conservación. Recibió este nombre
en 1914 por parte de Barnum Brown (*véase*
también *Montanoceratops*, muy similar, página 359).

INFERIOR Según parece, *Leptoceratops* fue un género
atávico de dinosaurio cornudo, ya que retuvo muchas
características de sus antepasados lejanos, pese a que
vivió en la misma época y la misma región que sus parientes
mucho más evolucionados, como por ejemplo *Triceratops*.

MICROCERATOPS

Este dinosaurio con cuernos era realmente *micro* en comparación con otros dinosaurios, ya que medía probablemente menos de 1 metro cuando alcanzaba su máximo tamaño. Su fémur era del tamaño de un índice humano. Es el ceratopsio más pequeño conocido y por su estructura general recuerda a *Protoceratops* (*véase* página 355), que vivió en la misma región del este de Asia. Sin embargo, *Microceratops* era mucho más pequeño y de estructura mucho más ligera, con extremidades más finas. Las patas posteriores era más largas que las anteriores, por lo que *Microceratops* quizá podía desplazarse sobre ellas –con las anteriores levantadas del suelo, manteniendo el cuerpo horizontal y equilibrándose con la cola– en un movimiento bípedo. La gorguera nucal es corta, pero está presente y presenta aberturas o fenestras como las de *Protoceratops*, las cuales pudieron servir quizá para aligerar el peso o para dar mayor estabilidad y facilitar la alineación de las fijaciones de los

músculos mandibulares. En este capítulo se discuten las posibles funciones de la gorguera nucal de los ceratopsios.

Microceratops fue clasificado en 1953 a partir de fósiles localizados en Mongolia. Desde entonces se han descubierto varios fósiles en diversos yacimientos de este país y de China y se han atribuido a esta especie, aunque la identidad de algunos de ellos todavía se discute. Una hipótesis es que *Microceratops* es simplemente la forma juvenil de *Protoceratops*. Se ven diferentes porque tienen una estructura más ligera y las proporciones de sus extremidades son diferentes como es de esperar en un juvenil si se compara con un adulto del mismo género. Otra opinión muy diferente es que algunas especies de *Microceratops* se pueden clasificar como un género totalmente diferente, para el que se ha propuesto el nombre de *Graciliceratops*. Lo que se sabe con seguridad es que *Microceratops* desapareció hace unos 70 millones de años.

FICHA
MICROCERATOPS

Significado: rostro cornudo muy pequeño
Período: Cretácico superior
Grupo principal: Ceratopsia
Longitud: 80 centímetros
Peso: estimado en 10 kilogramos
Dieta: plantas
Fósiles: en Mongolia y China

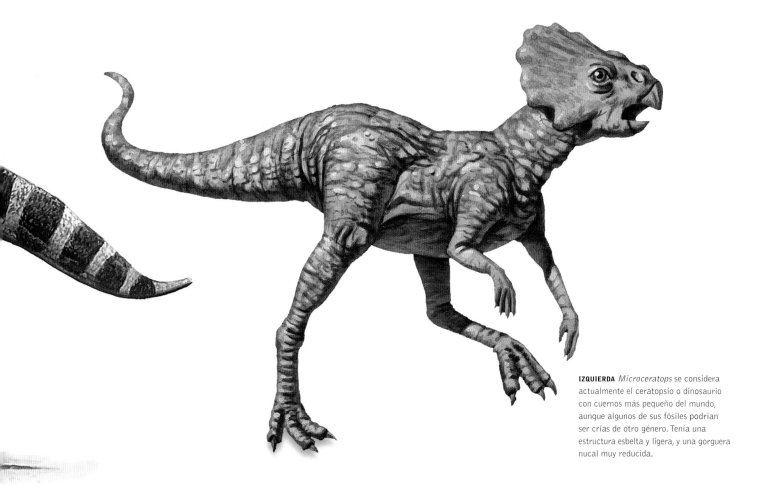

IZQUIERDA *Microceratops* se considera actualmente el ceratopsio o dinosaurio con cuernos más pequeño del mundo, aunque algunos de sus fósiles podrían ser crías de otro género. Tenía una estructura esbelta y ligera, y una gorguera nucal muy reducida.

INFERIOR *Bagaceratops* tenía aproximadamente la misma longitud que un perro de tamaño medio, pero de complexión pesada. Se ha propuesto que ponía los huevos en nidos y cuidaba los pequeños, pero estas propuestas se basan en evidencias muy tenues que además podrían haber dejado otros dinosaurios o reptiles de la región mongola de Omnogov.

BAGACERATOPS

FICHA

BAGACERATOPS

Significado: rostro cornudo pequeño

Período: Cretácico superior

Grupo principal: Ceratopsia

Longitud: 1 metro

Peso: 30 kilogramos

Dieta: plantas

Fósiles: en Mongolia

Bagaceratops era un tipo pequeño de dinosaurio cornudo, de sólo 1 metro de longitud. Tenía una pequeña protuberancia en forma de cuerno en el hocico y una pequeña proyección parietal. Sus poderosas patas posteriores eran más largas que las anteriores, aunque es probable que andara y corriera sobre las cuatro patas en lugar de sólo sobre las dos posteriores. La parte delantera de la boca tenía forma de pico de loro curvado, con dientes en la parte superior. Por todos estos aspectos, *Bagaceratops* recuerda a una versión reducida de *Protoceratops*. En general, los dos géneros se agrupan juntos dentro de la familia de los protoceraptósidos (Protoceraptosidae), junto con otros como *Montanoceratops* (*véase* página siguiente).

Los fósiles de *Bagaceratops* fueron excavados en unas rocas que forman parte de las capas rojas de la formación Barun Goyot, en la región Omnogov de Mongolia. Están datados en unos 70 millones de años. El dinosaurio fue clasificado por Teresa Maryanska y Halszka Osmolska en 1975. Esta misma formación

rocosa proporcionó fósiles de un dinosaurio similar, aunque de mayor tamaño, conocido como *Breviceratops*. Medía unos 2 metros de longitud y es probable que pesara más de 100 kilogramos. Fue descrito y clasificado en 1990 por Sergei Mijáilovich Kurzánov (*véase Avimumus*, página 164). *Breviceratops* pudo ser un género distinto de *Bagaceratops*, o los dos pudieron formar parte del mismo género, e incluso tratarse de la misma especie: la clasificación depende de las características de los fósiles que se empleen para establecer las relaciones. Se han hecho las mismas propuestas para agrupar o separar otros tipos de ceratopsios, como se explicó ya en estas páginas (por ejemplo, *Leptoceratops*, *Microceratops*, *véanse* páginas 356-357). Los fósiles atribuidos a *Bagaceratops* incluyen cinco cráneos prácticamente completos y fragmentos de otros quince cráneos, además de varios fragmentos de las extremidades y otras partes esqueléticas, que muestran el crecimiento desde los juveniles hasta los adultos.

MONTANOCERATOPS

Montanoceratops, que recibe este nombre por el estado de Montana, lugar donde se hallaron sus fósiles, se conoce principalmente a partir de dos esqueletos parciales. Los fósiles fueros excavados originariamente por Barnum Brown y bautizados en 1951 por Charles M. Sternberg. Posteriormente se hallaron restos en Alberta, Canadá. *Montanoceratops* vivió a finales del Cretácico, hace 72-66 millones de años. (Algunos fósiles atribuidos en un principio a *Montanoceratops* se han reestudiado y actualmente se clasifican como *Leptoceratops*, *véase* página 356.)

Montanoceratops muestra un gran parecido con *Protoceratops*, aunque era ligeramente más evolucionado en algunos rasgos. Podría haber sido mayor en tamaño general, pero las proporciones de la cabeza, el cuerpo, las cuatro extremidades y la corta cola son muy parecidas a las de *Protoceratops* y también es muy similar la gorguera o proyección parietal que se extiende desde la parte posterior del cráneo para cubrir la nuca. Lo que en un principio se pensaba que era un cuerno en forma de cono bajo en la nariz de *Montanoceratops* se identificó posteriormente como una proyección del pómulo, de modo que la nariz de esta especie y la de *Protoceratops* eran también muy parecidas. Ambos dinosaurios se incluyen en el grupo de los protoceratópsidos o preceratopsios de dinosaurios con cuernos (*véase* página 353), dado que presentan rasgos atávicos, tales como dientes en la parte superior del «pico» o en la parte anterior de la mandíbula superior y garras en los dedos de los pies. Otros ceratopsios más avanzados perdieron los dientes y tenían las garras más en forma de uña o pezuña; aunque avanzados es un término más bien erróneo, puesto que vivieron aproximadamente en el mismo período que *Montanoceratops*.

FICHA
MONTANOCERATOPS
Significado: rostro cornudo de Montana

Período: Cretácico superior

Grupo principal: Ceratopsia

Longitud: 2-3 metros

Peso: 400-600 kilogramos

Dieta: plantas

Fósiles: en EE. UU. (Montana) y Canadá (Alberta)

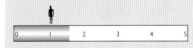

SUPERIOR *Montanoceratops* era sorprendentemente parecido al mucho más conocido *Protoceratops* de Asia, aunque algo mayor en todas las dimensiones, y sus restos están datados en 15 millones de años después. El principal yacimiento fósil se encuentra en las rocas conocidas como formación St. Mary River de Montana (EE. UU.).

¿PARA QUÉ SERVÍA LA GORGUERA NUCAL?

La función de la gorguera nucal o proyección parietal de los ceratopsios ha sido muy debatida. En la mayoría de los géneros, excepto en *Triceratops*, no era un hueso sólido y podría haber tenido poca utilidad como escudo protector. Una propuesta es que la gorguera proporcionaba una extensa superficie para fijar los poderosos músculos de la cabeza y la mandíbula. Otra teoría defiende que esta superficie proporcionaba una imponente exhibición visual –máxime si, como se sugiere a menudo, tenía colores brillantes–, en especial cuando el animal agachaba la cabeza, porque entonces la gorguera quedaba prácticamente vertical.

DERECHA Un joven *Triceratops* se mantiene firme, con el rebaño en el fondo. Parece ser que en los jóvenes los cuernos y la gorguera nucal eran más pequeños que en los adultos en proporción al tamaño corporal. Durante el crecimiento, estos adornos de la cabeza se desarrollaban con mayor rapidez que el resto del cuerpo, para convertirse en proporcionalmente mayores en el adulto.

MONOCLONIUS

Monoclonius podría haber sido un gran dinosaurio cornudo (de unos 5 metros de longitud y 2 toneladas de peso) o un animal. Cuando se desenterraron los restos de unos enormes ceratopsios en Norteamérica durante la segunda mitad del siglo XIX, surgió una gran rivalidad entre los cazadores de fósiles sobre quién descubriría más fósiles de este tipo. Edward Drinker Cope bautizó a *Monoclonius* en 1876 a partir de algunos fragmentos de proyección parietal, huesos y dientes, algunos de los cuales habían sido descubiertos cerca de Judith River, en Montana, en 1855. Es muy probable que estos especímenes fueran los primeros fósiles de ceratopsios descritos en Norteamérica, concretamente por Joseph Leidy. El nombre *Monoclonius* no hace referencia al único cuerno situado en la nariz, sino a la hilera o serie única de molares que había en cada mandíbula. Cope los comparó con la supuesta doble fila de dientes que presentaba cada mandíbula en cualquier otro dinosaurio de aquel período.

Desde entonces, *Monoclonius* ha experimentado muchos altibajos. Como género, llegó a comprender desde más de diez especies hasta incluso ninguna, cuando las diferentes formas de *Monoclonius* se clasificaron como variantes de otros ceratopsios, principalmente de *Centrosaurus* y de *Styracosaurus*. La gorguera o proyección parietal no era tan amplia ni elaborada como en otros tipos (desde la punta de la nariz hasta detrás de la gorguera «sólo» había 1,8 metros), aunque es probable que tuviera un par de púas encorvadas hacia abajo en el ápice, y un cuerno más largo en forma de espina en el hocico. El cuerpo era típicamente ceratopsio, con un amplio y poderoso cuello, cuatro extremidades robustas, con los dedos extendidos y terminados en pezuñas, y una cola corta. El pico terminado en gancho cortaba las plantas comestibles que los numerosos molares se encargaban de triturar.

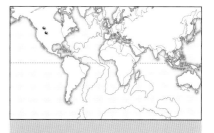

FICHA
MONOCLONIUS
Significado: un único palo (a menudo citado como «un cuerno»)
Período: Cretácico superior
Grupo principal: Ceratopsia
Longitud: 5-6 metros
Peso: 2-3 toneladas
Dieta: plantas
Fósiles: en EE. UU. (Montana) y Canadá (Alberta)

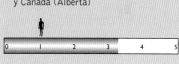

CENTROSAURUS

Este dinosaurio cornudo ha dado nombre a uno de los subgrupos de los ceratopsios de gran tamaño, el de los centrosaurinos. A menudo se les llama dinosaurios de gorguera pequeña, aunque *Centrosaurus* tenía una gorguera nucal relativamente larga o extendida hacia atrás. En realidad, la distinción se basa más en que el cuerno nasal es más largo que los cuernos de las cejas, y la parte frontal de la cara es bastante más profunda y de hocico más corto en comparación con el otro subgrupo, el de los chasmosaurinos (*véase* página 370). *Centrosaurus* era un ceratopsio de tamaño medio, de unos 6 metros de longitud. Fue bautizado por Lawrence Lambe, un experto en dinosaurios canadiense, en 1940.

Los cuernos de las cejas de *Centrosaurus* no eran más que pequeñas protuberancias puntiagudas del hueso craneal, mientras que el cuerno nasal podía superar los 75 centímetros de longitud. En algunos individuos era prácticamente vertical, mientras que en otros parece que estaba curvado hacia atrás en dirección a los ojos o hacia delante, sobre el hocico, en forma de pico. Sin embargo, este cuerno no es el

origen del nombre, que significa «reptil con buenos cuernos»; este nombre deriva de dos ganchos curvados de hueso, situados en frente uno de otro cerca del centro de la parte superior de la gorguera. De todos modos, no queda claro si estos ganchos estaban desnudos y visibles o bien cubiertos de piel y de carne, con lo que se alisaba el borde de la gorguera. Se han encontrado restos de *Centrosaurus* en *bone beds* («capas con huesos») en Alberta, Canadá; incluyen cráneos, fragmentos de cuernos, dientes, partes del esqueleto e incluso impresiones fosilizadas de la piel escamosa. Se ha sugerido que estos animales vivían en manada, quizás durante la migración, desplazándose unos 100 kilómetros cada día (*véanse* páginas 364 y 368).

IZQUIERDA Esta convincente reconstrucción de *Monoclonius* muestra un único cuerno nasal, unas púas más pequeñas en la parte superior de la gorguera o proyección parietal y unos huesos de mejilla (yugales) extendidos, rasgos todos ellos que podrían ser de otros dinosaurios ceratopsios. La posición propuesta con la cabeza agachada, oscilando la nariz de un lado a otro para mostrar el largo cuerno nasal, servía para intimidar al enemigo, del mismo modo que hacen los rinocerontes actuales.

FICHA
CENTROSAURUS
Significado: reptil con buenos cuernos
Período: Cretácico superior
Grupo principal: Ceratopsia
Longitud: 6 metros
Peso: 3 toneladas
Dieta: plantas
Fósiles: en Canada (Alberta)

PACHYRHINOSAURUS

FICHA

PACHYRHINOSAURUS

Significado: reptil de nariz gruesa

Período: Cretácico superior

Grupo principal: Ceratopsia

Longitud: 5,5-7 metros

Peso: 3-4 toneladas

Dieta: plantas

Fósiles: en EE. UU. (Alaska)
y Canadá (Alberta)

Una gigantesca *bone bed* («capa con huesos») en Alberta, Canadá, contiene los fósiles entremezclados de cientos de *Pachyrhinosaurus*, así como fósiles de otros animales y plantas de la región de hace unos 70 millones de años. Los posteriores hallazgos, en 2002, de más *bone beds* con *Pachyrhinosaurus* realizados mucho más al norte, en Alaska, han llevado a sugerir que este dinosaurio cornudo migraba en enormes manadas, desplazándose hacia el norte, más cerca del Ártico, durante el verano, y hacia el sur, a las regiones, un poco más templadas, durante el invierno. Sin embargo, en aquella época las estaciones eran diferentes de las de hoy (*véase* página 26). Este dinosaurio fue bautizado en 1950 por Charles M. Sternberg.

Pachyrhinosaurus era un dinosaurio cornudo de tamaño medio del subgrupo de los centrosaurinos. Tenía los rasgos característicos de los ceratopsios: cuerpo voluminoso, patas a modo de columnas con uñas en forma de pezuña, cola de base gruesa pero gruesa y muy ahusada, y un cuello macizo para soportar la enorme cabeza.

El pico como de guacamayo, sin dientes y ganchudo, era eficaz para recolectar el follaje y como arma defensiva. La gorguera nucal se curva hacia arriba y hacia atrás, y podría haber tenido dos o más pares de púas o cuernecillos en la parte superior. La característica más distintiva de *Pachyrhinosaurus* es la «nariz gruesa» que le da nombre. Se cree, en efecto, que había una gran protuberancia o engrosamiento óseo en la parte frontal de la nariz, engrosamiento que el animal pudo emplear como un ariete para golpear a los enemigos o para empujar a sus rivales en las contiendas, quizás en la época de apareamiento; la protuberancia ósea también podría haber servido como pedestal para un cuerno muy alto. Otra propuesta defendida por algunos paleontólogos es que uno de los sexos, quizás los machos, tenía protuberancias convexas más grandes, mientras que las hembras tenían protuberancias más pequeñas, casi cóncavas.

SUPERIOR Restos de *Pachyrhinosaurus* del Museo Royal Tyrrell de Alberta (Canadá).

DERECHA Esta reconstrucción muestra la nariz con una gran protuberancia ósea en lugar de un cuerno.

DERECHA La enorme gorguera nucal
de *Pentaceratops* llegaba prácticamente
a la mitad del cuerpo cuando este dinosaurio
inclinaba la cabeza hacia atrás, y formaba
un enorme escudo en forma de abanico
cuando el animal agachaba la cabeza
para comer o para amenazar, como
se muestra aquí.

PENTACERATOPS

Durante muchos años, el dinosaurio cornudo *Torosaurus* (*véase* página 371) detentó el récord de poseer el mayor cráneo de todos los animales terrestres conocidos (*véase* también página 396). El reciente descubrimiento de un enorme cráneo ha obligado a los científicos a conceder este título a *Pentaceratops*. Por el nombre, cabría esperar que este ceratopsio tuviera cinco cuernos en su rostro y frente, pero sólo tiene tres: uno pequeño en la nariz y uno mayor en cada ceja, como *Triceratops*. Las otras dos proyecciones, interpretadas como cuernos cuando el dinosaurio fue estudiado y bautizado en 1923 por Henry Fairfield Osborn, son en realidad salientes de los yugales (huesos de las mejillas), inclinados hacia abajo y a los lados, debajo de cada ojo; de hecho, la mayoría de los ceratopsios presentan estos falsos cuernos. Con todo, *Pentaceratops* tiene una gorguera muy característica, grande, ancha y extendida hacia arriba encima del cuello, tachonada en casi todo el reborde por más de veinte pequeños nódulos óseos llamados epoccipitales.

Pentaceratops, cuyos fósiles proceden de Nuevo México, era un miembro del subgrupo de los chasmosaurinos, dinosaurios cornudos de larga proyección parietal. (La estructura general y los usos de esta proyección o gorguera se tratan en la página 360.) Era un animal enorme, que recordaba vagamente a un rinoceronte actual y tan grande y pesado como un elefante. Prácticamente un tercio de su longitud (unos 3 metros) pertenecía al cráneo, desde la punta del hocico hasta el borde posterior de la gorguera. Para alimentarse, estaba equipado como los ceratopsios, con un pico ganchudo compuesto por el hueso rostral, único de los ceratópsidos, en la mandíbula superior y un hueso predentario en la mandíbula inferior, ambos cubiertos por material córneo. En la parte posterior de las mandíbulas había varios molares con crestas afiladas, y había mucho espacio para los poderosos músculos masticatorios. Entre los fósiles de *Pentaceratops* se incluyen ocho cráneos, algunos de ellos completos y otros parciales, aparte de un esqueleto relativamente completo y varios fragmentos esqueléticos.

FICHA
PENTACERATOPS

Significado: rostro con cinco cuernos

Período: Cretácico superior

Grupo principal: Ceratopsia

Longitud: 8 metros

Peso: 7-8 toneladas

Dieta: plantas

Fósiles: en EE. UU. (Nuevo México)

TRICERATOPS

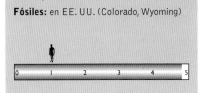

FICHA
TRICERATOPS
Significado: rostro con tres cuernos
Período: Cretácico superior
Grupo principal: Ceratopsia
Longitud: 9 metros
Peso: 5-8 toneladas
Dieta: plantas
Fósiles: en EE. UU. (Colorado, Wyoming)

0   1   2   3   4   5

El «rostro de tres cuernos» fue uno de los mayores ceratopsios y, a juzgar por la cantidad de restos fósiles, uno de los más frecuentes en Norteamérica durante el Cretácico superior. Los fósiles de *Triceratops*, junto con los de su mortal enemigo *Tyrannosaurus*, han sido datados en las postrimerías de la era de los dinosaurios, hace unos 65 millones de años. Algunas estimaciones dan a *Triceratops* una altura en la cruz de 3 metros, una longitud total de 10 metros y un peso de 10 toneladas, aunque otras reducen estas cifras en un 10 o un 20 por ciento. *Triceratops* fue bautizado en 1889 por Othniel Charles Marsh a partir de los restos hallados cerca de Denver, Colorado, que en un principio se pensó que pertenecían a una especie extinta de búfalo gigante. Un año antes, John Bell Hatcher había iniciado unas intensas excavaciones en Niobrara Country, Wyoming, donde descubrió varios especímenes. Actualmente se conocen fragmentos de más de 50 individuos. Algunas gorgueras muestran enormes marcas excavadas que encajan perfectamente con los dientes de *Tyrannosaurus*. Durante un tiempo se dijo que había quince especies incluidas en el género *Triceratops*, pero la mayor parte de la variación se debe a características sexuales (machos y hembras) y a la edad (de juveniles a adultos). Las opiniones actuales varían en considerar una, dos o tres especies; por otro lado, un dinosaurio que anteriormente se clasificaba como *Triceratops* podría representar un género distinto que se ha denominado provisionalmente *Diceratops*.

Los dinosaurios con grandes cuernos suelen clasificarse en el subgrupo de los de gorguera larga o chasmosaurinos (*véase* página 370), y en el subgrupo de los de gorguera pequeña o centrosaurinos (*véase* página 363). *Triceratops* parece una mezcla de ambos, pero por lo general se le considera chasmosaurino, con su proyección parietal más corta y maciza. Su terrible y estrecho pico ganchudo sin dientes podía ejercer una terrible presión cuando arrancaba la comida o mordía y pellizcaba a sus enemigos. Entre los usos de los cuernos y de la proyección parietal o gorguera se incluyen la intimidación visual de los enemigos y rivales, como se explica en la página 360.

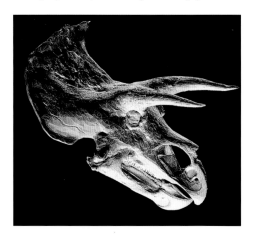

SUPERIOR La extensa proyección parietal de hueso macizo y los largos cuernos de las cejas se aprecian claramente en docenas de cráneos de *Triceratops*.

DERECHA Una visión lateral de *Triceratops* enfatiza la longitud de los cuernos de las cejas en comparación con el cuerno nasal.

STYRACOSAURUS

Styracosaurus tenía un cuerno nasal muy alto, de más de 60 centímetros de longitud, y las dos partes más altas de la gorguera o proyección parietal eran espinas incluso más largas; fosilizaron como hueso, pero es probable que estuvieran cubiertas por un cuerno en vida, por lo que aún podrían haber sido más largas y afiladas. A cada lado del margen de la mitad superior de la gorguera dos o tres espinas más de tamaño decreciente flanqueaban la espina apical más alta. Por debajo de éstas, a lo largo del borde de la gorguera y hasta la altura del ojo, tenía una hilera de pequeños nódulos óseos que creaban un efecto festoneado. Muchos otros ceratopsios tenían la gorguera decorada con protuberancias bajas similares. Éstas y los núcleos óseos de las espinas estaban formados por excrecencias de los huesos epoccipitales, que bordeaban el margen de la gorguera. Además, es posible que hubiera otras dos espinas más pequeñas en la parte superior de la gorguera, entre las dos mayores y cerca de la muesca central en forma de corazón de dicha gorguera o proyección parietal. Por desgracia, el número limitado de evidencias fósiles dificulta la confirmación de la mayoría de los detalles sobre la disposición de las espinas.

Al igual que otros dinosaurios cornudos, *Styracosaurus* fue bautizado por el paleontólogo canadiense Lawrence Lambe en 1913. Los fósiles proceden de Alberta (Canadá) y Montana (EE. UU.). Este ceratopsio vivió a finales de la edad de los dinosaurios, hace unos 73-70 millones de años. Existen dos cráneos bastante bien conservados con tres esqueletos parciales, además de muchos fragmentos mezclados y trozos de huesos y cuernos en *bone beds* («capas con huesos») de Arizona, algunos de los cuales podrían pertenecer a *Styracosaurus*. Basándose en estos hallazgos se ha propuesto que *Styracosaurus*, al igual que otros ceratópsidos, vagaban en manadas y quizás migraban en busca de fuentes de comida estacionales. En cuanto a sus dimensiones, *Styracosaurus* era un ceratópsido de tamaño medio, de unos 1,8 metros de altura en la cruz y con una longitud total desde la nariz hasta la cola de 5,5 metros. Se alimentaba de plantas bajas con su pico ganchudo, ya que al igual que los demás ceratopsios, no podía levantar mucho la cabeza.

FICHA
STYRACOSAURUS
Significado: saurio espinoso

Período: Cretácico superior

Grupo principal: Ceratopsia

Longitud: 5-5,5 metros

Peso: 2-3 toneladas

Dieta: plantas

Fósiles: en EE.UU. (Montana, posiblemente Arizona) y Canadá (Alberta)

VIVIR JUNTOS, MORIR JUNTOS

Los dinosaurios cornudos aparecen a menudo en *bone beds* o «capas con huesos», donde el volumen del estrato contiene más fósiles preservados que la roca de los alrededores. Algunos de estos yacimientos pueden contener miles de individuos. Una de las explicaciones posibles es que una gran manada intentó cruzar un río durante su migración estacional y sus miembros murieron ahogados por una súbita crecida de las aguas. Otra explicación alternativa es que los dinosaurios perecieron mientras se extendían por un área más amplia y durante un período más largo de tiempo, quizás una estación entera, cuando una repentina riada arrastró sus cadáveres en descomposición o los huesos limpios hasta una hondonada donde se acumularon.

DERECHA Un *Tyrannosaurus* amenaza a una manada de *Styracosaurus* durante el crepúsculo, el momento preferido por los cazadores para atacar a sus presas. La evidencia de que los dinosaurios cornudos vivían en manadas está bien documentada a partir de varias fuentes, incluidas las grandes colecciones de fósiles en *bone beds* o «capas con huesos» y el conjunto de pisadas que se han conservado.

CHASMOSAURUS

FICHA

CHASMOSAURUS

Significado: reptil sima, barranco o abertura

Período: Cretacico superior

Grupo principal: Ceratopsia

Longitud: 5-6 metros

Peso: 2-3 toneladas

Dieta: plantas

Fósiles: desde Canadá (Alberta) hasta EE. UU. (Texas)

Los chasmosaurinos fueron un subgrupo de dinosaurios cornudos o ceratopsios. Difieren del segundo subgrupo, los centrosaurinos, en que tenían los cuernos de las cejas más largos que los cuernos nasales, el cráneo y el hocico más largo y bajo, y en general la gorguera o proyección parietal más larga. *Chasmosaurus* era un miembro de tamaño medio del subgrupo de los chasmosaurinos, que podía alcanzar hasta 6 metros de longitud (aproximadamente la misma longitud desde la punta del hocico hasta el extremo de la cola que el rinoceronte blanco, el mayor de los actuales). Las partes óseas de la gorguera se reducían apenas a la riostra parietal en el centro y a dos arcos estrechos y angulosos que formaban el margen superior y los laterales, enmarcando una gran abertura o fenestra a cada lado. Estas enormes aberturas eran más grandes en *Chasmosaurus* que en casi cualquier otro ceratopsio,

lo que explica su nombre. Es probable que en vida estas fenestras estuvieran rellenas de una piel que cubría pequeñas capas musculares y de tejido conectivo. Es evidente que la gorguera no era una estructura especialmente resistente, de modo que su uso más probable era el de la exhibición visual en vez de la protección física (*véase* página 360).

Por lo que respecta a su tamaño corporal y sus proporciones, *Chasmosaurus* era un ceratopsio típico, desde su pico de loro sin dientes en el extremo del hocico hasta sus patas masivas y su cola más bien pequeña y puntiaguda. Parece ser que *Chasmosaurus* fue común y estuvo muy extendido hace 70-75 millones de años, como indica la enorme cantidad de fósiles hallados en varias zonas de Norteamérica, desde la provincia de Alberta hasta el estado sureño de Texas. El nombre de *Chasmosaurus* fue acuñado en 1914 por Lawrence Lambe.

IZQUIERDA Este esqueleto de *Chasmosaurus*, del Museo Royal Tyrrell, en Alberta, muestra las enormes aberturas o fenestras de la proyección parietal, las cuales la hacían muy ligera, pero también relativamente frágil.

DERECHA Esta representación muestra los cuernos faciales de *Chasmosaurus* como relativamente largos y puntiagudos. El material córneo con el que están revestidos fosiliza en raras ocasiones, y por este motivo su longitud se deduce a partir del núcleo óseo.

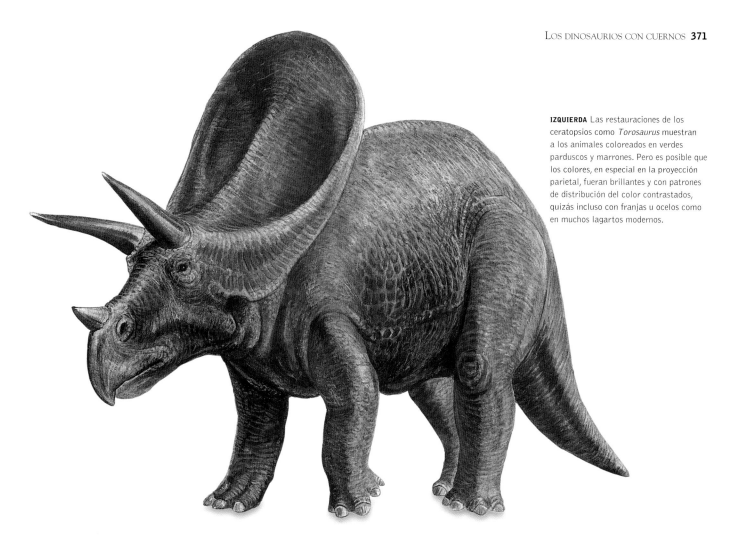

IZQUIERDA Las restauraciones de los ceratopsios como *Torosaurus* muestran a los animales coloreados en verdes parduscos y marrones. Pero es posible que los colores, en especial en la proyección parietal, fueran brillantes y con patrones de distribución del color contrastados, quizás incluso con franjas u ocelos como en muchos lagartos modernos.

TOROSAURUS

El nombre de este dinosaurio se interpreta a menudo erróneamente como «reptil toro», pero es *Torosaurus* y no *Taurosaurus*, y su nombre significa en realidad «reptil perforado». *Torosaurus* fue uno de los mayores ceratopsios. Con sus 7 u 8 toneladas de peso y sus caderas de quizás 2 metros de altura, rivalizaba en tamaño con *Triceratops*. A menudo también se ha citado a *Torosaurus* como el animal terrestre que tuvo la cabeza, o más exactamente el cráneo, de mayor tamaño. Un cráneo parcial restaurado de este dinosaurio tiene, en efecto, una longitud total de 2,8 metros desde el hocico hasta la parte posterior de la gorguera. Sin embargo, un reciente descubrimiento de *Pentaceratops* pone en entredicho este récord. Durante un tiempo se defendió que el género *Torosaurus* incluía a más de 25 especies, pero muchas de las diferencias observadas son probablemente el resultado de la variación natural dentro de unas pocas especies.

Al igual que la gorguera de *Chasmosaurus* (*véase* página anterior), la de *Torosaurus* constaba mayormente de piel y de tejido conectivo. El hueso interno se reducía a unas finas riostras, una en el centro y otras

en los márgenes. Esta estructura debía ahorrar mucho peso en comparación con la proyección parietal maciza de *Triceratops*, pero también hacía que la proyección de *Torosaurus* fuera menos útil como escudo protector sobre la nuca y los hombros. Esto sugiere que su principal uso era el de exhibición (*véase* página 360). *Torosaurus* presentaba dos enormes cuernos en las cejas y un cuerno más pequeño en el hocico, como otros chasmosaurinos. La boca tenía un pico sin dientes en su parte frontal y fuertes dientes masticatorios en las mejillas, accionados por poderosos músculos mandibulares. Al igual que otros ceratopsios, tenía un cuello grueso, un cuerpo pesado, unas patas gruesas como de elefante y una cola relativamente corta. Los fósiles asociados muestran que vivió en llanuras costeras, en especial en las que bordeaban el estrecho entre ambas Américas, en lo que ahora es la costa de México, hace unos 70 millones de años.

Los primeros restos estudiados de *Torosaurus* fueron descubiertos por John Bell Hatcher y el nombre se lo dio Othniel Charles Marsh en 1891.

FICHA
TOROSAURUS
Significado: reptil perforado
Período: Cretácico superior
Grupo principal: Ceratopsia
Longitud: 6-8 metros
Peso: 7-8 toneladas
Dieta: plantas
Fósiles: en Canadá, EE. UU. y México

| 0 | 1 | 2 | 3 | 4 | 5 |

ANCHICERATOPS

FICHA

ANCHICERATOPS

Significado: rostro cornudo cercano

Período: Cretácico superior

Grupo principal: Ceratopsia

Longitud: 4,5-6 metros

Peso: 2-3 toneladas

Dieta: plantas

Fósiles: en Canadá (Alberta)

En muchos aspectos, incluidos el tamaño y las proporciones corporales, *Anchiceratops* era similar a *Chasmosaurus* (*véase* página 370). Al igual que en muchos ceratopsios de gorguera larga, las principales diferencias recaen en el tamaño de esta proyección parietal, con sus protuberancias y espinas óseas asociadas, y en las proporciones de los cuernos faciales. *Anchiceratops* tenía los cuernos de las cejas muy largos y un cuerno nasal mucho más corto, el cual probablemente se inclinaba hacia delante en dirección a la parte frontal de la boca en forma de pico. La gorguera tenía aberturas o fenestras en su estructura ósea, pero éstas no eran tan grandes como en *Chasmosaurus*. Es probable que el borde posterosuperior de la gorguera tuviera tres pares de cortas espinas formadas por los alargados huesos epoccipitales, y también podría haber presentado dos pequeñas proyecciones óseas en forma de lapa justo debajo de las espinas y también justo en medio de la parte superior de la gorguera.

Varios ceratopsios descritos por Barnum Brown fueron bautizados en 1914, y *Anchiceratops* fue uno de ellos. Su nombre refleja su similitud con otros dinosaurios de cuernos largos, como *Monoclonius*, *Centrosaurus* o *Triceratops*. Los paleontólogos de aquella época sugirieron que podía observarse un desarrollo progresivo del tamaño y de la complejidad de la proyección parietal y de los cuernos nasales en estos dinosaurios, formando una serie evolutiva a lo largo del tiempo que terminó con el gran *Triceratops*. Sin embargo, ahora se sabe que muchos de estos dinosaurios coexistieron en lugar de vivir un género después de otro en una secuencia. Los fósiles de *Anchiceratops* están datados en 73-70 millones de años. La mayoría proceden de Alberta, Canadá, e incluyen seis cráneos en distintos estados de conservación, además de los cuernos de las cejas y la mayor parte de un esqueleto.

SUPERIOR Un cráneo fósil de *Anchiceratops* muestra las aberturas o fenestras más bien pequeñas de los huesos de la proyección parietal.

DERECHA *Anchiceratops* tenía el tamaño aproximado de un rinoceronte actual. Su puntiagudo pico podía cortar eficazmente incluso la vegetación correosa o dura.

DERECHA Esta versión de *Arrhinoceratops* tiene los cuernos de las cejas apuntando más hacia los lados que hacia delante. El ángulo preciso es difícil de discernir en los fósiles. La boca en forma de pico de loro destaca especialmente en esta postura y debía ser un arma terrible cuando el animal daba un poderoso «picotazo» para defenderse.

ARRHINOCERATOPS

El nombre de este dinosaurio fue acuñado en 1925 por William Parks a partir de los fósiles descubiertos en la región del río Red Deer, en Alberta, Canadá, dos años antes. Los fósiles tienen la misma antigüedad aproximadamente y proceden de la misma región que los de *Anchiceratops* (*véase* página anterior), por lo que es probable que ambos géneros de ceratopsios coexistieran. Sin embargo, sólo se conoce un cráneo de *Arrhinoceratops*. Parks propuso que debía tener cuernos largos y afilados en las cejas, pero que la protuberancia ósea de la nariz de *Arrhinoceratops* no era un verdadero cuerno. El cuerno debió existir como una pieza separada de hueso, pero no se ha encontrado, por lo que Parks le puso un nombre que significa «rostro sin cuerno nasal». Ahora se supone que *Arrhinoceratops* sí tenía un cuerno nasal, por lo que el nombre parece totalmente inapropiado.

La gorguera o proyección parietal de *Arrhinoceratops* era similar en tamaño y proporciones a la de *Triceratops*, pero tenía fenestras parietales, mientras que la de *Triceratops* era de hueso macizo.

Por lo demás, unos huesos epoccipitales bajos y redondeados, que bordeaban el margen de la gorguera, creaban el efecto festoneado que se observa en otros ceratopsios. El pico ganchudo y sin dientes de la parte frontal de la boca era ideal para cortar y pacer plantas duras que el animal masticaba con unas hileras de dientes mandibulares mientras retenía la comida en la boca dentro de las bolsas carnosas o abazones de las mejillas. No se ha encontrado ningún otro fósil de *Arrhinoceratops*, pero es razonable suponer que era similar a otros ceratopsios del oeste de Norteamérica del Cretácico superior. Por lo general, se trata de un grupo que no evolucionó mucho, como evidencian los miles de especímenes hallados en cientos de yacimientos. Estos fósiles muestran que los dinosaurios con cuernos eran relativamente conservadores, término que se usa para describir a un grupo que no se aparta mucho de su forma básica original, a pesar del largo tiempo evolutivo transcurrido (*véase* página 10).

FICHA
ARRHINOCERATOPS
Significado: rostro sin cuerno nasal
Período: Cretácico superior
Grupo principal: Ceratopsia
Longitud: 6 metros
Peso: 3,5 toneladas
Dieta: plantas
Fósiles: en Canadá (Alberta)

0   1   2   3   4   5

CAPÍTULO CATORCE

OTROS ANIMALES DE LA ERA DE LOS DINOSAURIOS

LOS DINOSAURIOS DOMINARON LAS TIERRAS EMERGIDAS DURANTE EL MESOZOICO, PERO SUS PARIENTES NO DINOSAURIANOS COMPARTIERON SU MUNDO DOMINANDO LOS CIELOS Y LOS MARES. EN ESTE MUNDO DOMINADO POR LOS REPTILES APARECIERON LOS PRIMEROS MAMÍFEROS Y AVES.

ANIMALES POR DOQUIER

ES TAN FRECUENTE LLAMAR A LA ERA DEL MESOZOICO (HACE 250-65 MILLONES DE AÑOS) LA ERA DE LOS
DINOSAURIOS QUE A VECES SE IGNORA LA PRESENCIA DE OTROS ANIMALES. SIN EMBARGO, A LO LARGO DE ESTE
INMENSO LAPSO DE TIEMPO HUBO OTROS INNUMERABLES REPTILES EN LAS TIERRAS, EN LOS MARES Y EN LOS CIELOS,
ASÍ COMO OTROS VERTEBRADOS, TALES COMO ANFIBIOS Y PECES. MENOS CONOCIDAS SON INCLUSO LAS PULULANTES
HORDAS DE INVERTEBRADOS EN PRÁCTICAMENTE CUALQUIER RINCÓN O HENDIDURA (INSECTOS ZUMBADORES,
ARAÑAS MERODEADORAS, GUSANOS Y BABOSAS EN EL SUELO, Y UNA INTERMINABLE VARIEDAD DE CRUSTÁCEOS,
MOLUSCOS, ESTRELLAS DE MAR, CORALES Y MEDUSAS EN AMBIENTES ACUÁTICOS).

MAMÍFEROS Y AVES

Las dos principales ausencias del principio de la era de
los dinosaurios eran los mamíferos y las aves. Los primeros
aparecieron muy pronto, durante el Triásico superior, pero
continuaron siendo pequeños e insignificantes durante toda
la era. Las aves, como *Archaeopteryx*, volaron desde finales
del Jurásico superior aproximadamente hasta la mitad del
Mesozoico. Es muy probable que sus antecesores fueran
los dinosaurios carnívoros denominados maniraptores.

«REPTILES» EXTRAORDINARIOS

Algunos de los más extraordinarios animales del Mesozoico
fueron los pterosaurios. A veces reciben el nombre de
pterodáctilos, pero *Pterodactylus* sólo fue un género entre
docenas, y el nombre pterosaurio, que significa «reptil
alado», es el que debe emplearse para todo el grupo.
Se considera un grupo equivalente a Dinosauria, los
dinosaurios, y a Crocodylia, los cocodrilos y caimanes.
Los tres grupos –pterosaurios, dinosaurios y cocodrilos–
se clasifican en un supergrupo denominado arcosaurios o
«reptiles dominantes». Cualesquiera que sean las relaciones
exactas de los pterosaurios, tenían una anatomía única
que nunca se había visto antes ni se repitió nunca después.

VOLADORES PELUDOS

Los fósiles muestran que algunos pterosaurios eran
escamosos y que otros eran peludos. En su mayoría
eran muy buenos voladores, y las exigencias generales
que imponía su vida aérea hacen pensar que eran
probablemente animales de sangre caliente. El lapso
de tiempo en que vivieron los pterosaurios coincide
con el de los dinosaurios. Al igual que éstos últimos,
evolucionaron durante el Triásico, probablemente
a partir de un pequeño grupo de reptiles terrestres,
y tuvieron un gran éxito evolutivo durante el Jurásico y
el Cretácico, antes de desaparecer en la extinción en masa
del final de este período. Los dinosaurios más ancestrales
se denominan ranforrincoides, tenían una cola larga
y colgante, y muchos tenían dientes en su boca en
forma de pico. Los pterosaurios posteriores se llaman
pterodactiloides; la mayoría tenían la cola corta
y el pico sin dientes. Algunos pterodactiloides
presentaban una curiosa cresta ósea en la cabeza. Varios
de los últimos géneros alcanzaron un tamaño gigantesco
y se convirtieron en los mayores animales voladores
de todos los tiempos.

ALAS CON DEDOS

El cuerpo de los pterosaurios estaba maravillosamente
adaptado al vuelo, ya que era compacto y ligero, y tenía
huesos porosos y potentes músculos pectorales aptos
para el vuelo batido. Los fuertes pies tenían cinco dedos
provistos de garras; algunos pterosaurios podían correr
o saltar, mientras que otros dormían quizás colgados en
posición invertida como los murciélagos. La estructura
alar era netamente diferente de la de las aves, y
superficialmente era quizás más similar al ala de los
murciélagos. Consistía en una membrana alar muy fina
y extensible, sostenida parcialmente por los huesos de
la extremidad anterior, pero sobre todo por los huesos
enormemente alargados del cuarto dígito. (El ala de
un murciélago está sujeta por cuatro dedos, del segundo
al quinto.) Los tres primeros dígitos formaban garras cortas
en el borde anterior o de ataque del ala. Sin embargo, los
pterosaurios no están en absoluto emparentados con las
aves ni los murciélagos. Mientras tanto, otros reptiles de
la era del Mesozoico tomaron una ruta totalmente diferente:
sus extremidades se transformaron en aletas cuando se
adentraron en el agua y se volvieron totalmente acuáticos
(*véanse* páginas 282-283).

PÁGINA ANTERIOR Normalmente las rocas sedimentarias se
disponen en capas o estratos, que fueron comprimiéndose
gradualmente por el peso de los estratos superiores, aplastando
a los animales u otros restos «planos», como este reptil marino
Pachypleurosaurus.

IZQUIERDA El pterosaurio *Criorhynchus* se lanza para capturar
un pez, el cual es perseguido a su vez por un *Elasmosaurus*, un
(plesiosaurio) reptil marino de cuello enormemente largo.
Criorhynchus vivió durante el Cretácico inferior y tenía
una envergadura alar de unos 5 metros, superior a la
de cualquier ave actual.

RHAMPHORHYNCHUS

FICHA

RHAMPHORHYNCHUS

Significado: hocico de pico

Período: Jurásico medio y superior

Grupo principal: Pterosauria
 (Rhamphorhynchoidea)

Envergadura: hasta 1,8 metros

Peso: más de 5 kilogramos

Dieta: peces, calamares, animales marinos
 similares

Fósiles: en Inglaterra, Alemania,
 posiblemente el este de África y Portugal

| 0 | 1 | 2 | 3 | 4 | 5 | 6 | 7 | 8 | 9 | 10 | 11 | 12 | 13 |

Rhamphorhynchus es uno de los pterosaurios que mejor se conocen, con muchos fósiles procedentes de la región de Solnhofen, Alemania, de Oxford, Inglaterra, quizá del este de África y posiblemente de Portugal. Su nombre se ha utilizado para bautizar a uno de los dos mayores subgrupos de pterosaurios: Rhamphorhynchoidea. La inmensa mayoría de estos pterosaurios vivieron durante el Triásico y el Jurásico, y tenían la cola larga y caída, en contraste con los Pterodactyloidea, más tardíos y de cola corta. Varias especies de *Rhamphorhynchus* de distintos tamaños aparecieron y se extinguieron durante más de treinta millones de años. Las mayores tendieron a vivir más tarde, hacia el final del Jurásico. El cráneo entero medía más de 20 centímetros, y el cuerpo y la larga cola con el extremo romboidal añadía un metro más a la longitud total. Los miembros más pequeños del género tenían el cráneo del tamaño de un pulgar

humano y su envergadura alar no superaba los 40 centímetros. Entre los caracteres para evitar peso del esqueleto se incluían muchos huesos largos en forma de tubo hueco y con tabiques tan finos como el papel.

El apropiado nombre de este pterosaurio significa «hocico de pico». Los dientes finos y agudos sobresalían en ángulo hacia delante desde los lados, una disposición ideal para atrapar los resbaladizos peces. Es probable que *Rhamphorhynchus* se alimentara en lagunas saladas poco profundas, abundantes en las regiones donde vivía durante el Jurásico superior, rozando con su pico la superficie del agua. Cuando un pez tocaba su sensible boca, ésta se cerraba al instante, probablemente con una sacudida de la cabeza para sacar al pez del agua.

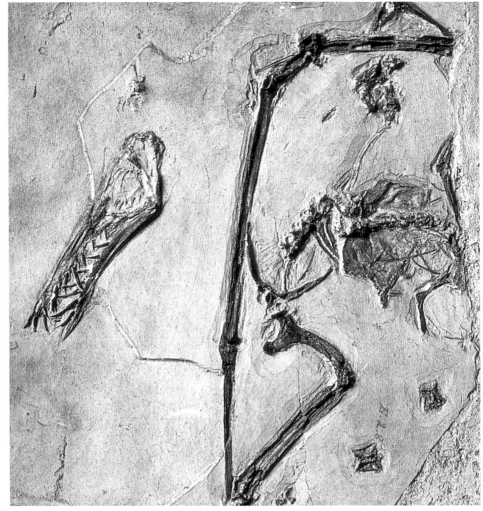

SUPERIOR *Rhamphorhynchus* usaba su larga cola colgante como una combinación de timón y de estabilizador.

DERECHA Un detallado espécimen de *Rhamphorhynchus* de las rocas calizas de Solnhofen, en Alemania, un yacimiento en el cual también aparecieron fósiles del ave *Archaeopteryx* y de varios tipos de dinosaurio. El cráneo mira hacia abajo a la izquierda, con sus característicos dientes en ángulo.

SUPERIOR Es posible que después de volar hacia el mar, *Tropeognathus* se abatiera sobre la superficie y arqueara el cuello hacia abajo de modo que la cabeza quedara en posición casi invertida (boca abajo) y mirando hacia delante como aquí se muestra. Entonces el animal podía arrastrar el pico por la superficie del agua con la base en proa, de un modo similar a la postura de alimentación de un flamenco moderno, pero usando esta postura en vuelo rasante.

TROPEOGNATHUS

Tropeognathus era un pterosaurio del Cretácico inferior y medio. Sus restos fueron descubiertos en las rocas asombrosamente ricas en fósiles de la formación Santana, en el noreste de Brasil. Los especímenes son escasos y como suele ser el caso, gran parte del cuerpo está reconstruido gracias a pterosaurios similares, pero más completos, de otras localidades. Uno de éstos es *Criorhynchus* («hocico ariete») (*véase* página 376), cuyos fósiles proceden principalmente del área de Cambridge, en Inglaterra, y cuyos restos fueron estudiados y bautizados por Richard Owen, quien también acuñó el nombre de Dinosauria. *Criorhynchus* vivió hace 130-110 millones de años, mientras que *Tropeognathus* tiene una datación más precisa de 115 millones de años.

    Tropeognathus era un reptil bastante grande, de 6 metros de envergadura. Su nombre, que significa «mandíbula con quilla», alude a las elevadas crestas o caballetes nasales que tenía en su pico muy estrecho, situadas en el extremo frontal de la línea media, casi en la punta. Tenían forma de media luna, estaban

muy comprimidas lateralmente y eran más o menos del mismo tamaño y forma en ambas mandíbulas. *Tropeognathus* también mostraba signos de una pequeña cresta en la parte posterior de la cabeza, justo encima de la nuca. El tamaño de la cresta de *Tropeognathus* varía entre los pocos individuos localizados y es posible que sirviera para distinguir los machos de las hembras. Una explicación alternativa es que las crestas tenían una función hidrodinámica y funcionaban de un modo similar a la quilla de un yate, quizás ayudando a sostener y estabilizar el pico, y a prevenir giros repentinos de la cabeza mientras *Tropeognathus* volaba justo encima de la superficie del agua y rozaba con su pico el agua para alimentarse.

    Tenía 26 dientes finos, puntiagudos y simétricamente separados en la mandíbula superior y 22 en la inferior. Podría haber existido una segunda especie dentro de este género, con las crestas del pico más triangulares.

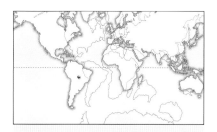

FICHA

TROPEOGNATHUS

Significado: mandíbula con quilla

Período: Cretácico inferior y medio

Grupo principal: Pterosauria
   (Pterodactyloidea)

Envergadura: 6 metros

Peso: 12-14 kilogramos

Dieta: presas de la superficie de los océanos

Fósiles: en Sudamérica

PTERANODON

FICHA

PTERANODON

Significado: ala o volador sin dientes

Período: Cretácico superior

Grupo principal: Pterosauria
 (Pterodactyloidea)

Envergadura: 9 metros

Peso: 18 kilogramos

Dieta: presas de la superficie de los océanos

Fósiles: en EE. UU.

Pteranodon es el nombre genérico de varias especies de pterosaurios del Cretácico superior con el pico largo y grande y la cabeza crestada. La mayoría de sus fósiles se han encontrado en el medio oeste y sudoeste de EE. UU. Los primeros especímenes fueron bautizados por Othniel Charles Marsh en 1876, entre sus numerosos hallazgos de dinosaurios. Las mayores especies de *Pteranodon* eran animales enormes con una envergadura alar de 10 metros. Sólo la mandíbula inferior ya medía 120 centímetros de longitud. La boca, delgada y en forma de pico, no tenía dientes, y todo el pterosaurio presentaba una estructura muy esbelta, lo que permitía un vuelo ligero y ágil. La mayoría de las estimaciones de su velocidad de vuelo se sitúan en el intervalo 40-50 kilómetros por hora.

Las distintas especies de *Pteranodon* se diferenciaban no sólo por el tamaño, sino también por la forma de la cresta de la cabeza. Todas estas crestas estaban comprimidas lateralmente, y se proyectaban hacia atrás y hacia arriba desde la parte superior del cráneo, pero algunas especies tenían un perfil de P invertida mientras que otras eran más bien parecidas al sombrero puntiagudo de una bruja. Los estudios aerodinámicos sugieren que la cresta servía como contrapeso del largo pico, para equilibrar así el peso del cráneo sobre el cuello. Quizás la cresta actuara también como un timón para estabilizar y gobernar el vuelo. Otra teoría es que esta cresta estaba brillantemente coloreada, como el pico de los tucanes y los frailecillos actuales, para actuar como un marcador visual del estado de madurez y de la disponibilidad para aparearse. En el resto de su cuerpo, *Pteranodon* era claramente un pterosaurio del tipo pterodáctilo bastante típico, aunque de tamaño muy grande, con el cuello corto y robusto, el cuerpo compacto, las patas reducidas y la cola prácticamente inexistente. Es probable que viviese en las costas y se alimentara en el mar.

SUPERIOR Esta versión de *Pteranodon* tiene en su cresta cefálica un patrón de coloración brillante y contrastada que ayuda al reconocimiento, quizás de las potenciales parejas en la época de apareamiento. La larga y puntiaguda cresta perteneció a la especie *Pteranodon ingens*. En algunos individuos tenía una ligera forma de S, mientras que en otros era recta.

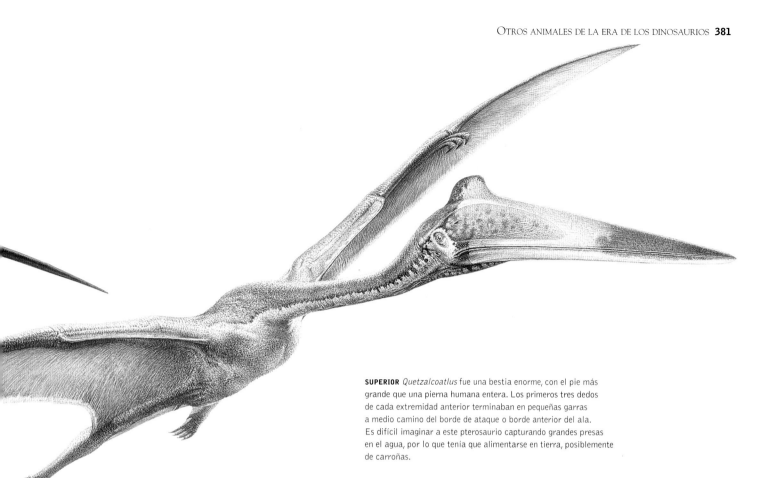

SUPERIOR *Quetzalcoatlus* fue una bestia enorme, con el pie más grande que una pierna humana entera. Los primeros tres dedos de cada extremidad anterior terminaban en pequeñas garras a medio camino del borde de ataque o borde anterior del ala. Es difícil imaginar a este pterosaurio capturando grandes presas en el agua, por lo que tenía que alimentarse en tierra, posiblemente de carroñas.

QUETZALCOATLUS

Este inmenso reptil volador se conoce a partir de los fragmentos encontrados en las zonas fronterizas del noreste de México y del sur de Texas. No se conoce ningún esqueleto entero ni parcial, sino simplemente secciones de huesos del ala, fragmentos craneales y otros restos que indican su enorme tamaño. *Quetzalcoatlus* fue uno de los animales voladores más grandes que jamás haya existido en la tierra. Su envergadura alar era de al menos 12 metros y podría haber sobrepasado los 14 metros, mientras que su peso se estima entre los 70 kilogramos (el de un humano actual) y los 100 kilogramos. El cuello por sí sólo medía 3 metros de longitud, y la cabeza –con su pico largo, esbelto, totalmente desprovisto de dientes y con una corta cresta ósea proyectada hacia atrás en su base– medía 2 metros.

    Quetzalcoatlus era un pterosaurio pterodactiloide (*véase* página 377). Fue bautizado en 1975 en alusión a Quetzalcoatl, dios de los aztecas y de otros pueblos de México, que se representa como una serpiente con plumas. Es muy dudoso que *Quetzalcoatlus*

tuviera plumas; es posible que fuera peludo, como muchos pterosaurios. Vivió a finales de la era de los dinosaurios, hace unos 70-65 millones de años, y es probable que coincidiera con los últimos dinosaurios de Norteamérica, como *Tyrannosaurus* y *Triceratops*. Otros fósiles localizados cerca de *Quetzalcoatlus* sugieren que este reptil vivió, o al menos murió, en tierras bastante llanas surcadas por ríos de curso lento con meandros y salpicadas de lagunas. Según una hipótesis, pudo ser un carroñero gigante, aunque era cuatro veces mayor que cualquier ave carroñera actual, como un cóndor o un buitre. *Quetzalcoatlus* se habría abatido entonces sobre los restos de un dinosaurio para hurgar con su pico largo y fino y arrancar pedazos de carne con los bordes córneos de sus mandíbulas.

    En los últimos años se han descubierto fósiles de pterosaurios incluso mayores, como *Arambourgiana*, el cual podría haber tenido más de 15 metros de envergadura alar.

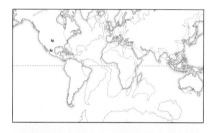

FICHA
QUETZALCOATLUS

Significado: de Quetzalcoatl (dios mexicano que se representa como una serpiente)

Período: Cretácico superior

Grupo principal: Pterosauria (Pterodactyloidea)

Envergadura: 12-14 metros

Peso: 70-100 kilogramos

Dieta: carroñas o bien peces y mariscos

Fósiles: en EE. UU. (Texas) y México

0 1 2 3 4 5 6 7 8 9 10 11 12 13

REPTILES DE LAGOS Y MARES

A DIFERENCIA DE SUS ANTEPASADOS ANFIBIOS,
LOS REPTILES CONSIGUIERON INDEPENDENDIZARSE
DEL AGUA GRACIAS A RASGOS COMO LOS CASCARONES
IMPERMEABLES Y LAS PIELES ESCAMOSAS. MÁS TARDE,
DE UN MODO CASI SIMULTÁNEO, VARIOS GRUPOS
RETORNARON A LAS AGUAS DE LOS LAGOS Y OCÉANOS,
DONDE SUS EXTREMIDADES SE TRANSFORMARON
EN ALETAS. AL MENOS VEINTE GRUPOS IMPORTANTES
DE REPTILES REGRESARON A UN ESTILO DE VIDA
ACUÁTICO DURANTE LA ERA DE LOS DINOSAURIOS.
SÓLO UNOS POCOS SOBREVIVEN HOY EN DÍA,
ENTRE LOS QUE SE INCLUYEN LAS TORTUGAS
Y ALGUNOS COCODRILOS.

DERECHA Los mossasaurios eran enormes depredadores de cuerpo
poderoso y largos colmillos del Cretácico superior. A pesarde
su tamaño y fortaleza, no sobrevivieron a la extinción en masa
del final del período. Algunos mosasaurios eran dos veces más
largos y cinco veces más pesados que el mayor depredador
marino de hoy en día, el tiburón blanco.

NOTHOSAURUS

Los notosaurios fueron uno de los primeros grupos de reptiles que vivieron en el mar. Sucedió en el Triásico, hace más de 240 millones de años, antes de que aparecieran los dinosaurios. El grupo entero de los notosaurios acababa de desaparecer a finales del Triásico, cuando los dinosaurios empezaron a dominar la tierra.

Los notosaurios eran largos y esbeltos, con el cráneo y el cuello también largos y esbeltos; largos y afilados colmillos, sobre todo en la parte anterior de las mandíbulas, cerca de la punta del hocico; el cuerpo esbelto, la cola larga y flexible, y las extremidades parcialmente modificadas como aletas. Sin embargo, los notosaurios conservaron algunas características de su vida terrestre: sus extremidades no estaban totalmente transformadas en aletas, como en los últimos ictiosaurios, sino que tenían cinco dedos, posiblemente unidos por membranas.

Nothosaurus era un género típicamente representativo del grupo, con la mayoría de las especies de aproximadamente 1 metro de longitud, aunque una de ellas superaba los 3 metros. Se han encontrado varios fósiles en Europa, así como en Oriente Próximo y Asia. Recientemente se han encontrado en Israel los fósiles de una especie «enana» de *Nothosaurus*. Los dientes largos y las mandíbulas en la cabeza en forma de flecha sugieren que se alimentaba de peces, precipitándose detrás de la presa e intentando acuchillarla gracias a su largo cuello, nadando con las patas y quizá agitando la cola para lograr una propulsión adicional. Una vez capturada con sus afilados dientes, que encajaban perfectamente unos con otros cuando las mandíbulas se cerraban formando una caja, es probable que tragara la presa entera. Las extremidades también indican que *Nothosaurus* podía desplazarse por tierra firme, aunque no muy deprisa, de una forma torpe o arrastrándose. Quizá se comportara como las focas actuales, persiguiendo presas como peces y calamares en el mar y emergiendo luego a tierra firme —«arrastrándose» fuera del agua— para descansar y posiblemente criar.

FICHA

NOTHOSAURUS

Significado: falso reptil

Período: Triásico

Grupo principal: Nothosauria

Longitud: más de 3 metros

Peso: más de 250 kilogramos

Dieta: peces y otros animales marinos

Fósiles: en Europa, Oriente Próximo y Asia

0 1 2 3 4 5 6 7 8 9 10 11 12 13

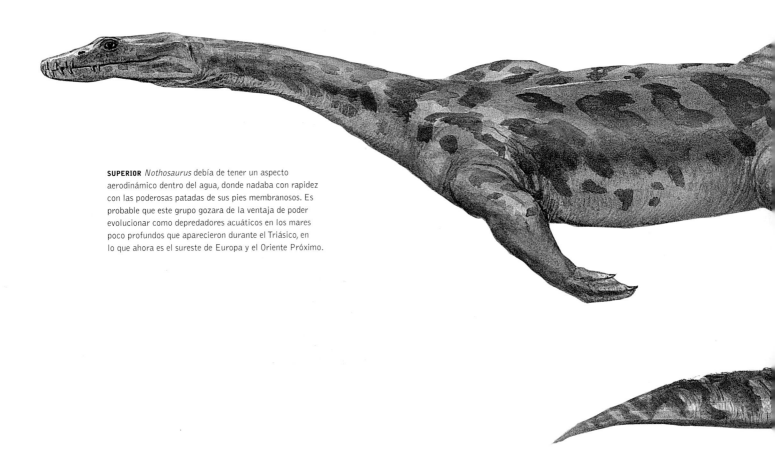

SUPERIOR *Nothosaurus* debía de tener un aspecto aerodinámico dentro del agua, donde nadaba con rapidez con las poderosas patadas de sus pies membranosos. Es probable que este grupo gozara de la ventaja de poder evolucionar como depredadores acuáticos en los mares poco profundos que aparecieron durante el Triásico, en lo que ahora es el sureste de Europa y el Oriente Próximo.

PLACODUS

Los placodontos, al igual que los notosaurios (*véase* página anterior), fueron los primeros reptiles que regresaron al mar. Y al igual que los notosaurios, no sobrevivieron más allá del Triásico. A primera vista, *Placodus* recuerda a un tritón gigante, de unos 2 metros de longitud, o quizás a un cocodrilo. Pero los placodontos fueron un grupo bien diferenciado de reptiles. Reciben este nombre por los dientes planos de la parte posterior de ambas mandíbulas, las cuales eran anchas y estaban adaptadas para triturar alimentos duros, probablemente mariscos. Algunos tiburones de hoy en día, como el tiburón de Port Jackson, tienen unos dientes similares, en forma de tablero. Incluso el paladar tenía placas duras a modo de dientes. Sin embargo, en la parte anterior de las mandíbulas los dientes tenían forma de clavija y estaban inclinados hacia delante; *Placodus* pudo emplearlos para arrancar el marisco de las rocas, o para limpiarlo de lodo y algas.

Placodus podía nadar agitando de un lado a otro su larga cola, del mismo modo que un cocodrilo. Es posible que tuviese una aleta o alerón bajo a lo largo de la parte superior de la cola para incrementar la propulsión. *Placodus* también podría haber dado patadas con sus pies membranosos para avanzar o para incrementar su velocidad. Es probable que pudiera desplazarse razonablemente bien por tierra firme, aunque sus extremidades se extendían hacia fuera del cuerpo, como en la mayoría de los reptiles no dinosaurianos. Se ha sugerido que *Placodus* vivía en lagunas y marjales costeros poco profundos, donde la habilidad para moverse, tanto por tierra como dentro del agua, era más útil que tener una adaptación a uno solo de estos medios. Es probable que tuviera una coraza de protuberancias y placas en el cuerpo. En algunos placodontos posteriores, como *Placochelys* y *Henodus*, estas placas se volvieron mucho más grandes, hasta parecerse al caparazón de una tortuga.

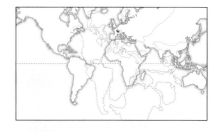

FICHA

PLACODUS

Significado: diente en forma de placa, diente aplanado

Período: Triásico inferior y medio

Grupo principal: Placodontia

Longitud: 2 metros

Peso: 100 kilogramos

Dieta: mariscos

Fósiles: en Europa

INFERIOR La boca entera de *Placodus* estaba diseñada para triturar alimentos duros, con unos dientes aplanados que cubrían la mandíbula superior y el paladar, y dientes en forma de losa en la mandíbula inferior. La forma global del cuerpo sugiere un diseño de compromiso para vivir en humedales, es decir, tanto para nadar en aguas poco profundas como para arrastrarse por el suelo blando.

METRIORHYNCHUS

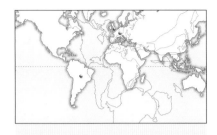

FICHA

METRIORHYNCHUS

Significado: hocico mediano, nariz moderada

Período: Jurásico superior

Grupo principal: Crocodilia

Longitud: 3 metros

Peso: 200 kilogramos

Dieta: peces y animales marinos similares

Fósiles: en Sudamérica y Europa

Actualmente, sólo una especie de cocodrilo se aventura habitualmente en el mar, el cocodrilo marino o de estuario, distribuido por el Indopacífico. También se trata del mayor reptil viviente. Hoy en día, el de los cocodrilos es uno de los grupos más pequeños de reptiles, con sólo 23 especies, pero este grupo tuvo una larga y variada historia, que empieza aproximadamente en el mismo momento que la de los dinosaurios, durante el Triásico, hace más de 200 millones de años. Algunos vivieron en tierra firme, casi como lagartos, mientras que otros vivieron en ríos y marjales de agua dulce como sus descendientes actuales.

Metriorhynchus fue uno de los cocodrilos de la era de los dinosaurios mejor adaptados al mar. Sus fósiles se han encontrado en lugares tan apartados entre sí como Chile, por un lado, e Inglaterra y Francia, por el otro. Su tamaño era la mitad del de un cocodrilo marino actual, pero estaba mucho mejor adaptado

a nadar y capturar peces. El hocico era largo y fino, con hileras de pequeños pero muy afilados dientes; por estos rasgos recuerda mucho a un cocodrilo actual, el gavial, del subcontinente indio. La parte posterior del cráneo, que incluía los ojos y oídos, era ancha y en forma de caja, y el cuello era corto y grueso. Las extremidades anteriores podían emplearse como timón, para dirigir o para facilitar el ascenso o la inmersión del animal. Las extremidades posteriores tenían pies más grandes y debían servir de ayuda para impulsarse o maniobrar. Es probable que el extremo caudal se expandiera en una aleta con dos lóbulos carnosos, uno superior y otro inferior, y que la columna vertebral se curvara hacia abajo, de un modo similar a la cola de algunos tiburones. También es probable que *Metriorhynchus* no tuviera las grandes placas o escamas óseas protectoras típicas de otros cocodrilos, y que confiase en la velocidad y la agilidad para capturar presas y huir de los enemigos.

IZQUIERDA El cocodrilo actual denominado gavial presenta un hocico largo y fino, tachonado con pequeños pero afilados dientes.

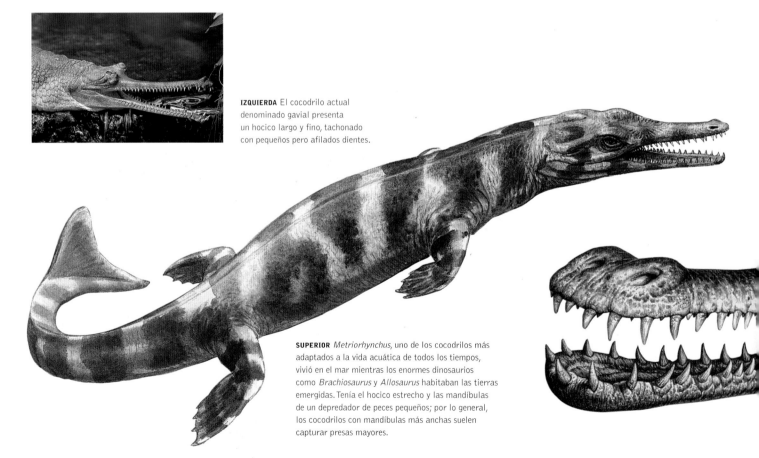

SUPERIOR *Metriorhynchus*, uno de los cocodrilos más adaptados a la vida acuática de todos los tiempos, vivió en el mar mientras los enormes dinosaurios como *Brachiosaurus* y *Allosaurus* habitaban las tierras emergidas. Tenía el hocico estrecho y las mandíbulas de un depredador de peces pequeños; por lo general, los cocodrilos con mandíbulas más anchas suelen capturar presas mayores.

SARCOSUCHUS

Este cocodrilo monstruoso era aproximadamente el doble en longitud y más de cinco veces en peso que cualquier cocodrilo (u otro reptil) actual. Sus restos se han desenterrado recientemente en las rocas ricas en fósiles del desierto del Teneré, una parte del gran Sahara en el norte de Níger, en África. En estos yacimientos también se han realizado muchos descubrimientos emocionantes de restos de dinosaurios, la mayoría de ellos durante la década de 1990, como el enorme saurópodo *Jobaria*; otro saurópodo, *Nigersaurus*; el ornitópodo con vela dorsal *Ouranosaurus*; y los gigantescos carnívoros *Carcharodontosaurus* y *Suchomimus*, todos ellos descritos en este libro.

Los restos de *Sarcosuchus* comprenden un cráneo prácticamente completo y varias partes del esqueleto, datados en 110 millones de años. El cráneo mide casi 2 metros de longitud y las mandíbulas tienen más de 100 dientes muy afilados. La mandíbula superior encajaba en la inferior y los largos dientes incisivos empalaban a la víctima. Había una protuberancia ósea en la parte superior del hocico, como la que presentan los machos más viejos de gavial actual. También había unos escudos (placas óseas) que protegían gran parte del cuerpo. El género *Sarcosuchus* fue creado en 1964 con el descubrimiento de fósiles por parte de Albert-Félix de Lapparent, un paleontólogo francés. Fue clasificado dos años después por France de Broin y Philippe Taquet. En 2001 se anunció el descubrimiento de un espécimen de mayor tamaño en Níger por parte del especialista estadounidense en dinosaurios Paul Sereno. *Sarcosuchus* rivaliza con otro enorme cocodrilo, *Deinosuchus* (*Phobosuchus*) de las rocas del Cretácico superior de Texas, por ser el miembro de mayor tamaño del grupo de los cocodrilos (*véase* página 101). Podría haber capturado dinosaurios mientras éstos se alimentaban en las orillas.

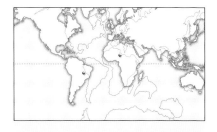

FICHA
SARCOSUCHUS

Significado: cocodrilo carnoso

Período: Cretácico medio

Grupo principal: Crocodilia

Longitud: 11-13 metros

Peso: 8-10 toneladas

Dieta: grandes animales, incluidos dinosaurios

Fósiles: en Níger yBrasil

INFERIOR Los restos de *Sarcosuchus* proceden de un área rica en fósiles conocida como Gadoufaoua en Níger. Hace 110 millones de años esta zona estaba cruzada por ríos y es probable que *Sarcosuchus* yaciera semisumergido en el agua, escondido de las posibles presas, o que acechara entre la vegetación de la orilla.

ICHTHYOSAURUS

FICHA

ICHTHYOSAURUS (VARIAS ESPECIES)

Significado: reptil pez

Período: Jurásico

Grupo principal: Ichthyosauria

Longitud: unos 2 metros

Peso: 80-100 kilogramos

Dieta: peces, mariscos, otros animales marinos

Fósiles: principalmente en Europa

Hay varias especies dentro del género *Ichthyosaurus*, que significa «reptil pez» o «lagarto pez». Estos animales comunes no eran peces ni lagartos ni dinosaurios: los ictiosaurios formaron un grupo diferente de reptiles, que aparecieron en los mares al mismo tiempo que los dinosaurios empezaban a extenderse por tierra firme. Los ictiosaurios se conocen muy bien a partir de los centenares de restos procedentes de docenas de yacimientos europeos. Fueron los reptiles mejor adaptados a la vida acuática, con aletas natatorias en lugar de extremidades para andar. El nombre de ictiosaurios fue acuñado en 1818 por Charles Koenig, mucho antes que cualquier dinosaurio recibiera nombre. Las distintas especies de *Ichthyosaurus* vivieron entre el Jurásico inferior y el Cretácico inferior, un período de más de 60 millones de años.

Un *Ichthyosaurus* típico medía alrededor de 2 metros de longitud. Los fósiles de excepcional calidad muestran las partes corporales más blandas, como la carne y la piel, proporcionando una «fotografía» completa del animal. Este reptil tenía un aspecto externo sorprendentemente similar al de un pez o un delfín como consecuencia de la convergencia evolutiva, el fenómeno según el cual animales de grupos distintos, a veces incluso poco emparentados, acaban pareciéndose mucho externamente debido a unas pautas similares de comportamiento y los similares ambientes en que viven. *Ichthyosaurus* tenía cuatro extremidades en forma de aleta, que le permitían maniobrar; una aleta dorsal, que le daba estabilidad cuando nadaba muy deprisa; y una cola con dos lóbulos, que, al sacudirla de un lado a otro, le proporcionaba el principal impulso para nadar. Tras las revisiones recientes del enorme género *Ichthyosaurus* se ha propuesto que varias de las especies que comprende se asignen a otros géneros, en uno de esos ejercicios de escisión o reagrupación que ocasionalmente tienen lugar en paleontología. Entre los dinosaurios suele ocurrir el fenómeno contrario: la agrupación de varias especies en una sola.

SUPERIOR Los dientes pequeños y afilados de *Ichthyosaurus* estaban adaptados para capturar peces y calamares o morder a través de una concha de ammonoideo, como en esta ilustración.

SHONISAURUS

Unos pocos fósiles de los primeros ictiosaurios (*véase* página anterior) próximos al inicio del Triásico muestran cómo este grupo de reptiles evolucionó a partir de sus antecesores en tierra hacia formas serpenteantes tipo anguila con patas que se transformaron en aletas. Hacia finales del Triásico superior apareció el gigante *Shonisaurus*, que se conoce a partir de un esqueleto prácticamente completo desenterrado en Nevada. Este fósil muestra cómo los ictiosaurios se adaptaron completamente a la vida acuática, incluso aunque al ser reptiles tenían respiración aérea. Los narinas de *Shonisaurus* se situaban justo delante de los ojos, en la frente, lo que le permitía salir a la superficie del agua sólo con esta pequeña parte del cuerpo para inspirar aire fresco y quizás observar a su alrededor, antes de volver a sumergirse bajo las olas.

Shonisaurus era uno de los mayores ictiosaurios, con una longitud total de 15 metros, más que los dinosaurios carnívoros más grandes, como *Giganotosaurus*. *Shonisaurus* también tenía un número de características inusuales que muestran que no era un miembro típico del grupo de los ictiosaurios, sino quizás un miembro de una rama lateral especializada de la evolución. Sus extremidades en forma de aleta eran muy largas y estrechas en comparación con otros ictiosaurios, y las cuatro tenían aproximadamente la misma longitud, mientras que en otros géneros las dos anteriores eran más largas que las posteriores. El hocico también era excepcionalmente largo y puntiagudo, y tenía dientes para capturar peces sólo cerca de la parte anterior de las mandíbulas. El cuerpo era muy voluminoso, más parecido en tamaño a una ballena que a un delfín. Sin embargo, había diferencias básicas entre los ictiosaurios como *Shonisaurus* y los mamíferos acuáticos como ballenas y delfines. Los ictiosaurios tenían cuatro extremidades y aletas caudales verticales, mientras que los mamíferos acuáticos sólo tienen dos extremidades y aletas caudales horizontales.

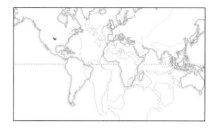

FICHA
SHONISAURUS
Significado: reptil de Shoshone

Período: Triásico superior

Grupo principal: Ichthyosauria

Longitud: 15 metros

Peso: 20 toneladas

Dieta: peces y otras criaturas marinas

Fósiles: en EE. UU.

DERECHA *Shonisaurus,* con un tamaño prácticamente similar al de una ballena moderna, era el mayor ictiosaurio conocido hasta el descubrimiento de unos especímenes de más de 20 metros en Canadá. Recibió el nombre de la región donde estos fósiles eran comunes, las montañas Shoshone de Nevada, especialmente cerca del viejo pueblo minero de Berlin (EE. UU.). *Shonisaurus* es el animal fósil emblemático del estado de Nevada.

RESPIRAR Y NADAR

CUANDO ALGUNOS REPTILES SE ADENTRARON
EN LOS LAGOS Y MARES, SUS EXTREMIDADES
ADAPTADAS A SOPORTAR EL PESO SE TRANSFORMARON
EN ALETAS Y SU CUERPO SE VOLVIÓ HIDRODINÁMICO
PARA REDUCIR LA RESISTENCIA AL AGUA. SIN EMBARGO,
LAS BRANQUIAS QUE SUS DISTANTES ANTEPASADOS
HABÍAN UTILIZADO PARA RESPIRAR DEBAJO
DEL AGUA NO REAPARECIERON. AL IGUAL QUE LOS
MAMÍFEROS ACUÁTICOS ACTUALES, TALES COMO DELFINES
Y BALLENAS, TUVIERON QUE SALIR A LA SUPERFICIE
DE FORMA REGULAR PARA RESPIRAR A TRAVÉS DE
SUS NARINAS O ESPIRÁCULOS.

DERECHA *Largo* y *corto* durante el Cretácico superior. En segundo
término, el plesiosaurio de cuello largo *Elasmosaurus* cruza
las aguas superficiales, mientras en primer término un pliosaurio
(un plesiosaurio de cuello corto) retiene la respiración para
capturar un molusco de concha enrollada denominado ammonoide.
Otro reptil, la enorme tortuga *Archelon*, nada a la izquierda.

Ophthalmosaurus

Los ojos de mayor tamaño de entre todos los animales actuales pertenecen al calamar gigante y tienen prácticamente el tamaño de un balón de fútbol. Los ictiosaurios detentan este récord entre las criaturas prehistóricas e indiscutiblemente el récord de los ojos de mayor tamaño en cualquier vertebrado (animal con columna vertebral). Los globos oculares de *Ophthalmosaurus* tenían al menos 10 centímetros de diámetro, aproximadamente el tamaño del puño de un humano adulto. (Los de *Temnodontosaurus*, otro ictiosaurio del Jurásico, eran el doble de grandes.) Los restos de *Ophthalmosaurus* han aparecido en varios yacimientos, en especial en Argentina, donde una serie de especímenes parece mostrar cómo este reptil se desarrolló desde el estadio de bebé hasta la fase adulta. Los fósiles de otros ictiosaurios, y en especial los del propio *Ichthyosaurus*, muestran que las crías no nacían de huevos; nacían pequeñas, pero completamente formadas, directamente del vientre de la madre. A diferencia de la mayoría de los reptiles

marinos, parece que los ictiosaurios estaban completamente adaptados a la vida acuática y que no tenían que salir a tierra firme para poner huevos.

Es probable que *Ophthalmosaurus* tuviera esos ojos tan enormes por el mismo motivo que el calamar gigante: cazar presas en el oscuro océano. El protuberante globo ocular presentaba un círculo de huesos a su alrededor, el denominado anillo esclerótico, que proporcionaba soporte y protección. Este rasgo esquelético también se ha observado en algunos dinosaurios. Otros fósiles encontrados en las rocas asociadas a *Ophthalmosaurus* incluyen escamas de pez, así como las típicas conchas enrolladas de los ammonoideos y las conchas internas en forma de bala de los belemnoides, parientes prehistóricos ambos de los calamares y pulpos de hoy en día (*véase* página 49). Todos estos animales pudieron ser capturados por *Ophthalmosaurus* después de una rápida persecución y un repentino mordisco de su hocico largo y estrecho, en forma de pico pero lleno de dientes.

FICHA
OPHTHALMOSAURUS

Significado: reptil de ojos, reptil de visión

Período: Jurásico superior

Grupo principal: Ichthyosauria

Longitud: 3-5 metros

Peso: 500 kilogramos

Dieta: peces, calamares, etc

Fósiles: en Norteamérica y Sudamérica y en Europa

| 0 | 1 | 2 | 3 | 4 | 5 | 6 | 7 | 8 | 9 | 10 | 11 | 12 | 13 |

SUPERIOR *Ophthalmosaurus* tenía unas aletas relativamente cortas y redondeadas en comparación con la mayoría de los ictiosaurios. El tamaño de sus ojos podría deberse a que el animal se hundía a grandes profundidades para encontrar presas o a que era principalmente nocturno, como los peces y calamares que ascienden de las aguas más profundas para alimentarse del plancton superficial.

PLESIOSAURUS

Los plesiosaurios fueron un extenso y exitoso grupo de reptiles marinos que vivieron durante la mayor parte de la era de los dinosaurios. Existían varios subgrupos, entre ellos los plesiosaurios de cuello corto denominados pliosaurios, tales como *Kronosaurus* y *Liopleurodon* (*véanse* páginas 395 y 396). Este subgrupo se estableció basándose en *Plesiosaurus*, que significa «reptil cercano», porque su cráneo y columna vertebral eran básicamente reptilianos, pero tenía unos hombros, unas caderas y unas extremidades en forma de aletas poco usuales. Su nombre se remonta a 1821, veinte años antes de que se acuñara el término *dinosaurio*. Lo aplicó Henry de la Beche y William Conybeare a partir de restos procedentes de las rocas jurásicas ricas en fósiles de Lyme Regis, en Dorset, en la costa del sur de Inglaterra. La primera recolectora profesional de fósiles conocida, Mary Anning, recorría esa costa en busca de bellos e intrincados fósiles, los cuales vendía a los coleccionistas como parte de la afición por la historia natural, que entonces estaba de moda.

Plesiosaurus tenía una cabeza más bien pequeña, con un cuello largo, un cuerpo rechoncho, cuatro extremidades en forma de paletas y una cola corta y suavemente ahusada. Los huesos de las cinturas escapular y pélvica, así como el pecho y el área abdominal estaban fuertemente reforzados y unidos por fuertes articulaciones que debían ir accionadas por poderosos músculos. Los huesos superiores de la extremidad anterior de la base de cada aleta eran cortos y robustos, de modo que los huesos alargados de los dedos formaban la mayor parte del área de la aleta. Anteriormente se suponía que los plesiosaurios remaban con un movimiento coordinado de las extremidades anteriores y posteriores hacia delante y hacia atrás, como los remos de una barca. Sin embargo, parece más probable que movieran de arriba abajo las extremidades, utilizándolas como las alas de un ave para «volar» bajo el agua. Las tortugas y pingüinos actuales se mueven de un modo similar, aleteando en vez de remando.

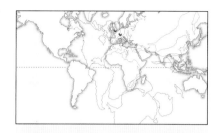

FICHA
PLESIOSAURUS
Significado: reptil cercano
Período: Jurásico inferior
Grupo principal: Plesiosauria (Plesiosauridae)
Longitud: hasta 2,5 metros
Peso: 150 kilogramos
Dieta: peces y presas marinas similares
Fósiles: en Europa (en especial en el sur de Inglaterra), aunque también en la mayoría de los otros continentes

IZQUIERDA Un *Plesiosaurus* lanza su largo cuello hacia abajo para capturar un pez.

INFERIOR Los dedos muy extendidos de *Plesiosaurus* se observan perfectamente en las aletas de este espécimen perfectamente conservado.

ELASMOSAURUS

FICHA
ELASMOSAURUS

Significado: reptil plano

Período: Cretácico superior

Grupo principal: Plesiosauria
   (Plesiosauridae)

Longitud: 13-14 metros

Peso: 2 toneladas

Dieta: peces y animales similares

Fósiles: en Norteamérica

Los fósiles de *Elasmosaurus* se han localizado en Norteamérica, con parientes muy cercanos en Japón y en otros lugares del este de Asia. Hacia finales de la era de los dinosaurios, estos lugares formaban parte del mismo lecho marino, o al menos del mismo sistema de mares conectados. *Elasmosaurus* era un plesiosaurio de cuello largo (*véase Plesiosaurius*, página 393). De hecho, se trata del animal de cuello más largo del grupo, ya que éste medía 6 metros sobre una longitud total de 14 metros. *Elasmosaurus* también fue uno de los últimos plesiosaurios, ya que el grupo entero desapareció durante la extinción en masa de los dinosaurios a finales del Cretácico.

Elasmosaurus tenía una cabeza diminuta, y el cómo recolectaba suficiente alimento para su voluminoso cuerpo ha sido un misterio durante mucho tiempo. Durante un tiempo se creyó que *Elasmosaurus* flotaba o nadaba sobre la superficie del mar, manteniendo la cabeza varios metros por encima del agua mientras miraba atentamente la presencia de peces y otras presas debajo de las olas; si se presentaba la ocasión,

lanzaba el cuello hacia abajo y capturaba la víctima con la boca, bien acuchillándola con los largos dientes frontales o bien juntando los dientes como los barrotes de una jaula para evitar que escapara la presa. Sin embargo, dado que los ojos se disponían en la parte superior del cráneo de *Elasmosaurus*, mirar hacia abajo dentro del agua desde muy arriba le hubiera resultado muy difícil, con el hocico y las mandíbulas que le obstruían la visión. Otra hipótesis afirma que *Elasmosaurus* aleteaba lentamente entre los bancos de peces y lanzaba el cuello para capturar todo lo que podía pescar. Los especialistas no están de acuerdo sobre si el cuello era flexible o no. Los contenidos estomacales fosilizados de los plesiosaurios muestran que, por lo general, comían una mezcla de peces, moluscos, como calamares y ammonites, y otros animales marinos de pequeño tamaño.

SUPERIOR *Elasmosaurus* detenta el récord de poseer el mayor número de vértebras cervicales de todos los animales, unas 72. (Los mamíferos, incluido el ser humano, sólo tienen siete.)

KRONOSAURUS

Este reptil marino era un pliosaurio, es decir, un miembro del subgrupo Pliosauridae, cuya característica distintiva era un cuello mucho más corto y robusto que el de otros representantes del grupo de los plesiosaurios. Los pliosaurios tenían una complexión más robusta, eran más hidrodinámicos, más rápidos y más feroces que otros plesiosaurios, y estaban especializados en capturar menos presas, pero de mayor tamaño, con sus potentes mandíbulas y sus afilados dientes anteriores de más de 25 centímetros de longitud. La enorme cabeza, prácticamente toda ella ocupada por la boca, también tenía grandes ojos y un par de narinas laterales que les conferían la capacidad de «olfatear el agua», como en otros plesiosaurios (*véase* página 390). Los pliosaurios nadaban con sus cuatro extremidades, las cuales habían evolucionado en largas, anchas y potentes aletas, una en cada «vértice» de su alargado cuerpo. La cola era corta y afilada, como en otros plesiosaurios, y quizás sólo la empleaban a modo de timón. *Kronosaurus* fue uno de los mayores

pliosaurios y vivió durante el Cretácico inferior. La mayoría de sus fósiles proceden de Australia, donde fueron descubiertos en 1889 en Queensland, estado que hace unos 120 millones de años estaba cubierto por un mar poco profundo. El nombre se lo dio Heber Longman en 1924. Durante muchos años, se atribuyó a *Kronosaurus* una longitud total superior a los 13 metros, pero los estudios recientes a partir del cráneo y de otras partes del esqueleto, así como las comparaciones con otros pliosaurios, sugieren que la longitud real era de 9-10 metros. Otras criaturas conservadas de aquella época incluyen numerosos peces y varios cefalópodos moluscos, tales como calamares, ammonites y belemnites. Algunas de sus conchas fósiles presentan marcas dentales que podrían haber sido hechas por *Kronosaurus*, cuyos dientes posteriores eran redondeados y adaptados para machacar presas de concha o caparazón duros.

INFERIOR *Kronosaurus* podía girar sobre su eje, sin avanzar, impulsando las aletas opuestas en direcciones contrarias.

FICHA
KRONOSAURUS
Significado: reptil del tiempo
Período: Cretácico inferior
Grupo principal: Plesiosauria
  (Pliosauridae)
Longitud: 9-10 metros
Peso: 10-20 toneladas
Dieta: grandes animales marinos
Fósiles: en Australia y Sudamérica

LIOPLEURODON

FICHA

LIOPLEURODON

Significado: dientes laterales lisos

Período: Jurásico superior

Grupo principal: Plesiosauria (Pliosauridae)

Longitud: 15-20 metros

Peso: 30-50 toneladas

Dieta: grandes animales marinos

Fósiles: en Europa y posiblemente
Sudamérica

Cuando nos imaginamos a los mayores depredadores de la era de los dinosaurios, normalmente nos viene a la mente *Tyrannosaurus* o el todavía mayor *Giganotosaurus*. Sin embargo, ni uno ni otro pueden compararse con *Liopleurodon*, que también era un reptil como los dinosaurios pero habitaba en los mares abiertos. *Liopleurodon* era un pliosaurio, o plesiosaurio de cuello corto, como *Kronosaurus* (*véase* página anterior), pero es probable que fuera incluso más enorme. Según algunas de las estimaciones más al alza, *Liopleurodon* alcanzaba los 25 metros de longitud y las 100 toneladas de peso, lo que significaría que rivalizaba con los mayores dinosaurios saurópodos e incluso con las ballenas actuales como uno de los animales de mayor tamaño que vivió jamás. Sin embargo, su verdadero tamaño podría situarse apenas en torno a la mitad de estas estimaciones. De ser así, *Liopleurodon* habría sido sólo ligeramente más pequeño que la criatura considerada a menudo el mayor cazador que ha existido nunca en el planeta

y del cual tenemos certeza que existe: el cachalote. Este animal puede superar las 50 toneladas y vivir más de 60 años.

Los fósiles de *Liopleurodon* se han hallado en varios yacimientos de Francia, Alemania, Inglaterra, este de Europa y posiblemente Chile, e incluyen partes del cráneo, mandíbulas, dientes y huesos del esqueleto. Hace más de un siglo que se conocen –*Liopleurodon* fue nombrado así en 1873 por Henri Sauvage, un paleontólogo francés–, pero un descubrimiento efectuado en 1991 reveló un espécimen mucho mayor, cuyo cráneo por sí solo medía 3 metros de longitud. La boca y las mandíbulas eran tan enormes y poderosas que estaban probablemente adaptadas para capturar presas de gran tamaño, entre ellas otros reptiles acuáticos, como plesiosaurios o ictiosaurios, en vez de para recolectar gran cantidad de presas pequeñas como hacen las grandes ballenas y otros animales «filtradores».

SUPERIOR *Liopleurodon* era varias veces más grande que cualquier otro depredador. La estructura craneal y la extraña posición de las narinas sugieren que el agua de su boca fluía hacia arriba y hacia fuera (en lugar de hacia dentro) a través de ellas, permitiendo a este pliosaurio detectar olores en el agua.

MOSASAURUS

En la década de 1770 se desenterraron grandes y misteriosos fósiles de mandíbulas y dientes en una mina de creta cerca del río Mosa, en un yacimiento que en la actualidad pertenece a los Países Bajos. Unos treinta años después, Georges Cuvier, un biólogo francés que era entonces una de las principales autoridades mundiales en animales, observó su gran parecido con las mandíbulas y dientes de los lagartos modernos y llamó a los restos *Mosasaurus*, que significa «reptil del Mosa». Cuvier creía que fueron creados por Dios al igual que cualquier otro animal, pero que habían muerto por una gran inundación, quizás por el diluvio universal citado en la Biblia. Así era como la mayoría de los científicos de la época interpretaban lo que ahora llamamos el registro fósil. Aún faltaban bastantes años para que Richard Owen acuñara el nombre de Dinosauria o Charles Darwin explicara la evolución (*véase* página 10).

Sin embargo, Cuvier estaba en lo cierto en un aspecto: hoy se cree que *Mosasaurus* era un pariente antiguo, aunque cercano, de los actuales varanos. Los mosasaurios eran unos monstruos marinos que aparecieron en el Cretácico superior, que

probablemente evolucionaron a partir de pequeños depredadores de cuatro patas que llevaban una vida semiacuática en marjales o en costas marinas. Los mosasaurios se volvieron espectacularmente enormes y feroces, y algunos sobrepasaron los 15 metros de longitud. El cuerpo era largo y delgado como una anguila, con las cuatro extremidades transformadas en aletas. La mayor parte de la fuerza de desplazamiento procedía de la cola, muy larga, flexible y musculada, la cual estaba comprimida lateralmente y tenía forma de aleta cerca del extremo. Cuando los ictiosaurios se extinguieron, los mosasaurios compitieron con los pliosaurios como *Kronosaurus* y *Liopleurodon* (*véase* página anterior) como los grandes depredadores terrestres de los océanos cretácicos. Uno de los mayores mosasaurios, *Tylosaurus*, se conoce a partir de fósiles hallados en Kansas. Son tantos los mosasaurios que se han encontrado en este estado de EE. UU. que se lo conoce como el centro del mundo para este grupo.

INFERIOR La abultada cabeza de *Mosasaurus* tenía dientes afilados no sólo en sus enormes mandíbulas, sino también en el paladar óseo.

FICHA
MOSASAURUS

Significado: reptil del Mosa (el lugar donde fue descubierto)

Período: Cretácico superior

Grupo principal: Mosasauria

Longitud: 10 metros

Peso: 5 toneladas

Dieta: animales marinos

Fósiles: en EE. UU. (Kansas) y en Europa

LOS CIELOS Y LOS MARES CRETÁCICOS

EN VARIOS YACIMIENTOS FÓSILES DATADOS EN EL CRETÁCICO MEDIO, LA COMPOSICIÓN DE LOS SEDIMENTOS Y DE LOS DISTINTOS FÓSILES DE PEQUEÑOS MOLUSCOS, CRUSTÁCEOS Y OTROS ANIMALES MARINOS MUESTRAN ÁREAS QUE UNA VEZ ESTUVIERON CUBIERTAS POR MARES CÁLIDOS POCO PROFUNDOS O QUE ESTABAN CERCA DE LAS LÍNEAS DE COSTA. ENTRE LOS FÓSILES SE INCLUYEN LOS RESTOS DE REPTILES OCEÁNICOS, TALES COMO PLESIOSAURIOS O MOSASAURIOS, ASÍ COMO PTEROSAURIOS VOLADORES, QUE QUIZÁ MURIERON AL CHOCAR CONTRA LA SUPERFICIE Y SER INCAPACES DE ALZAR EL VUELO, CON LO QUE SE HUNDIERON EN EL BARRO DONDE QUEDARON CONSERVADOS. FUE UN PERÍODO DE GRAN DIVERSIDAD ENTRE LOS GRANDES REPTILES Y SUS PARIENTES.

DERECHA El pterosaurio *Pteranodon* se ladea bruscamente y aletea con fuerza para escapar de los terribles dientes y enormes mandíbulas de un mosasaurio que surge del mar.

MEGAZOSTRODON

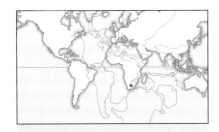

FICHA
MEGAZOSTRODON

Significado: diente de gran circunferencia

Período: del Triásico superior al Jurásico inferior

Grupo principal: Mammalia

Longitud: 10-12 centímetros

Peso: 50 gramos

Dieta: insectos, larvas, gusanos

Fósiles: en el sur de África

Los primeros mamíferos aparecieron en rocas del Triásico superior y *Megazostrodon* es uno de ellos. Se excavó un esqueleto prácticamente completo de este animal en un yacimiento de Lesotho, en el sur de África, donde también aparecieron restos de dinosaurios de aproximadamente el mismo período (*véase Lesothosaurus*, página 269). *Megazostrodon* se incluye en el grupo de los mamíferos por varias razones, en especial por la estructura de sus huesos mandibulares, algunos de los cuales se habrían convertido en diminutos huesos del oído, uno de los rasgos o novedades evolutivas que definen a los mamíferos. Su cráneo, apenas algo más largo que un pulgar humano, contenía afilados dientes que sugieren que era carnívoro, es decir, que cazaba otros animales, probablemente pequeños insectos, gusanos y otros invertebrados del suelo o de entre las hojas. *Megazostrodon* tenía dientes especializados en varias partes de la boca, a diferencia de la mayoría de los reptiles, incluidos los dinosaurios. La dentición de *Megazostrodon* incluía incisivos de borde recto en la parte anterior de las mandíbulas, caninos puntiagudos por detrás, a continuación premolares masticatorios, y, en la parte posterior de la mandíbula, molares tricúspides (con tres puntas elevadas), característica que lo asigna al antiguo grupo de mamíferos denominado Triconodontia.

Megazostrodon tenía cuatro patas para andar y un hocico largo, y es probable que fuera activo sobre todo durante la noche y que empleara sus grandes ojos, su aguzado oído y sus vibrisas sensitivas (bigotes) para encontrar el camino. (Las vibrisas son pelos muy largos modificados, a partir del pelaje de los mamíferos.) Es probable que, al ser nocturno y de sangre caliente, *Megazostrodon* pudiera moverse con gran rapidez en cualquier momento, incluso durante el frescor de la noche. Esto le habría ayudado a evitar a los reptiles depredadores y a otros enemigos, ya que los animales de sangre fría eran incapaces de correr a gran velocidad cuando las temperaturas eran bajas.

SUPERIOR Con sus enormes ojos y sus largas vibrisas, *Megazostrodon* estaba bien adaptado para un modo de vida nocturno.

MORGANUCODON

En muchos aspectos, *Morganucodon* se parece a *Megazostrodon*, género que se muestra en la página anterior, pero esto se debe en parte a que los fósiles de uno sirvieron para reconstruir el otro y viceversa. *Morganucodon* vivió durante el Jurásico, cuando los dinosaurios se estaban extendiendo y diversificando. Al igual que otros mamíferos primitivos, era probablemente nocturno; es posible que al atardecer saliera de una madriguera o una grieta para ir en busca de larvas, insectos adultos y pequeñas presas similares, escarbando el suelo o husmeando en la hojarasca y usando sus bien desarrollados sentidos de la audición y del olfato. Los fósiles de su caja craneal muestran que las partes de los lóbulos del cerebro relacionadas con los sentidos estaban especialmente bien desarrolladas. Otra particularidad es que una envoltura ósea protegía todo el cerebro, como en los mamíferos modernos. Éste no era el caso de la mayoría de los reptiles o de los reptiles tipo mamífero denominados cinodontos, que quizás dieron origen a los verdaderos mamíferos (*véase* página 112).

El cráneo de *Morganucodon*, de menos de 3 centímetros de longitud, revela cómo sus huesos mandibulares evolucionaron, alejándose del típico patrón reptiliano: la mandíbula inferior de *Morganucodon* estaba formada por un único hueso en vez de dos o tres fusionados. Otros huesos mandibulares se habían reducido e incorporado al órgano del oído para contribuir a la audición. En la parte anterior de la mandíbula había pequeños dientes incisivos, dos largos y puntiagudos caninos, premolares y largos molares tricúspides para masticar los alimentos. *Morganucodon* se alzaba casi verticalmente sobre sus cuatro patas, con la postura de extremidades erectas común a dinosaurios, aves y mamíferos. Los fósiles de *Morganucodon* se descubrieron por primera vez en el sur de Gales y el nombre se lo otorgó F. W. Parrington en 1941. Otros hallazgos más recientes se han efectuado en China. Al igual que *Megazostrodon*, *Morganucodon* se considera a veces un miembro del grupo de mamíferos primitivos Triconodontia, por las tres puntas o cúspides de cada uno de sus dientes molares.

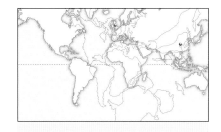

FICHA
MORGANUCODON
Significado: diente de Morgan
Período: Jurásico inferior
Grupo principal: Mammalia
Longitud: 15 centímetros
Peso: 80 gramos
Dieta: insectos y gusanos
Fósiles: en China y Gran Bretaña

SUPERIOR *Morganucodon* captura una sabrosa cucaracha con sus diminutos aunque afilados dientes. Es probable que este mamífero primitivo tuviera un modo de vida similar al de las musarañas actuales, y que cazara activamente y devorara con ferocidad todo tipo de pequeños animales.

Zalambdalestes

0 1 2 3 4 5 6 7 8 9 10 11 12 13

Zalambdalestes vivió durante el Cretácico inferior, antes de la gran extinción que acabó con los dinosaurios y muchas otras formas de vida. Sus fósiles provienen de Mongolia, donde en aquella época medraban muchos y muy variados dinosaurios, tales como *Velociraptor*, los dinosaurios avestruz y los fitófagos cornudos como *Protoceratops*. Es probable que *Zalambdalestes* evitara a estos animales escondiéndose en una madriguera durante el día y saliendo para alimentarse bajo el manto de la oscuridad. La forma y los detalles de su cráneo muestran que tenía un hocico largo y bajo, presumiblemente con vibrisas para palpar el camino, ojos para ver en la oscuridad y grandes orejas para detectar los sonidos de peligro.

Zalambdalestes tenía las patas posteriores más largas y fuertes que las anteriores, aunque sus cuatro extremidades mostraban la postura erguida típica de los mamíferos. Es probable que pudiera saltar bien, usando sus patas posteriores y sus pies muy largos con el calcáneo (el hueso más posterior del tobillo) en contacto con el suelo. Varios de los detalles de sus fósiles –tales como los cuatro dientes premolares y tres molares en los dos lados de cada mandíbula, la forma de los molares y la estructura de los hombros, del codo y del tobillo– son muy similares a los que se observan en los mamíferos placentarios actuales, a diferencia de los mamíferos marsupiales. *Zalambdalestes* se compara a menudo con las musarañas elefante de África, unos depredadores activos e incansables de insectos y otros animales pequeños con una nariz alargada, móvil y en forma de tronco, unas patas posteriores saltadoras y una cola larga que hace de contrapeso.

INFERIOR *Zalambdalestes* recibió este nombre, que es un auténtico trabalenguas, por la forma de sus dientes. Las superficies trituradoras o de trabajo de algunos de sus dientes tenían, en efecto, unas crestas elevadas que formaban en cada diente un dibujo similar a la letra lambda del griego clásico. Este mamífero de la era de los dinosaurios es uno de los primeros que se conocen con pies posteriores muy largos, probablemente adaptados para saltar.

DERECHA Los fósiles descubiertos y estudiados en la década de 1990 dieron argumentos a la hipótesis de que *Deltatheridium* era un tipo de mamífero marsupial, en especial por la evidencia de que los dientes desgastados se sustituían por otros nuevos, y por los dibujos de los surcos y huecos del cráneo, los cuales muestran el recorrido de los vasos sanguíneos y de los nervios.

DELTATHERIDIUM

Este mamífero vivió más o menos en la misma época, hace 80 millones de años, y en la misma región, Mongolia, que *Zalambdalestes* (*véase* página anterior). Era de menor tamaño, con una longitud total de unos 15 centímetros, incluida la cola, pero difería de *Zalambdalestes* en muchos aspectos. *Deltatheridium* fue uno de los primeros mamíferos de las postrimerías de la era de los dinosaurios, lo que muestra que el grupo de los mamíferos se había diversificado y extendido por muchas regiones durante los anteriores 130 millones de años.

    Deltatheridium suele compararse con un opósum o quizá con una comadreja con las patas algo más largas. Su cráneo era largo, pero el hocico era relativamente alto, lo que le daba un aspecto de narizotas. La cola era también bastante larga. Los dientes muestran el patrón usual en los mamíferos, con pequeños y afilados incisivos en la parte anterior, a continuación un canino grande y puntiagudo, diseñado para apuñalar, en los dos lados de cada mandíbula y, detrás de estos dientes, unos premolares y molares más

anchos y más bajos en las mejillas, adaptados para masticar. La forma de los molares vistos desde arriba, esto es, en la mandíbula opuesta, es triangular, en vez de formar un rectángulo con los vértices redondeados. Este rasgo sirvió para dar nombre al animal, ya que *delta* significa «forma triangular». (Muchos de estos pequeños mamíferos primitivos se denominan a partir de la forma de sus dientes; *véase* página anterior.) Los dientes se disponen de forma tal que los molares superiores se deslizan por delante de los inferiores y ambas series se quedan engranadas en lugar de chocar los molares entre sí por su parte apical. Este «engranaje» creaba un poderoso efecto cortante, algo que también se observa en otro grupo de animales, extinguidos desde antiguo, los creodontos, que eran depredadores (carnívoros). Los creodontos se considera que fueron mamíferos placentarios, pero otras características del cráneo y del esqueleto son más similares a las de los marsupiales. Es probable que *Deltatheridium* cazara insectos y crías de reptiles y quizás comía carroñas usando sus poderosas mandíbulas masticadoras.

FICHA
DELTATHERIDIUM
Significado: bestia triángulo o delta
Período: Cretácico superior
Grupo principal: Mammalia
Longitud: 15 centímetros
Peso: 80 gramos
Dieta: insectos
Fósiles: en Mongolia

CAPÍTULO QUINCE

DESPUÉS DE LOS DINOSAURIOS

LA ERA DE LOS DINOSAURIOS TERMINÓ DE FORMA ABRUPTA HACE 65 MILLONES DE AÑOS, CON UNA DE LAS GRANDES EXTINCIONES EN MASA QUE PERIÓDICAMENTE HAN DEVASTADO LA VIDA EN LA TIERRA. DOS GRANDES GRUPOS ANIMALES SOBREVIVIERON Y PRONTO EMPEZARON A PROSPERAR: LOS MAMÍFEROS Y LAS AVES.

EXTINCIONES EN MASA

PUEDE PARECER EXTRAÑO, AUNQUE CONVENIENTE, QUE LA TRANSICIÓN DEL CRETÁCICO AL TERCIARIO, HACE 65 MILLONES DE AÑOS, ESTUVIERA MARCADA POR UNO DE LOS SUCESOS MÁS CATASTRÓFICOS QUE EL PLANETA HAYA VIVIDO JAMÁS. PERO ES SIMPLEMENTE EL MODO CIENTÍFICO HABITUAL EN QUE LOS PERÍODOS GEOLÓGICOS SE DEFINEN: POR ABRUPTOS CAMBIOS EN LAS ROCAS Y EN LOS FÓSILES QUE CONTIENEN. ESTA PARTICULAR TRANSICIÓN SE CONOCE COMO LA EXTINCIÓN EN MASA DEL CRETÁCICO-TERCIARIO, O K/T. LA K PROVIENE DE *KRETA*, ANTIGUA PALABRA GRIEGA QUE ES LA BASE DEL TÉRMINO *CRETÁCICO*, LLAMADO ASÍ PORQUE MUCHAS DE LAS ROCAS DE ESTE PERÍODO SON CRETAS. SIN EMBARGO, LAS EXTINCIONES EN MASA NO FUERON NUEVAS. AL MENOS HAY REFERENCIAS DE QUE HAN OCURRIDO UNA DOCENA A LO LARGO DE LA PREHISTORIA. LA MAYOR DE TODAS MARCÓ EL FINAL DEL PÉRMICO Y EL INICIO DEL TRIÁSICO, HACE 250 MILLONES DE AÑOS, ES DECIR, UNOS 185 MILLONES DE AÑOS ANTES DEL SUCESO K/T. EL ESTUDIO DE LAS EVIDENCIAS FÓSILES SUGIERE QUE QUIZÁS 19 DE CADA 20 ESPECIES VIVIENTES DESAPARECIERON AL FINAL DEL PÉRMICO, EN LO QUE SE HA VENIDO EN LLAMAR LA ENORME EXTINCIÓN. ESTA MASIVA DESAPARICIÓN DE ESPECIES SIGNIFICÓ EL INICIO DE UNA NUEVA ERA, EL MESOZOICO («VIDA INTERMEDIA»), VULGARMENTE CONOCIDA COMO LA ERA DE LOS DINOSAURIOS. EL SUCESO K/T PUSO FIN A ESA ERA, Y CON ELLA AL REINADO DE LOS DINOSAURIOS. MARCÓ EL INICIO DEL CENOZOICO («VIDA RECIENTE»), LA MATERIA DE ESTE CAPÍTULO.

¿QUÉ DESAPARECIÓ?

Los dinosaurios han tenido una reputación tan destacada que los estudios de su desaparición tienden a dejar al margen al resto de los seres vivos que desaparecieron al mismo tiempo, como muchos reptiles y animales similares: no sólo los dinosaurios, sino también los pterosaurios en el aire, y los mosasaurios, los plesiosaurios y otros en el mar. Muchos tipos de moluscos marinos y varios otros animales acuáticos también desaparecieron, así como muchas plantas, especialmente algas marinas. Parece ser que los animales terrestres de gran tamaño fueron los más afectados, ya que después de la catástrofe todas las criaturas terrestres de un tamaño superior a un perro labrador desaparecieron. En total, dos tercios de todas las familias existentes desaparecieron. Curiosamente, algunos grupos de reptiles, como los cocodrilos, se vieron afectados sólo parcialmente. Sobrevivieron muchos géneros propios de los marjales y de las aguas dulces, mientras que los cocodrilos marinos desaparecieron. Otros reptiles que sobrevivieron hasta nuestros días fueron las tortugas, los lagartos y las serpientes.

¿ESTABAN EN RETROCESO?

El suceso K/T pudo haber durado unos pocos días, varios meses o cientos de años. Mirando tan atrás en el pasado, no es posible discernir la escala temporal de forma precisa. Además, las opiniones difieren acerca de si los dinosaurios ya estaban en retroceso antes de la catástrofe de hace 65 millones de años. Algunas pruebas indican que los efectivos totales de dinosaurios y su diversidad ya había empezado a disminuir hacía 20 millones de años, aunque estas disminuciones son más regionales que globales.

Además, algunos de los grandes grupos de dinosaurios se expandieron precisamente durante este tiempo, como los hadrosaurios pico de pato, los dinosaurios con cuernos o ceratopsios, los grandes tiranosaurios carnívoros y los dinosaurios avestruz.

¿DESAPARECIERON LOS DINOSAURIOS?

Muy de tanto en tanto se citan fósiles de dinosaurios datados en menos de 65 millones de años. En muchos casos, se debe a que se ha hecho una identificación errónea, o que se trata de restos de dinosaurios que habían quedado expuestos por la erosión de rocas más antiguas, formadas en épocas anteriores a la gran extinción, y que posteriormente quedaron incorporados en rocas más recientes. El peso aplastante de las evidencias apunta a una extinción en masa de los dinosaurios, pero las razones por las que sucedió son uno de los asuntos más debatidos en paleontología (*véanse* las siguientes páginas). Sin embargo, en cierto sentido puede decirse que los dinosaurios siguen viviendo, aunque muy modificados, y con plumas y alas, como aves.

PÁGINA ANTERIOR Uno de los últimos dinosaurios, el ceratopsio *Torosaurus*, se congela hasta la muerte en un repentino cambio climático a finales del Cretácico. Este cambio pudo deberse a uno o a varios factores, incluyendo el choque de un asteroide o de un meteorito, erupciones volcánicas generalizadas o la alteración del patrón climático debido a la deriva continental.

IZQUIERDA Una erupción volcánica es una de las manifestaciones más imponentes de la naturaleza. Una explicación para la extinción masiva de finales del Cretácico es una serie de erupciones, las cuales envenenaron la atmósfera de la Tierra con humos tóxicos y cenizas que cubrieron las tierras.

TEORÍAS DE LA EXTINCIÓN K/T

El principal candidato actual para ganarse el título de «asesino de dinosaurios» es el impacto de un asteroide (meteorito). Un «miniplaneta» gigante quizás de 10 kilómetros de diámetro (el tamaño de una gran ciudad) impactó sobre la superficie terrestre a más de 20.000 kilómetros por hora. El impresionante choque vaporizó todo lo que había en el lugar del impacto: suelo, agua, animales, plantas e incluso las rocas sólidas bajo el suelo, así como el propio asteroide. El impacto lanzó gran cantidad de deyecciones a la atmósfera, las cuales se expandieron por el planeta gracias a la acción de los vientos. Algunas de las deyecciones eran tan calientes que cuando cayeron sobre la superficie provocaron terribles incendios en prácticamente todos los continentes. Como resultado del humo, el Sol se ocultó durante días, semanas o incluso años. Las plantas se marchitaron durante la fría noche del invierno del asteroide, los animales herbívoros fallecieron y a continuación murieron los carnívoros. Las criaturas que vivían en el agua tuvieron cierta protección de la catástrofe por el ambiente acuático en el que se movían.

EVIDENCIAS

Varias líneas de evidencias respaldan la teoría del asteroide. En determinadas rocas formadas en aquel momento aparece una fina capa inusualmente rica en iridio, un elemento metálico. Por lo general, el iridio es raro en la Tierra, pero relativamente común en las rocas del espacio. Es posible que partes del asteroide se vaporizaran, flotaran en la atmósfera y precipitaran mientras las rocas se estaban formando. Otra prueba es un enorme cráter, de unos 200 kilómetros de diámetro, enterrado bajo el lodo en el lecho marino de la costa de Yucatán, en México. Este cráter denominado Chicxulub podría corresponder al lugar del impacto. Otros sucesos que pudo provocar el impacto fueron tsunamis gigantes, los cuales inundaron enormes áreas, una lluvia de deyecciones terriblemente calientes, que provocaron impresionantes incendios, y ondas de choque, que sacudieron la corteza del planeta. Estos seísmos pudieron provocar la fractura de determinados puntos de la corteza, causando masivas erupciones volcánicas y cadenas interminables de terremotos. Las capas de cenizas y hollines que aparecen en muchas regiones están datadas precisamente en ese período, en especial en la región de la India.

CONTINENTES Y CLIMA

La teoría del asteroide conlleva varias consecuencias, pero es posible que algunas de éstas se produjeran en un período de tiempo relativamente corto, sin el estímulo del mismo asteroide. A finales del Cretácico, los continentes iban a la deriva a través del globo, las montañas se estaban alzando en algunas regiones, mientras que en otras se formaban valles por separación de placas (*rift valleys*), y los niveles de las aguas del mar, así como las corrientes oceánicas, iban cambiando con gran rapidez. Muchos de estos sucesos pudieron provocar un repentino cambio climático, combinado con una serie de erupciones volcánicas de amplia extensión que arrojaron cenizas y gases tóxicos a la atmósfera. Éstos pudieron congelar o asfixiar a los grandes animales terrestres, causar un adelgazamiento de la capa de ozono atmosférico, que protege la superficie terrestre de los perjudiciales rayos solares, y provocar una lluvia ácida que quemó y corroyó las plantas. (Dos de estos fenómenos nos afectan en la actualidad.) Las extensas tierras centrales de la India conocidas como la meseta del Decán se formaron a partir de ríos de lava volcánica de este período. Se han citado como evidencia de una intensa actividad volcánica, la cual condujo a un rápido cambio climático.

ENFERMEDAD Y COMPETICIÓN

Las teorías menos refinadas sobre la desaparición de los dinosaurios incluyen grandes epidemias que se extendieron por todo el planeta, afectando a algunos grupos animales más que a otros; los mamíferos que empezaban a ganar protagonismo y se alimentaban de los huevos de los dinosaurios; el estancamiento genético o la acumulación de líneas evolutivas muertas entre los dinosaurios, es decir, su evolución hacia formas cada vez más modificadas que no podían adaptarse con facilidad a los rápidos cambios de las condiciones ambientales; y una explosión de radiación mortal procedente del espacio exterior, quizás del Sol o de una estrella cercana que explotó (supernova). Sin embargo, todas estas teorías tienen un soporte científico muy limitado.

DERECHA Nuestro planeta ha quedado marcado durante mucho tiempo por las colisiones de meteoritos, los cuales forman cráteres que luego son erosionados y eliminados en el transcurso de los milenios. Este ejemplo, el cráter de Wolf Creek, en Australia occidental, tiene un millón de años de antigüedad (la erosión es muy lenta en esta región desértica). Tiene casi un kilómetro de diámetro. El impacto de finales del Cretácico pudo haber dejado un cráter 200 veces más grande, actualmente enterrado bajo los lodos del lecho marino.

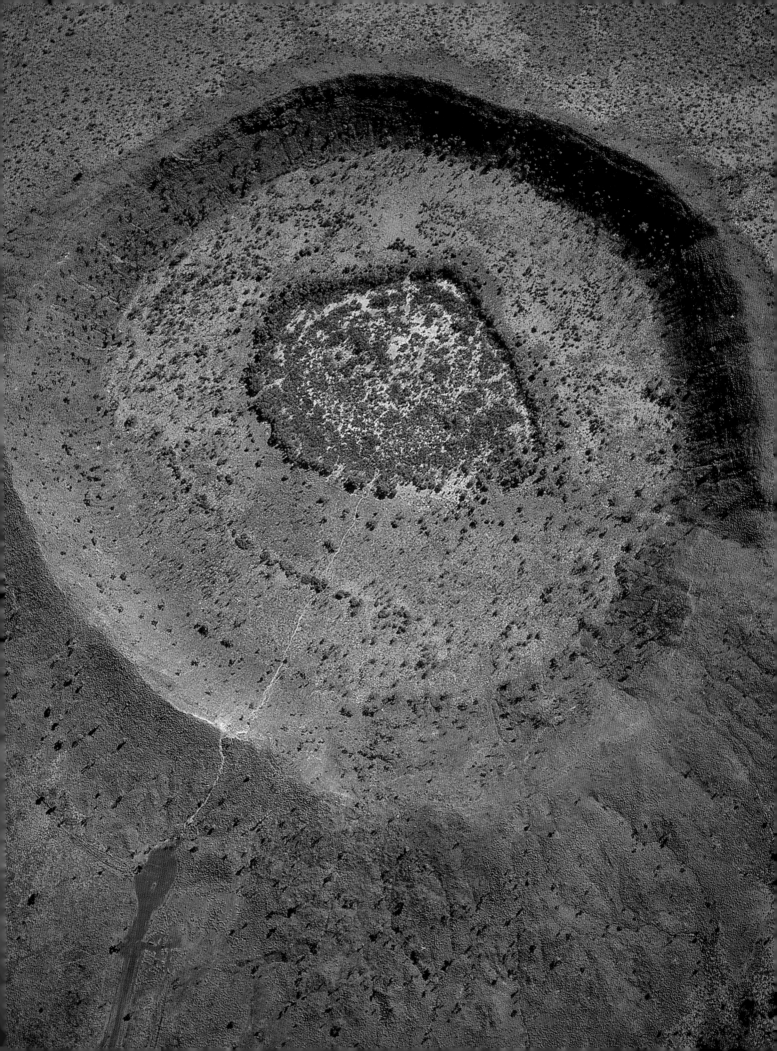

GASTORNIS (DIATRYMA)

Gastornis, que a menudo se conoce con su antiguo nombre de *Diatryma*, no tiene un equivalente o una relación evidentes con las aves modernas. Podría haber sido una línea evolutiva muerta o un pariente del grupo de los anseriformes, que actualmente comprende los patos, los cisnes y las ocas, o quizás de las gruiformes, tales como grullas, rascones o avutardas. Esta ave de complexión muy voluminosa podía llegar a ser tan alta como un ser humano adulto y pesar cerca de dos veces más. Sus alas eran diminutas e inútiles para volar, pero sus patas eran robustas y muy musculosas, adaptadas para correr rápido. *Gastornis* tenía cuatro largos dedos en cada pie, uno de ellos más pequeño y situado hacia atrás y todos ellos terminados en enormes garras, y es probable que hubiese podido patear a cualquier otro animal terrestre de aquel período hasta la muerte. La cabeza era tan grande como la de un caballo moderno y la mitad de ella estaba ocupada por un gigantesco pico de constitución fuerte que podía partir los huesos con tanta facilidad como los humanos actuales abren cacahuetes. Los científicos han sugerido que en una región libre de dinosaurios carnívoros, o de cualquier otro reptil de gran tamaño, la rápida evolución de determinados grupos de aves les proporcionó el papel de grandes depredadores terrestres antes de que algunos mamíferos también se adaptaran a cazar. (Para los patrones de comportamiento sugeridos en *Gastornis*, véase *Phorusrhacus*, página siguiente.)

Los fósiles de *Gastornis* se han localizado en varios yacimientos de Nuevo México, Wyoming y Nueva Jersey (EE. UU.), así como en Alemania, Francia y Bélgica. Los restos más antiguos tienen unos 55 millones de años y pertenecen al Paleoceno.

La primera especie recibió el nombre de *Diatryma gigantea* en 1876 por Edward Drinker Cope, a partir de unos restos hallados en Nuevo México. Más recientemente, se ha aceptado el nombre de *Gastornis*.

DERECHA Las alas absurdamente diminutas de *Gastornis* permitían que esta enorme ave mantuviera el equilibrio mientras agachaba la cabeza para atacar. El enorme pico era ideal para cortar cartílagos y romper huesos. Sin embargo, algunos científicos sugieren que *Gastornis* era especialista en romper cáscaras de frutos secos, por lo que podría haber sido omnívora.

DERECHA La mayoría de los especímenes de *Phorusrhacus* eran tan altos como un humano adulto. Con sus alas inaptas para el vuelo, estas aves contaban con sus pies y picos fuertes para atacar a sus presas y como autodefensa. Sus descendientes actuales podrían ser las jacanas, las cuales también viven en Sudamérica, que pueden volar pero prefieren correr.

PHORUSRHACUS

Los forusrácidos –«grullas terribles»– eran enormes y poderosas aves sin capacidad de vuelo de la segunda mitad del Terciario de Sudamérica. Este continente quedó aislado durante gran parte del período y no empezó a derivar hasta aproximarse y finalmente unirse a Norteamérica hace unos pocos millones de años (*véase* página 27). La vida animal y vegetal de Sudamérica evolucionó aislada, con lo que aparecieron allí muchos extraños animales que no tuvieron ningún pariente próximo o equivalente en ningún otro lugar. Por su aspecto exterior, los forusrácidos se parecían a otras grandes aves depredadoras terrestres que se extinguieron hace tiempo, como *Gastornis* (*véase* página anterior). Sin embargo, *Gastornis* vivió varios millones de años antes y en continentes totalmente diferentes.

De todos modos, es posible que el comportamiento de estas dos aves fuera similar. Eran depredadoras fuertes, que daban zancadas o atacaban con sus potentes y musculosas patas. Utilizaban su poderoso y ganchudo pico para capturar presas más pequeñas, tales como mamíferos y otras aves, o para rajar y arrancar carne de otras víctimas de mayor tamaño, quizás agarrándolas con uno de sus pies fuertes y armados con afiladas garras. También es posible que cortaran tajadas de carne en las carroñas y que escarbaran en su interior para partir los huesos del mismo modo que hacen algunos carroñeros de hoy en día. En Sudamérica había pocos mamíferos depredadores de gran tamaño que compitieran con ellas, si es que hubo alguno.

Phorusrhacus apareció durante el Mioceno inferior, hace unos 25 millones de años, y podía alcanzar 1,8 metros de altura. Miembros similares de este grupo aparecieron y desaparecieron durante las siguientes épocas. Uno de los últimos y mayores fue *Titanis*, de unos 2,5 metros de altura, con garras en los dos dedos de cada uno de sus pies. Desde entonces han existido aves incluso de mayor tamaño, como los moas gigantes de Nueva Zelanda, que superaban los 3 metros de altura, pero que no fueron feroces depredadores como las «grullas terribles».

FICHA
PHORUSRHACUS

Significado: grulla terrible

Período: Terciario

Grupo principal: aves

Altura: 1,5-2,5 metros

Peso: hasta 140 kilogramos

Dieta: presas, carroña

Fósiles: en Sudamérica

0 1 2 3 4 5 6 7 8 9 10 11 12 13 14

PLESIADAPIS

El grupo de los primates incluye lémures, gálagos, monos, simios y humanos. No queda muy claro si *Plesiadapis* fue uno de los primeros primates o un pariente muy cercano a éstos. A simple vista, recuerda a los lémures arborícolas de Madagascar. Tenía el tamaño de una ardilla muy grande actual, con cuatro patas largas y muy móviles, equipadas con dedos largos y terminados en garras que le permitían agarrarse con facilidad, probablemente a los troncos y las ramas de los árboles. También tenía una cola larga y flexible, que podría haber sido peluda y pudo ser útil para mantener el equilibrio cuando *Plesiadapis* corría y saltaba a través de las ramas. Sin embargo, *Plesiadapis* tenía un rostro y unos dientes más parecidos a los de los roedores modernos, como un ratón o una rata. Su hocico era fino, tenía largos incisivos para roer en la parte frontal de cada mandíbula, un espacio vacío, allí donde los verdaderos primates tienen los caninos, y en la zona de las mejillas anchos molares para masticar y triturar. Hay muchas opiniones sobre la dieta de *Plesiadapis*: para algunos, comprendía principalmente insectos y otros pequeños animales; para otros, frutos y semillas; según otros, hojas, savia y larvas que encontraba en la corteza de los árboles; finalmente, otros defienden que su dieta consistía en una variedad de todos estos alimentos.

Se han desenterrado muchos fósiles de *Plesiadapis* en el noroeste de Francia, mientras que otros se han localizado en yacimientos de Colorado y otras zonas alrededor de las Rocosas en Norteamérica. La mayoría tienen una antigüedad de 50-60 millones de años, aunque algunos parecen ser mucho más recientes, de hace tan sólo 35 millones de años. A menudo se compara a *Plesiadapis* con el lémur de cola anillada. Aunque el lémur es más pequeño, también pasa mucho tiempo en los árboles, baja a menudo al suelo y come una gran variedad de plantas.

SUPERIOR Con sus fuertes dedos y la cola peluda, como se ha representado aquí, parece que *Plesiadapis* estaba bien adaptado para vivir, tanto en los árboles como en el suelo. Su cola podía ser útil para darle un equilibrio preciso cuando el animal corría y saltaba por entre las ramas.

ANDREWSARCHUS

Los restos fósiles de esta formidable bestia consisten en su cráneo y poco más. El cráneo, de unos 85 cm de longitud, sugiere que *Andrewsarchus* era un enorme animal, con una longitud total cabeza-cuerpo de más de 6 metros. De ser así, *Andrewsarchus* habría sido el mayor mamífero carnívoro terrestre de la historia. Sus afilados dientes frontales, especialmente los caninos, eran fuertes, adecuados para clavarse en sus víctimas y arrancar la carne. Sus molares tenían una forma adaptada, tanto para cortar como para masticar. A pesar de que muchas de estas características recuerdan a las de los carnívoros actuales, como gatos, perros y, quizás más pertinentemente, osos y hienas, *Andrewsarchus* no era un miembro del grupo de los mamíferos Carnivora. De hecho, sus parientes más cercanos son los ciervos, caballos, toros y afines. *Andrewsarchus* era un mamífero ungulado: tenía pezuñas, aunque muy modificadas, con forma de garras en lugar de verdaderas garras como los perros o los gatos. Era miembro de un subgrupo de los ungulados llamado Mesonychidae (o Acreodi), dentro del cual se encontraban algunos de los primeros grandes mamíferos cazadores. Se supone que los mesoníquidos vivieron durante el Eoceno superior, hace 45-40 millones de años; estos animales se expandieron y prosperaron después de la extinción de los dinosaurios, pero hace 35 millones de años empezaron a extinguirse debido a la aparición de un nuevo grupo de grandes mamíferos depredadores, los creodontos.

Los escasos restos de *Andrewsarchus* fueron descubiertos en 1923 durante una expedición a Mongolia en busca de fósiles. La campaña, en la que también se descubrieron fósiles de varios dinosaurios como *Velociraptor* y *Protoceratops*, fue liderada por Roy Chapman Andrews, entonces director del Museo Americano de Historia Natural. *Andrewsarchus* recibió este nombre en su honor.

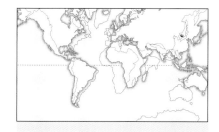

FICHA
ANDREWSARCHUS
Significado: carnívoro de Andrews

Período: Terciario (Eoceno superior)

Grupo principal: Mammalia (Ungulata)

Longitud: entre la cabeza y el cuerpo posiblemente más de 6 metros

Peso: 500-800 kilogramos

Dieta: carne, carroña, quizás alimentos vegetales y animales variados

Fósiles: en Mongolia

SUPERIOR El cráneo largo y bajo de *Andrewsarchus* daba a su hocico una forma peculiar, bien diferente del de los gatos y lobos actuales. Tan sólo el cráneo de este animal se conoce con cierta seguridad.

DERECHA A simple vista, *Icaronycteris* podría
ser difícil de distinguir de un pequeño murciélago
insectívoro actual. En esta ilustración abre la boca
para emitir chillidos de muy alta frecuencia, es
decir, ultrasonidos. Sus grandes orejas detectan
los ecos, que el murciélago analiza para discernir
la localización y el tamaño de los objetos
próximos.

Icaronycteris

FICHA
ICARONYCTERIS

Significado: ala nocturna de Ícaro
(personaje de la mitología griega)

Período: Terciario (Eoceno superior)

Grupo principal: Mammalia (Chiroptera)

Longitud: envergadura alar
de 38 centímetros

Peso: 100 gramos

Dieta: insectos, animales pequeños similares

Fósiles: en Norteamérica

Los murciélagos figuran entre los más especializados de
todos los mamíferos, y también pertenecen a uno de los
órdenes o subgrupos de esta clase (la de los mamíferos)
que apareció después de la extinción de los dinosaurios.
Durante el Eoceno inferior, hace más de 50 millones
de años, *Icaronycteris* se movía ágilmente en la
oscuridad para capturar pequeños insectos voladores
como polillas, casi exactamente como los murciélagos
de hoy en día. Sus extremidades anteriores ya
estaban altamente especializadas como alas hechas
de membranas voladoras (patagios) muy finas y de piel
extendida, tensadas por los huesos de los dedos muy
alargados. Los diminutos huesos del oído, conservados
como fósiles en murciélagos similares, muestran que
Icaronycteris utilizaba probablemente chillidos de alta
frecuencia como forma de ecolocalización, o sónar,
para localizar y capturar presas en el aire durante
las horas de oscuridad. Sus pies con uñas afiladas
tenían articulaciones especializadas en los tobillos,
que permitían que el pie girara y girara hasta
orientarse hacia atrás de modo que el animal pudiera

colgarse bocabajo para descansar. La mayoría de
estos rasgos están presentes en otros murciélagos
del Eoceno (hace 53-33 millones de años), incluidos
Palaeochiropteyx, *Archaeonycteris* y *Hassianycteris*.

Todas estas características también están presentes
en los murciélagos actuales, pero *Icaronycteris* heredó
rasgos más antiguos de sus antepasados insectívoros
tipo musaraña. Todavía tenía una uña en el segundo
dedo: posteriormente los murciélagos la perdieron
y sólo retienen una uña en el primer dedo («pulgar»).
Icaronycteris tenía más dientes que los murciélagos
insectívoros actuales; además, sus alas eran
proporcionalmente más cortas y más anchas y su cola
era larga y libre (no estaba unida a la mayor parte de
la membrana alar). El cuerpo de un murciélago actual
es compacto y rígido, mientras que el de *Icaronycteris*
era más largo y flexible. Los fósiles de los murciélagos,
al igual que los de las aves, suelen ser poco frecuentes
debido a su frágil estructura, de ahí el gran interés del
murciélago de Mahenge, descubierto en la región de
Singida, en la zona centro-norte de Tanzania, en África.

BASILOSAURUS

Cuando los dinosaurios se extinguieron hace 65 millones de años, también lo hicieron los grandes reptiles carnívoros de los mares como los mosasaurios y los pliosaurios; 20 millones de años después aparecieron las ballenas totalmente acuáticas, con aletas y cola, que evolucionaron a partir de sus antepasados terrestres de cuatro patas. Una de las mayores ballenas prehistóricas fue *Basilosaurus*, del Eoceno superior, hace 36-40 millones de años, la cual, a pesar de su nombre, era un mamífero, no un reptil. Sus fósiles fueron descubiertos en rocas formadas en antiguos lechos marinos poco profundos, los cuales se encuentran actualmente tierra adentro, como los lechos fósiles de Fayum, cerca de El Cairo, en Egipto.

Hay un apasionado debate entre los especialistas en mamíferos sobre quiénes fueron los antepasados de las ballenas. Algunos de los últimos fósiles y las evidencias genéticas o del ADN sugieren que sus antepasados pudieron ser los mamíferos ungulados: quizás antiguos miembros del grupo de los hipopótamos o incluso los mesoníquidos carnívoros (*véase Andrewsarchus*, página 413).

Basilosaurus rivalizaba en longitud con las grandes ballenas actuales, como la azul, la jorobada o la gris, aunque probablemente era más esbelta y más tipo anguila, y pesaba considerablemente menos. Además, a diferencia de las ballenas blancas actuales que filtran pequeñas presas del agua, utilizando sus barbas, *Basilosaurus* tenía una boca llena de terribles dientes para atacar a víctimas de gran tamaño. Los dientes frontales eran fuertes y afilados, con forma de cono curvado hacia atrás, mientras que los posteriores tenían forma de hoja ancha con los bordes aserrados, adaptados para cortar. Este último rasgo explica por qué *Basilosaurus* aún se conoce a veces con el nombre antiguo, *Zeuglodon*, que significa «dientes de sierra». Las extremidades anteriores estaban transformadas en aletas, como en las ballenas modernas. Las extremidades posteriores todavía estaban presentes, pero eran diminutas, con tres dedos que quizás sobresalían del cuerpo. Las aletas del final de la cola no tenían huesos.

FICHA
BASILOSAURUS

Significado: reptil emperador (en un principio se lo consideró un reptil)

Período: Terciario

Grupo principal: Mammalia (Cetacea)

Longitud: 25 metros

Peso: más de 10 toneladas

Dieta: presas marinas, como peces y calamares

Fósiles: en Norteamérica, África y sur de Asia

SUPERIOR *Basilosaurus* tenía una cabeza relativamente pequeña y un cuerpo esbelto, y el cráneo fósil muestra que su cerebro era más pequeño en proporción con el tamaño corporal que en las ballenas y delfines actuales. Otros fósiles asociados con sus restos muestran que probablemente se alimentaba de peces, incluidos pequeños tiburones, y quizás ballenas más pequeñas como *Dorudon*, cuya longitud era un cuarto de la de *Basilosaurus*.

INFERIOR *Hyaenodon* tenía poderosas mandíbulas con largos dientes caninos para sujetar a las presas y molares aserrados en la parte posterior para cortar. Sus excrementos fosilizados, los coprolitos, muestran que podía comer cadáveres enteros, incluidos cartílagos y huesos.

FICHA

HYAENODON

Significado: diente de hiena

Período: Terciario

Grupo principal: Mammalia (Creodonta)

Longitud: 1-2 metros

Peso: más de 50 kilogramos

Dieta: presas, carroña

Fósiles: en Asia, Europa, Norteamérica y África

HYAENODON

Edward Drinker Cope dio nombre a muchos tipos de animales prehistóricos, entre ellos aves y mamíferos extintos. En 1877 definió y describió un grupo de mamíferos carnívoros denominado Creodonta. Ciertamente, eran devoradores de carne, como muestran sus dientes afilados en forma de lanza o de daga. Sin embargo, no formaban parte del principal grupo de carnívoros que sobrevive hoy en día, el orden Carnivora (que incluye gatos, perros y osos). El de los creodontos fue un grupo separado, con rasgos esqueléticos y dentales diferentes. Estos mamíferos aparecieron hace unos 60 millones de años, poco después de la desaparición de los dinosaurios, se extendieron por casi todo el mundo, y hace unos 30 millones de años habían evolucionado adoptando muchas formas distintas, paralelas a varios tipos de carnívoros modernos, como lobos, zorros, mangostas, civetas y otros. Sin embargo, hace 7 millones de años los

creodontos se extinguieron y en muchos casos fueron remplazados por los miembros actuales del orden Carnivora.

Es probable que *Hyaenodon* fuera el género más extendido, más longevo o duradero y más diversificado dentro de los creodontos. Incluía especies similares en tamaño a los lobos, hienas, comadrejas y panteras actuales, algunas de las cuales excedían los 3 metros de longitud. La mayoría tenían el aspecto de una hiena, con largas patas para correr a gran velocidad y grandes y poderosas mandíbulas con molares de cresta afilada, que podían cortar carne, piel, tendones y cartílagos. Las primeras especies se conocen desde el Eoceno, hace más de 40 millones de años, mientras que las últimas vivieron a principios del Mioceno, hace 23-25 millones de años.

HYRACOTHERIUM (EOHIPPUS)

La historia de la evolución de los caballos es una de las secuencias mejor conocidas de la prehistoria. Una serie de fósiles muestra cómo un animal pequeño, casi del tamaño de un conejo, que habitaba en los bosques, fue aumentando gradualmente de tamaño a la vez que iba perdiendo los dedos hasta transformarse en el enorme y veloz herbívoro de nuestros días. Sin embargo, la secuencia real es mucho más compleja, con varias ramas evolutivas, muchas de ellas muertas, aparejadas con cambios de hábitat o de continente. De todos modos, el primer caballo que se conoce era muy pequeño, con patas delgadas y adaptadas para la carrera, cuatro dedos en el pie anterior y tres en el posterior. (Los équidos modernos, que incluyen burros, cebras y los propios caballos, sólo tienen un dedo terminado en pezuña en cada pie.) El cuerpo de *Hyracotherium* era ligeramente jorobado o arqueado, y la cabeza tenía un hocico largo con una gran caja craneal, lo que indica que era un animal con los sentidos muy aguzados, atento a su entorno. Las mandíbulas presentaban 44 dientes, prácticamente la serie completa para tratarse de un mamífero primitivo.

Cuando *Hyracotherium* fue bautizado en el siglo XIX se pensaba que se parecía a los modernos damanes, pequeños animales sin cola vagamente similares a los conejillos de Indias, que viven en África y el oeste de Asia. Los damanes son interesantes en términos evolutivos, puesto que son los seres vivos más emparentados con los elefantes. Posteriores estudios de la abundancia y extensión de los restos fósiles de *Hyracotherium* condujeron a su clasificación como un tipo de équido muy pequeño y primitivo. Desde aquel momento se ha sugerido en varias ocasiones que debería denominarse *Eohippus* o «caballo del alba».

INFERIOR La secuencia evolutiva del caballo, bien conocida a partir de centenares de fósiles, empieza normalmente a partir de *Hyracotherium* y prosigue con *Mesohippus*, *Merychippus* y así sucesivamente. Sin embargo, la situación es más compleja, puesto que algunos de estos géneros no están emparentados directamente, sino que son líneas evolutivas paralelas. Aunque los pies posteriores de *Hyracotherium* tenían tres dedos, el central (tercer dígito) era más largo, una tendencia que continuaría en el grupo, hasta llegar a la situación en que fuera el único que soportara el peso en cada pie.

FICHA
HYRACOTHERIUM
Significado: bestia de Hyrax
Período: Terciario
Grupo principal: Mammalia (Ungulata)
Longitud: 60 centímetros
Peso: más de 10 kilogramos
Dieta: plantas boscosas de baja altura
Fósiles: en Norteamérica, Europa y Asia

DERECHA *Uintatherium* se rasca contra una corteza rugosa. Pese a sus cuernos parecidos a los de los rinocerontes y a sus pequeños colmillos tipo elefante, este enorme herbívoro no está estrechamente emparentado con ninguno de estos grupos de mamíferos.

UINTATHERIUM

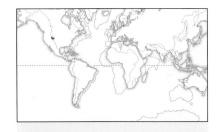

FICHA
UINTATHERIUM

Significado: bestia de Uintah (*véase* el texto)

Período: Terciario

Grupo principal: Mammalia (Ungulata)

Longitud: 3,5-4 metros entre la cabeza y el cuerpo

Peso: 2 toneladas

Dieta: plantas

Fósiles: en Norteamérica

0 1 2 3 4 5 6 7 8 9 10 11 12 13 14

Con sus tres pares de protuberancias o «cuernos» óseos en la cabeza y un par de colmillos que salían de la mandíbula superior, *Uintatherium* recuerda en líneas generales a un moderno rinoceronte, o quizás a un hipopótamo. De hecho, tenía el tamaño aproximado de la especie de rinoceronte de mayor tamaño de hoy en día, el blanco. Sin embargo, *Uintatherium* pertenecía a un grupo extinguido hace tiempo de enormes herbívoros denominados dinoceratanos o «cuernos terribles». Estos animales aparecieron hace unos 60 millones de años y lograron su mayor éxito evolutivo hace unos 50-55 millones de años; sin embargo, hace 30 millones de años todos habían desaparecido. Su lugar en la clasificación no está claro. A menudo se ha asumido que eran ungulados (mamíferos con pezuñas), mientras que otras teorías los consideran unos enormes y distantes parientes de los conejos.

Uintatherium fue el mayor de los dinoceratanos. Sus fósiles se han localizado en numerosos yacimientos de Norteamérica, incluidos varios restos en Utah. Recibió este nombre en 1872, por los uintah, una tribu nativa americana de la zona. Se ha debatido mucho sobre la función de las protuberancias óseas de la cabeza. Podría tratarse de señales de madurez sexual para disuadir a rivales del mismo sexo y atraer a los del otro sexo para reproducirse. O podrían haber sido armas para usar en luchas contra rivales, del mismo modo que el ciervo usa las astas para combatir durante la temporada de celo. Los colmillos, que son los caninos superiores alargados y que sólo aparecen en determinados especímenes –probablemente machos–, también pudieron ser simbólicos, para la exhibición visual, o pudieron utilizarse asimismo en combates físicos. Los colmillos encajaban en las extensiones o rebordes de la mandíbula inferior, que probablemente los protegían y evitaban que se partieran si recibían un golpe cuando la boca estaba cerrada. Los dientes no eran especialmente grandes o bien desarrollados, por lo que es probable que *Uintatherium* tuviera una dieta a base de hojas y brotes tiernos. En algunos yacimientos, los fósiles de otros animales y plantas asociados sugieren un hábitat en las orillas de los lagos.

PARACERATHERIUM

Paraceratherium es el mayor mamífero terrestre conocido de toda la historia paleológica. Vivió sobre todo durante el Oligoceno, hace unos 30 millones de años. Se han encontrado fósiles de esta enorme bestia en varios yacimientos del este de Europa y de Asia, incluidas China y la región del Baluchistán, en Pakistán. Los restos que antiguamente se conocieron como *Baluchitherium* o *Indricotherium* se incluyen actualmente dentro del género *Paraceratherium*, aunque el subgrupo al cual pertenece se conoce normalmente como indricoterios o hiracodóntidos. A pesar de su parecido con un caballo de gran tamaño y de la falta de cuernos faciales, *Paraceratherium* forma parte del grupo de los rinocerontes. Hoy en día, la de los rinocerontes es una de las familias de mamíferos menos numerosa y más amenazada, con sólo cinco especies y la mayoría en peligro de extinción, pero en épocas prehistóricas había muchas especies

ampliamente distribuidas, incluidas algunas veloces y del tamaño de un pony (*véase* también Coleodonta, página 422). Los primeros fósiles de *Paraceratherium* se localizaron en 1910 en Baluchistán por un paleontólogo inglés, Clive Forster-Cooper.

Por lo que parece el macho de *Paraceratherium* era mayor que la hembra y tenía el cráneo más pesado y la frente más abovedada, quizás para embestir en los combates durante la época de apareamiento. Un macho grande de *Paraceratherium* tenía un cráneo de 1,3 metros de longitud y podía alargar el cuello hasta alcanzar hojas y otras partes vegetales hasta 8 metros por encima del nivel del suelo. Esta cifra excede en 2 metros al más alto de los animales actuales, la jirafa. La hembra era 1 o 2 metros más pequeña que el macho. Los dientes frontales de *Paraceratherium* eran inusuales: un par de dientes en forma de colmillos dirigidos hacia abajo en la mandíbula superior y otro par dirigido hacia delante en la mandíbula inferior. La estructura craneal de la zona nasal sugiere que tenía labios muy móviles, quizás alargados en una corta pero flexible trompa, como los modernos tapires, para ramonear.

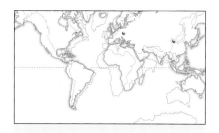

FICHA

PARACERATHERIUM

Significado: bestia «similar a un cuerno» (aparentemente cornuda)

Período: Terciario

Grupo principal: Mammalia (Ungulata)

Longitud: 9 metros entre la cabeza y el cuerpo

Peso: más de 20 toneladas

Dieta: hojas, yemas, brotes, ramitas

Fósiles: en Asia y el este de Europa

IZQUIERDA Enorme en todas las proporciones, *Paraceratherium* tenía los hombros a la altura de la cabeza de una jirafa actual. Es probable que perteneciera al primer subgrupo de rinocerontes que apareció en el registro fósil, los hiracodóntidos o «rinocerontes corredores».

ESPLENDOR INTERGLACIAL

DURANTE LOS DOS ÚLTIMOS MILLONES DE AÑOS,
LAS TEMPERATURAS DEL PLANETA HAN FLUCTUADO
EN UN CICLO LENTO, EN UNA SUCESIÓN DE EDADES
DE HIELO O GLACIACIONES Y DE PERÍODOS BENIGNOS.
DURANTE LAS GLACIACIONES MÁS INTENSAS, UNA
CAPA DE HIELO CUBRÍA LA MITAD DE LOS CONTINENTES
SEPTENTRIONALES. CADA VEZ QUE EL CLIMA SE VOLVÍA
MÁS CÁLIDO DURANTE UN PERÍODO INTERGLACIAL,
LA NIEVE Y LOS HIELOS SE RETIRABAN, Y LAS PLANTAS
Y LOS ANIMALES SE EXTENDÍAN DE NUEVO HACIA
EL NORTE. CUANDO REGRESABA EL FRÍO, ALGUNAS
ESPECIES NO ERAN CAPACES DE ADAPTARSE
Y SE EXTINGUÍAN.

DERECHA Bosques de coníferas y de hoja caduca bordean un
prado durante el período interglacial, en algún momento del
último cuarto de millón de años. Una hembra de oso cavernario
protege su camada y ruge a los tigres de dientes de sable
de la orilla opuesta, mientras un uro o auroch pasta en
el claro, una manada de mamuts asoma por entre los árboles
y un zorro prehistórico sigue el rastro de unas aves que recuerdan
a los pavos.

COELODONTA

FICHA
COELODONTA

Significado: diente de la cavidad

Período: Terciario

Grupo principal: Mammalia (Ungulata)

Longitud: 3,5 metros

Peso: más de 2 toneladas

Dieta: hierba y otras plantas de crecimiento
bajo

Fósiles: en Europa y Asia

Coelodonta, que comúnmente se designa como rinoceronte lanudo, realmente formaba parte del grupo de los rinocerontes y también tenía el cuerpo muy peludo. Tenía dos largos cuernos nasales, los hombros encorvados, el cuerpo robusto, cuatro extremidades rechonchas, una cola larga y delgada, y un pelaje largo, oscuro y lanudo. Esta precisión en los detalles se explica porque *Coelodonta* no sólo se conoce a partir de huesos y dientes fosilizados, sino también de cuerpos enteros congelados y conservados en el norte de Asia (sobre todo en Siberia), así como en Europa. El animal también puede reconocerse en las pinturas rupestres realizadas por los seres humanos, de menos de 30.000 años de antigüedad. En algunas de estas representaciones aparecen escenas de rinocerontes lanudos cazados con lanzas y otras armas.

Coelodonta era tan grande como un rinoceronte actual, pero con una mayor altura en la cruz, de 2,2 metros. Vivió durante gran parte del Pleistoceno,

hace medio millón de años, y se extinguió durante la última glaciación (*véase* página anterior), quizás hace tan sólo 10.000 años. El cuerno frontal era más largo que el posterior, y en algunos individuos –quizás los machos más viejos– alcanzaba casi 2 metros. Difería ligeramente del cuerno de los rinocerontes actuales en que estaba algo comprimido lateralmente, como una gruesa y curvada hoja de espada, en vez de tener una sección más o menos circular. Se ha sugerido que *Coelodonta* utilizaba esa «espada nasal» para apartar la nieve y localizar la vegetación, y quizás incluso para escarbar en el suelo semicongelado y liberar así plantas de bajo porte. Además, como en los rinocerontes actuales, el cuerno era un símbolo visual de madurez y poder, que se usaba para avisar a los rivales o para atraer a las potenciales parejas.

DERECHA El patrón del pelaje del rinoceronte lanudo se conoce gracias a cadáveres congelados y a pinturas realizadas por los hombres primitivos. Es probable que fuera de color marrón oscuro o gris. También tenía una giba de tamaño variable en los hombros, en la que los individuos bien alimentados acumulaban grasa, la cual podían utilizar luego en momentos de escasez de alimentos.

DEINOTHERIUM

Sólo hay tres especies vivas de elefantes, pero el grupo de los elefantes, los proboscídeos, tiene una larga y variada prehistoria, con numerosos subgrupos y docenas de especies. Los primeros tipos de proboscídeos, de hace más de 55 millones de años, tenían el tamaño de pequeños cerdos, pero pronto la tendencia fue aumentar el tamaño corporal, adoptar patas de tipo columnar, unir la nariz y el labio superior y extenderlos hasta formar la característica y flexible trompa. Algunos tipos carecían de colmillos y tenían las patas más cortas, y vivían probablemente como los modernos hipopótamos. (*véase* también *Mammuthus*, página siguiente).

Deinotherium fue uno de los mayores y más longevos o duraderos de entre todos los géneros de proboscídeos. Apareció durante el Mioceno, hace 20 millones de años, en África. Posteriormente, también se extendió a Europa y Asia, donde sólo experimentó cambios evolutivos muy pequeños.

Un *Deinotherium* típico tenía un tamaño ligeramente superior a los elefantes actuales, y su trompa era probablemente más corta y gruesa. Su rasgo más característico eran los colmillos, que no crecían desde la mandíbula superior, como en la mayoría de los proboscídeos, sino desde la parte frontal de la inferior. Los colmillos estaban curvados hacia abajo y atrás y salían a través de la piel del mentón. Se ha debatido mucho sobre el modo en que *Deinotherium* usaba estos curiosos colmillos; es posible que hozara en el suelo con ellos para desenterrar las especies vegetales subterráneas, que estirara las ramas hacia abajo para romperlas y llegar hasta las hojas o que arrancara cortezas de los troncos de los árboles. Se han desenterrado fósiles de *Deinotherium* en varios yacimientos africanos, donde también se han hallado restos de homínidos, parientes prehistóricos de los seres humanos modernos.

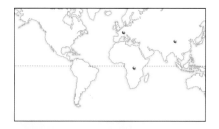

FICHA
DEINOTHERIUM

Significado: bestia terrible
Período: Cuaternario
Grupo principal: Mammalia (Proboscidea)
Longitud: altura en la cruz, más de
   4 metros, longitud cabeza-cuerpo
   (sin la trompa ni la cola), 7-8 metros
Peso: más de 5 toneladas
Dieta: hierba y otras plantas de bajo porte
Fósiles: en África, Europa y Asia

```
0 1 2 3 4 5 6 7 8 9 10 11 12 13 14
```

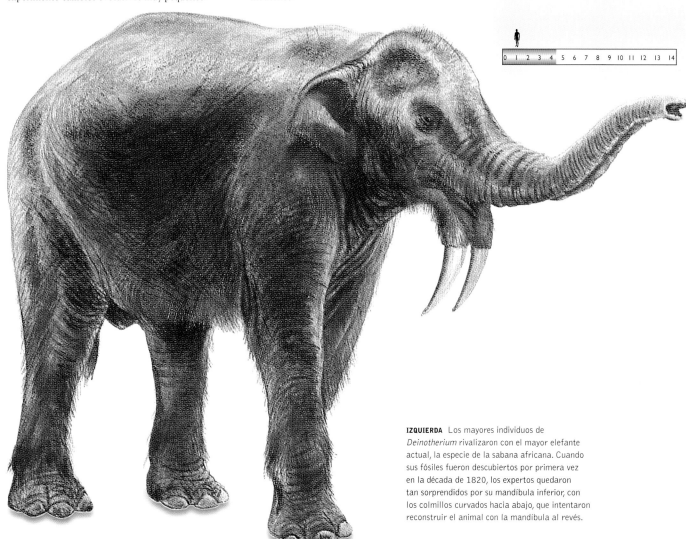

IZQUIERDA Los mayores individuos de *Deinotherium* rivalizaron con el mayor elefante actual, la especie de la sabana africana. Cuando sus fósiles fueron descubiertos por primera vez en la década de 1820, los expertos quedaron tan sorprendidos por su mandíbula inferior, con los colmillos curvados hacia abajo, que intentaron reconstruir el animal con la mandíbula al revés.

DERECHA Cara a cara con el mayor animal terrestre de la última edad de hielo como quizás hicieron las gentes de hace 500 generaciones.

INFERIOR La superficie dura y crestada del molar de los mamuts permitía machacar la vegetación correosa. La superficie total del diente era aproximadamente la misma que la de una suela de zapato de una persona adulta.

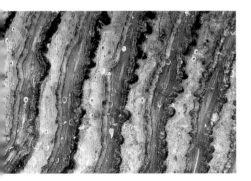

MAMMUTHUS (MAMUT)

FICHA

MAMMUTHUS

Significado: primer mamut

Período: Cuaternario

Grupo principal: Mammalia (Proboscidea)

Altura: altura en la cruz, 3 metros

Peso: más de 5-8 toneladas

Dieta: hierbas y otras plantas

Fósiles: en Europa, Asia y Norteamérica

Mammuthus fue un género de enormes proboscídeos (miembros del grupo de los elefantes), que incluye al menos ocho especies. La mayoría de ellas eran de grandes a muy grandes, con colmillos largos y curvados. Se conocen a partir de fósiles, subfósiles, cuerpos congelados en los hielos septentrionales y pinturas prehistóricas realizadas por los antiguos seres humanos. Varias comparaciones anatómicas y genéticas (en la década de 1990 se obtuvo y estudió ADN de mamut) muestran que los mamuts estaban emparentados mucho más estrechamente con los elefantes actuales que otros géneros más distantes como *Deinotherium* (*véase* página anterior).

El mamut lanudo de la edad de hielo, *Mammuthus primigenius*, aún vivía hace menos de 10.000 años, y algunas formas más pequeñas o enanas podrían haber existido todavía hace sólo 4.000 años en Vrangelya (isla de Wrangel), en la costa del extremo noreste de Asia. El mamut lanudo vivió en todos los continentes septentrionales. Tenía los hombros curvados, un domo o bóveda muy marcado en la parte superior de la cabeza y una cola muy corta. No era el mayor mamut, pero sí el más lanudo: los especímenes congelados muestran que los pelos lanudos del pelaje externo llegaban a los 90 centímetros de longitud. Estos pelos eran oscuros, casi negros: las primeras reconstrucciones de los mamuts «pelirrojos» se debieron a sustancias químicas naturales del suelo y de las rocas que se filtraron entre el pelo y lo tiñeron de rojo.

El mamut de las estepas de Europa y Asia, *Mammuthus trogontherii*, tenía un pelaje lanudo más corto y era una de las especies de mayor tamaño, que probablemente alcanzaba 4,6 metros en la cruz y pesaba más de 10 toneladas. El mamut americano, *Mammuthus columbi*, era ligeramente menor, carecía de pelaje espeso y sólo vivió en Norteamérica. El antecesor de todas estas formas podría haber sido el mamut del sur, *Mammuthus meridionalis*.

MEGALOCEROS

También conocido como ciervo gigante o ciervo irlandés, *Megaloceros* perteneció al grupo de los cérvidos, como los actuales ciervos o el alce. Sin embargo, está más relacionado con el gamo y no era un verdadero ciervo o alce, aunque rivalizaba con el alce en tamaño. Sus restos se han encontrado en muchos yacimientos de Europa y Asia, desde Irlanda hasta China. El nombre común de ciervo irlandés deriva del hecho de que los primeros descubrimientos se hicieron en Irlanda, en los que se incluían partes de más de cien individuos en un pantano próximo a Dublín. La terminación *ceros* del nombre científico significa «cuerno», pero las astas de los ciervos son diferentes de los verdaderos cuernos de mamíferos como los toros o los antílopes. A diferencia de los verdaderos cuernos, que crecen continuamente en ambos sexos, las astas caen y vuelven a crecer cada año, y sólo en los machos, excepto en una especie viviente, el reno/caribú.

Para un macho de *Megaloceros*, el desarrollo de nuevas astas cada año tenía que suponer un enorme gasto energético, lo que debía obligarle a acumular suficientes nutrientes para construir un nuevo par de estas imponentes estructuras. En algunos especímenes, la cuerna o conjunto de ambas astas llegaba a medir 3,5 metros y a pesar 50 kilogramos. *Megaloceros* sobrevivió desde hace 500.000 años hasta hace menos de 10.000 . La presencia de diminutas estrías en las astas sugiere que éstas no sólo tenían una función de exhibición, sino que se usaban en los combates, al igual que un ciervo actual en celo. Una idea popular es que las astas eran tan grandes y pesadas cuando crecían que *Megaloceros* era incapaz de mantener erguida la cabeza. Sin embargo, la depredación por parte de los humanos durante la edad de hielo, y quizás el cambio climático, aceleró la extinción de este enorme animal. En las pinturas murales se le representa de color marrón con el pecho más pálido.

FICHA

MEGALOCEROS (MEGACEROS)

Significado: megacuerno (cuerna o astas), cuerno gigante

Período: Cuaternario

Grupo principal: Mammalia (Ungulata)

Tamaño: cabeza-cuerpo, 2,5 metros; altura en la cruz, 2 metros

Peso: 400-500 kilogramos

Dieta: hierbas, hojas

Fósiles: en Europa (en especial en Irlanda) y Asia (sobre todo en el norte)

0 1 2 3 4 5 6 7 8 9 10 11 12 13 14

DERECHA El hecho de que se hayan encontrado más restos de *Megaloceros* con astas que sin cuerna sugiere que los inmensos machos fallecían en mayor número que las hembras probablemente durante el invierno. Pese al gran tamaño de este ciervo, la forma general del cuerpo sugiere que era un animal fuerte y rápido, lleno de energía.

Ursus spelaeus (Oso cavernario)

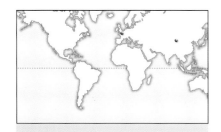

FICHA

URSUS SPELAEUS

Significado: oso cavernario

Período: Cuaternario

Grupo principal : Mammalia (Carnivora)

Longitud: más de 3 metros

Peso: más de 500 kilogramos

Dieta: principalmente materias vegetales y quizás pequeñas presas y carroña

Fósiles: en Europa y Asia

Los úrsidos son osos y el género *Ursus* incluye la mitad de las ocho especies vivas de osos: polar, pardo y osos negros americano y del Tíbet. *Ursus spelaeus* era el oso cavernario gigante de las edades de hielo, que sobrevivió hasta hace pocos miles de años. Era similar en cuanto a tamaño al actual oso pardo, pero tenía un hocico más largo y prominente. Su pelo era largo y lanudo, sus extremidades eran extremadamente musculosas y poderosas, y cada pie tenía cinco dedos terminados en garras largas y curvadas. Aparece en las pinturas de los antiguos seres humanos, los cuales también empleaban sus huesos y sus dientes, en especial los neandertales, para hacer obras de talla y objetos decorativos, por ejemplo collares, así como en rituales (*véase* página 432).

Recibe el nombre de oso cavernario porque muchos de sus restos se han encontrado en cuevas, en especial en los Alpes. Entre éstos se incluyen huesos y dientes, subfósiles (materiales en vías de transformarse en fósiles) y pedazos de piel y otros tejidos blandos. Se conocen muchos yacimientos de esta especie en Europa y Asia, desde Gran Bretaña y España hasta Rusia. En algunas cuevas, como la Drachenhohle («cueva del dragón») en Austria, hay restos de varios miles de osos cavernarios. Los osos actuales son solitarios, incluso durante el invierno. Es posible que para sobrevivir a los rigurosos inviernos, los osos cavernarios de la edad de hielo modificaran su comportamiento social habitual y se reunieran en grupos para dormir profundamente en lugares guarecidos, aunque en la Drachenhohle se vieron sorprendidos por una inundación o un desastre similar. La búsqueda de refugio durante la edad de hielo pudo haber provocado conflictos entre el oso cavernario y los seres humanos, aunque es probable que el oso fuera sobre todo herbívoro.

DERECHA Es probable que el oso cavernario y el ser humano se encontraran cara a cara en la edad de hielo mientras buscaban refugio en el crudo invierno. Levantado sobre sus patas posteriores, este úrsido podía medir más de 3 metros de altura, más o menos como un gran oso grizzly (oso pardo norteamericano) actual.

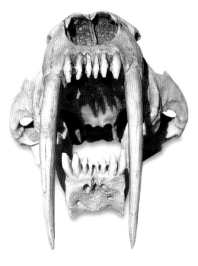

SUPERIOR La boca de *Smilodon* estaba dominada por los caninos, que eran más largos que una mano humana, aunque delgados y en forma de cuchilla, vistos de frente. Los caninos de la mandíbula inferior eran diminutos o inexistentes y los molares eran escasos.

IZQUIERDA El «tigre» dientes de sable *Smilodon* era algo más pequeño que un tigre de gran tamaño actual. Para ser un carnívoro de la familia de los félidos, su esqueleto era relativamente robusto.

SMILODON (FÉLIDO DE DIENTES DE SABLE)

Es probable que los félidos de dientes de sable mejor conocidos, los enormes especímenes de *Smilodon*, tuvieran el tamaño de un león actual. Todo el mundo les llama tigres de dientes de sable, pero, si bien es cierto que eran félidos o miembros de la familia de los gatos, panteras, etc., los tigres se encuentran entre sus parientes más lejanos. Hay varias especies del género *Smilodon*, entre ellas *Smilodon fatalis/californicus*, con miles de individuos que se fosilizaron en los hoyos de brea de La Brea en Los Ángeles, California. Quedaron atrapados en las pozas de viscosa brea junto con lobos y otros depredadores, que presumiblemente fueron allí para regalarse con los distintos mastodontes (elefantes primitivos) y otros grandes herbívoros que ya estaban luchando por salir a flote. *Smilodon populator/neogaeus* vivió en Sudamérica y era ligeramente mayor. Es probable que evolucionara allí después de que sus antecesores cruzaran desde Norteamérica, tras la unión de este continente con Sudamérica (mediante el puente centroamericano) hace unos pocos

millones de años. En Europa, Asia y África se conocen otros tipos de félidos de dientes de sable.

Smilodon era un félido muy musculoso, de complexión fuerte, especialmente en los hombros y en las extremidades anteriores. Los «sables» eran caninos superiores que alcanzaban 25 centímetros de longitud. Eran afilados y tenían los bordes posteriores serrados, pero también estaban comprimidos lateralmente, como una espada, y eran bastante frágiles. Es posible que no resistieran un fuerte mordisco a un hueso duro. Lo más probable es que el félido abriera mucho la boca (120 grados) y la usara para acuchillar y rasgar la piel y la carne de su víctima, quizás infligiendo heridas a la presa para que ésta muriera desangrada. Una vez muerta, podía arrancar pedazos de carne y tragarlos sin el riesgo de lastimarse los dientes con las sacudidas de la presa. Entre las presas probables de *Smilodon* se incluían formas prehistóricas de bisontes, camellos, caballos y perezosos gigantes.

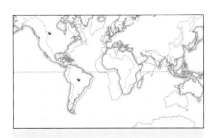

FICHA
SMILODON
Significado: dientes de cuchillo
Período: Cuaternario
Grupo principal: Mammalia (Carnivora)
Longitud: hasta 3 metros
Peso: 200 kilogramos
Dieta: carne
Fósiles: en Norteamérica y Sudamérica

0 1 2 3 4 5 6 7 8 9 10 11 12 13 14

Primeros homínidos

FICHA

ARDIPITHECUS

Significado: mono raíz

Período: Terciario (Plioceno)

Grupo principal: Mammalia (Primates)

Altura: de pie, 1 metro

Peso: 40 kilogramos

Dieta: probablemente mixta, pero principalmente material vegetal

Fósiles: en Etiopía

0 1 2 3 4 5 6 7 8 9 10 11 12 13 14

La ciencia que estudia de dónde venimos y, en concreto, dónde y cómo vivieron nuestros antepasados lejanos causa una fascinación especial, a la vez que genera un excepcional número de debates y discusiones. El orden de la clase mamíferos denominado Primates comprende los lémures, gálagos, monos, simios y homínidos. El grupo de los homínidos (una subdivisión de la familia Hominidae, la cual también incluye a los orangutanes, gorilas, chimpancés y bonobos) suele describirse como constituido por una sola especie viva (*Homo sapiens*, nosotros) y varios antecesores y parientes, remontándose en el tiempo hasta el ancestro común que dio lugar a nosotros y a nuestros parientes vivos más próximos, los chimpancés, pero sin incluir a dicho ancestro. Es casi seguro que este antepasado común vivió en África, y probablemente hace al menos 5 millones de años.

Hace un siglo, la idea de que los humanos evolucionaron a partir de antepasados simiescos a través de «eslabones perdidos» parecía risible o herética. Hoy en día, hay casi un exceso de «eslabones encontrados» u homínidos extinguidos que se conocen a partir de numerosos fósiles. Todos los primeros tipos proceden de África. Uno de los primeros fue *Ardipithecus*, cuyos restos, hallados en la región etiópica de Middle Awash, tienen una antigüedad próxima a los 4,5 millones de años. Este primate parecido a un chimpancé podría haber andado semierguido, pero su capacidad craneal probablemente era sólo de 400-500 centímetros cúbicos, mientras que la nuestra es de aproximadamente 1.500 centímetros cúbicos. Sin embargo, en algunos árboles evolutivos se considera a *Ardipithecus* como una especie de *Australopithecus* (*véase* página siguiente). Todavía es más antiguo *Orrorin*, cuyos fósiles de 6 millones de años de antigüedad se descubrieron en 2000, en Tugen Hills, en Kenia. Y un descubrimiento todavía más reciente y con una datación aún más antigua es *Sahelanthropus*, de Chad. Estos fósiles fueron desenterrados en 2002, y se han datado en casi 7 millones de años. Estos primates suelen clasificarse bien como homínidos muy primitivos, bien como miembros del grupo de los chimpancés, o bien, en el caso de *Sahelanthropus*, como pariente muy próximo de los gorilas. El debate sobre estos fósiles sigue abierto.

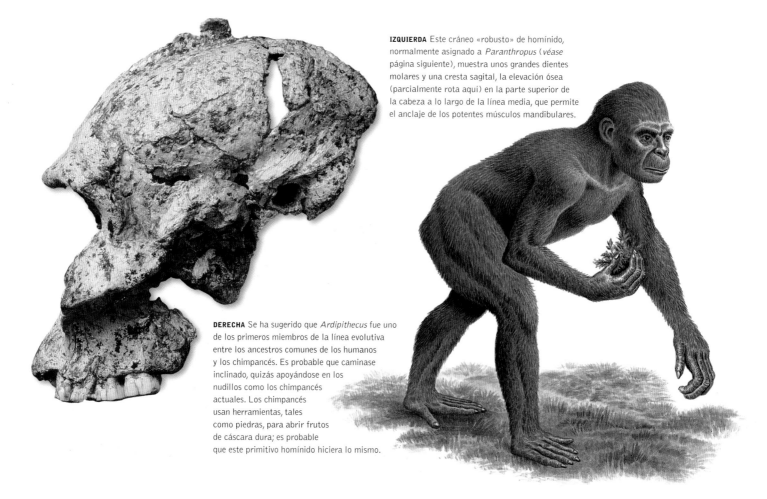

IZQUIERDA Este cráneo «robusto» de homínido, normalmente asignado a *Paranthropus* (*véase* página siguiente), muestra unos grandes dientes molares y una cresta sagital, la elevación ósea (parcialmente rota aquí) en la parte superior de la cabeza a lo largo de la línea media, que permite el anclaje de los potentes músculos mandibulares.

DERECHA Se ha sugerido que *Ardipithecus* fue uno de los primeros miembros de la línea evolutiva entre los ancestros comunes de los humanos y los chimpancés. Es probable que caminase inclinado, quizás apoyándose en los nudillos como los chimpancés actuales. Los chimpancés usan herramientas, tales como piedras, para abrir frutos de cáscara dura; es probable que este primitivo homínido hiciera lo mismo.

AUSTRALOPITHECUS

Los fósiles de homínidos generan enormes controversias (*véanse* notas sobre la evolución humana en la página anterior). Algunos expertos citan más de diez especies dentro del género *Australopithecus*, mientras que otros las agrupan en tres. Uno de los más importantes es el espécimen AL 288-1, más conocido como Lucy. El esqueleto, completo en unas dos quintas partes, fue descubierto en 1974 y bautizado como *Australopithecus afarensis* por Donald Johanson y Tim White en 1978. Esta especie vivió probablemente desde hace 4 millones de años hasta hace menos de 3 millones de años. Podía andar erguida, pero recordaba a sus antepasados más simiescos en algunos aspectos, como la frente inclinada, las mandíbulas prognatas, el mentón menos marcado y los dientes parecidos a los de los chimpancés. Algunos especialistas afirman actualmente que Lucy era realmente un macho y la han rebautizado como Lucifer. Recientemente también se ha rebatido su capacidad para poder andar totalmente erguida.

Australopithecus afarensis es quizás el candidato mejor situado para ser el eslabón de la unión entre los primeros homínidos y las formas posteriores, una de las cuales evolucionó hasta nosotros. Otra especie, *Australopithecus africanus*, vivió entre hace 3 y 2 millones de años en el sur de África. Fue bautizado en 1925 por Raymond Dart, un paleontólogo sudafricano, a partir del cráneo fósil de un individuo infantil, quizás de entre tres y seis años de edad, conocido por el lugar de su descubrimiento como el Niño de Taung. Además, antiguamente se afirmaba que el género *Australopithecus* incluía formas robustas, especies más grandes, más fuertes y de complexión más pesada, como *Australopithecus robustus* y *Australopithecus boisei* (antiguamente *Zinjanthropus*). Tenían mandíbulas muy poderosas y grandes dientes adaptados para masticar con eficiencia. La mayoría vivieron entre hace 2,5 millones y 1 millón de años. Sin embargo, estas formas robustas se clasifican en la actualidad dentro de otro género: *Paranthropus*.

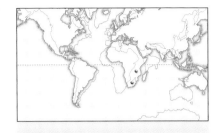

FICHA
AUSTRALOPITHECUS AFARENSIS
Significado: mono sureño de Afar

Período: Terciario (Plioceno)

Grupo principal: Mammalia (Primates)

Altura: de pie, 1 metro

Peso: 40 kilogramos

Dieta: probablemente sobre todo materiales vegetales

Fósiles: en África, sobre todo en el sur y el este

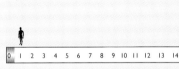

INFERIOR Un espécimen de *Australopithecus africanus* de la famosa cueva situada en Sterkfontein, en Sudáfrica. La caja craneal baja, los arcos superciliares marcados y el prognatismo de la mandíbula superior son rasgos primitivos.

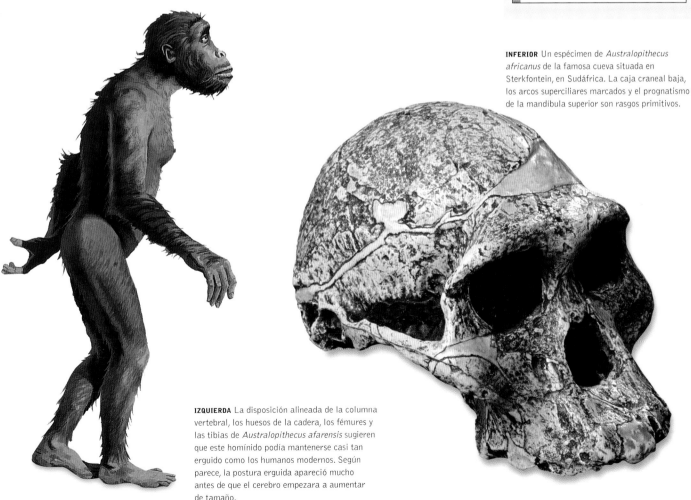

IZQUIERDA La disposición alineada de la columna vertebral, los huesos de la cadera, los fémures y las tibias de *Australopithecus afarensis* sugieren que este homínido podía mantenerse casi tan erguido como los humanos modernos. Según parece, la postura erguida apareció mucho antes de que el cerebro empezara a aumentar de tamaño.

LAS PRIMERAS ESPECIES DE HOMO

FICHA
HOMO (AUSTRALOPITHECUS) HABILIS
Significado: hombre hábil

Período: Terciario

Grupo principal: Mammalia (Primates)

Altura: Hasta 1,3 metros

Peso: 30-40 kilogramos

Dieta: mixta, incluyendo posiblemente carne cazada

Fósiles: en el este de África

0 1 2 3 4 5 6 7 8 9 10 11 12 13 14

Nuestro propio género, *Homo*, incluye a nuestros parientes más cercanos (*véase* nota sobre la evolución humana, página 428). Algunos esquemas de clasificación catalogan ocho o más especies de *Homo*, pero otros sólo tienen tres o cuatro. Uno de los primeros es *Homo habilis*, «hombre hábil», así llamado porque sus fósiles se encontraron asociados con herramientas de piedra simples, de un tipo conocido como cultura olduvayense. Los fósiles de *Homo habilis* provienen del este de África, en especial de la garganta de Olduvai, en Tanzania, y datan de entre 2,5 y 1,5 millones de años. La especie fue bautizada en 1964 por Louis Leakey, John Napier y Phillip Tobias. Las reconstrucciones muestran lo que muchos imaginan como una «persona mono», con una mezcla de rasgos simiescos y humanos. *Homo habilis*, en efecto, era capaz de andar erguido pero era bastante bajo, y quizás no midiera más de 1,3 metros.

Algunos especialistas ven a *Homo habilis* como una especie de *Australopithecus* o como una mezcla de fósiles que representan a dos o más especies. Una de éstas es

Homo rudolfensis, bautizada en 1968 a partir del cráneo 1470 que fue descubierto en 1972 por un equipo liderado por Richard Leakey (el hijo de Louis). Al igual que los yacimientos fósiles de muchos otros homínidos, los de *Homo rudolfensis* se extienden a lo largo del gran valle del Rift, en el este de África. Datan de entre hace 2,5 millones de años y poco menos de 2 millones de años. Se estima que la capacidad cerebral de *Homo rudolfensis* era de 750 centímetros cúbicos, aproximadamente la mitad de la nuestra, y comparable a la de *Homo habilis*, que era de 650. Otras especies propuestas del género *Homo*, aunque hay mucho debate al respecto, son *Homo ergaster*, también del este de África (1,9-1,2 millones de años, *véase* página siguiente); *Homo antecessor*, principalmente en España (hace unos 800.000 años); *Homo heidelbergensis*, principalmente en Europa (desde hace 600.000 hasta quizás menos de 100.000 años y posible antecesor de los neandertales); y *Homo erectus*.

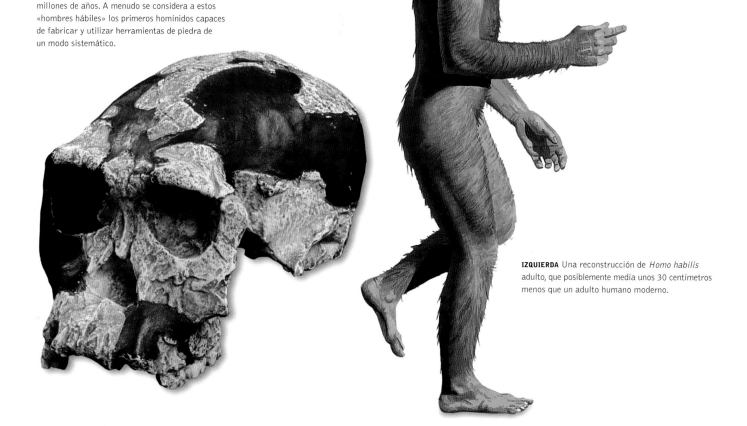

INFERIOR Este cráneo de *Homo* (*Australopithecus*) *habilis* de Olduvai, Tanzania, está datado en 1,8 millones de años. A menudo se considera a estos «hombres hábiles» los primeros homínidos capaces de fabricar y utilizar herramientas de piedra de un modo sistemático.

IZQUIERDA Una reconstrucción de *Homo habilis* adulto, que posiblemente medía unos 30 centímetros menos que un adulto humano moderno.

HOMO ERECTUS

Por lo general se considera que *Homo erectus* vivió desde hace casi 2 millones de años hasta hace 500.000 años, primero en África, pero muy pronto se extendió por la mayor parte del viejo continente. Uno de los primeros descubrimientos lo realizó Eugène Dubois en Java, Indonesia. Encontró parte de un cráneo en 1891 y lo bautizó como *Paranthropus erectus*. En aquella época, su propuesta fue totalmente rechazada por los paleontólogos oficiales. En la década de 1920 se realizaron nuevos hallazgos en Zhoukoudian, en China, y lo apodaron Hombre de Pekín (o de Beijing). Éstos y otros muchos restos fueron reclasificados como *Homo erectus* en la década de 1960 y la especie fue considerada por algunos nuestro antecesor directo. Una tendencia más reciente ha sido la de redefinir *Homo erectus* como una mezcla de especies, que incluyen los

primeros fósiles de África como *Homo ergaster* y los últimos de Europa como *Homo heidelbergensis* (*véase* página anterior y también las notas sobre la evolución humana, página 428).

Uno de los primeros especímenes africanos más completos es el Niño de Turkana o Niño de Nariokotome (espécimen KNM-ER 15000), hallado en Kenia. Este espécimen está datado en 1,6 millones de años y muestra que *Homo erectus* era muy robusto aunque a la vez esbelto, y el nombre de la especie sugiere que cuando estaba erguido tenía la misma altura que muchos humanos actuales. Tenía 10-12 años de edad cuando murió. Muchos de los restos de *Homo erectus* se hallaron asociados con herramientas fabricadas a partir de piedras, madera, huesos, astas y otros materiales, e incluyen hachas de mano, choppers y raspadores. Estos ejemplos de lo que se conoce como cultura acheliense se volvieron cada vez más sofisticados con el tiempo. Muchos yacimientos de *Homo erectus*, en especial los últimos de Europa y de Asia, también estaban asociados con restos de hogueras.

FICHA

HOMO ERECTUS / ERGASTER

Significado: hombre erguido/trabajador

Período: Terciario

Grupo principal: Mammalia (Primates)

Altura: hasta 1,8 metros

Peso: 60-80 kilogramos

Dieta: mixta, incluyendo posiblemente carne cazada

Fósiles: en África (posiblemente *Homo ergaster*), Europa y Asia

0 1 2 3 4 5 6 7 8 9 10 11 12 13 14

IZQUIERDA Reconstrucción de un *Homo erectus* completamente erguido, de estructura fuerte y esgrimiendo un arma, basada en fósiles hallados en China durante la década de 1920.

DERECHA Un espécimen de *Homo ergaster*, a veces considerado una forma primitiva de *Homo erectus*, hallado en Kenia. Comparado con los cráneos de homínidos de las páginas anteriores, la caja craneal es mayor y la mandíbula superior menos prognata. En particular, los dientes identifican a este ejemplar como un individuo adolescente.

HOMO NEANDERTHALENSIS

FICHA

HOMO NEANDERTHALENSIS

Significado: hombre del valle de Neander

Período: Cuaternario

Grupo principal: Mammalia (Primates)

Altura: hasta 1,7 metros

Peso: 70-90 kilogramos

Dieta: mixta, incluyendo posiblemente carne cazada

Fósiles: en Alemania y Portugal

Los primeros fósiles de neandertales conocidos por la ciencia fueron descubiertos por los trabajadores de una cantera en el valle del río Neander en Alemania en 1856: *Neanderthal* significa simplemente «valle de Neander». (En la escritura alemana moderna y también en castellano, la h, que era muda, no se escribe.) Muchos otros descubrimientos han mostrado que los neandertales tenían un cuerpo muy robusto, con el cerebro tan grande como el nuestro o incluso mayor, de más de 1.700 centímetros cúbicos. El rostro neandertal típico presentaba una frente baja e inclinada, arcos superciliares marcados encima de los ojos, mandíbulas prognatas y un mentón inclinado hacia atrás. El cuerpo era robusto, con el pecho fuerte y grueso, y las extremidades eran relativamente cortas pero muy musculosas. Estas proporciones rechonchas eran una adaptación al clima frío, ya que así se perdía menos calor hacia el ambiente. Durante muchos años después de que se descubrieran los restos de neandertales, la idea popular al respecto es que eran habitantes de las cavernas que vivieron durante la edad de hielo, y en parte era cierto. Aparecieron hace menos de 200.000 años, posiblemente como descendientes de *Homo heidelbergensis* (*véase* página 430), y vivieron en Europa y el oeste de Asia. Hasta fechas recientes, los neandertales eran considerados perezosos y estúpidos, sin lenguaje ni cultura. Pero sobrevivieron a varias glaciaciones, especialmente en Europa, y utilizaban hachas, lanzas, raspadores y otras muchas herramientas y armas cada vez más sofisticadas, típicas de lo que se conoce como cultura musteriense. Es probable que cazaran grandes animales, tales como mamuts lanudos, y que tuvieran lenguaje hablado, y ciertamente realizaban ceremonias y enterraban a sus muertos con rituales (hecho que los hace muy parecidos a los modernos humanos y muy diferentes de cualquier otro animal). Sin embargo, parece que hace unos 28.000 años desaparecieron. Pudieron haberse extinguido por la rápida expansión de la más moderna especie de *Homo*, *Homo sapiens*. Para algunos especialistas, ciertos fósiles, como el Niño de Lagar Velho, encontrado en el centro de Portugal y datado en unos 24.500 años, muestran una mezcla de rasgos neandertales y de hombres modernos, lo que puede sugerir que hubo hibridación.

DERECHA Las reconstrucciones más antiguas de los neandertales, que los mostraban encorvados y deformados, estaban basadas en un viejo individuo macho que sufría un grave problema de artritis. Sin embargo, el hecho de que sobreviviera bajo estas condiciones muestra que recibió cierto apoyo y cuidados familiares o sociales.

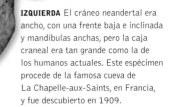

IZQUIERDA El cráneo neandertal era ancho, con una frente baja e inclinada y mandíbulas anchas, pero la caja craneal era tan grande como la de los humanos actuales. Este espécimen procede de la famosa cueva de La Chapelle-aux-Saints, en Francia, y fue descubierto en 1909.

HOMO SAPIENS

De los muchos tipos de homínidos que han existido durante los últimos pocos millones de años (*véanse* notas sobre la evolución humana, página 428), sólo ha sobrevivido una especie. Un punto de vista científico sobre nuestro origen, la hipótesis multirregional, propone que nuestro directo predecesor fue *Homo erectus*. Esta especie se extendió por muchas partes del mundo y evolucionó gradualmente en estas regiones, mezclándose e hibridando para dar los distintos grupos geográficos y étnicos de *Homo sapiens* que pueden observarse a lo ancho del planeta. Por otro lado, la hipótesis de la salida de África sugiere que los seres humanos anatómicamente modernos aparecieron en el este o el sur de África en algún momento entre hace 200.000 y 100.000 años. Esta hipótesis se apoya en las evidencias fósiles y también en el análisis de material genético de seres humanos vivos; ésta es la teoría que defienden hoy en día la mayoría de los paleontólogos.

Hace unos 100.000 años, los humanos modernos se diseminaron por el norte hasta Europa y por el este hasta Asia. Desplazándose por tierra o quizás por la costa en primitivos botes, colonizaron nuevas regiones y se adaptaron a los climas y condiciones locales, con lo que se originaron los diferentes grupos que conocemos en la actualidad. No está claro si encontraron representantes de la especie emparentada *Homo erectus* y los reemplazaron o bien si se hibridaron con ellos. Estos humanos modernos llegaron al sudeste de Asia y Australia hace al menos 40.000 años. América fue colonizada hace unos 15.000 años, aunque recientes evidencias sugieren que llegaron mucho antes allí, quizá hace 35.000 años, desde el noreste de Asia a través de lo que es ahora el estrecho de Bering, tierra firme en aquella época. En Europa, hace 40.000 años se produjeron saltos cualitativos en la sofisticación de las herramientas de los seres humanos, la ornamentación corporal, las ceremonias, los rituales, la escultura y el arte, en lo que se conoce como cultura Cro-Magnon o cromañón. Era el momento de los fósiles recientes: desde este instante, la arqueología remplaza gradualmente a la paleontología y la prehistoria se convierte en historia.

FICHA
HOMO SAPIENS

Significado: hombre sabio

Período: Cuaternario

Grupo principal: Mammalia (Primates)

Altura: hasta 1,8 metros o más

Peso: 50-80 kilogramos

Dieta: mixta, incluyendo carne cazada

Fósiles: en todo el mundo

IZQUIERDA Hace unos 100.000 años, los humanos eran anatómicamente casi idénticos a la gente de hoy en día. Las evidencias genéticas actuales sugieren que aparecieron como un pequeño grupo en África y se extendieron por todo el mundo, con importantes fases de progreso cultural temprano en Asia.

INFERIOR Comparado con el cráneo de neandertal (*véase* página anterior), el cráneo humano moderno tiene la frente más alta y abovedada, las mandíbulas más pequeñas y el mentón más pronunciado.

EPÍLOGO SOBRE LA EVOLUCIÓN

EL DESARROLLO DE NUESTRA PROPIA ESPECIE, *HOMO SAPIENS*, HA CAUSADO CAMBIOS MÁS NUMEROSOS Y RÁPIDOS EN EL MUNDO DE LOS QUE SUCEDIERON NUNCA EN TIEMPOS PASADOS. EL CRECIMIENTO INDUSTRIAL, EL SAQUEO DE LOS RECURSOS NATURALES, EL AUMENTO EXPLOSIVO DE LAS POBLACIONES, EL DESARROLLO DESMESURADO DE LAS CIUDADES, LA CONTAMINACIÓN DEL AIRE, LAS TIERRAS Y LOS MARES, EL CALENTAMIENTO GLOBAL Y LA DISMINUCIÓN DE LA CAPA DE OZONO HAN CAUSADO UNA PÉRDIDA ALARMANTEMENTE RÁPIDA DE GRAN PARTE DE LA NATURALEZA EN TODAS SUS FORMAS, DESDE LAS ÁREAS NATURALES HASTA LAS ESPECIES VEGETALES Y ANIMALES. EN TÉRMINOS DE ESCALA DEL TIEMPO PREHISTÓRICO, TODO ESTO ESTÁ SUCEDIENDO EN UN ABRIR Y CERRAR DE OJOS. ¿QUÉ LEGADO DEJAREMOS NOSOTROS COMO FÓSILES PARA EL FUTURO, SI ES QUE DEJAMOS ALGUNO?

DERECHA La extensión de la ciudad de Los Ángeles llega hasta donde alcanza la vista, lo que no es mucho en un día de calina tóxica, cuando los contaminantes aéreos nublan la visión. ¿Qué aspecto tendrá esta zona de aquí a un millón de años o incluso de aquí a un millar? Los humanos no pueden continuar manteniendo su actual índice de crecimiento de población y de desarrollo industrial. El planeta no tiene el espacio ni los recursos naturales suficientes para ello.

PRINCIPALES YACIMIENTOS DE FÓSILES:
AMÉRICA

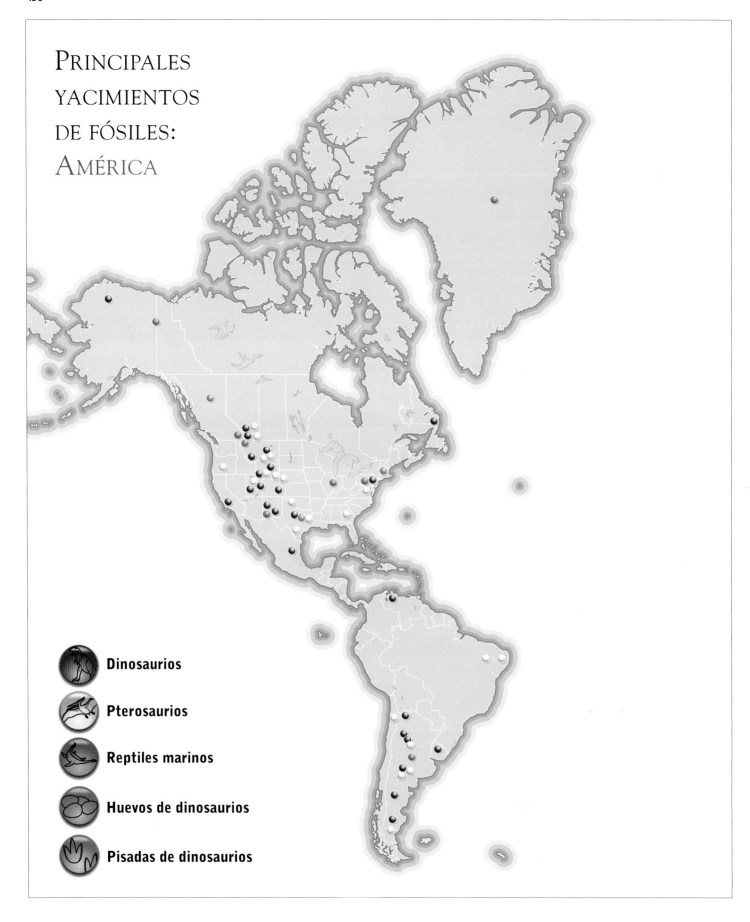

Dinosaurios

Pterosaurios

Reptiles marinos

Huevos de dinosaurios

Pisadas de dinosaurios

Principales yacimientos de fósiles:
Europa y África

Dinosaurios

Pterosaurios

Reptiles marinos

Huevos de dinosaurios

Pisadas de dinosaurios

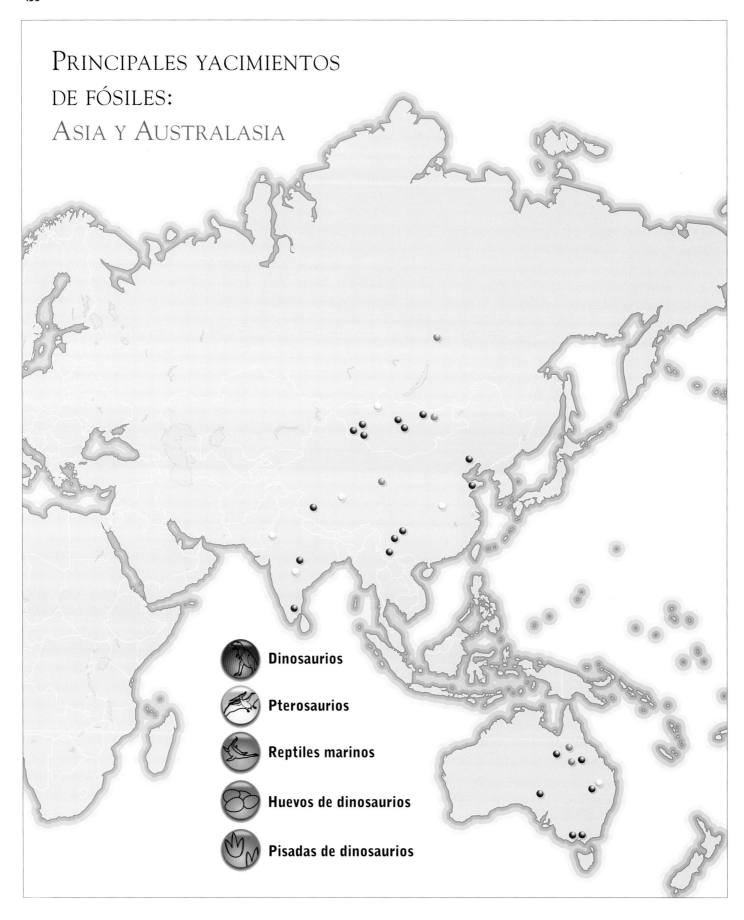

Principales yacimientos
de fósiles:
Asia y Australasia

Dinosaurios

Pterosaurios

Reptiles marinos

Huevos de dinosaurios

Pisadas de dinosaurios

DÓNDE VER DINOSAURIOS

NORTEAMÉRICA

ESTADOS UNIDOS

**Museo Americano
de Historia Natural**
Central Park West at
79th Street,
New York, NY 10024-5192
Tel. +1 (212) 769-5100
www.amnh.org

**Academia de Ciencias
de California**
Golden Gate Park,
San Francisco, CA 94118
Tel. +1 (415) 750-7145
www.calacademy.org

**Museo de Historia
Natural Carnegie**
4400 Forbes Avenue,
Pittsburgh, PA 15213
Tel. +1 (412) 622-3131
www.carnegiemuseums.org/cmnh

**Monumento Nacional
de los Dinosaurios**
situado cerca de Vernal, Utah
y de Dinosaur, Colorado
4545 E Highway 40,
Dinosaur, CO 81610-9724
Tel. +1 (435) 781-7700
www.nps.gov/dino/index.htm

**Museo Field
de Historia Natural**
1400 S. Lake Shore Drive,
Chicago, IL 60605-2496
Tel. +1 (312) 922-9410
www.fmnh.org

Museo de las Rocosas
Montana State University,
600 West Kagy Boulevard,
Bozeman, MT 59717-2730
Tel. +1 (406) 994-DINO
www.montana.edu/wwwmor

**Museo Nacional
de Historia Natural**
10th Street and Constitution
Avenue, NW,
Washington, DC 20560
Tel. +1 (202) 357-2700
www.mnh.si.edu

**Museo de Historia Hatural
de Los Ángeles**
County 900 Exposition
Boulevard,
Los Angeles, CA 90007
Tel. +1 (213) 763-DINO
www.nhm.org

**Museo Peabody de Historia
Natural de la Universidad
de Yale**
PO Box 208118,
170 Whitney Avenue,
New Haven, CT 06520-8118
Tel. +1 (203) 432-5050
www.peabody.yale.edu

**Museo de Paleontología,
Universidad de California,
Berkeley**
1101 Valley Life Sciences
Building,
Berkeley, CA 94720-4780
Tel. +1 (510) 642-1821
www.ucmp.berkeley.edu

**Museo de Historia Natural
de Utah**
1390 E Presidents Circle,
University of Utah,
Salt Lake City, UT 84112-0050
Tel. +1 (801) 581-6927
www.umnh.utah.edu

CANADÁ

**Museo Canadiense
de la Naturaleza**
Victoria Memorial Building,
240 McLeod Street,
PO Box 3443 Stn D,
Ottawa, ON K1P 6P4
Tel. +1 (613) 566-4700
www.nature.ca

Museo Real de Ontario
Main Building,
100 Queen's Park,
Toronto, Ontario,
M5S 2C6
Tel. +1 (416) 586-5549
www.rom.on.ca

**Museo Real Tyrrell
de Paleontología**
Highway 838, Midland
Provincial Park,
Drumheller, Alberta, T0J 0Y0
Tel. +1 (403) 823-7707
www.tyrrellmuseum.com/home/

SUDAMÉRICA

ARGENTINA

**Museo Argentino de Ciencias
Naturales «Bernardino
Rivadavia»**
Casilla de Correo 220, Avda.
Angel Gallardo 470, Suc. 5,
1405 Buenos Aires
Tel. +54-1-982-0306
www.macn.secyt.gov.ar

EUROPA

BÉLGICA

**Instituto Real Belga
de Ciencias Naturales**
Rue Vautier 29, B-1000,
Brussels
Tel. +32 (0)2 627 42 11
www.kbinirsnb.be

FRANCIA

**Museo de los Dinosaurios
de Espéraza**
11260 Espéraza
Tel. +33 04 68 74 26 88
http://perso.wanadoo.fr/musee/
dinosaures

Museo de Historia Natural
36 rue Geoffroy Saint-Hilaire,
Paris, 75005
Tel. +33 01 40 79 30 00
www.mnhn.fr

**Museo Parque
de los Dinosaurios**
RN 113-3410 MEZE,
Béziers
Tel. +33 04 67 43 02 80
www.musee-parc-dinosaures.com

ALEMANIA

**Instituto de Investigación
de Historia Natural,
Museo de Ciencias Naturales**
Zentralinstitut der Humboldt-
Universität zu Berlin
Invalidenstrasse 43,
D-10115, Berlin
Tel. +49 (0)30 2093-8591
www.museum.hu-berlin.de

**Museo Nacional de Ciencias
Naturales de Stuttgart**
Rosenstein 1,
70191 Stuttgart-Nord
Tel. +49 (0)72 1175-2111
www.stuttgartmuseums.com/nat
ural_history_museum.html

POLONIA

**Instituto de Paleobiología
de Varsovia**
Instytut Paleobiologii PAN
ul. Twarda 51/55, 00-818
Warszawa
Tel. +48 (48-22) 620-6224
www.paleo.pan.pl

RUSIA

**Instituto Paleontológico de la
Academia Rusa de las Ciencias**
117868,
Moscow, Profsoyuznaya st., 123
Tel. +7 (059) 339-54-77
www.paleo.ru

ESPAÑA

**Museo Nacional
de Ciencias Naturales**
José Gutiérrez Abascal, 2
28006 Madrid
Tel. +34 91 411 13 28
www.mncn.csic.es

REINO UNIDO

Museo de la Ciudad de Bristol
Queens Road, Bristol, BS8 1RL
Tel. +44 01179 223 571
www.bristol-city.gov.uk

Isla de los Dinosaurios
Culver Parade,
Sandown, Isle of Wight
Tel. +44 01983 404344
www.miwg.freeserve.co.uk

Museo Hunteriano
University of Glasgow,
University Avenue,
Glasgow, G12 8QQ, Scotland.
Tel. +44 0141 330 4221
www.hunterian.gla.ac.uk

Museo de Historia Natural
Cromwell Road,
London, SW7 5BD
Tel. +44 0207 942 5011
www.nhm.ac.uk

**Museo de Historia Natural
de Oxford**
Parks Road,
Oxford, OX1 3PW
Tel. +44 01865 272 950
www.oum.ox.ac.uk

**Museo Sedgwick de
Ciencias de la Tierra**
Downing Street,
Cambridge, CB2 3EQ
Tel. + 44 01223 333 456
www.sedgwickmuseum.org

ÁFRICA

SUDÁFRICA

Museo Sudafricano
Company Gardens,
Cape Town
Tel. +27 021 4243330
www.museums.org.za/sam

ASIA-PACÍFICO

AUSTRALIA

Centro Científico Monash
Building 74
Monash University
Clayton Campus
Victoria 3800
Tel. +61 (03) 9905 1370
www.sci.monash.edu.au/msc/
index.html

Museo de Queensland
Grey & Melbourne Streets,
South Bank,
South Brisbane
Tel. +61 07 3840 7635
www.qmuseum.qld.gov.au

CHINA

**Museo de los Dinosaurios
de la Ciudad de Zigong**
Dashanpu
Zigong, Sichuan
Tel. +86-813-580-1233

JAPÓN

**Museo Gunma
de Historia Natural**
1674-1, Kamikuroiwa,
Tomioka-shi,
Gunma-ken,
370-2345
Tel. +81 0274-60-1200
www.gmnh.pref.gunma.jp

Museo Nacional de Ciencias
7-20 Ueno Park, Taito-ku,
Tokyo 110-8718
Tel. +81-(0)3-3822-0111
www.kahaku.go.jp/english

GLOSARIO

abelisáuridos
Grupo de terópodos (dinosaurios carnívoros) del Cretácico con rasgos primitivos, basado en *Abelisaurus*, género sudamericano que alcanzaba 9 metros de longitud.

acantodios
Uno de los primeros grupos de peces con mandíbulas y aletas pares, datado entre el Silúrico inferior y el Pérmico. A veces se les llama tiburones espinosos pero no eran tiburones, sino parientes de los actuales peces óseos.

actinistios
Nombre alternativo del grupo de los peces sarcopterigios, con aletas carnosas o lobuladas, que incluye al celacanto.

actinopterigios
Nombre del grupo de los peces de aletas con radios, es decir, de los peces con esqueleto óseo cuyas aletas están soportadas por estructuras en forma de espina denominadas radios; a este grupo pertenece la gran mayoría de los peces actuales (compare con los sarcopterigios).

agnatos
«Sin mandíbulas», término que se aplica habitualmente a los peces que en lugar de mandíbulas tienen la boca modificada en forma de ventosa o raspador; los dos grupos principales de agnatos que sobreviven hoy son las lampreas y los mixinos.

aleta dorsal
Repliegue o membrana de piel que presentan los peces, ictiosaurios, cetáceos y otros animales en su espalda o dorso.

aletas pectorales
Par de aletas situado habitualmente en el costado inferior de los peces, hacia la parte anterior del cuerpo, que evolucionó muy probablemente hacia el par de extremidades anteriores de los animales de cuatro patas (compare con aletas pélvicas).

aletas pélvicas
Par de aletas situado habitualmente en el costado inferior de los peces, hacia la parte posterior del cuerpo, que evolucionó muy probablemente hacia el par de extremidades posteriores de los animales de cuatro patas (compare con aletas pectorales)

álula
Pequeño mechón de plumas situado en el vértice entre la parte esquelética del ala y las grandes plumas del extremo alar, que ajusta el flujo de aire, especialmente cuando el ave vuela a escasa velocidad; también se llama ala bastarda.

ammonoides
Moluscos cefalópodos extinguidos que poseían una concha externa enroscada en espiral, ojos grandes y muchos tentáculos para capturar presas; estaban emparentados con los pulpos y los calamares.

anélidos
Filum del reino animal que comprende gusanos con el cuerpo cilíndrico (lombrices y afines), o algo deprimido («lombrices» marinas y sanguijuelas).

anquilosáuridos
Subgrupo de los anquilosaurios (*véase* más abajo) que presentaban grandes protuberancias óseas en el extremo de la cola, es decir, la maza caudal (compare con los nodosáuridos).

anquilosaurios
Dinosaurios fitófagos acorazados o con grandes placas dorsales que estaban bien protegidos por las muchas placas óseas, protuberancias y escudos de su piel.

anseriformes
Orden de aves que comprende los cisnes, gansos, patos y afines.

antracosaurios
Subgrupo de labirintodontos que apareció en fechas muy tempranas de la historia de los tetrápodos, durante el período Carbonífero, pero se extinguió en el Pérmico.

anuros
Nombre que significa «sin cola» y se aplica al orden de anfibios o lisanfibios sin cola que comprende los sapos, ranas y afines.

ápodos
Nombre que significa «sin pies» y suele aplicarse al orden de anfibios o lisanfibios con aspecto de lombrices que también se conoce como cecilias o gimnofiones (Gymnophiona).

arcosauriomorfos
Reptiles con una forma o estructura corporal que recuerda a la de los arcosaurios (*véase* más abajo).

arcosaurios
(«reptiles dominantes») Grupo de reptiles diápsidos que apareció en el período Triásico e incluye los dinosaurios, los pterosaurios y los cocodrilos.

articulación
Unión entre varias partes del esqueleto o el armazón estructural de un animal, como por ejemplo entre los huesos del esqueleto de un dinosaurio.

artrópodos
Filum de animales invertebrados que se caracterizan por tener un exoesqueleto o caparazón externo, el cuerpo segmentado y unos apéndices articulados. Es el mayor filum del reino animal e incluye los insectos, las arañas y otros arácnidos; los «cangrejos» bayoneta; los cangrejos verdaderos y otros crustáceos; los ciempiés, los milpiés y también los extintos trilobites y euriptéridos.

barba o ballena
Sustancia fibrosa que crece en forma de placas y cuelga de la mandíbula superior de las ballenas verdaderas (cetáceos misticetos) y que éstas usan para tamizar pequeñas presas del agua.

belemnoides
Grupo de moluscos cefalópodos, emparentados con los pulpos y calamares, con una concha interna en forma de bala o de cabeza de lanza, ojos grandes y muchos tentáculos para capturar presas.

blastoideos
Grupo de equinodermos extinguidos cuyo cuerpo en forma de cáliz lleva dos tentáculos a modo de brazos y está fijo al sustrato por un pedúnculo o «tallo».

braquiópodos
Filum de animales invertebrados marinos superficialmente similares a los moluscos bivalvos —mejillones, etc.— pero que están provistos de lofóforo (corona ciliada que rodea la boca) y por lo general viven fijos al sustrato; los braquiópodos tienen una muy larga historia evolutiva y pueden describirse como fósiles vivientes.

braquiosáuridos
Familia de dinosaurios saurópodos basada en *Brachiosaurus* («reptil brazo») cuyos miembros tienen las patas anteriores más largas que las posteriores.

camarasáuridos
Familia de dinosaurios saurópodos basada en *Camarasaurus* («reptil con cámaras») que se caracterizan por los huecos y espacios vacíos que aligeraban sus vértebras.

carnosaurios
Nombre general y descriptivo –y que no designa a un grupo específico y bien definido– que reciben los grandes dinosaurios depredadores o carnívoros tales como *Allosaurus* y *Tyrannosaurus*.

caudata
Véase urodelos.

cecilias
Véase ápodos.

céfalo o cefalón
Parte frontal que contiene la boca, los ojos y otros órganos sensoriales, propia de los extintos trilobites, los actuales picnogónidos y otros invertebrados.

cefalópodos
Clase del filum moluscos cuyos miembros son depredadores, tienen ojos grandes, un cerebro también grande y muchos tentáculos. Incluye los extintos ammonoides y belemnoides, así como los pulpos, calamares, sepias y nautilos.

cefalotórax
Conjunto formado por la parte frontal o cabeza que contiene la boca y órganos sensoriales, como los ojos, y la parte intermedia del cuerpo que lleva las extremidades, de algunos artrópodos, tales como arañas y otros arácnidos.

celurosaurios
Nombre general que designa a los terópodos (dinosaurios carnívoros) de pequeño tamaño que vivieron hacia el principio de la era de los dinosaurios y tenían huesos huecos tipo ave, como *Coelurus* y *Coelophysis*.

centrosaurinos
Subgrupo de los dinosaurios cornudos o ceratopsios basado en *Centrosaurus*, que se caracterizan por el cuerno nasal habitualmente más largo que los cuernos de las cejas, la parte frontal de la cara alta y el hocico corto (compare con los chasmosaurinos). Aunque a veces se les llama dinosaurios de gorguera pequeña, éste no es siempre el caso, ni mucho menos.

ceratopsios
Grupo de dinosaurios fitófagos, cuya mayoría presenta cuernos faciales y extendidas proyecciones parietales. Un ejemplo de estos «dinosaurios cornudos» es *Triceratops*.

ceratosaurios
Grupo de terópodos (dinosaurios carnívoros) basado en *Ceratosaurus*, la mayoría de los cuales tenían cuernos redondeados o crestas encima de los ojos y cuatro dígitos en la extremidad anterior. La mayoría de ellos vivió en la primera mitad de la era de los dinosaurios.

cérvidos
Familia de los mamíferos ungulados que tienen astas en lugar de cuernos; incluye, entre otros, los ciervos, el gamo y el alce.

chasmosaurinos
Subgrupo de los dinosaurios cornudos o ceratopsios basado en *Chasmosaurus* que se caracteriza por tener el cuerno nasal habitualmente más corto que los cuernos de las cejas y la parte

frontal de la cara baja y el hocico largo. Aunque a veces se les llama dinosaurios de gorguera larga, éste rasgo no siempre les distingue de los centrosaurinos.

cicadáceas
Grupo de plantas similares a las palmeras, con un tronco o tallo central y una corona de hojas tipo fronde que todavía subsisten, pero eran mucho más numerosas y estaban mucho más diversificadas en la era Mesozoica.

cinodontos
(«diente de perro») Grupo de animales sinápsidos con rasgos intermedios entre los reptiles y los mamíferos –algunos de ellos son similares a perros o gatos– que probablemente dieron origen a los mamíferos durante el Triásico pero se extinguieron en el Jurásico (*véase* también dicinodontos).

clase
Cada uno de los grupos más importantes en que se divide un fílum; cada clase se subdivide a su vez en órdenes. Así, por ejemplo, la clase mamíferos se divide en los órdenes monotremas, primates, carnívoros, proboscídeos, etc.

cnidarios
Filum de animales muy primitivos de cuerpo blando que incluye a las medusas, anémonas de mar, hidras y corales; la mayoría de los cnidarios tienen tentáculos urticantes que rodean a un cuerpo a modo de tallo.

colémbolos
Grupo de artrópodos hexápodos –con seis patas– pequeños y saltadores que algunos autores incluyen dentro de la clase insectos; los colémbolos o «saltarines» figuran entre los primeros animales terrestres del Devónico.

coracoides
Hueso de la parte superior o anterior de la zona de los hombros que, especialmente en las aves, refuerza el esternón y el miembro anterior contra la columna vertebral; suele ser un hueso adicional de las clavículas que, junto con ellas, forma la fúrcula en forma de V o espoleta de las aves.

creodontos
Mamíferos depredadores similares en muchos aspectos a los lobos, panteras y osos actuales (orden carnívoros o Carnivora), pero que formaban un grupo diferente y se extinguieron hace unos 5-10 millones de años.

crinoideos
Clase del filum equinodermos que tiene el cuerpo en forma de flor y una muy larga historia evolutiva.

cuadrúpedo
Que anda o corre a cuatro patas.

cúspide
Superficie levantada, puntiaguda o a modo de cresta en un diente u otra parte anatómica.

datación absoluta
Determinación de la edad de formación de las rocas en términos del tiempo transcurrido real, expresado en miles o millones de años (compare con la datación relativa).

datación relativa
Determinación del tiempo de formación de las rocas mediante su comparación con otras rocas para saber cuáles se formaron antes y cuáles después (compare con datación relativa).

décapodos
Nombre que reciben los crustáceos con diez patas, como los cangrejos y gambas; el de los décapodos es uno de los órdenes más extensos del subfilum crustáceos.

dentículos
Pequeñas escamas o proyecciones de la piel en forma de cono o de diente que caracterizan al grupo de los tiburones.

depredador
Animal que caza y consume otros animales vivos, sus presas.

diápsidos
Grupo de reptiles que se caracterizan por presentar dos aberturas o fenestras en el cráneo detrás de cada órbita ocular y que incluye o incluía a los reptiles marinos, como ictiosaurios, serpientes y lagartos, y a los arcosaurios como cocodrilos, dinosaurios y pterosaurios.

dicinodontos
(«dos dientes de perro») Grupo de animales sinápsidos con rasgos intermedios entre los reptiles y los mamíferos, algunos de los cuales recuerdan a fitófagos actuales como los hipopótamos (*véase* también cinodontos).

dimorfismo
Término que significa «dos formas» y suele aplicarse a las especies que tienen dos formas distintas, como por ejemplo cuando el macho es mucho mayor que la hembra o viceversa.

dinocéfalos
Subgrupo de los terápsidos –un subgrupo, a su vez, de los sinápsidos– muchos de los cuales tenían bultos, cuernos, protuberancias en la cabeza; los dinocéfalos o «cabezas terribles» vivieron durante el Pérmico.

dinoceratanos
Grupo de mamíferos fitófagos de gran tamaño que vivieron a principio del Terciario y tenían características de los ungulados y también de otros grupos como los conejos; se extinguieron hace unos 30 millones de años.

diplodócidos
Subgrupo de dinosaurios saurópodos basado en *Diplodocus* («doble viga»), cuyos miembros tenían una cola muy larga, con cheurones pares en forma de esquís en la parte inferior de cada vértebra caudal.

diplópodos
Clase de artrópodos con el cuerpo dividido en dos regiones –cabeza y tronco–, cuyos numerosos segmentos corporales tienen dos pares de patas cada uno; son los conocidos milpiés.

dromeosáuridos
Grupo de terópodos (dinosaurios depredadores) de tamaño medio basado en *Dromaeosarus* y que incluye los bien conocidos *Deinonychus* y *Velociraptor*; estos dinosaurios reciben a veces el nombre de «raptores».

ecolocación
Sistema de localización de objetos, tales como presas u obstáculos, basado en la emisión de chasquidos, chirridos u otras pulsaciones sonoras similares que se reflejan en dichos objetos como ecos, los cuales a continuación se analizan para saber cuál es el tamaño del objeto y a qué distancia está.

eje
Línea central o banda media, como por ejemplo el lóbulo central de los tres lóbulos que forman el cuerpo de un trilobites.

equinodermos
(«piel espinosa») Filum de animales marinos y con simetría radial que incluye los erizos de mar, las ofiuras y las estrellas, cohombros y lirios de mar.

escafópodos
Clase del filum moluscos cuya concha, formada por una sola pieza, tiene forma de cono alargado y algo curvo, como un colmillo de elefante.

escamosos
Grupo de reptiles que comprende los saurios y ofidios (lagartos y afines y serpientes).

escápula
Hueso por lo general ancho del hombro o de la región pectoral que también recibe el nombre más común de omóplato.

escudos
Placas óseas o escamas reforzadas por hueso y a menudo recubiertas de materia córnea de la piel de los dinosaurios, los cocodrilos y otros reptiles similares.

especie
Grupo de poblaciones de seres vivos estrechamente emparentados y similares que pueden reproducirse entre sí para generar una progenie viable, pero que no pueden cruzarse o no se cruzan normalmente con los miembros de otra especie; un conjunto de especies estrechamente emparentadas forma un género.

estegosáuridos
Subgrupo tardío del grupo de los estegosaurios (dinosaurios fitófagos con placas dorsales) basado en *Stegosaurus*, cuyos miembros vivieron durante los períodos Jurásico y Cretácico.

estegosaurios
Grupo de dinosaurios ornitisquios que presentaban altas placas óseas o púas óseas a lo largo del cuello, el dorso y la cola, tipificado por su orden de mayores dimensiones, *Stegosaurus*.

esternón
Hueso plano situado en la parte frontal del tórax (pecho), al que se unen parte de las costillas y las clavículas.

euriptéridos
Grupo de artrópodos quelicerados extinguidos que eran de tamaño medio o grande y poseían grandes pinzas para capturar presas; se les denomina a menudo escorpiones de mar.

fémur
Hueso del muslo, es decir, de la parte superior de la extremidad posterior en los vertebrados con cuatro miembros.

fenestra
Abertura o hueco, por lo general en una placa de hueso o de otra sustancia dura.

fíbula
Uno de los (generalmente) dos huesos que tiene la pantorrilla en la extremidad posterior en los vertebrados con cuatro miembros.

filum o filo
Cada uno de los grupos más importantes en que se divide un reino (como, por ejemplo, el reino animal); cada filum se subdivide a su vez en clases.

fitófago
Se aplica a los animales cuya dieta consiste en alimentos vegetales.

forusrácidos
Grandes aves, incapaces de volar, de la segunda mitad del período Terciario, propias sobre todo de Sudamérica y emparentadas con las grullas actuales.

fósil traza
Fósil que no corresponde a una parte del cuerpo del animal,

como, por ejemplo, las huellas o pisadas, las cáscaras de huevos, los gastrolitos y los coprolitos o excrementos fósiles.

fósiles guía
Restos de seres vivos que fueron abundantes, tuvieron una distribución amplia, se fosilizaron fácilmente y sobrevivieron durante largos períodos de tiempo, evolucionando o modificándose de una manera bien documentada, de forma que pueden usarse para comparar y datar rocas (*véase* datación relativa).

fósiles índice
Véase fósiles guía

fragmocono
Parte frontal de la concha de los belemnoides, un grupo extinguido de moluscos que tenían la concha dentro del cuerpo, al igual que los actuales calamares.

gastrolito
Guijarro o piedra engullida deliberadamente por el animal para mantenerla dentro de su estómago o parte similar de su sistema digestivo y que suele servir para triturar los alimentos ingeridos.

género
En la clasificación de los seres vivos, grupo de especies estrechamente emparentadas, parentesco que se reconoce en la terminología científica y que se expresa en el nombre genérico o primera palabra de un binomio específico (*véase* especie); el género de *Tyrannosaurus rex*,

por ejemplo, es *Tyrannosaurus*. La mayoría de los dinosaurios se describen aludiendo a su nombre genérico.

gimnofiones (Gymnophiona)
Véase ápodos.

grapotolitos
Grupo extinguido de animales pequeños tipo gusano, coloniales y con tentáculos para filtrar el agua de mar y obtener alimentos; cada uno de ellos vivía en una estructura dura y en forma de cáliz denominada teca, y las hileras de dichas tecas formaban fósiles en forma de cadenas o de dientes de sierra.

hadrosaurios
Grupo de dinosaurios fitófagos de tamaño medio o grande comúnmente denominados «dinosaurios de pico de pato», los cuales tenían la boca ancha a modo de pico y muchas proyecciones o crestas óseas en la cabeza.

hálux
Primer dígito (o dedo más interior) de la extremidad posterior; a menudo se le llama «pulgar».

heterodontismo
Condición consistente en poseer dientes de distintas formas y tamaños, tales como incisivos, caninos y molares especializados para desempeñar distintas funciones, en lugar de tener dientes similares en tamaño y forma.

hidrozoos
Clase del filum cnidarios –el que incluye a los corales, anémonas

de mar, medusas y afines– que comprende las hidras, la carabela portuguesa y afines y algunas medusas.

hipsilofodóntidos
Grupo de dinosaurios ornitópodos basados en *Hypsilophodon*; la mayoría de estos dinosaurios fitófagos que vivieron durante el Jurásico y el Cretácico eran pequeños, esbeltos y de movimientos rápidos.

hominídeos
Nombre común de la familia Hominidae del orden primates, clase mamíferos, que incluye al ser humano, los orangutanes, los gorilas, el chimpancé y el bonobo, así como sus antecesores, sin incluir el ancestro común con los gibones.

homínidos
Subgrupo de los primates de la familia hominídeos (*véase* más abajo) que incluye a los humanos actuales (*Homo sapiens*) y varios antecesores más o menos directos, remontándose en el tiempo hasta el ancestro común a nosotros y a los chimpancés, pero sin incluirlo.

huayangosáuridos
Grupo de estegosaurios (dinosaurios con placas) ancestrales basado en *Huayangosaurus*, la mayoría de los cuales vivió durante el Jurásico.

hueso escamoso
El que forma el lado ínferoposterior del cráneo y que en los mamíferos lleva la articulación de la mandíbula superior con la inferior.

húmero
Hueso principal de la parte superior del miembro anterior de los vertebrados con cuatro extremidades.

Ictiosaurios
(«saurios peces») Grupo de reptiles marinos que tenían forma de peces o delfines, con cuatro extremidades modificadas en aletas, una aleta dorsal y una cola bilobulada.

ígneas
Rocas formadas por solidificación del magma o masa en fusión existente bajo la corteza terrestre. Las rocas volcánicas, formadas por solidificación de la lava, son ejemplos de rocas ígneas.

iguanodóntidos
Grupo de dinosaurios ornitópodos basados en *Iguanodon*, cuyos miembros eran en su mayoría bastante grandes, robustos y fuertes, tenían pies posteriores de tres dedos y una púa en cada pulgar, y vivieron durante el período Cretácico.

incisivos
Dientes con los bordes rectos y afilados como palas o formones, por lo general en la parte frontal de las mandíbulas y adaptados para mordisquear y roer.

invertebrado
Nombre general de los animales que carecen de vértebras o columna vertebral, es decir, que no son peces, anfibios, reptiles, aves o mamíferos.

labirintodontos
Grupo de primitivos tetrápodos o vertebrados de cuatro patas que a menudo se denominan «los primeros anfibios» y que vivieron en su mayoría del Devónico al Pérmico.

lambeosaurios
Grupo de dinosaurios de pico de pato basado en *Lambeosaurus* que se caracterizan por su cresta cefálica hueca (*véase* hadrosaurios).

lepospóndilos
Grupo de tetrápodos o vertebrados de cuatro patas relativamente primitivo y con varios miembros similares a grandes salamandras que vivió sobre todo durante los períodos Carbonífero y Pérmico; los lepospóndilos son considerados ancestros de los actuales anfibios.

lisanfibios
Nombre de nuevo cuño para los miembros de la clase tradicionalmente denominada anfibios que sobreviven hoy: cecilias, salamandras, sapos, ranas y afines.

lóbulo pleural
Cada una de las dos partes laterales del cuerpo de los trilobites, las que flanquean el lóbulo central o eje del animal.

maniraptores
(«mano que agarra») Grupo de terópodos (dinosaurios carnívoros) que se caracterizan por tener una muñeca que puede girar fácilmente; este grupo incluye los dromeosáuridos o raptores.

marsupial
Mamífero cuyas crías nacen en una fase muy poco avanzada de desarrollo y pasan bastante tiempo creciendo en una bolsa a modo de bolsillo o marsupio, situada en el abdomen de la madre (compare con placentario).

mesoníquidos
Grupo de mamíferos con pezuñas o ungulados de principios del Terciario que evolucionaron hacia un modo de vida depredador, pero que acabaron extinguiéndose hace unos 30 millones de años.

mesosaurios
Grupo de reptiles acuáticos, superficialmente similares a cocodrilos pequeños, que vivieron sobre todo durante el período Pérmico.

metamórficas
Rocas formadas por la alteración de otras rocas debido a un gran aumento del calor y de la presión, pero sin llegar a fundir durante el proceso.

metatarsianos
Huesos situados entre el tobillo y los dedos y que, por lo general, forman el pie en animales tales como reptiles, aves o mamíferos.

miriápodos
Subdivisión del filum artrópodos que agrupa a los ciempiés y milpiés (*véase* quilópodos y diplópodos).

mosasaurios
Grupo extinguido de reptiles marinos, depredadores, de gran tamaño y probablemente emparentados con los varanos actuales, que vivieron durante el Cretácico.

mutación
Cambio producido en uno o varios genes de un ser vivo –y que por consiguiente puede transmitirse por herencia– y que a veces causa un efecto visible en el propio ser vivo; las mutaciones pueden ser positivas, negativas o neutras.

nautiloideos
Moluscos depredadores marinos de la clase cefalópodos –y, por tanto, emparentados con los ammonoides, belemnoides, calamares y pulpos– provistos de una concha externa en espiral, ojos grandes y numerosísimos tentáculos; actualmente sólo sobreviven unas 6 especies del género *Nautilus*.

nectrideos
Subgrupo del extinguido grupo de los anfibios lepospóndilos, cuyos miembros tenían formas similares a los tritones o las salamandras.

nemátodos
Filum de invertebrados tipo gusano que carecen de segmentos corporales y viven casi por todas partes. Muchas especies de este diversificadísimo filum son parásitas, como, por ejemplo, las «lombrices» intestinales; se conocen como gusanos redondos por la forma de su sección transversal.

neodiápsidos
Grupo de reptiles diápsidos que se parecían externamente a los lagartos y que vivieron en el Pérmico y el Triásico (*véase* diápsidos).

nodosáuridos
Subgrupo de los anquilosaurios –dinosaurios fitófagos acorazados o con placas dorsales– que no poseían una maza caudal en el extremo de la cola (compare con los anquilosáuridos).

notosaurios
Grupo ancestral de reptiles depredadores nadadores que vivieron principalmente durante el Triásico.

onicóforos
Filum de animales de cuerpo vermiforme (forma de gusano), pero con patas rechonchas a modo de tentáculos; los onicóforos podrían constituir un eslabón

entre el filum de los anélidos (lombrices y afines) y el de los artrópodos.

opistosoma
Sección intermedia del cuerpo de algunos animales, como, por ejemplo, los extintos euriptéridos (escorpiones de mar), situada entre el extremo de la cabeza y la cola.

orden
Cada uno de los grupos más importantes en que se divide una clase; cada orden se subdivide a su vez en familias.

ornitisquios
Uno de los dos grupos principales de dinosaurios, el de todos aquellos cuyo pubis o parte inferior de la cadera está inclinado hacia abajo y hacia atrás (ornitisquio significa «cadera de ave»); este grupo incluye todos los dinosaurios fitófagos excepto los prosaurópodos y saurópodos (compare con los saurisquios).

ornitomimosaurios
Grupo de dinosaurios de tamaño medio, esbeltos y corredores, con dos patas posteriores fuertes y un pico como de ave; a menudo se les llama dinosaurios avestruz.

ornitópodos
Grupo de dinosaurios fitófagos «con pie de ave» que incluye a *Hypsilophodon* y sus parientes, *Iguanodon* y sus parientes, y los hadrosaurios (dinosaurios de pico de pato).

ornitosuquios
Reptiles estrechamente emparentados con los dinosaurios y con un aspecto externo similar, que tenían dientes afilados y andaban principalmente con sus dos patas traseras.

osteodermos
Placas o protuberancias óseas que se desarrollan dentro de la piel en lugar de formar parte del esqueleto interno.

ostracodermos
Grupo ancestral de peces sin mandíbulas y con placas óseas protectoras en su piel que vivieron del Ordovícico al Devónico.

oviraptóridos
Grupo de terópodos (dinosaurios carnívoros) basado en *Oviraptor* que se caracterizan por su pico alto, como de loro.

paleomagnetismo
Magnetismo que quedó «atrapado» en rocas antiguas al formarse éstas bajo la influencia del campo magnético natural de la Tierra; también, estudio de estas características.

paleontología
Estudio científico de los fósiles y de los antiguos seres vivos representados por dichos fósiles.

paquicefalosaurios
(«saurios de cabeza gruesa») Grupo de dinosaurios fitófagos con un hueso excepcionalmente engrosado en la parte superior del cráneo y también denominados cabezas de hueso o cabezas con casco.

parareptiles
Extenso grupo de reptiles que incluye algunos de los primeros reptiles terrestres, tales como los pareiasaurios, además de los mesosaurios y las tortugas.

pareiasaurios
Grupo de reptiles fitófagos primitivos, achaparrados y de gran tamaño que vivieron sobre todo a partir del Pérmico (*véase* parareptiles).

parietal
Cada uno del par de huesos que forman la parte posterosuperior de la caja craneal.

patagio
Membrana fina, ligera y elástica que forma la superficie de vuelo principal del ala de los murciélagos.

pedipalpos
Par de apéndices situados a cada lado de la cabeza, especialmente en los artrópodos merostomados –cangrejos bayoneta, escorpiones, etc.– y en los arácnidos; en las arañas, los pedipalpos tienen forma de «patas» sensoriales y en los escorpiones son las grandes y fuertes pinzas anteriores con que sujetan a sus presas.

pelicosaurios
Grupo de reptiles sinápsidos de gran tamaño y con extremidades extendidas, en su mayoría propios de los períodos Carbonífero y Pérmico y entre los que se incluye *Dimetrodon*, animal bien conocido provisto de una elevada vela dorsal.

períodos
Intervalos de tiempo en la historia de la Tierra que son subdivisiones de las eras; los períodos se subdividen en épocas y la mayoría de ellos abarcan decenas de millones de años.

pigidio
Región caudal (de la cola) de los trilobites y otros artrópodos similares.

pigostilo
Protuberancia en el extremo caudal de la columna vertebral de las aves; de forma coloquial se llama rabadilla.

placentarios
Grupo de mamíferos cuyas crías nacen en una fase relativamente avanzada de desarrollo después de haber sido nutridas por la madre en su útero a través de una parte de su cuerpo denominada placenta (compare con los marsupiales).

placodermos
Antiguo grupo de peces con mandíbulas, aletas pares

verdaderas y placas óseas protectoras sobre la cabeza y la parte anterior del cuerpo; aparecieron en el Silúrico posterior, pero se extinguieron después del Devónico.

placodontos
Antiguo grupo de reptiles acuáticos con dientes aplanados para triturar alimentos duros, probablemente moluscos; los placodontos vivieron principalmente durante el Triásico.

platelmintos
Filum de animales invertebrados que se caracterizan por su cuerpo aplanado dorsoventralmente –de ahí su nombre de gusanos planos– y su sistema digestivo con una abertura única.

plesiosaurios
Grupo extinguido de reptiles marinos con el cuerpo robusto, la cola corta y cuatro patas modificadas en forma de aleta que vivieron durante gran parte de la era de los dinosaurios (*véase* también pliosaurios).

pleurocelos
Cavidades o espacios huecos, por lo general diseñados para aligerar peso, que se observan en las vértebras de algunos dinosaurios.

pliosaurios
Plesiosaurios depredadores con la cabeza grande y el cuello largo (*véase* plesiosaurios).

poliplacóforos
Clase del filum moluscos cuyos miembros los denominados quitones– se caracterizan por las ocho placas articuladas que componen su concha.

poríferos
Filum cuyos miembros –las denominadas esponjas– presentan la estructura corporal más simple de todo el reino animal, ya que carecen de nervios, cerebro, corazón, sistema digestivo y músculos. De hecho, no poseen verdaderos tejidos, ya que sus células tienden a ser no especializadas.

predador
Sinónimo de depredador.

premaxilar
Hueso de la parte frontal de la mandíbula superior que sólo se encuentra en algunos dinosaurios.

premolares
Dientes de forma ancha diseñados para masticar y triturar que se sitúan justo delante de los molares.

preparador
Persona que prepara los especímenes científicos, como, por ejemplo, cuando extrae y limpia los fósiles de su roca circundante.

primates
Orden de la clase mamíferos que incluye a los lémures, los gálagos y los monos incluidos los hominídeos (orangutanes, chimpancés, humanos modernos, etc.).

proboscídeos
Orden de la clase mamíferos que incluye a los elefantes y sus numerosos parientes extinguidos, como los mamuts y deinoterios.

prosaurópodos
Grupo de dinosaurios fitófagos de tamaño medio, en su mayoría del Triásico y del Jurásico

inferior, y con la típica cabeza pequeña, cuello largo, cuerpo voluminoso, patas a modo de pilares y cola larga.

prosoma
Parte frontal de los animales quelicerados, tales como arañas y euriptéridos, que lleva los ojos, las piezas bucales y las patas andadoras.

protoceratópsidos
Antiguo grupo de dinosaurios cornudos (ceratopsios), basado en *Protoceratops*, cuyos cuernos faciales y proyecciones parietales eran relativamente pequeños.

proyección parietal
Extensión ósea en forma de gorguera –y de ahí su otro nombre de gorguera o gorguera nucal– de la parte posterior del cráneo que presentaban los ceratopsios.

pterosaurios
Grupo de vertebrados voladores que vivieron en la era de los dinosaurios y que eran probablemente peludos y de sangre caliente; los pterosaurios eran arcosaurios y, por tanto, estaban estrechamente emparentados con los dinosaurios.

quelicerados
Grupo de los artrópodos que presentan quelíceros (*véase* arriba).

quelíceros
Garras mordedoras largas y afiladas que hacen la función de mandíbulas en animales tales como arañas, escorpiones y cangrejos de bayoneta (y también en los extintos euriptéridos).

quelonios
Grupo de reptiles que presentan un caparazón abovedado; comprende las tortugas y galápagos.

quilópodos
Clase de artrópodos con el cuerpo dividido en dos regiones –cabeza y tronco–, cuyos numerosos segmentos corporales tienen sólo un par de patas cada uno, el primero de ellos modificado en forma de pinzas para capturar presas; son los conocidos ciempiés.

raptores
Nombre común basado en el latín raptor (indistintamente, «ladrón», «saqueador» o «cazador») que reciben a veces los dinosaurios dromosáuridos tales como *Deinonychus* y *Velociraptor*.

rastro
Serie de pisadas creadas por el mismo animal.

ratites
Grupo de aves modernas ápteras que incluye a los actuales ñandúes y avestruces.

rauisúquidos
Grupo de reptiles parecidos a los cocodrilos y estrechamente emparentados con ellos que vivieron sobre todo durante el período Triásico.

recombinación
En la reproducción sexual, reordenación del material genético de ambos progenitores para producir diferencias entre la progenie.

reptil
Nombre general de los vertebrados tetrápodos que ponen huevos amnióticos o de cáscara dura y tienen la piel escamosa; aunque al grupo de los reptiles se le suele asignar categoría de clase, lo cierto es que sus distintos órdenes no tienen un antecesor común y algunos de ellos guardan entre sí un parentesco muy lejano. Así, por ejemplo, los quelonios o tortugas, que no tienen fenestras detrás de las órbitas oculares, son parientes mucho más lejanos de los lagartos y serpientes que los cocodrilos de las aves. Éstas últimas, por cierto, están tan emparentadas con los antiguos dinosaurios, que para muchos autores deberían incluirse en el grupo de los reptiles.

rincocéfalos
(Rhyncocephalia) Grupo de reptiles fitófagos principalmente triásicos y en su mayoría del tamaño de un cerdo actual, estrechamente emparentados con los arcosaurios; de este grupo, que incluía a los rincosaurios, sólo sobrevive un género, el de las tuátaras de Nueva Zelanda.

ripidistios
(«aletas en abanico») Grupo de peces de aletas lobuladas emparentados con los celacantos que tuvieron un gran éxito evolutivo en el período Devónico y que incluían probablemente a los antecesores de los tetrápodos terrestres tales como los anfibios.

roca sedimentaria
Roca formada por la acumulación en capas, compactación y cimentación de arena, cieno u otros granos minerales; las sedimentarias son, por lo general, las únicas rocas que contienen fósiles.

sacro
Estructura ósea unitaria formada por la fusión de varias vértebras sacras.

Salientia
Nombre técnico del orden al que pertenecen ranas, sapos y afines (*véase* anuros).

sarcopterigios
Grupo de peces con esqueletos óseos y con aletas lobuladas (con la base carnosa y sostenida por un hueso único) que incluye a los dipnoos, a los celacantos y a numerosos subgrupos extinguidos (compare con actinopterigios).

saurisquios
Uno de los dos grupos principales de dinosaurios, el de todos aquellos cuyo pubis o parte inferior de la cadera está inclinado hacia abajo y hacia atrás (saurisquio significa «cadera de saurio»); este grupo incluya a todos los dinosaurios carnívoros o terópodos y los fitófagos prosaurópodos y saurópodos (compare con los saurisquios).

saurópodos
Grupo de dinosaurios fitófagos de tamaño grande o muy grande, con cabeza pequeña, cuello largo, cuerpo voluminoso, patas a modo de pilares y cola larga que prosperaron especialmente durante el Jurásico superior y el Cretácico.

sifón
En los moluscos, embudo, por lo general de forma cónica y situado a un lado del cuerpo, a través del cual el agua es expulsada a gran presión para impulsar al animal por medio de una «propulsión a chorro».

sinápsidos
Grupo de vertebrados tetrápodos que se caracterizan por tener una sola abertura o fenestra detrás de cada órbita ocular. Incluye a los mamíferos actuales, los pelicosaurios y otros «reptiles tipo mamífero».

sónar
Sistema de localización y navegación basado en el sonido que funciona de un modo similar al radar (*véase* ecolocación).

teca
Parte del cuerpo en forma de copa o de cuenco, como por ejemplo, la concha en forma de copa de los animales extinguidos denominados graptolitos.

tecodontos
(«diente en alvéolo») Grupo de reptiles carentes de un antecesor común y que incluyó quizás a los antecesores de los dinosaurios.

telson
Región caudal (de la cola) de los crustáceos, los euriptéridos y otros artrópodos acuáticos, a menudo en forma de alerón o de abanico.

temnospóndilos
Subgrupo del grupo labirintodontos que apareció en el Carbonífero inferior y se extinguió hacia el Jurásico inferior

terápsidos
Subgrupo de los sinápsidos que evolucionó durante el período Pérmico y que incluía a los dinocéfalos, los gorgonopsios, los dicinodontos y los cinodontos.

tergites
Una de las secciones o segmentos de la parte posterior del cuerpo de algunos artrópodos tales como los euriptéridos y algunos insectos.

terizinosaurios
Grupo de dinosaurios terópodos con una boca en forma de pico, enormes garras en las extremidades anteriores y quizá plumas a modo de fibras que vivieron sobre todo durante el período Cretácico.

terópodos
Importante grupo de dinosaurios saurisquios que incluye todos los géneros depredadores o carnívoros, desde el diminuto *Compsognathus* hasta el gigantesco *Giganotosaurus*.

tescelosáuridos
Grupo de dinosaurios ornitópodos basado en *Thescelosaurus*, cuyos miembros eran de tamaño medio y estaban emparentados con *Iguanodon* e *Hypsilophodon*.

tetanuros
(«cola rígida») Uno de los grupos principales de terópodos, el que incluía a los alosaurios y tiranosaurios.

tetrápodos
Animales vertebrados con cuatro extremidades; este término se aplica muy especialmente a los tetrápodos más antiguos, aquellos que en los sistemas de clasificación antiguos se designan como «primeros anfibios» y que evolucionaron a partir de antecesores peces.

tibia
Nombre técnico del hueso de la espinilla, el principal de los (generalmente) dos huesos de la parte inferior de la pata trasera en los vertebrados con cuatro extremidades (*véase* también fíbula).

tireóforos
(«los que llevan escudo») Importante grupo de dinosaurios fitófagos que incluye a los estegosaurios y anquilosaurios.

titanosáuridos
Familia de dinosaurios saurópodos que prosperaron durante el Cretácico y que incluye a *Saltasaurus* y *Argentinosaurus*.

tórax
Región del pecho de los vertebrados, tales como reptiles, aves y mamíferos, que contiene los pulmones y el corazón. También, parte intermedia de las tres regiones en que se divide el cuerpo de los insectos y otros hexápodos.

trilobites
Grupo muy diversificado de artrópodos marinos que tenían el cuerpo dividido longitudinalmente en tres partes y que vivieron desde el período Cámbrico hasta el Pérmico.

ungulados
Grupo de los mamíferos cuyos dedos están recubiertos con pezuñas en vez de terminar en uñas o garras. Este grupo incluye a los caballos, rinocerontes, ciervos, antílopes y muchos otros mamíferos, tanto actuales como extinguidos.

urodelos
Orden de anfibios o lisanfibios cuyos adultos poseen cola y que comprende a las salamandras, tritones y afines.

úrsidos
Familia de mamíferos del orden carnívoros (Carnivora) que comprende a los osos y el panda gigante.

vértebra
Cada uno de los huesos que forman la columna vertebral o espina dorsal de los animales vertebrados.

vertebrado
Animal que posee columna vertebral y un esqueleto cartilaginoso u óseo; comprende a los peces, anfibios, reptiles, aves y mamíferos.

vértebras caudales
Vértebras del extremo posterior de la columna vertebral y que por lo general forman la cola del animal.

vértebras sacras
Vértebras de la región pélvica o de la cadera que por lo general están soldadas a la pelvis o forman parte de ella.

vértebras torácicas
Las de la región torácica de la columna vertebral y que a menudo van unidas a las costillas

vibrisas
Pelos rígidos, largos y gruesos situados en el hocico y que tienen una función sensorial (táctil); se llaman comúnmente «bigotes».

weigeltisaurios
Grupo de reptiles superficialmente similares a los lagartos –y también diápsidos–, con grandes repliegues cutáneos extensibles y que vivieron principalmente durante el período Pérmico.

CRÉDITOS DE LAS ILUSTRACIONES

Museo Americano de Historia Natural
44, 208, 336.

Ardea
8, 9, 12(sup.), 12(inf.), 15, 17, 18, 21(inf.), 22, 34, 50, 51, 53, 64, 84, 90(derecha), 106(izquierda), 106(dcha.), 110(sup.), 113, 114, 121(inf.), 140, 148, 152(sup. izda.), 152(izda.) 155(inf.), 170, 173, 186(izda.), 196(izda.), 202(izda.), 205(dcha.), 212, 218, 223, 227, 272, 279, 282, 289(dcha.), 303(dcha.), 304, 311(izda.), 314, 350, 354, 355(izda.), 355(dcha.), 370(izda.), 372(izda.), 374, 393(dcha.), 424(izda.).

Richard Burgess
24, 25, 26, 27, 436, 437, 438 y todos los mapas de las fichas.

Karen Carr
61(sup.), 61(inf.), 150, 153, 159, 179, 185, 270, 382, 390, 420.

Dinosaur Isle
36(dcha.), 43(izda.), 49.

Pamela J.W. Gore
Georgia Perimeter College 82(sup.).

Steve Kirk
118, 120, 121(sup.). 133, 139, 160, 164, 191, 196(dcha.), 217, 247, 248, 252, 273, 275, 288, 291, 309, 310, 335, 340, 343, 356, 373, 378.

Archivo Marshall Cavendish
104, 174, 205(izda.), 220, 228, 264, 306, 308, 330, 334, 344, 360, 398.

Ediciones Marshall
Colin Newman 60(sup.), 60(inf.), 65(sup.), 66(sup.), 66(inf.), 68; *Steve Kirk* 80, 81, 82, 86, 87, 93, 101, 102, 103, 107, 126, 127, 129, 132, 137, 144, 145, 146, 149, 158, 184, 192, 204, 215, 223, 225, 236, 237, 244, 255, 263, 267, 269, 280, 290, 292, 293, 296, 298, 299, 303(izda.), 320, 321, 328, 341, 342, 358, 359, 365, 371, 384, 385, 386, 389, 392; *Malcolm Ellis* 411; *Andrew Wheatcroft* 412, 429(izda.), 430(dcha.), 431(izda.), 432(izda.); *Graham Allen* 413, 414, 415, 416, 419, 426; *Steve Holden* 423; *Andrew Robinson* 425.

Centro Científico Monash
Peter Trusler 210, 276.

Oxford Scientific Films Ltd
5(inf.), 122, 130, 134, 152, 165, 168, 176, 190, 206, 214, 243, 250, 274, 319, 325, 333.

Museo Real Tyrrell
162, 294, 302, 364(izda.).

Science Photo Library
2, 10, 11(sup.), 11(inf.), 13(sup.), 13(inf.), 14, 15(inf.), 16, 19(sup.), 19(inf.), 23(izda.), 23(dcha.), 25, 30, 32, 35, 37, 40, 41, 42, 43(dcha.), 48(izda.), 48(dcha.), 54, 55, 56, 62, 65(inf.), 69, 70, 72, 74, 75(sup.), 75(inf.), 76, 80, 87, 99(izda.), 112, 142, 160(izda.), 180, 186(dcha.), 240, 256, 322, 332, 338, 366(sup.), 366(inf.), 378, 386(izda.), 393(izda.), 394, 395, 397, 404, 406, 409, 424(dcha.), 427(dcha.), 428(izda.), 429(dcha.), 430(izda.), 431(dcha.), 432(dcha.), 433(dcha.), 434.

John Sibbick
5(sup.), 6, 20, 21, 25, 25, 36(izda.), 38, 46, 78, 78, 88, 92, 94, 109, 110(inf.), 116, 128, 156, 172, 182, 213, 226, 253, 258, 261, 262, 284, 300, 316, 327, 364(dcha.), 372(dcha.), 376, 380, 381, 387, 388.

Joe Tucciarone
155(t), 166, 169, 188, 194, 197, 200, 202(dcha.), 232, 281, 297, 352, 357, 368.

Wildlife Art Ltd
Ken Oliver 52, 67, 83, 85, 98, 100, 108, 111, 178, 198, 216, 222, 231, 233, 234, 235, 238, 239, 242, 245, 254, 287, 289, 311, 313, 318, 347, 367, 396, 401, 418, 422, 427(izda.); *Philip Hood* 58(izda.), 90, 96, 97, 119, 124, 125, 136, 138, 147, 159, 161, 163, 187, 193, 199, 207, 230, 246, 249, 260, 266, 268, 278, 286, 312, 326, 329, 346, 348, 362, 370, 379, 400, 403, 410, 417, 428(dcha.), 433(izda.), 440, 441, 442, 443, 444, 445; *Myke Taylor* 91, 99(dcha.), 203, 349, 402; *Wayne Ford* 177, 224.

AGRADECIMIENTOS

Steve Parker quiere expresar su agradecimiento a Jane Parker por su ayuda en la investigación bibliográfica, al Dr. Paul Barrett del Museo de Historia Natural de Londres por sus valiosos añadidos y comentarios al texto, a Peter Coates por sus informaciones sobre los reptiles de agua dulce y a John Rush por «haber dado vida a los dinosaurios».

Los editores agradecen al Dr. Thomas Holtz, paleontólogo y director del Programa Tierra, tiempo & vida de la Universidad de Maryland, College Park, por la ayuda prestada, a Sarah Whittley de Wildlife Art Ltd por organizar la producción de las muchas y maravillosas ilustraciones de este libro, y a Richard Burgess por todos los mapas y por el gráfico de la escala temporal de la prehistoria de las páginas 24-25.

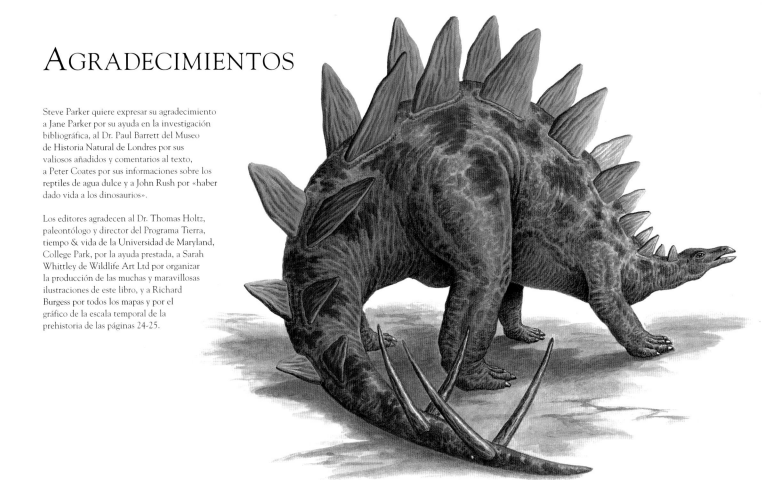

ÍNDICE